国家出版基金项目
NATIONAL PUBLICATION FOUNDATION

中国天文发展三部曲

向苍穹

Up into the Sky

章剑华 著

江苏人民出版社

图书在版编目（CIP）数据

　　向苍穹：中国天文发展三部曲 / 章剑华著. — 南
京：江苏人民出版社，2024.1（2024.4 重印）
　　ISBN 978 - 7 - 214 - 28787 - 8

　　Ⅰ．①向… Ⅱ．①章… Ⅲ．①航天工业－发展史－中
国 Ⅳ．①F426.5

　　中国国家版本馆 CIP 数据核字（2023）第 216342 号

书　　　名	向苍穹——中国天文发展三部曲
著　　　者	章剑华
责 任 编 辑	强　薇
装 帧 设 计	薛顾璨
责 任 监 制	王　娟
出 版 发 行	江苏人民出版社
地　　　址	南京市湖南路 1 号 A 楼，邮编：210009
照　　　排	江苏凤凰制版有限公司
印　　　刷	南京爱德印刷有限公司
开　　　本	652 毫米×960 毫米　1/16
印　　　张	36.25　插页 14
字　　　数	468 千字
版　　　次	2024 年 1 月第 1 版
印　　　次	2024 年 4 月第 2 次印刷
标 准 书 号	ISBN 978 - 7 - 214 - 28787 - 8
定　　　价	98.00 元（精装）

（江苏人民出版社图书凡印装错误可向承印厂调换）

序

欧阳自远

在这个世界上，有两样东西值得我们终身仰望：一是我们头顶上璀璨的星空，二是人们心中高尚的道德律。

我们头顶上的星空既异常美丽又神秘莫测。人类从诞生的第一天起，就对它充满好奇，产生种种遐想，并用有限的想象力编织出许多神话故事，如我国古代神话"夸父逐日""后羿射日""嫦娥奔月"，等等。

如果说，这些古代神话是出于人们对于星空的想象，满足了精神上的需求，那么，古代天文学的萌生，则是人类有意识地观察自然、观测宇宙的结果，以满足人们的生产生活之需。

为了耕种，人们需要了解季节和气候；为了出行，人们必须辨别方向；为了起居和休息，人们需要掌握时间。而这些都与日月星辰的天象变化有关。于是，人们仰望星空，把对天象变化的观察同生产生活结合起来，产生了人类最古老的科学——天文学。

中国古代天文学相当发达。

我们的祖先很早就在日出而作、日落而息的简朴生活中，开始观察和探究宇宙的奥秘。为了观测日月星辰的天象变化，相传黄帝设灵台，夏朝建清台，商代筑神台，至周代，周公下令在登封建测景台，以测土深、正日景、求地中、验四时。早在2300多年前，中国伟大的诗人屈原就发出了"遂古之初，谁传道之？上下未形，何由考之？"的著名"天问"。

秦汉时期，是我国古代天文学发展的一个高峰时期。司马迁《史记》中的《天官书》可称得上中国最早的天文学百科全书。司马迁之后，又出现了"汉代论天三家"：扬雄和桓谭先后提出"盖天说"和"浑天说"，蔡邕提出"宣夜说"。而张衡的《灵宪》和他研制的浑天仪，是古代中国天文学史上最杰出的天文学成果之一。

南北朝时期杰出的天文学家祖冲之撰写的《大明历》是当时最科学最进步的历法，影响深远。元代郭守敬完成的《授时历》，在元明两代使用了364年，堪称中国古代历史上最精密的历法，也是世界古代历法中使用时间最长的一部历法。

明代徐光启最早吸收西方先进天文学知识，对中国传统历法进行改革，完成了《崇祯历书》，使我国天文学汇入世界天文学发展的潮流。然而，清政府腐败无能，我国辉煌的古代天文学就此衰落，拉开了与世界的距离。

进入近代，我国天文学家站到了新时代的门槛，在寻找先进天文之路上苦苦求索。

以高鲁、余青松、张钰哲为代表的老一辈天文学家，为改变中国天文学的落后状况，孜孜求学、身体力行、奔走呼号，使中国现代天文学开始起步。1922年中国天文学会成立，1928年中国第一个现代天文研究所诞生，1934年紫金山天文台建成，成为中国第一座国立现代天文台。先进天文望远镜的使用，开启我国天文学的新局面。即使是在战争年代，我国近代天文学的先驱们仍坚持天文观测和研究，取得不俗成绩，使沉寂已久的中国天文学开始复苏。

新中国成立后，紫金山天文台获得新生。北京天文台、上海天文台、国家天文台相继成立。改革开放后，特别是进入新世纪、新时代以来，中国天文学全面复兴，建成了完整的现代化天文台站运行体系，并在人造卫星、天文仪器、天文观测、天文研究上取得长足进步和丰硕成果——

1989年11月13日，我国自主研制的2.16米光学天文望远镜在国家天文台兴隆观测基地落成——"千里之眼"正式投入运行，使我国天文观测由银河系的"河内"进入"河外"，由以测光为主进入光谱观测。这标志着我国天文学上了一个新的台阶。

2007年10月，"嫦娥一号"卫星在西昌卫星发射中心腾空而起，直冲太空，开启了中国的奔月之旅。之后，我国嫦娥二号、三号、四号、五号任务成功实施，实现了"绕、落、回"三步走的既定目标。

2008年10月，我国自行研制的大视场光谱巡天望远镜LAMOST在国家天文台兴隆观测基地全面建成，投入使用。

2015年12月，由紫金山天文台牵头研制的"悟空号"暗物质粒子探测卫星在酒泉卫星发射中心顺利升空，开始用"火眼金睛"探寻太空中尚未被人类发现的秘密。

2016 年 9 月，被誉为"中国天眼"的 500 米口径球面射电望远镜 FAST 在贵州省黔南州的喀斯特洼地中落成，突破了射电望远镜当下的极限。

2017 年 6 月，长征四号乙运载火箭托举着首颗 X 射线空间天文卫星"慧眼"顺利升空，飞向苍穹。

2020 年 7 月，"天问一号"火星探测器搭乘着长征五号遥四运载火箭，在海南文昌航天发射场升空，迈出中国行星探测的第一步，开启了漫长的行星际探测征途。

2021 年 10 月，伴随着长征二号丁运载火箭的破空之声，我国首颗太阳探测科学技术试验卫星"羲和号"在太原卫星发射中心成功发射，拉开了我国空间探日时代的序幕。

2022 年 10 月，中国第一颗综合性太阳探测卫星"夸父一号"在酒泉卫星发射中心发射成功，将连续 4 年、每天 24 小时对太阳进行不间断、多波段、高质量的观测。

2023 年 3 月，中国空间站工程巡天望远镜（CSST）首届科学年会在北京怀柔举行。更为令人欣喜的是，在中国科学院长春光学精密机械与物理研究所内，一个高约 14 米、长 20 米、约有 3 层楼高的大型真空罐及其配套光学测试系统正在建造之中……

我国天文事业如同航天事业一样，在复兴、在追赶、在超越，在社会发展和中国式现代化进程中发挥着重要作用。正如习近平总书记所指出的：天文观测的每一次重大发现，都不断深化着人类对宇宙奥秘的认识；天文科学的每一项重大成就，都极大丰富了人类知识宝库；天文学与其他学科交叉融合实现的每一次重大突破，都对基础科学乃至人类文明进步带来现实的和长远的深刻影响。天文学的发展，是全人类认识宇宙的智慧结晶。天文学的发展历程，给予我们不少宝贵而深刻的启示。

为了全面回顾我国天文学发展的历史进程，充分展示新时代天文事业的巨大成就，作者章剑华历时三年，进行了大量的寻访和采访工作。在行程万里寻访古代天文遗迹的同时，查阅上千万字的有关资料，先后采访了方成、苏定强、崔向群、常进、李惕碚、叶培建、欧阳自远、陈建生等中国科学院院士和甘为群、赵海斌等首席科学家，掌握了丰富的第一手资料，在此基础上创作了长篇纪实文学《向苍穹——中国天文发展三部曲》。

上部："裸观时代"的回望。追溯我国古代天文学的发展历史，记载古代先贤的天文探索和天文仪器制作、天文历法的成就。

中部："天眼时代"的曙光。主要记述中国天文学会和紫金山天文台的建立、现代天文望远镜的研制和天文观测的成果。

下部："巡天时代"的辉煌。从"东方红一号"卫星上天说起，详细记述 2.16 米光学望远镜、郭守敬望远镜、"中国天眼"、"悟空号"卫星、"慧眼"卫星、"羲和号"卫星、"夸父一号"卫星、中国巡天空间望远镜，以及"探月""探火""探日"等重大天文设施的研制和科学成果。

该作品全过程、全景式地记录我国天文学的发展历程，书写伟大时代，展示丰硕成果，盛赞天文伟业，歌颂时代英雄，弘扬科学精神。这是一部主题鲜明、题材独特、内容丰富、图文并茂的长篇纪实文学作品，也是第一部中国天文发展的文学通史。

天文学与其他科学一样，是为人类社会发展和人们生产生活服务的。天文学是最古老的科学，也是最前沿的科学。整个人类文明发展史证明天文学对于人类生存和社会进步具有极其重要的意义。相信这部通史式的中国天文发展三部曲，能为当今天文与航天事业的发展提供宝贵而深刻的启示，为科学知识的普及、全民科学文化素养的提高发挥积极作用。

欧阳自远

著名科学家，中国科学院院士、发展中国家科学院院士和国际宇航科学院院士，我国陨石学与天体化学领域的开创者，中国探月工程首任首席科学家。现任中国科学院地球化学研究所研究员，国家天文台高级顾问。兼任北京大学、中国科技大学、南京大学、中山大学、哈尔滨工业大学、浙江大学、中国地质大学等 16 所高校客座教授。其学术成果获得全国科学大会奖、中国科学院自然科学一等奖和科技进步一等奖、工信部科技进步特等奖、国防科工委个人突出贡献奖、国家科技进步特等奖，荣获全国劳动模范称号。2013 年，国际天文学联合会将 8919 号小行星永久命名为"欧阳自远星"。

目录

PART 1

上部 『裸观时代』的回望

当人类能够站起来，用自己的两条腿直立行走，就更容易扫视整片草原和丛林，并自由自在地仰望星空。

现在我们根本无法知道是谁第一个仰望星空，是谁第一个数了数天上的星星。我们只能这样说，从第一个人抬头仰望星空的那一刻起，人类便在探索宇宙的道路上迈开了步伐。

那时，人类还处于蒙昧时期，没有任何观测工具与设备，更没有天文望远镜，只能靠肉眼去观测。我们不妨将这个时期称为"裸观时代"。

"裸观"是先人的一个伟大壮举，对中国古代天文学的发展起到了重大作用，也为中华民族留下宝贵的精神财富。

第一章
周公测景

华夏始祖处蒙昧期望苍穹神秘莫测

圣者周公筑测景台开先河源远流长

·寻访札记·

天公作美，周公有灵。一抵达周公测景台，云
开了，雨停了，空气也是特别清新。进入星台院
落，有一面照壁，上嵌"千古中传"石额一方。照
壁对面是古典中式大门。大门两侧挂着一副木刻对
联：石表寓精心氤氲南北变寒暑，星台留古制会合
阴阳交雨风。跨进大门，一眼就能看到周公测景
台。我上前端详这一中国最古老的天文建筑遗址，
它通高4米左右，由石圭和石表两部分组成，用青
石制成，石柱为表，台座为圭。表的顶端为屋宇式
盖顶，南面刻有"周公测景台"。这五个字，让我
穿越时空，直奔那个遥远的时代……

（一）

华夏文明，始于农耕。

农耕赖于天象与天时。天象者，日月星辰之现象也；天时者，天地运行之时序也。

旭日东升，太阳给人类以光和热。远古人类首先注意到有关太阳的现象：太阳每天从东方的地平线上升起，又朝相对的方向移动并落下，于是，有了白天和黑夜；随着日子的推移，中午时候太阳在天空的位置高低不同。时间一长，人们注意到这种情形循环往复，具有一定的周期性。

至夜间，一轮明月挂长空。皎洁的明月，驱散人们对黑夜的恐惧，人们在欣赏月色的同时也关注到月相盈亏的变化及其变化的周期性。

抬头望，浩瀚的繁星，构成了灿烂而美丽的夜色。斗转星移，神秘莫测，人们对此抱有极大的兴趣，并且细心观察记录，天刚黑的时候，在正南方能看到的星星；黄昏时分，在西方看到的星星；拂晓以前，在东方看到的星星，并由此大体定出太阳在天空中的位置。

人类是智慧生物，他们的聪明之处主要是善于观察、记忆和总结。

上古时代的人们，看见太阳出来就开始劳动，到了太阳落下就回去休息；看见月面的圆缺，就知道时日的轮转，看见星球的出没，就知道昼夜的长短。

古代农民每到播种时期，常常看见甲星东升；到了收获时期，又常常看到乙星中天。这样的经验累积起来，人们就知道甲星东升是春天到了，乙星中天则是秋天到了；或丙星中天一定是夏天，丁星东升一定是冬天。

古代人们通过仰观太空、观测天象，可以知道节气的转变和时间的变化，可以知道方向的改变和自己所处的位置。这对古代人类的生产生活有很大的影响。于是，以观测为手段的天文学产生了，并成为人类历史上最早最发达的一门科学。

中国古代天文学萌芽于新石器时代。我们的祖先大约在六千多年前就开始对天文星象的研究。传说黄帝设"羲和"为天文官员，观测天象、制订历法、敬授人时。至夏商，人们已经发现北斗七星的斗柄指向同一年四季有着密不可分的关系：黄昏时，斗柄向下是冬至；天亮时，斗柄向下是秋分；夏至黄昏时，斗柄会指向上方。

时序轮回。经夏商至周代，我国进入有意识的目测时代，首创者乃圣者周公。

说到周公，人们自然熟知"周公解梦"的典故。而"周公解梦"并非"周公之梦"，而是"孔子之梦"。孔子在世时，曾频频梦见周公，他常对人说："久矣吾不复梦见周公。"以此表达自己对周代礼仪失落的喟叹。

"周公解梦"中的周公，姓姬名旦，是周文王姬昌的第四子。

周文王姬昌时期，国力逐渐强大，"天下三分，其二归周"，为灭商奠定了基础。文王崩逝后，其子姬发继位，史称周武王。

周武王圣明，对内重用贤良，继续启用姜太公为军师，并任命弟弟周公旦为太宰，召公、毕公、康叔、丹季等良臣各就其位、各展其长，可谓人才荟萃、政治清正。

周武王志向宏远，积极为灭商积蓄力量、准备条件、等待时机。对外想方设法争取联合更多诸侯国，不断扩大自己的势力范围，以便进攻商都朝歌，在丰水东岸建立新都镐京。

武王的同胞弟弟周公旦，足智多谋、文武双全。武王对周公旦颇为看重，从重要的军国大事到一些疑难小事，他总是亲自与周公探讨商量。武王即位当年的二月，就在丰地与周公秘密接触，他对周公直言道，余日夜考虑灭商这件事，想着怎样才能得到诸侯的积极响应与密切配合，一起参与行动并获得胜利。

周公思忖道，不必急于求成，当审时度势，择机而行之。

武王则深感焦灼，余以为推翻商朝的时机已到，决不能错失良机，就像夏去秋来，田地里的庄稼已经成熟，如果不及时收割，就有可能颗粒无收啊！

您千万别急，即使进入秋季，也还要选择收割的具体时日。周公劝说道，决定灭商时机和胜负的因素在于德。如今，我们最重要的事情是修身养德、顺敬天命、积极作为，同时巩固与各诸侯国的良好关系，不要冒犯，不露声色，顺时而行，择机而动。否则，局面就会难以收拾，甚至失控。

武王点头称是。但之后不久的一天，武王又把周公召到跟前，对周公说，余夜不能寐，常常戒备于殷人，可不知道采用什么办法为好。愿以求谋，从而恭听，为天下谋之。

周公允诺，一面顺德谋事，一面积极准备。

时机成熟后，周公果断辅佐武王，带领周军和各诸侯国联军起兵讨伐商纣王。周军与联军大胜，纣王于鹿台陷入绝境，身背珠宝玉器自焚。

公元前1046年，商朝亡，周朝立，定都于镐京，天下共主。

三年后的一天，周公夫妇正在家中弹琴，突然有人来报，武王病重，生命垂危。周公立即放下手中的琴，急急赶往宫殿。见周公到来，本来神志不清的周武王奇迹般地清醒过来，对周公喃喃道，余将不久于人世，而天下未稳，为国之大计，余有意传位于你。

闻此言，周公大惊失色，立即下跪痛哭道，武王并无大恙，不日便可康复。如有不幸，我愿以我身替武王而去，死而无憾。

武王示意周公起身，又言道，国之大任，非你莫属。

万万不可！万万不可！周公恳切道，国之礼制，父王所定，唯有遵从，切不可违反礼制。若此，天地不容啊！

武王闻之有理，不再坚持，静静地看着周公，欲言又止，不一会儿又昏睡过去。周公给武王盖好被子，轻轻退了下去。

几天后，武王驾崩。临终前，武王留下遗嘱，立13岁的姬诵为太子，命周公摄政辅佐太子。

周公摄政后，无微不至地照顾太子姬诵的衣食起居，悉心向他传授六艺，让其掌握宫廷礼仪以及从政治国之道，同时认真总结夏商灭亡的教训，提出"敬德保民"的执政理念，并身体力行，广招天下人才，关心民间疾苦，把国家治理得井井有条，出现了国富民安的兴旺景象。

然而，再好的形势，也会有人视而不见；再亲近的人，也会因嫉妒而心生歹念。

排行老三的管叔姬鲜不服周公摄政，到处散布谣言说，周公野心勃勃，必将取代天子，幼主危在旦夕。周公的九弟姬郑也在暗中应和，经常与人说，周公在此，吾等将永无出头之日，势必除之。一时间，朝中暗流涌动，谣言四起，人心浮动。

原来，武王灭商后，听取周公旦意见采取"以殷治殷"的政策，分封纣王之子武庚于殷，让他统治殷民，并派遣其兄弟管叔姬鲜、蔡叔姬度和霍叔姬处，在殷都附近建立邶、鄘、卫三国，以此监视武庚，史称"三监"。这就埋下了隐患。

看到管叔、蔡叔及其群弟对周公摄政不满，武庚趁机拉拢他们，企图发动叛乱。周公很快觉察到形势严峻，便派长子伯禽到"三监"地区打探虚实，并准备采取相应对策。而朝中老臣姜子牙、召公、毕公等人因受姬郑的挑拨离间，对周公产生怀疑，连幼主姬诵也对周公心存芥蒂。

这让周公处境艰难，内心十分痛苦。为证明自己并无野心，也为了试探姬鲜和武庚的虚实，周公对幼主姬诵和群臣说，自感难担重任，加之身体有恙，决定暂不摄政，计划回鲁国休养。不料姬诵和群臣并无挽留之意，周公便轻车简从，离开镐京。然而，离奇的事情发生了：

周公刚刚离开镐京，天空乌云密布，电闪雷鸣，风雨大作。顷刻间，城内外许多房屋倒塌，树木连根拔起，庄稼倒成一片，老百姓死伤无数……

朝廷上下惊慌失措。幼主姬诵一筹莫展，情急之下，只得命史官打开周公珍藏典籍的柜子，察之究竟。史官在里面发现了两件东西：一件是周公向上天祷告的文书，内容是周公希望上天能将武王的病疟转移到自己身上，用自己的一条性命来换取武王的长命百岁；另一件的内容是年幼的姬诵生了重病，周公认为开创周王朝所有的杀伐之罪都与姬诵无关，所以祷告上天，希望自己替姬诵受过。

幼主姬诵看完这两件东西，幡然醒悟，既愧疚又感动，于是放下了对周公的戒心，急忙派人去把周公请回。而此时，周公已经回到了自己的封地鲁国。当他得知幼主姬诵有意让他回朝继续摄政，开始有些犹豫，但思考再三，自己当以国事为重，便随即动身，回到了镐京。

奇怪的事情又出现了：周公刚进入朝中，镐京城内城外大雨即停，西风变东风，先前被吹倒的树木和庄稼很快直立起来，恢复了往日的生机。

老百姓额手称庆，口口相传：

周公旦能呼风唤雨。

他是天帝派来的使者，上通天文，下管地理。

他是咱百姓的福星。

以后天子不得不听命于他……

幼主姬诵闻此，信以为真，惶惶不可终日。周公看出了幼主的忧虑，多次向他解释道，天空广大，苍穹无垠，不是人为之所及，唯有听从天命，才能风调雨顺，国泰民安。

幼主问，何谓天命？

周公答，天命乃天道，上苍的意志和指令。

幼主不解，怎样才能知道上苍的意志与指令呢？

周公道，苍天无语，无法直接听到它的指令。

幼主以为周公不肯传授要义，便眉头紧锁，露出不悦的神情。周公见状，立即阐述道，虽然苍天无语，但它会通过天地间的种种现象，传达它的意志，告知它的规律。人们只要听从上苍的意志，按照自然界的规律而行，一切事情就可以和和顺顺、妥妥当当。

幼主似懂非懂，又问，怎样才能知道天地间的种种现象呢？

周公告知，天地间发生的种种现象，统称为天象，天象又可分为星象和气象。星象乃日月星辰、天体苍穹，气象乃风云雨雪、电闪雷鸣。通过观察，可以看到日月星辰的运行，看到天空云层的变化。

哦？什么变化？幼主瞪大眼睛追问。

周公细述道，太阳每天东升西落，月面每月圆缺盈亏，一年四季变迁，晴夜流星划过天空，这些常见的天象，早先人们都觉得惊奇。慢慢地，农民看见太阳出来就开始劳动，到了太阳落下就回去休息；看见月面的圆缺，就知道时日的轮转，看见星球的出没，就知道昼夜的长短。游牧民是移居就食的，白天走路，以太阳为指南；夜晚行动，则以星月作指导。这样的经验累积起来，后人就知道向南走则北极星渐低，向北走则北极星渐高。故而，仰观天象，就可以知道方向的变化，确定时辰，划分四季，知晓风雨。

幼主大悦，霍地站了起来，请求周公道，快快出去教我如何观察天象。

天子不用着急。周公解释道，观察天象，并非一朝一夕之功，也非随时可观。我准备在旷野开阔之地，选择一处，垒土筑台，以观天象。

待建成之后，备车马，择良机，请天子坐台观天，辨识天象。

好！幼主吩咐道，垒土筑台之事，从速而行，一日不可耽搁。

就在此刻，守门急报，伯禽归来。

周公大喜，遂与幼主一起召见伯禽。只见伯禽衣衫褴褛，面黄肌瘦。他在跪拜幼主和父亲后，讲述了他冒死逃离的经过，然后报告说，姬鲜不义，欲犯上作乱，竟与殷侯东夷勾结，图谋叛国，业已备足粮草，兵马待发，行将起事。

周公颇为震惊，随即果断道，姬鲜图谋已久，且不听规劝，一意孤行，是可忍孰不可忍！我将主动出击，亲自率军东征，平叛逆贼！

（二）

春夏之交，孟津渡口。

周公亲率十万大军驻扎于此。日前，周公派出使者前往对岸劝和，被姬鲜当场斩杀。今日，周公准备亲自出马，只身乘船去对岸与姬鲜做最后的和谈。太史辛公甲竭力劝阻道，姬鲜不仁不义，前车可鉴，周公万万不能贸然前往，否则后果不堪设想。

孟津渡口

周公道，事不宜迟，我必须立即前往，倘若劝和成功，则化干戈为玉帛，社稷之大幸；若不成，姬鲜必会扣押我，并亲率叛军过河与我军决战。

辛公甲担忧道，依我判断，姬鲜狂妄至极，决不会接受劝和。若此，姬鲜发兵强渡，大军压境，而我军群龙无首，乱了阵脚，必败无疑。

周公从容自若道，我旷观天象，细察地理，今日乃决战决胜之际，你们严阵以待，随机而动。

说完，周公便登船只身前往。到了对岸，周公被带入姬鲜的营房。

姬鲜见到周公，非但不向其施礼，反而盛气凌人道，你的来意不言自明，不必枉费口舌。

周公平和道，我这次来，并无他意，一是共商国之大计，二是畅叙兄弟之情，还望消除误会，和睦相处。

不谈这些！姬鲜怒斥道，时至今日，真相既明。你篡改武王之诏，攫取摄政之权，且在摄政之后，为所欲为，于幼主成王极为不利。我怎能坐视不管！

此言差矣！周公反驳道，武王早逝，成王年幼，我是担心天下人因武王逝世而犯上作乱、背叛朝廷，就按武王遗诏和生前托付，辅助成王处理政务，以期稳定周朝之大业。摄政以来，授幼主以六艺，处朝廷之要务，呕心沥血，日理万机，弘先王之伟业，求国家之稳定，祈民众之安康。试问，我之作为，于礼制有何不妥？于成王有何不利？

姬鲜一时语塞，稍后，又叫嚷道，我有言在先，不与你废话！

周公理直气壮道，我之所言，义之所在，道之所存，还望你我摒弃前嫌，握手言和。

哼！姬鲜冷酷道，我不会听你所言，更不会与你握手言和！

闻此言，周公怒火中烧，严厉责问道，我之言，你可以不听，可你总要遵从武王遗愿吧？总要遵从道德吧？

姬鲜不以为然道，我不与你虚言！

虚言？周公震怒道，德之所在，道之所依，国之所存。你不会连道德两字也不讲吧？

姬鲜恼怒起来，吼道，我不与你啰嗦了。既然讲道德，你必须好自为之，保全大周江山。

周公追问，如何为之？何谓保全？

姬鲜摊牌道，你必须立即交出兵权王符和摄政大权！否则我即刻发兵讨伐！

大逆不道！周公痛斥道，你竟敢违抗武王诏训，非礼非德，天道不容，罪责难逃！

姬鲜凶相毕露道，难逃者不是我，而是你！如若你今日不交出王符和权力，休想离开这里一步！

周公警告道，周军就在孟津渡口，随时待命，你若轻举妄动，决没有好下场。今日，我先礼而后兵，还望你三思而后行。

哈哈，你先礼而后兵，我则先兵而后礼！姬鲜喝令道，来人！传我命令，马上发兵，占据渡口，攻向对岸！

万万使不得！周公再三劝说道，双方交战，兄弟残杀，后果不堪设想啊！

你自食其果！姬鲜又令道，来人！将他拿下！

几个士兵一拥而上，把周公捆绑起来，押出营房，关在密室之中。

姬鲜旋即走出行营，登上战车，率领兵马直奔渡口。至此，只见河面风平浪静，再望对岸，只有少量士兵无精打采地巡逻，并不见大兵压境，姬鲜便得意道，周公旦虚张声势而已！接着大声命令道，过河，打过去！

随着姬鲜一声令下，叛军纷纷登上事先藏匿在渡口不远处的上百条船只，向对岸进发，势如破竹。

然而，叛军的船只还没到达河的中心，忽然，黑云翻墨未遮山，白雨跳珠乱入船。顷刻间，狂风暴雨不偏不倚向叛军船只袭来，许多船只被掀翻，船上的士兵纷纷落水……

看着这突如其来的景象，姬鲜顿时傻了眼，不知所措。

就在姬鲜不得不带着剩下的叛军挣扎退回时，暴风雨转眼就收场了。天空中的乌云，顺着风势而来，又顺着风势移去。不到半盏茶的工夫，雨过天晴，河面又恢复了平静，可叛军在河水中乱作一团，奄奄一息。

姬鲜逃回岸上，看着这惨状，准备实施救援。而此时，对岸千帆竞发，喊声震天。姬鲜见势不妙，只得带着部分叛军仓皇而逃。

让姬鲜没有想到的是，他刚逃回营地，却见周公站在他面前，神情自若，面带笑容，像是欢迎他凯旋一般。姬鲜惊诧莫名，呆若木鸡。

原来，姬鲜带兵离开后，被关押在密室之中的周公，说服看守，将他放了出来。而留守在这里的兵士，久仰周公大德，见到周公后，立即倒戈，听从周公指挥。

周公收起笑容，怒对姬鲜，严厉训斥，你犯上作乱，天地不容。唯有放下兵器，立即投降，才是出路！

姬鲜见追兵未到，非但不肯投降，反而举起大刀怒喊着，我先让你去见了阎王！

此时，埋伏在周公身后的士兵冲了出来，一面护卫着周公，一面与姬鲜血战。不多时，周军赶到，双方交战，叛军很快败下阵来。姬鲜走投无路，当场自杀。

看到姬鲜的悲惨下场，周公恨之痛之。虽然是他咎由自取，但毕竟兄弟情份尚在。周公走进自己的营帐内，失声痛哭起来。痛定思痛，周公感到只有彻底消除隐患，才能使悲剧不再重演。于是，他决定乘胜前进，继续征战殷侯武庚。

几经激战，武庚大败，周军全胜。又经过整整三年艰苦卓绝的东征，周公率周军先后消灭了追随武庚反周的薄姑、奄国和淮夷诸国，获得全胜，大大扩大了西周的版图，维护了周边的稳定与安全。

（三）

周公班师回朝，凯旋归京。然而，此时幼主姬诵和朝中百官对周公之举心存误解，因而对东征军既不欢迎，也无奖赏，对周公更是不冷不热。周公看在眼里，内心无比悲痛，但他不露声色，忠心辅佐幼主治国理政，善待百官，礼贤下士，广开言路，制礼作乐。

周公的行为感动了朝廷上下。慢慢地，幼主姬诵和朝中老臣、文武百官逐渐理解了周公的良苦用心，恢复了对周公的信任与信心。

面对天下初步安定的局面，周公继承武王的遗愿——"中天下而立，以经营四方"，着手在洛邑营建东都成周，以巩固周朝政权。

公元前 1039 年 3 月，周公亲自前往洛邑勘察建都基地。他不仅是西周出色的政治家、思想家和军事家，而且上知天文、下知地理，尤其善观天象。为了使新建的都城位于地的中央，他计划观天测景。

天文观测需要一定的观测高台，以便视野开阔地观测日月星辰，占候云物风向。相传黄帝有灵台，夏建清台，商筑神台。而周公要建一座真正的观天测景台。他认为，在浩瀚苍穹，北极星是众星之王，位于天的中央。那么，观天测景台就必须建在地的中央，度景以求地中。

天地玄黄，寰宇茫茫。一日，周公一行途经郑州西南约 70 公里的登封境内。这里北依嵩山，南濒颍水，天高地阔，风光秀丽。周公伫立于此，旷观远眺，仰望天空，不禁激昂道，天地之中在中国，中国之中在中原，中原之中就在我的脚下！

于是，周公下令在登封营建测景台，以测土深，正日景，求地中，验四时。他亲自设计测景台的方案，并与工匠一起营造。先建台子，后建圭，再建表。其测景台是一座呈覆斗状砖木结构的高台。台上设圭表。圭表分上下两部分：下部是圭，方形石座，上小下大呈锥体；上部为表，长方形石柱。

阳城形势，得天独厚。登台四望，天圆地方，乃天然形胜之地。周公站在测景台上，心灵为之一振，心胸顿时开阔，他兴奋地对大家说，我们用土圭测日影之法，测量土地四方的远近，校正日影，以求得地中央的位置。今测得的日影，长一尺五寸，这个地方叫做地中，是天地之气相和合的地方，四时之气相交替的地方，风雨适时而至的地方，阴阳二气和谐的地方，因而百物丰盛而安康，可以在此建立王国。

周公测景台

接着，周公又告知测量的原则和方法，圭与表应成垂直角度，圭表设置还必须与这里的子午线相吻合。观测日景的时间，必须在每天日中，这样日复一日，天天测影，把每天测量的影长数据记录下来，就可以根据每天日中日影的变化，得知季节的变化。

周公还把表影最长的那天定为"冬至"，这天中午，太阳直射南回归线，北半球的白天最短；把表影最短的一天定为"夏至"，这天日中，太阳直射北回归线，北半球的白天最长；在一年之中，把两个日影长相等、昼夜时刻相同的日子，分别定为"春分"与"秋分"。以此类推，一步步总结出二十四个节气。

测景台建成之后，周公根据所测位置，继续东行数十里，来到洛邑，全面勘察了建都地形，确定了营建规模，并且进行了占卜。在卜兆皆为大吉之后，周公派人把营建洛邑的地图和卜兆呈送给成王姬诵，旋即得到赞许与批准。

于是，周公选定大吉之日的清晨，向殷贵族和各诸侯国的首领号令道，根据测景台的观测，今日为甲子日，此地为地中之处。就在这里建立周朝新都，居天下之中，四方入贡道里均，且可屯兵八师，以安置殷民，统辖全国。

自此，大规模营建洛邑王城的工程开始了。从动工到初步落成，历时半年多，一座规模宏大的都城——洛邑王城建成。根据周公的周密安排，公元前 1039 年 12 月的一天，成王姬诵率领文武百官先到登封测景台观天测地，然后来到了洛邑新王城，为先王举行隆重的冬祭，然后入宫。

周公摄政七年，天下诸侯云集洛邑，举行成王登基大典。周公拱手将国家政权交给成王，自己甘居于臣位。数年后，周公积劳成疾，因病而亡。

先祖功业，遗泽久长。

周公不愧为周朝元圣、天文先驱，其思想成为中华传统文化的重要源头。而由他一手营造的登封测景台，拉开了中国古代天文目测时代的序幕。

这座遗存至今的测景台，比公元前 3 世纪至公元前 2 世纪所建的古希腊亚历山大天文台和罗德斯观星台，早了整整八百年！

第二章
屈原问天

神话传说亦真亦幻难解宇宙之真谛
屈原落难仰天长啸发问苍天抒情怀

· 寻访札记 ·

　　来到屈原故里，直奔屈原祠。从山门到正殿，有近三百级台阶。我冒着雨拾级而上，一口气登上最高处的屈原祠。站在祠前广场远眺，清晰可见壮观的三峡大坝。回望正殿，大门两侧柱子上悬挂一副对联：大节仰忠贞气吐虹霓天问九章歌浩荡，修能明治乱志存社稷泽遗万世颂离骚。我怀着虔诚之心走进正殿，殿堂中央矗立着一座高大的屈原铜像。我伫立良久，仿佛看到屈原忽而俯首沉思，忽而仰天长啸：问天、问地、问苍穹……

（一）

周公营建测景台，开古代天文观测之先河，但毕竟只是为观测天象搭建了一个最简易的平台，观测手段和水平十分有限。到了战国时期，天文观测有了较大的发展和进步，并出现了两个杰出的天文学家：石申和甘德。

石申和甘德都是战国时期的天文学家。他们长期通过肉眼观察天象，积累了大量天文资料，分别著有《天文》八卷和《天文星占》八卷。后人把这两部天文学著作合在一起，统称为《甘石星经》，这是现存于世的最早的天文学著作。书里记录了木、火、土、金、水五大行星的运行情况，并指出了它们出没的规律。同时还记录了800多颗恒星的名字，其中有120颗恒星被测定了位置，制成了世界最早的恒星表。

甘德还以占星家闻名于世，是甘氏占星流派的创始人，在当时和对后世都产生重大影响。他对于木星的研究极为精确，最早观察到了木星最大的一颗卫星。这一发现，比意大利著名天文学家伽利略用望远镜观察到这颗卫星早了近2000年。《美国百科全书》也确认，18世纪以前，太阳系的各个星体都是中国人发现的。石申和甘德可被视为世界天文学的"祖宗"。

然而，无论是圭表测影，还是肉眼观天，当时人们对于天象还是知之甚少。在漫长的岁月里，人类对于天空的认识始终处于懵懂的状态，既抱有深深的敬畏，又怀有满满的疑问。故而，人们仰望星空，无数次地寻觅，无数次地发问。

在古人的这些发问中，屈原之《天问》，无疑问得最多、最深沉、最发人深省！

屈原，约公元前340年出生于湖北秭归县。该县处于长江三峡的巫

湖北秭归县

峡和西陵峡中间地带，是一块神奇的土地，那里风景瑰丽，钟灵毓秀，堪称风水宝地，早在1万年以前，有人类祖先便逐步脱离原始群落，在这一带的玉虚洞里居住。

出身于贵族家庭的屈原，从小生活条件优裕，并得到良好的教育。他相貌堂堂，气质不凡，又生性谦和，颇有修养，平时喜欢独处，喜欢动脑，常常漫步在池边溪畔，仰视天空，凝思静虑，脑海里不时迸出各种各样的问题。常常因为想问题太过投入，路人与他打招呼也听不见。

屈原最大的兴趣爱好是读书，且博闻强识、过目不忘。这让父亲伯庸打心眼里喜欢，他常对屈原说，千经万典，治世为先；千言万事，效国为重。你要好好读书、多长知识，将来建功立业、服务众人、报效国家。屈原牢记父亲的嘱咐，胸怀大志，博览群书，潜心研读。

就这样，屈原一天天地成长起来。17岁那年，屈原已经不再满足于书本上学到的知识了，于是，他向父亲提出了一个大胆的请求，想走出家门，到外地游历，以开阔眼界、增长见识。

屈原的想法让父亲大吃一惊，儿子长大了！深谙读万卷书、行万里路之理的父亲，欣然同意了屈原的请求，并告诫屈原道，孩子，你有出门游历的想法固然是好，但千万不能满足于游山玩水，而应上察天文，下究地理，更要深入民间，体察民情。

我一定按父亲您的要求去做。屈原请教道，父亲，您看我这次出游去哪里为好？

父亲想了想说，你是初次出游，不宜走得太远，先去香溪如何？

我也是这么想的。屈原不无忧虑地说，那里虽然并不遥远，但人地生疏，不知能否达到预想的目的。

父亲安慰道，既然是游历，顺其自然就好，行走于天地之间，深入到生活之中，一定会有意想不到的收获。哦，对了，本家昭府就在香溪，你不妨去拜访一下。

在父亲的指点和支持下，屈原成行了。

香溪，长江的一条支流，发源于神农架，流过石灰岩裂缝，经洞穴过滤沉淀，水色如黛，澄清可掬，由北向南注入长江，交汇处清浊分明，相映成趣。相传，炎帝神农采药时曾在溪水里洗草药。这里奇峰竞秀，林海深深，云游雾绕。林间野花竞放，山中溪河纵横。正是这幽谷清溪、香花遍野的灵秀之地，形成了终年飘香的香溪。

香溪一带，不仅自然景色宜人，而且民风淳朴。来到这里，屈原饱览了绝美的山水景色，领略了周围村落的别样风情，还第一次参加了当地观察天象、祭祀天地的仪式。那天，人们选择良辰吉时，先是迎接天神，燔柴炉内升起烟火，以此将人间敬天之意传于上天。再到昊天上帝牌位前，行跪拜之礼。后至祖宗牌位前上香、叩拜。最后，对诸神行三跪九拜礼，并向天神、祖宗进献玉帛。整个祭祀活动，庄重肃穆，一丝不苟。参加祭祀活动后，屈原领悟到，民间观察天象、祭祀天地，其实是人们心理上的一种需求，以此感悟人神沟通，达到上下交感的精神境界，实现人与自然的和谐共生。

在接下来的日子里，屈原按父亲所嘱，去拜访本家昭府。

昭府坐落于香溪之畔、竹岛之上。该岛是斜卧于香溪里的一座小山。山不高，有仙则名。这里风景别致，坐北面南，三面环水，四季如春。岛上亦山亦坡、茂林修竹、浓荫蔽日、苍翠欲滴，故名竹岛。

香溪的昭氏，与屈家不仅是世交，且为至亲。如今昭氏的当家人昭明晖，是屈原父亲伯庸的表叔。他见到屈原一表人才、彬彬有礼，甚是高兴，盛情款待。之后接连几天，他与屈原促膝长谈，提出了许多天文地理方面的问题，屈原一一对答。老人啧啧称赞，从心底里喜欢上了这个后生。

昭府有个藏书楼，上下三层，草顶瓦脊，飞檐斗拱，窗高门大。室内摆满了书橱和书架，陈设琳琅满目。屈原对此地情有独钟，每天一早就来到藏书楼，翻阅各种书籍，查找一切资料，一边读一边记，不知疲倦。几天下来，就把中国自古以来的神话传说梳理了一遍，对历史、对天地、对人文产生了深深的迷恋。

一天，屈原正在专心抄录有关天文方面的资料，忽然有家臣过来叫唤道，屈少爷，老太爷请您过去一下。屈原闻之，立即随家臣来到老太爷的书房。只见老太爷端坐在书桌前，身边还有一位少女，秀发、柳眉、大眼、朱唇，犹如含苞待放的花朵。娴于辞令的屈原，见了这位陌生少女，竟然瞠目结舌。老太爷笑着对屈原说，今天叫你过来，是让你认识一下我的小孙女碧霞，她是我的心肝宝贝、掌上明珠。

老太爷说到这里，屈原与碧霞相视一笑，两人的脸庞同时刷地红了。看着两个年轻人含情脉脉的样子，老太爷窃喜。

之后，碧霞成了屈原的亲密伙伴，朝夕相处，形影不离。碧霞比屈原小两岁，皆为情窦初开之年。不久，这郎才女貌的一对，便双双坠入爱河。但两人并未一味浸于温柔之乡，而是将爱化作了无穷的动力，一起学习和讨论各种问题。有一次，碧霞突发奇想，提议道，屈原哥，你能不能把在书上看到的那些古代神话讲给我听听？

好啊！屈原笑道，不过，你看的书不比我少，你也得讲。

碧霞轻轻地握住屈原的手娇嗔道，讲就讲，你讲一个我讲一个，你先讲吧。

从盘古开天讲到女娲补天，从后羿射日讲到嫦娥奔月，洋溢着鸿蒙、壮阔的诗意，渗透着浓烈、美善的情愫。两位年轻人越讲兴致越高。最后，碧霞对屈原说，嫦娥姐虽然好，但我不做嫦娥。

屈原紧紧搂着碧霞说，我也不是后羿，我们永远在一起！

时间过得真快，游历的时间就要结束了。屈原与老太爷和碧霞告别，依依不舍离开了昭府。

游历结束后回到家中。不久，在双方父母及亲朋好友的见证下，屈原与碧霞喜结连理。从此，他俩夫唱妇随、琴瑟和鸣，过上了幸福美满的生活，继续着他俩对于天地人生的无限遐想。

（二）

战国时期，列国纷争，战火连绵。秦兵经常到楚国边境滋扰生事，他们抢粮食、劫财物、捉壮丁、虐妇女，杀人放火，无恶不作，弄得楚国百姓胆战心惊，生活在恐惧和贫困之中。

屈原看在眼里，恨在心头。公元前321年，屈原19岁，还没到弱冠之年，就在家乡拉起抗秦队伍，与秦军展开战斗。由于屈原文武双全、智勇过人，常常将秦军打得溃不成军，不敢再来冒犯，自然赢得大家的信服和拥戴，很快成了当地的抗秦领袖，闻达于四乡八邻，并引起了楚王的注意。不久，楚怀王下了诏书，召屈原入王都为官。

金秋时节，屈原带上他最喜爱的书籍和两个随从，告别家人，告别家乡，走出三峡。在去往郢都的路途上，屈原特意绕道登封，兴致勃勃地登上周公测景台，久久仰望天空，观察天象。而他在这里看到的一切，与在家乡看到的别无二致，便想，当年周公在这里观天测景，是否能真正看清天象、获得天机呢？

来到郢都，屈原第一次看到高耸的城墙、高大的棘门、宽阔的道路、繁华的街市，他伫立观望，心潮澎湃。在宫人引导下，他怯生生地进入宫中。安顿下来之后，他整整三天闭门谢客，把之前就准备好的治国之策和改革方案又梳理了一遍，字斟句酌，加以完善。

终于到了怀王召见的日子。那天傍晚，内侍传召屈原到兰台宫，怀王的书房。一踏进书房，屈原还没有来得及下跪行礼，怀王就在案前站起来，和颜悦色道，屈原，不必拘礼，我们好好谈谈。怀王让屈原坐在书案前，面对面交谈。

怀王的举动，让屈原既感受到了他的亲切，又觉察到他听取治国之策的急迫，便开门见山道，大王，在下不才，但对治国安邦、振兴楚国之事思考已久，有着许多的想法。

怀王看屈原儒雅端正，甚为赏识，勉励道，寡人早就听说你有雄才大略，故而召你进宫，委以重任。今夜单独召你来寡人书房，就是为了让你畅所欲言。

屈原胸有成竹道，如今天下形势，各国争霸，真正具有实力者，只有秦国与楚国。而秦楚相比，秦在前楚于后，故而当务之急，是让楚国富强起来，赶超秦国。

此言极是！怀王问，在你看来，怎样才能让楚国富强起来？

屈原肯定地回答道，唯有变法改革，楚国才能走上富强之路。

变法？改革？怀王追问。

是的。屈原说，大凡历史上那些由弱变强、由强更强的国家，无一不是从变法和改革开始的。屈原列举了商鞅实施变法，楚庄王实施法治进而使国家中兴、长治久安的例子，阐明改革的重要性。接着，他又向怀王分析了楚国实施变法改革的有利条件和最佳时机……

屈原滔滔不绝地讲着，怀王默默地听着，不知不觉中，外面传来了鸡鸣声，怀王见屈原毫无倦意，便说，我知道你还有许多话要说，但天快亮了，我们就谈到这里吧。怀王站起来，又说道，今天听你所言，寡人甚为赞同，希望你把这些变法改革的设想梳理出来，形成条文，以供商议之用。

得到怀王的认可，屈原心里的改革火焰升腾起来，恨不得趁热打铁立即行动，但他很快冷静下来，告诫自己要记住父亲的教诲，把握好分寸，于是便起身道，遵从大王旨意，我将在数月之内拿出一整套具体方案。说完便向怀王告辞。

虽然变法改革的想法早已成熟于胸，但要变成严密的方案和法律条文，还要经反复论证、仔细推敲。屈原夜以继日、苦思冥想，花了近三个月的时间，终于完成了改革方案和新法令的制订工作。

当怀王拿到这份沉甸甸的改革方案和新法令，立刻认真地翻阅起来。阅毕，他兴奋异常，太好了！太好了！当天，他就将文武百官召集起来，讨论改革方案和新法令。但令怀王没有想到的是，大家一听说是来讨论屈原提出的改革方案和新法令，如同炸开了锅，一片哗然。

令尹司马子椒阴阳怪气道，我先不看改革方案是个什么东西，先问一下屈原凭什么弄出这么一个东西来？

上官大夫靳尚则暴跳如雷，严厉道，我刚才粗粗一看，不堪入目啊！什么改革？什么变法？简直不知天高地厚，无法无天，拿国家大事当儿戏，我决不同意！

两位重臣这么一说，文武百官纷纷附和，朝会上一片反对声。

同样令大家没有想到的是，一向温文尔雅的怀王竟拍案而起道，好了，变法与改革乃大势所趋，寡人决心已定，不可动摇！从今天起，大家同心同德推行变法，不得非议，不得怠慢！他向大家宣布，任命屈原为左徒，位列三公。

作为左徒，屈原位高权重，责任重大，既抓内政事务，又抓变法改革。由于得到怀王的信任与支持，屈原推行改革的重点是彰明法度，抑制豪吏，让利于民。同时，改革用人制度，举贤任能，奖励军功，注重外交。

通过一系列的改革，楚国很快就发生了天翻地覆的变化，出现了中兴局面。而且，在屈原的努力下，六国结成同盟，怀王成了盟约领袖。因此，怀王对屈原更加倚重与偏爱。

然而，司马子椒和靳尚他们看在眼里，恨在心中，一是嫉妒屈原的才华，为怀王所重用；二是屈原所推行的变法和改革，触动了他们的利益，并威胁到他们的地位。所以，屈原成了他们的眼中钉、肉中刺。他们表面上支持改革，暗地里却想方设法诋毁、阻止和破坏屈原所推行的变法改革，在文武百官和贵族中列举改革的种种弊端，煽动对改革尤其是对屈原的不满情绪，同时寻找一切机会在怀王面前说屈原的坏话，挑拨怀王与屈原的关系。而怀王恰恰是耳根软的那种人，听多了，慢慢地对屈原和他推行的改革产生了怀疑，逐渐与屈原疏远了。

就在这时，秦国见楚国在屈原推行的变法改革下经济发展、国力增强，且实行六国结盟，当起了盟主，便产生了危机感，于是，秦王便派张仪出使楚国，试图拉拢楚怀王，以达到破坏六国合纵之目的。

张仪到楚国后，先是拜访了与秦国暗中勾结的靳尚。靳尚为张仪出谋划策，并提供了一条陷害屈原的计策。果真，在靳尚与张仪的一番操作下，怀王答应从今往后，楚国与齐国一刀两断，与秦国永结兄弟之盟。

万万不能，万万不能！屈原闻之，便在朝会上进言道，大王，张仪来访，别有用心，他们答应归还商於的六百里地是假，其目的不是为了秦楚结盟，而是为了破坏六国合纵，达到他们各个击破之目的。大王千万不能上当受骗啊!

屈原!你说话太过放肆!靳尚责问道,大王就这么容易上当受骗吗?

张仪立即诬陷道,要说上当受骗的是我。昨天,我拜访屈原,他一口答应秦楚结盟,还向我索要一双白璧,而今天却说大王上当受骗,真是有失体统!

原来如此!怀王顿觉脸面全无,又气又恨,当即下令道,罢黜屈原左徒之职,降为三闾大夫,立即出宫,不得参与朝政!

屈原被赶出宫后,楚国非但没有拿回商於的六百里地,反而一步一步地落入秦王设好的陷阱:先是齐楚交恶,秦齐结盟,共谋伐楚;后是秦楚开战,楚国大败;再是秦与齐、韩、魏联合攻打楚国,把楚国打得山河破碎、百姓流离失所……

闻知楚国发生的一幕幕悲剧,流放于千里之外的屈原悲愤交加,但又无可奈何,只得苦中作乐,寄情山水,作诗言志,写下长诗《离骚》,以表达诉不尽的忠怨之情和虽九死其犹未悔的报国决心。

居庙堂之高则忧其民,处江湖之远则忧其君。但屈原的爱国之情报国之志皆为枉然。怀王听从靳尚等人的蛊惑,亲自前往秦国赴会求和,却被囚于秦国,最终客死他乡。

怀王灵柩运回郢都之日,楚人扶柩痛告,既为怀王之死而悲伤,也为国家耻辱而悲愤。屈原见之,更是痛苦不堪,他想到怀王在位 30 年也曾推行改革,做过许多有益的事;他想到怀王与自己的君臣之情、共事之艰,情感如潮水般奔涌。他在心中呼唤着,呼唤怀王的灵魂归去来兮,不要去东南西北游荡,也不要去天堂地狱栖息,楚国才是怀王的故土,宫廷才是怀王的乐园。

楚怀王死后,太子熊横继位,称楚顷襄王。屈原给顷襄王提交奏章,盼大王意志坚定,励精图治,牢记国耻家仇,果断与秦国断交。靳尚等人则在顷襄王面前挑拨离间说，屈原攻击大王认贼作父、卖国求荣、不忠不孝，不配做楚国的国君。顷襄王闻之大怒，下旨革去屈原三闾大夫之职，并将其放逐到江南荒蛮之地，永远不得再踏入郢都半步。

接二连三被诬陷、被放逐，使屈原心灰意冷，对楚国君王失望至极，他只能无奈地坚守着一腔爱国之情，等待报国之机。然而，更大的不幸袭来——楚国郢都被秦国攻占。得知城破国亡，屈原再一次受到沉重打击，他将悲愤之情诉诸笔端——

> 皇天之不纯命兮，何百姓之震愆。
> 民离散而相失兮，方仲春而东迁。
> 去故乡而就远兮，遵江夏以流亡。
> 出国门而轸怀兮，甲之朝吾以行。
> ………

他一口气写下了《哀郢》《怀沙》两部作品。

（三）

也许是这两首诗让他彻底宣泄了内心久藏的忧郁与愤懑，屈原的性情从此开始发生了很大的变化。他不再像以往那样每天到老百姓中去谈天说地了，而是闭门谢客，整天一个人待在院子中，愣愣地望着屋顶出神。

后来一段时间，他又常常不告知仆人，独自一人出门，漫无目的地到处游荡，有时在汨罗江边漫步，有时爬上山顶眺望远方。夜里，他又伫立在离家不远的高阜上，久久地、久久地仰望星空。

此时，屈原总会情不自禁地想起他与碧霞讲过的那些关于天地间久远的传说。对于这些上古传说，屈原曾经抱有极大的兴趣，甚至有时信以为真。但现在，他对这些产生了怀疑——不仅是对传说产生了怀疑，而且对上苍产生了怀疑。于是，他苦苦地思索着苍天与人间、天象与天命、天地与万物、历史与现实……

路漫漫其修远兮，吾将上下而求索。越思索疑问越多，疑问越多越要思索。经过日日夜夜的观察与思索，屈原终于按捺不住心中的激愤，他要用诗的形式向天发问了！

于是，屈原写下千古奇诗《天问》。

或许屈原不是第一个向天发问的人，但他是第一个将自己向天发问的内容记录成诗的人。《天问》承载了从天地初开到屈原所处年代的170多个问题，全诗共有373句，1560字，句式多为四言，兼有三言、五言等，观之错落有致，读之跌宕起伏。

一个落魄的多愁善感的孤独生命，发出的微弱的声音，不，是用全部生命力量发出的呼声，似乎无法打动当政者，无力改善国计民生，却感天动地，回荡苍穹。

屈原在《天问》中对天文有相当丰富的想象力，这当然不是一个人能想象出来的，他综合了古人的思想成果，继承了古人对天的认识，因此，《天问》以及后学形成了中国天文学的一支源流。

那么，屈原的《天问》中与天文学直接相关的内容有哪些呢？

> 远古开始情形，是谁传说至今？
> 天地尚未形成，何从考察究竟？
> 明暗还没分别，谁能彻底弄清？
> 只有浑沌气象，怎么识别分明？
> 昼夜如此更替，遵照谁的命令？
> 阴阳和天，三者结合，

什么为本？怎么变化？

圆天共九重，是谁度量过？

如此大功绩，是谁所创建？

旋转的绳索系在哪里？

天边又架在什么地方？

八柱撑在何处？

地东南为何亏损？

九天的边界怎样放置，如何衔接？

相接的拐角，谁知道有多少数目？

天与什么相合呢？

十二次又怎么分的呢？

日月怎么系着的呢？

众星又怎么陈列的呢？

日从汤谷出来，又落入蒙汜，

从早到晚，共走多少里？

月亮有什么才能，怎么能死而复生？

它想得到什么好处，而把兔子藏在腹内？

什么地方关闭，天就黑下来？

什么地方打开，天就亮起来？

共工大发脾气，地为什么会倾向东南？

大地的东南和南北，究竟哪一边长呢？

椭圆形的大地，面积有多大呢？

天地四方的门，谁从那里出入呢？

西北方的门打开，什么气从那里通过呢？

太阳为什么照不到一些地方？

神龙衔烛在那里照什么？

太阳还没有升起的时候，

若木花为什么发出了亮光？

什么地方冬天温暖？

什么地方夏天寒冷？

……

屈原是一位诗人，而不是天文学家；是一个询问者，而不是解答者。在那个时代，屈原之《天问》当然不可能有答案。屈原不过是借着向苍天发问，来责问人间世事，反思严酷现实。但在客观上，屈原之问天，提出了许多天文学上的重要问题。

在科学上，提出问题往往比回答问题、解决问题更为重要！

江南几度梅花发，人在天涯鬓已白。垂暮的屈原，老态龙钟，面色憔悴。他常常披头散发、神魂颠倒，在汨罗江畔的长堤上边走边吟，反复叨念着这样两句诗：

举世皆浊啊，而我独清；

众人皆醉啊，而我独醒。

一渔父见到屈原这副孤独无助的模样，甚是心疼，便上前对屈原哼哼道：

举世都变得混浊肮脏，

你为什么不随波逐浪？

大家都喝得酩酊大醉，

你为什么滴酒而不尝？

这让屈原顿时清醒了过来，便问渔父，你吟的是什么诗？

渔父笑着告诉屈原，我哪里会吟诗呢，只是信口开河而已。你若感兴趣，我不妨为你再唱一首。

好的，好的。屈原连连点头。

渔父清了清嗓子，放声唱了起来：

> 小小渔船长又长，
>
> 悠悠飘荡汨罗江。
>
> 要是有人说它方，
>
> 我就说它像张床；
>
> 要是有人说它圆，
>
> 我就说它像月亮。

屈原竟被渔父的歌声逗乐了。过了一会儿，他却一本正经对渔父道，你唱的歌真好听，不过，照你这么说，这世界上的事情都得随方就圆，用不着分个青红皂白、是非曲直啦？

渔父摇头道，恕老夫直言，你想分个清楚，谁给你说个明白呢？

屈原顶真起来，正色道，我宁愿纵身一跃，跳入江中，葬身鱼腹，也决不与那些是非颠倒、香臭不辨、无德无能、无耻至极的鼠辈小人同流合污、沆瀣一气！

渔父闻之，只得无奈地摇摇头，不再言语。

公元前278年夏，战争阴影笼罩着郢都，而汨罗江两岸却似乎是一片世外桃源。

一天，一群难民推车挑担、扶老携幼，从很远的地方向汨罗江的长堤奔来。屈原发现后，便上前问道，你们是何方人氏？从哪里来，往哪里去？

难民中有人认出了屈原，立即跪地痛哭，悲愤欲绝。

屈原投江处

屈原扶起难民，追问实情。

难民哭诉道，立夏刚刚过去，秦国将领白起就挥师南下、长驱直入，逼近郢都城下。楚国君臣不是组织抵抗，而是带着宫里的金银珠宝和他们的嫔妃宫娥，仓皇逃出郢都。那些军队的将士们见君臣都逃跑了，失去信心，无心再战，也纷纷弃城逃跑。在毫无抵抗的情况下，秦国军队一鼓作气，迅速登上龙门城楼，把楚国的王旗一把火烧了，而将秦国的王旗插在了龙门城楼上，接着侵占全城，实施烧杀抢掠……

屈原闻之大惊。他疯狂地奔跑着，雄狮般地怒吼着——

楚国完了！江山倒了！

霎时间，天空乌云翻滚、电闪雷鸣。

闪电像一把利剑划破长空，雷声如火山爆发震撼大地。

屈原撕心裂肺、怒目圆睁，抱起树下一块岩石，大步冲下长堤，纵身一跃，跳进汨罗江……

屈原离开了人世，留下了《天问》，留下了人世间的种种疑惑，留下了天文学的诸多课题。

《天问》不朽！

第三章
史记天文

司马迁究天人之际作史记成无韵离骚
天官书集天文史料之大成乃百科全书

·寻访札记·

　　自坡下至山顶，我先参观了司马迁祠。站在祠前凭栏俯视：黄河绕于前，芝水漾于左，西枕梁山岗，南临千仞壑，其气势之雄，景物之胜，给人以人杰地灵之感。进入祠堂，虽建筑规模并不大，但其格局和气派与司马迁的人品、宏文一样，卓然不群。走出祠院的后门，只见司马迁的墓茔掩映在苍松之中。我静静地绕墓一周，思绪激荡万千，不禁想起臧克家的一句诗：有的人活着，他已经死了；有的人死了，他还活着。是的，司马迁还活着，他的高尚人格和伟大功绩永远为后世景仰。

（一）

如果说屈原的《离骚》是中国古代最长的抒情诗，那么司马迁的《史记》就是中国历史上最早的纪传体通史；如果说屈原的《天问》是向上苍悲怆的发问，那么司马迁的《天官书》可称得上中国最早的天文学百科全书。

滚滚黄河，源远流长。它是中华民族的摇篮，中国人的"母亲河"。黄河之水天上来，在它穿行的神州大地上，孕育了灿烂夺目的中华文明，培育了灿若星辰的杰出人物。司马迁就是这星辰大海中的一颗巨星。

公元前145年，黄河西岸的夏阳县高门里，一个小康之家喜得贵子——司马迁出生了。小时候，司马迁生活在韩城龙门。这里地处黄河岸边，群岳起伏，山势高耸，河流奔涌，风景壮丽，被誉为"韩原

韩城

奇观"。

少年司马迁耕牧河山之阳，常常帮助家里干活，种庄稼，牧牛羊，从小就积累了一些农牧业知识，养成了勤劳刻苦的好习惯。

司马迁的祖父司马喜，在汉文帝时期用四千石粟米换取了九等五大夫的爵位，全家因此得以免于徭役。父亲司马谈是史官，他指导司马迁从小学习古代的史书。一日，父亲把司马迁叫到跟前，亲切地对他说，我最近公务繁忙，没有时间教你看书，你自己也整天都在外面放羊，没有工夫学习，现在趁着饭还没有熟，我就教你读书吧。

好啊！司马迁很是乐意。于是，父亲就开始教司马迁读《左传》上的一篇文章。

司马迁却说，这篇我已经看过多次了，还可以背下来。接着，他就高声背诵起来："十年春，王正月，有星出于婺女。郑裨灶言于子产曰：七月戊子，晋君将死。今兹岁在颛顼之虚，姜氏任氏实守其地，居其维首，而有妖星焉，告邑姜也，邑姜，晋之妣也……"

司马迁一口气背下了全文，竟一字不错，令司马谈非常惊讶。他便考问儿子道，此文讲的是什么呢？司马迁胸有成竹地回答道，有星出于婺女，这颗星被称为客星、妖星，是国君死丧之兆。以前居住在齐地的逄公死亡时就有妖星出现过，所以，这次妖星的灾兆将应验在晋国国君身上，后来果然证验。

你相信这种现象会真的出现吗？司马谈想考一下儿子是否真的理解了。

司马迁略加思索道，客星未必妖星，妖星未必死人。

两个"未必"，让司马谈不敢相信儿子小小年纪竟有如此见解，更不敢相信司马迁是神童，可究竟儿子是怎么背下来的，又怎么会有如此认识？他百思不得其解。

第二天，司马迁赶着羊出门了，父亲就悄悄地跟在后面。司马迁翻过了村东的小山，又趟过了山下的小河，来到了一块水草丰盈的洼地上，他把羊赶过去吃草，自己则躺在草地上，从怀中掏出了一本书，开始仔细阅读起来，逐字逐句认真地诵读，接着把书合上，仰望天空，凝神思考良久。

父亲目睹这一切，感到非常欣慰，也明白了司马迁为什么能够背诵并理解史书了，不禁自言自语道，孺子可教！孺子可教！从此之后，司马谈悉心辅导儿子读书。

汉武帝建元年间，司马谈独自来到京城长安任太史令，而司马迁没有一同前往，留在老家继续过着耕读放牧的生活。等到成年之后，他与家人离开了可爱而熟悉的家乡来到京城长安，与父亲生活在一起。全家得以团聚，这让司马迁倍感幸福。

不久，父亲把司马迁叫到身边，语重心长地对他说，你从小好学，小小年纪已学有小成，父亲替你高兴，但是，读万卷书只能得到抽象的知识，这是很不够的，因为书上的东西毕竟不是你亲眼所见、亲身所得。你还要行万里路，去游历，去看看外面的世界，到社会生活中领略浩渺风烟，读无字之书，得到真情实感和实际知识。

那太好了！司马迁一阵激动，敞开心扉道，我早有这个想法，只怕父亲不会同意，哪晓得父亲主动提出，正合我意，儿当随即动身，早行万里路，多读无字书。

不必如此心急。父亲告诫道，游历不是游玩，行万里路不是走马观花。你要好好做些准备，做到有的放矢。

有的放矢？司马迁疑惑道，请问父亲目标何处？目的何在？

父亲指点道，效往圣周游四方，寻访古代遗迹，走遍千山万水，搜集遗闻古事，网罗放失旧闻；还须身体力行，深入社稷，访问民间，观其行事，问其长老，察其实际，天文地理，俚语风俗，皆收入耳目，谨记于心，笃之于行，进而通古今之变，究天地之机。

司马迁顿悟道，父亲之言，让儿茅塞顿开，豁然开朗，我当好好准备，择时而行。

（二）

20岁那年，司马迁开始游历天下。他要用自己的脚和眼睛，使以前读过的典籍活起来。他要用辽阔的空间，捕捉那悠远的时间。于是，他收拾行装，从长安出发向东南而行，先出武关，再到宛地，又南下襄樊，来到了江陵。渡江之后，溯沅水至湘西，然后马不停蹄，直向东南，到达九嶷山。察看九嶷山后便北上长沙，之后来到心仪已久的汨罗江，追寻屈原的足迹。

在这里，他久久地伫立于屈原投江处，俯视江水虔诚凭吊，仰望苍天深沉思索，思考着古往今来的历史变迁，怀念着屈原，不禁悲伤涕流，他仿佛听到了屈原向天的声声发问：

> 远古开始情形，是谁传说至今？
> 天地尚未形成，何从考察究竟？
> ……

就在此时，司马迁突然想到，要去登封看看周公测景台。对于天文，他从小就抱有极大的兴趣，在他心中有着许多与屈原一样的疑问，但他深知，仅仅存有疑问，或者向天发问，是很不够的，还必须像周公那样，去观测天象，并从观测中寻找答案。

于是，调整路线，继续前行。在经过漫长的路途后，司马迁终于来到登封，先瞻仰许由坟墓，后造访周公测景台。他登台仰望苍穹，眺望四方，又亲自动手用圭表进行测量。晚上，他详细查阅留存的观测数据，并与这里的守护人彻夜长谈，了解到了许多有关天文的历史和知识——

早在公元前 9000 至前 8000 年，黄河中游地区和长江下游的氏族区域，就开始有了原始农业。有了原始农业，人们就开始了对天文的探索。当时人们已经有了观察天象以判断方位的天文知识。由于没有观测仪器，先民会用兽皮、龟甲、石刻等方式记录观测结果。黄帝让羲和占日、常仪占月、臾区占星气，又让伶伦造律吕、大挠作甲子、隶首作算数，再让容成综此六术而作调历。伏羲仰观象于天，俯取法于地，始作甲历，详定岁时，使干支相配，年而不乱。

从西周末到战国，是占星术产生、发展的时期。那时，灾害频发，战乱不止，人们生活很不稳定，故而尤为相信天命，信奉占星术。尽管占星术曾盛行一时，但毕竟满足不了当时农牧业生产的需要。所以，随着观测水平的提高、观测工具的改善和历法的不断发展，占星术必然会被逐渐淘汰，真正的天文观测开始孕育。

古代观象授时工作，就是适当安排日、月、年的关系，也就是编制历法，使天文观测进入实用的阶段。天文观测需要一定的观测高台，以保证视野开阔、不受阻挡，以便能清楚地观测日月星辰，占候云物风向。早在我国古代，天文机构——观象台的模式就已经产生和建立。黄帝时设灵台，至周公始建测景台，这便是我国天文学的起始……

经过实地考察和深入交流，司马迁对我国天文观测和天文历史有了更多的了解，他一方面对周公建立测景台的举措表示由衷的敬佩，另一方面又对周公所测定的地中表示怀疑，他暗下决心，将来有机会的话，一定要在天文方面作深入的观测与研究。

离开周公测景台，司马迁经开封，返回长安。这次游历考察，司马迁兼有历史学家、文学家和天文学家的兴趣，他并非只是去捕捉帝王将相走过的足迹，进入他视野的、装入他脑海的，是屈原行吟泽畔、贾谊湘水凭吊、孔孟周游天下、战国公子好客养士、陈涉鸿鹄之志、张良锥刺秦始皇、韩信少时落拓、楚汉风云际会，以及江南民间的养龟导引、乡间黎民的俚语风俗……

到家后，司马迁向父亲详细汇报了这次出游的所见所闻、所思所想，尤其谈到，出游中一个深切感受是，世间一切人事之优劣、之变化，无不与天文有关。故而以后想以天文为业。父亲听后甚是高兴，赞同道，天文乃农之导、民所依，你若有此志向，父亲将为你创造条件，但你还须经过多方面的实践锻炼才是。

不久，因为父亲司马谈的缘故，司马迁迁仕为郎中。后随汉武帝东行，途中，司马迁奉命出使西南，被派往巴、蜀以南筹划新郡的建设。第二年，司马迁回朝向武帝复命。

元封元年，春末夏初。封禅大典在泰山之巅隆重举行。司马谈身为参与制定封禅礼仪的官员，却因生病留滞在洛阳，无缘前往参加。他为此颇为懊恼，郁郁寡欢，以致病情不断加重，身体每况愈下。

司马迁在完成出使西南任务后，正赶往泰山参加封禅大典，途中得知父亲病情，十分焦急，就先赶到了洛阳，面见命在旦夕的父亲，嘱医全力救治，却无回天之力。弥留之际的司马谈看着志向远大且已经能够独当一面的儿子，悲哀中有些许欣慰，仿佛看到了希望。他激动不已，拉着司马迁的手，含泪道，儿啊，父亲不久将撒手人寰，好在你赶在我离世之前来到我的身边，我有许多话要与你说。

司马迁跪在父亲的床前，痛心道，父亲万万不要这样说，你的身体一定会得到康复，儿子天天侍候在旁，聆听你的教诲。

天命不可违啊！司马谈让儿子坐到他的床边，略为镇静道，人死不足惜，后继有人就好。你要知道，我们的祖先远在上古虞舜夏禹时期，就曾是周朝的太史，主管天文，取得过显赫的功名。后来因故慢慢衰落了。而我光复祖先之业，事有所成，千万不能因我而去，断送了振兴后的家业。

不会的，不会的。司马迁反复安慰父亲，你开创的家业不会中断，一定会延续下去的。

这正是我现在的唯一愿望。司马谈深情地望着儿子道，你如果能继为太史，就可以继承祖先的事业，光宗耀祖。如今，天子赴泰山封禅，继续开拓汉朝千年一统的伟业，而我不能从行前往，真是错失良机啊！我死以后，相信你一定会任太史。希望你不辱使命，承担起太史职责，尤其不能忘记的是，一定要编写好那些史书论著啊！

司马迁含泪道，儿子定会按照父亲的要求去做。

这时，司马谈似乎想起了什么，交代道，对了，你曾与我说过，你有志于天文，这正是太史职责之所在，而且是其中十分重要的事，你务必精心研究，梳理时序，详记备述。你不是去过周公测景台吗？天下之所以称颂周公，是因为他弘扬文王、武王之功德，继承他们的遗风，让人们永远记住他们开创的功业和不朽思想，世世代代受到尊崇。但后来世道多变，王道日益衰落下去，以致礼乐崩坏、道德沦丧。有鉴于此，孔子倾其一生，研究文献典籍，以复兴日益衰落的王道和礼乐，整理《诗》《书》，著作《春秋》，从而使古籍典章得以留存，长久流传于世，真是功德无量。至今文人学者都以此为法则。你要以先贤为榜样，上究天文，下察地理，贯通古今，以史济世，为民造福啊！

司马迁默默点头，把父亲的每一句话都牢牢记在心间。

谈着谈着，司马谈心力交瘁，但还是强打精神，继续嘱咐儿子道，你是孝子，孝从侍奉双亲开始，再侍奉君主，最终立足社会，造福生民，积德行善，扬名于世，光耀祖宗，这是最大的孝。他停顿了很长一会儿，又吃力地说，从鲁哀公至今，已经过去了四百多年，其间诸侯纷争，各方混战，社会混乱，使史书大量丢失，文献记载被迫中断。而如今，海内得到初步统一，汉朝宏业逐渐兴起，那些贤明君主、忠臣贤士的功德、伟业和事迹，亟待记载与评述，而我作为太史实在力不从心，无法履行自己的职责，中断了国家的历史文献，对此，我深感不安。儿子你一定要牢记心间，替我去完成啊！

父亲的话让司马迁心如刀绞，低头流着眼泪说，儿子虽然不够聪慧，但一定牢记父亲的嘱托，努力早日全部完成编撰历史的计划，决不会有半点怠慢和丝毫的缺漏。

司马迁的一番话，给弥留之际的父亲带来了莫大的慰藉。就在那天深夜，司马谈安详地离开了人世。

（三）

办完父亲的丧事后，司马迁没有来得及前往泰山参加封禅大典，便回长安任职。任职期间，正逢汉武盛世，事业顺风顺水，且有机会结识了汇聚于长安的天下仁人志士，其中对司马迁影响最大的是董仲舒与孔安国。孔安国是孔子后代，他家中藏有《古文尚书》十余篇，自己则兼通今古文学。司马迁常常受教于孔安国，一方面学习和探讨古文经学，一方面掌握考证历史真伪的方法。

公元前108年，司马迁果然当上了太史令。他无论是阅历还是修养，均已趋向成熟。此时，也正是汉武帝事业的高峰时期，司马迁对事业、对前途充满了美好的愿望，他以极大的热情，日夜竭力工作，立志为大汉王朝大干一番。

在此期间，司马迁与太中大夫公孙卿、壶遂等上书汉武帝，提议抓紧实施历法改革。他们认为，沿用至今的秦始皇时代修订的《颛顼历》，其误差长期不断积累，据此预报的朔望、节气时刻等，已与实际天象发生的时刻相去甚远。

汉武帝听取了司马迁他们的意见，同意进行历法改革，便诏令司马迁等"议造汉历"，并征召全国著名天文学家二十余人参与，有侍郎尊大、典星射姓、治历邓平、长乐司马可、酒泉侯宜君、方士唐都、巴郡落下闳等，发挥各人所学专长，统一安排，分工合作。最终共制订了10余部历法，即10余种推行方案，经过严格筛选，决定采用《邓平历》。司马迁主要参与了安装仪器、测量等工作，为制订新历做了重要贡献。

汉武帝在明堂举行了盛大隆重的颁历典礼，并改年号元封七年为太初元年，故新历称为《太初历》。这是中国古代第一部比较完整的历法，也是我国历法史上一次重大的历法改革。新历颁布之后，还对有关政治制度、官制和典章礼仪进行了一系列调整。

虽然《太初历》并非司马迁一人之功，但他发起和参与了其中的许多工作。《太初历》以正月为岁首调整历法结构，并根据《颛顼历》的误差情况，把朔望和节气各向前推移一段时间，确定了新的历元，对后世天文学产生了深远影响。

在一场规模盛大的天文活动和历法改革之后，万事俱备，水到渠成，司马迁着手撰写史书。但在此之际，一场飞来横祸打乱了他的计划。天汉二年，汉武帝有意让李陵为在酒泉抗击匈奴的将军李广利护送军用物资，李陵竟然当即谢绝，而请求让他统领步兵五千人，赴前线参战，以寡击众，为国效力。这一勇敢举动赢得了汉武帝的赞赏，便一口答应了李陵的请求。

然而，当李陵率部行至浚稽山时，遭遇匈奴单于军队的袭击，由于李陵自信轻敌、准备不足，终于寡不敌众，处于危急之中，而援兵迟迟未能到达，匈奴军队兵力充足，越聚越多，将李陵他们团团围住。在弹尽粮绝之后，李陵不得不向匈奴军队投降。

面对李陵败局，汉武帝愤怒至极，群臣也不分青红皂白，纷纷声讨李陵的鲁莽行动，指责由此造成的严重后果。而司马迁对李陵的看法与群臣相左，他认为李陵对亲人孝敬，与同仁有信，且一向怀有忠诚的报国之心。这次他主动请命，仅仅带领了五千步兵，却吸引和拖住了匈奴的全部力量，在敌强我弱的情况下，英勇杀敌一万有余。后来虽然战败降敌，但其功可以抵过。而且，有这样一种可能，李陵并不是甘心降敌，也许他选择活下来，是想找机会报仇雪恨，回报汉朝。

司马迁的观点让汉武帝和群臣将信将疑。然而，被派去迎接李陵回朝的公孙敖不久无功而还，他没有如实汇报，而是谎称李陵正在帮助匈奴练兵，以期很快反击汉朝。闻之，汉武帝大怒，便下令杀了李陵全家。

而司马迁因此受到牵连，以"为陵游说"被定为诬罔之罪。此罪为大不敬之罪，按律处以"宫刑"，又叫"腐刑"，也就是切割一个男性的生殖器。当时，司马迁 38 岁，作为一位壮年男子，作为一名大学者，这是何等的奇耻、何等的奇祸！受刑者几乎没有例外会选择赴死，了此残生。

司马迁面对奇耻大辱，悲愤欲绝，本想血溅墙壁，一死了之，但他又想到，文王在牢房里推演《周易》，孔子在穷困苦厄时写作《春秋》，屈原在被放逐的路上赋《离骚》，左丘在双眼失明的情况下著成《国语》，孙膑在受到膑脚之刑后修成《兵法》，吕不韦被贬蜀地时著有传世之作《吕氏春秋》，韩非被囚禁秦国时作《说难》写《孤愤》……这些都是圣人贤士发泄愤懑之作。

此时，司马迁更想到了父亲临死前的谆谆嘱托，他便告诫自己，慕义赴死，虽然可以保住名节，但史书不能完成，更谈不上获取功名，这样死去，如九牛亡一毛，与蝼蚁之死毫无区别。人总是要死的，或重于泰山，或轻于鸿毛。如果自己就这样死了，不是比鸿毛还要轻吗？不，我一定要活下去！一定要写出一部史书来！于是，他毅然选择了以腐刑赎身死。

他活了下来。他要以自己非人的生活磨砺真正的人性，要以自己残缺的生命健全知识分子的人格，要以自己有限的生命梳理中国的千秋万代，要以自己沉重的屈辱来维护人的尊严，要以自己残缺的身躯唤起民族刚健的雄风，要以自己血泪凝结的笔墨写下人类最美丽的篇章！一天深夜，他独自来到一片芳草萋萋的旷野，漫无边际地走着。曾经，他与同仁好友在这里海阔天空地畅聊，当然是白天，云淡风轻，草长莺飞。如今，他孑然一身，也好，他从来没有这样清静过，而且，皓月当空，繁星点点。他继续走下去，走了很远很远，走到一条小溪旁，走不过去了。站下，他不禁抬起头来……

人啊，当你站在苍穹之下，仰望星空，你才会觉得自己是多么的渺小。也只有知道自己的渺小，才有可能使自己崇高起来、伟大起来。

浴不必江海，要之去垢；马不必骐骥，要之善走。直到翌日清晨，司马迁迎着东方的霞光，迈着坚定的步伐，回到家中。从此，司马迁看透了汉武帝的无情无义。虽然后来他又充任为代皇帝传言的中书令，但他已经看破红尘、心灰意冷，对朝廷事务不放在心上，而是把全部时间和精力倾注在研究和著述上。

铁杵磨成针，功到自然成。司马迁竭尽全部心血，用了整整14年的时间，终于著成了52万字的《史记》一书，完成了父亲的遗愿，实现了自己"究天人之际，通古今之变，成一家之言"的宏大志向。

（四）

以心血换来《史记》，用卑微成就伟大。

《史记》从传说中的黄帝开始，一直到公元前122年，翔实记载了中国三千年左右的历史，具有无与伦比的史学和文学价值。无疑，司马迁的《史记》是中国第一部开启先例、贯通古今、网罗百代的通史名著，无愧为"史家之绝唱，无韵之《离骚》"。

《史记》

值得一提的是，鉴于天文学在当时社会中的特殊作用，司马迁在《史记》中对天文学给予了很大的关注。他不但在许多篇纪、表、传中详细记载了天文学方面的有关资料，还撰写了《历书》和《天官书》两篇专论天文学的重要篇章，这不仅使我国历代天文学的丰富史料得以流传，而且开创了中国正史系统地记述天文学史料的优良传统。

在历法和行星天文学方面，司马迁根据历代月食记录资料，总结了月食现象发生的周期性规律，提出了中国历史上第一个交食周期数据。由此开始，中国历法中逐渐发展起日食、月食的预报工作。他还通过分析历任史官留下的行星记录，发现在五大行星的运动中都有逆行，进而提出了各个行星在一个会合周期中逆行的时间和行度在内的完整的行星动态表。在这之前，虽然人们早已观测到行星有逆行，但却认为除了火星和金星的逆行外，其他行星的逆行都是一种反常的现象，因而把这些都归入占星术的范畴。而司马迁的发现，把五个行星的逆行都归入正常的、可计算的范畴，从而使中国历法中有关行星的研究工作向前推进了一大步。他指出行星在逆行时会变得更加光亮，金星有时可亮到照出地面的影子，甚至可在上中天见到它。之后所通称的水、金、火、木、土五颗行星的名字，正是首见于《天官书》。

《天官书》还记录了星的颜色、亮度和亮度变化，指出天狼星、心宿主星、参宿四、参宿五、奎大星，分别是白、红、黄、蓝、黑五种色彩亮星的标准。此外，《天官书》还注意到恒星的亮度，并据此分成大星、明星、一般星、若见星、若不见星等类别，留下了一个已有原始雏形的星等概念。

《天官书》对灾变恒星也做了记录。灾变恒星指爆发型变星。几天之内亮度增加几千至几万倍的叫新星，几天之内亮度突然增加几千万至几亿倍的叫超新星。如《天官书》指出，国皇星突然出现在天空，红亮得像南极老人星，这可能就是一颗爆发变星。《天官书》对灾变恒星的记载，启迪了后世天文学家对特殊天象的注意，使我国历史上有几次超新星爆发记载，受到全世界天体物理学家的注意。

《天官书》也有对异常天象的描述，这为研究古代天象提供了意义重大的参考资料。例如彗星多变而常见，是引人注目的天象。古人不了解彗星的本质，认为它很神秘，而《天官书》将异常天象同列于彗星的段落，指出它们类似彗星。还有极光、黄道光、流星、火星、陨星等发生于地球大气层的天象，《天官书》都做了具体描述，为研究这些天象提供了可靠的资料。例如《天官书》对格泽星天象的描述，比西方天文学家的记述早了十多个世纪。

司马迁继承父亲遗业，完成"推古天变"之任务，并明确表述为"通古今之变，究天人之际"，其结论表述在《天官书》中，即在春秋242年之间，日食三十六、彗星三见等星象，联系到天子衰微、诸侯力政、五伯代兴，以及到战国及秦汉之际的社会变乱动荡，总结出天运三十年一小变，一百年一中变，五百年一大变，三大变为一纪，三纪而大备。最后他认为"天人之际续备"。这是司马迁在天文学应用上的重要范例，在整个星学历史上占有极高地位。

世界上最广阔的是海洋，比海洋更广阔的是天空，比天空更广阔的是人的心灵。司马迁用他的生命和心灵成就了一部旷世之作——《史记》。

高山仰止，景行行止，虽不能至，心向往之。

《史记》不仅是中国历史的母本、中国文学的母本，也是中国天文学的母本。它给华夏子孙留下了弥足珍贵的古籍典章和文化遗产，也给中国留下了古代天文学的光辉篇章。

第四章
论天三说

汉代三家论天立说构筑天文学之高峰
张衡理论实践精进创制浑天仪之奇器

· 寻访札记 ·

　　第一次坐车驰行在广袤的中原大地上，绿色的麦田一望无际，眼界与心胸顿时开阔起来。一个多小时后，我看到远处有一个巨大的土墩坐落在一片麦田中。这就是灵台遗址！别看它如今孤零而寂寥，当年却是我国古代最大的天文台，是太史令的下属机构。东汉伟大的科学家张衡，曾经两次任职太史令，亲自参与主持领导过当时洛阳灵台的天象观测和天文研究。虽然这里至今没有恢复或重建古代的建筑和天文仪器，失去了往日的风采与功能，但它见证着我国古代天文学的辉煌。

（一）

在我国历史上，汉代是天文学在理论与实践上的一个高峰时期。司马迁之后，又出现了"论天三家"：西汉末年，扬雄和桓谭纵论"盖天说"和"浑天说"；东汉末年，蔡邕提出"宣夜说"。

盖天说，就是把天看作一个大盖子，地是拱形的；

浑天说，把天体比作一个鸡蛋，地居天内为蛋黄；

宣夜说，则认为天是没有形质的，只是气和日月众星，而日月众星是悬空漂浮的。

对于天的看法，当时浑天说基本上占上风。而张衡是浑天说的有力支持者，并据此推进我国天文学实践的重大突破。

张衡，生于公元 78 年，南阳郡西鄂县人。他家世代为当地的望族。其祖父张堪，自小志向高远，被当地人称为圣童，不仅聪明，且不求大富大贵，曾把家传财产数百万让给侄子。光武帝刘秀登基后，张堪被任命为蜀郡太守，随大司马吴汉讨伐割据益州的公孙述，英勇善战，立有大功。后又领兵抗击匈奴，再建奇功。被拜为渔阳太守后，以数千骑兵抗敌，击破来犯的匈奴一万骑兵。他亲民爱民，亲自带领民众开垦田地八千顷，并指导农民耕种，帮助农家脱贫致富，一时传为佳话，有民谣歌颂道：张君为政，勤勉为民。民生向富，乐不可支。

祖父的道德情操对张衡影响很大。他像祖父一样，自小刻苦学习，钻研学问，少年时便能写一手好字，文章更是为人称道。而他并不满足于此，为了增益见闻，他从 16 岁那年开始，便离开家乡到外地游学。他先来到了三辅地区，这是当时的学术文化中心。壮丽的山川河流，宏伟的秦汉遗址，让张衡流连忘返，并从中获取了丰富的自然知识和历史素材。之后，张衡又到了东汉都城洛阳。他不再满足于一般的寻访，而是进了当时的最高学府太学。在这里，他有幸结识了著名学者崔瑗，并与他结为同窗挚友。

崔瑗与张衡一样，当时也是一个游学生。虽然不是正式在编的太学生，但崔瑗也不是一般的游学生，其父亲没有官职，却才高八斗、学业宏富，誉满中华。他以自己的名望，早早地就把崔瑗送到洛阳，跟随贾逵读书。崔瑗好学上进，知识渊博，太学里学的那些东西早已不能满足他。所以，他可以腾出大量的业余时间，发展他的兴趣爱好。他自己租了住所，兼作他的工作室，锛凿斧锯，刀剪镊勺，还有各种机械、车钻刨铣磨等。这些机器有密集的齿轮，还有眼花缭乱的牛皮传送带。崔瑗自己动手操作，玩得不亦乐乎，完全沉浸其中。

张衡一有空闲，便到崔瑗的住处来。他来不是饮茶聊天，而是冲着崔瑗的这些工具而来的，尤其是那些机器，十分灵巧，摇动铁曲柄，整个机器都会嗒嗒嗒地转起来，咬合的齿轮发出清脆的咔咔声，让人着迷。

张衡站在机器前，不禁浮想联翩，世间之事莫不如此，看似互不相关，实则千丝万缕，密不可分。世间之外也必如此，太阳、月亮、金星、木星、水星、火星、土星，它们之间能够有规律地活动，而且万古不变，说明它们是关联的，互相牵制的。七星是这样，比七星更小的星星、更大的星星、看不见的星星呢？

张衡苦思冥想，崔瑗正在灶上做蒸馍。蒸馍出笼后，张衡顾不上吃，而是把馍当成道具，作为金木水火土五星，还叫崔瑗帮忙，借他两只手，搭成七星运行的立体模型。人手不够，又请来其他太学生，人手一个馍，在崔瑗的屋子里绕来绕去。张衡指挥着这支队伍，调整他们的速度，模拟七星的速度和运行轨道。

太学生们被张衡指挥着，做着这些莫名其妙的圆周运动，不禁感慨道，天上的事真难啊，悬在空中太难受了，而地上的事反倒简单，可以脚踏实地。

说者无意，听者有心。太学生的这个说法引发了张衡的思考：人们真的脚踏实地吗？会不会也跟月亮太阳一样悬在空中？

张衡继而又想，如果悬在空中，大地一定是个球体，可是球体是没有平面的。不过，这也不是问题，把球面分割成很小的单位，每一个小的单位都是平面，人们眼前所见都是分割成小单位的平面。然而，问题又来了：巨大的球体悬在空中，是什么力量托举着它？那托举的力量一定比它更大更无穷，难道存在比大地具有更大质量、更大力量的物体？

张衡在崔瑷的屋子里一边演练天体的运动，一边想象着、思忖着。崔瑷在灶下蒸馍，与张衡一样心里盘算着日月星辰、天地寰宇的种种问题，总想找出合理的解释。而来帮助实验的太学生却懒得去想那不着边际的问题，带着馍离开崔瑷的出租屋，路上就把这些金木水火土五星一个个分着吃掉了。

现在，屋里只有两个人四只手。张衡提议用四只手演示日食。他左手拿着馍做太阳，右手拿着馍做月亮，崔瑷把一个馍放在几案上不动，几案就是大地……

时间长了，做累了，他俩就坐下来歇息，但话题总是离不开天体。张衡说，太空中的上下也许跟我们理解的不同，月亮上的嫦娥，她住的宫殿我们看不见，桂树挡着的。她就住在我们的对面，我们是永远向上立着的，而她总是向下吊着，她就不怕从月亮上掉下去？这是什么道理呢？

崔瑷灵机一动，击掌而呼，我明白了，嫦娥看我们，也像我们看她一样，需要昂首向天、注目远眺。天空中，本来就没有所谓上下左右！

张衡含笑点头，似乎赞同他的看法。接着，崔瑷又想起一个很有趣的问题：物体距离我们近，看着就大，相反，离我们远，看着就小，是吧？太阳和月亮看起来一般大，而实际上它们哪个大哪个小呢？

张衡说，太阳会发生日全食，看上去两者一样大，其实是月亮挡住了太阳，月亮离我们近。

崔瑗又问，近？有多近？

张衡说，离我们越近，走得越快，一个圆周月二十九又四分之一天，一个圆周日三十又四分之一天，可见两者距离不是很远。两者大小也许有几倍的差距。

崔瑗想象道，如果，我说如果，它们的行进路线不在一个平面上，但总有接近的时候，如果太阳和月亮走得太近，互相碰上了，会怎样？

张衡反问道，你想会怎样？

崔瑗肯定地说，太阳就是一个大火球，月亮会被它烧化了的。

他们就这样漫无边际地畅想着，海阔天空地畅谈着。在上太学的这几年，张衡一边学习，一边与崔瑗等人讨论着天文方面的种种问题，还到郊外观测天象，然后回住所做各种演示与实验，过得十分充实，也很有收获。

（二）

一条通衢大道，车马川流不息、呼啸而过。张衡乘着马车离开都城洛阳，前往南阳任职。

汉安帝重才爱才、知人善任，他听说张衡善于术学，便予以重用。公元111年，张衡被朝廷公车特征进京，拜为郎中。四年后，38岁的张衡升任太史令。

太史令的职位不低，但并没有多少实际的行政权力。张衡对权力并不看重，对太史令这个职位倒是颇为满意，他看中的是有独立的太史馆，古时称灵台，在郊外占地有50亩之大，而在这里工作的人很少，常年在此的只有一个守门人。张衡来到这里，并不感到寂寞，平时绝少

灵台遗址

世俗事务的打扰，他可以静心做学术研究，专心致志地研究他最喜欢也最擅长的天文。

一个人全神贯注做一件事情，就会忘记了时间。张衡在南郊灵台一住就是一个夏天。他在这里观察天象，需要时间，也需要安静，就对看门的人说，你睡觉去吧，这里有我一个人就行。看门人却说，我不能天还没黑就去睡觉啊，我得伺候好你。张衡只好直说了，我的事情你做不了也帮不了，你在这里反而会妨碍到我。这样，才把那个看门人支走。

夜幕渐渐落下，东边明星乍现，大地悄悄地融入一片幽美的夜色之中。微风徐徐吹来，张衡仰卧台上，浩瀚的太空让他心旷神怡。当然，张衡不是来观赏美丽夜景的，而是观察笼罩着神秘色彩的天象。

大人看夜空，往往就扫那么一两眼，熟视无睹。而小孩看夜空，总是看了又看，要么数星星，要么缠着大人讲天上的故事。而张衡眼睛里的夜空丰富多彩、热闹非凡，一点也不逊于白天热闹的人世间。每个星星每天都有故事，他们相亲相爱，矛盾纠葛；几个星星结成星座，星座就是一个家庭，甚至是一个社会、一个国家，熙熙攘攘，热闹异常，既各自运行、自得其乐，又遥遥相望、相互问候……

很快，张衡收回对夜空的文学想象，他要像小孩那样开始数星星了。但他又不能像小孩那样大而化之地数，他要一片一片地数，一个一个地数，数得十分准确。怎样才能数得又快又准呢？他真是聪明，自己设计并制作了一个网状的铁面罩，把自己罩起来，每天在铁面罩里观察天象。这个铁面罩实际是一个分区格，张衡每天在同一位置仰卧，看到的天空完全一致，铁面罩的方格把天空分割成一个个区域。他分区计数，最后统计天上有多少星星。

他认真地数，而数过一遍之后发现，这个办法看似周密，却与天体的实际误差很大。天在运动，同一位置仰视天空，上一个时辰数过的一个格子的星星，到下一个时辰就跑到相邻的格子里去了。发现了问题，就得想办法。于是，张衡仿照古人，把天空的星星按区域组合成星座，星座一共一百二十四个，这些已有名称的星座并不全，还有很多星星被遗漏，张衡自己给它们命名，加起来一共三百二十个。数完一个星座里面的星星，再数下一个星座，这样，就不会发生重复和漏计。

由于星星太亮，长时间盯着它们看，眼睛吃不消，张衡又想出一个办法：把圆圆的玛瑙磨成薄片，几乎透明，中间微微凸起，然后用它挡住眼睛观察星星，以减少星光对眼睛的刺激。结果出乎意料，用玛瑙片观察星星，它们居然大了许多。

张衡惊呆了！他激动得不知所措。原来，不经意间磨出来的那块中间略微凸起的玛瑙片，竟有放大影像的效果。而被放大后看到的金星是圆的，就像是一个缩微的月亮！

许多发明创造就是这样得来的，偶然的，甚至在不经意间。张衡用此方法再分别看木星、土星、火星等零等星，个个都是滚圆的小月亮。他想，就这么小小的、薄薄的玛瑙片，就可以将天上的星星扩大十几倍，假如有更好的方法，就一定会看到更多的星星。看来，宇宙深不可测，方法没有穷尽。

从此，张衡日复一日地用他自制的玛瑙片孜孜不倦地观察，持之以恒地追索：谁来安排各个星球之间的位置关系？它们为什么一直围绕一个基准点运行？有没有一种力在对它们起作用？这种力又藏在哪里？

想着想着，张衡转而想到了民间的一个说法：天上星星密密麻麻，众生都系命于它，一颗星就是一条命，人死了，他在天上代表的那颗星星也要陨落成流星。

张衡喜欢这个说法，它把不相关的事物糅合在了一起——天地人。人与星星原本没有联系，而这个说法使星星有了生命，又使生命融入了天地，以至永恒。

突然间，一颗流星在夜空中划过，这让张衡眼前一亮，他进而开始了对星星的哲学思考，聚精会神地探讨天的本质问题：天的边界，以及宇宙的有限性和无限性。

很长时间以来，人们因盖天说和浑天说争执不已。盖天说是天盖地，浑天说却是天包地。浑天说把宇宙比作一个鸡蛋，地是悬在其中的鸡蛋黄，鸡蛋黄是圆的，所以大地也是圆的，是一个巨大的球体！张衡倾向于浑天说，地球是圆的，宇宙也是圆的。但是，它们有大小吗？大是多大？小是多小？

张衡的意识被两个方向牵引着，一方面认可宇宙有边界，边界之外是另一个和许多个宇宙；另一方面认为宇宙无边界，没有一个所谓的"壳"包容着日月星辰以及一切。如果说宇宙有边界，那么这个宇宙只是个"小宇宙"，因为在它之外还有相似和相同的宇宙，无数的宇宙就是"大宇宙"。

那么，大宇宙大到什么程度呢？张衡想象不出它巨大的边界，这就等于宇宙仍然没有边界。虽然玛瑙片增加了张衡对宇宙的认知范围，宇宙变大了。但张衡明白，不是宇宙变大，是人的目力所及范围扩大了。

如果人们能够发明一种工具，把人的目力增加几十倍上百倍以至无数倍，也许那时人们看到的宇宙也仍然有限。人们看到的或借助于工具看到的宇宙，都是有限的，在此之外的宇宙人们看不到也感觉不到。

因而，张衡认定，所谓宇宙，就是"不知道"，因为宇即空间，它没有边界；宙即时间，它没有始终。

空间没有边界，时间没有始终，张衡的求索也没有止境。他想，从日食和月食的现象中，也许能得到更深的感悟。功夫不负有心人。一天，张衡偶有所得，似乎一下子想明白了什么，于是激动地给崔瑗写了一封信：

> 子玉吾兄台鉴。日月之蚀，古人论说久矣，迄无确论，仆不敏，尝试一啇。月之有光，非自体所发，日光映照也，足下固知不论，月之蚀，在日光之蔽，屏蔽日光者，大地也。日月，入夜潜心于地下，月当空，日潜行，日、地、月恰成一线，地之虚映照于月，则蚀。宇宙至大，外壳承之，中有大地，复有水承之，日潜入水，返照天穹及月，正当月成虚，月有蚀之也。

崔瑗很快回信来说：

> 宇宙之大，外壳承之，大地之大，水承之，仆敬受教矣。水承地，外壳承宇宙，承之复承之，无异老妪乌龟塔之喻也。足下既已见地之虚，边缘为弧，可知相较日月，地之大小或相似，日月既可孤悬天空，大地何为不孤悬？吾兄思之切切！

读着崔瑗的回信，张衡豁然开朗。是啊！宇宙都孤悬，宇宙之一物地球亦能孤悬；地球可以孤悬，日月可以孤悬，无数星辰尽皆孤悬。而且，孤悬的地球可以跟太阳、月亮一般大小，并遮住太阳之光，所以才有月食。

为了证明这一观点，张衡已经不满足于用玛瑙片观察天体，他有一个更大胆的设想：改制浑天仪！

灵台的工作室里摆满了各种部件，有的部件已经组装成模型。其中有一个模型是圆的——木质的圆球，这是演示天象用的浑天仪，几条道道交叉组合，演示天象运行不差分毫。

张衡先在圆球上确定一个大圆为赤道，再设置一个大圆为黄道，赤道、黄道上均分成三百六十五又四分之一刻度，两者的起始点都在冬至。在赤道北极相对应处即为南极，在北极和南极的中央各穿一孔，令这两孔之间的距离与圆球半个大圆弧的长度相等，再将竹篾的两孔与南北两极相重合，竹篾则纵贯圆球，这时竹篾两孔间的连线必与圆球相切。从冬至点起，令竹篾的中分线沿赤道每隔一度移动一次，每一次均读出它与黄道相交的度值，就可以得知赤道每增一度时，黄道度或少或多于一度的数值。赤道度增率大于黄道度增率时，为多，为进数；相反，为少，为退数……

张衡一丝不苟地做着这些，因为他喜欢。"小浑"实验准确了，然后再用铜铸成浑仪。张衡谨慎、细心地操作，工程持续一年之久。

张衡把那个木质的模型叫做"小浑"，铜铸的那个大的就用正式名称叫做"浑天仪"，或称"浑仪"。它依据浑天原理制成，分作内外几层，每层都可以转动，中间有个金属轴贯穿球心，轴的运动方向即为地球自转的方向。轴和球体的接触有两个交点，即北极和南极。球的一半隐没在地平圈的下面，另一半显露在地平圈的上面。在球的表面排列有二十八宿和其他恒星，球面上还有黄道圈和赤道圈，二者成二十四度夹角，分列有二十四节气。

浑仪（陈向阳供图）

浑天仪的构造，是这一时期先进天文学知识的具体应用，达到了当时天文学的最高水平，让人叹为观止。

天际没有尽头，探索没有止境。为了完善浑天仪，使之能够按照时刻自行转动，张衡又动手设计了一组滴漏壶，即用一个特制盛水的器皿，在其下面开一个小孔，让水一滴一滴地流到刻有时刻记号的壶里。只要看到壶里水的深浅，人们就可以知道现在是什么时刻。张衡又用两个滴漏壶和浑天仪配合起来，利用壶中滴出来的水的力量来推动齿轮，齿轮再带动浑天仪运转，并通过选择齿轮个数，巧妙地使浑天仪一昼夜转动一周，把天象的变化具体形象地演示出来，这样，人们从浑天仪上就能观察到日月星辰运行的种种现象。

制成和完善青铜浑天仪后，张衡开始进行实验，把它安装在一间密室里，用漏水的力量使它转动。为验证浑天仪与天象的吻合程度，张衡让一个管理人守护在室内，高声向站在观象台上的观察者报告：浑天仪上哪一颗星正在升起，哪一颗星正在达到天顶，哪一颗正在落下去……

实验证明，一切都准确无误地与天象相符。浑天仪成功了。张衡专门为此写了一篇说明书《浑仪注》，解释浑天仪的工作原理：

> 浑天如鸡子，天体圆如弹丸，地如鸡子中黄，孤居于天内，天大而地小。天之包地，犹壳之裹黄。日月及众星，浮生虚空，徜徉之中，无所凭借，行止无经，须气之所系也。是以七曜或逝或住，或顺或逆，或隐或见，进退不同，乃无所根系，故表证各异也。
>
> 周天三百六十五度又四分度之一，又中分之，则半一百八十二度八分度之五覆地上，半绕地下，故二十八宿半见半隐，其两端谓之南北极。
>
> 北极乃天之中也，在正北，出地上三十六度，然则北极上规径七十二度，常见不隐。
>
> 南极乃地之中也，在正南，入地三十六度，南规七十二度，常伏不见。两极相去一百八十二度强半，天转如车毂之运也，周旋无端，其形浑浑，故曰浑天。

（三）

灵台上，一架新制的浑天仪立于中央。从此，躺着的张衡改成坐起来的张衡，他几乎每天夜里都坐在浑天仪后面，一只眼睛透过窥管观察夜空。

浑天仪极大地提高了天体观测的效率和准确度。张衡为此极度兴奋，但兴奋过后就很快沉静下来。本来白天是他的睡觉时间，而现在他要腾出一定的时间来，开始整理他的读书笔记和观察日记，完成他的天文学著作《灵宪》。

在《灵宪》中，张衡运用长期进行观测实践与理论研究所积累的大量知识与经验，全面系统地阐述了宇宙之演变、星辰之生成、天地之结构、日月之运行等重大问题。

一是论述了宇宙起源和宇宙结构。张衡认为天地间的万物都是从原始的元气发展而来的。元气最初浑沌不清，经过很长时间才分成清浊。清气所成的天在外，浊气所成的地在内。清气和浊气相互发生作用，便形成了宇宙。这种天体演化的思想，从物质运动的本身来说明宇宙的形成，并指出宇宙的结构不是亘古不变的，而是不断发展变化的。

二是解释了月食的成因。张衡在《灵宪》中写道，月亮本身是不发光的，而是太阳光照射到月亮上，月亮才折射出光，太阳光照不到的地方则出现亏缺，正所谓：月有阴晴圆缺。这在浑天说的基础上，科学地阐述了月食的原因。

三是阐述了宇宙的无限性和有限性。这是古今中外天文学界长期争论的一个问题。虽然张衡把天比作一个鸡蛋壳，把地比作蛋壳中的鸡蛋黄，但他并不认为硬壳是宇宙的边界。张衡在撰写《灵宪》时，吸收了扬雄《太玄经》中的一些天文观点，但在宇宙的无限性上却自有见解。他认为，人们用肉眼观察到的宇宙显然是有限的，但在人们目测所及的外面，是未知的、无限的。他指出，未之或知者，宇宙之谓也；宇之表无极，宙之端无穷。

四是测算了日和月的平均角直径值。张衡通过实测，得出日、月的角直径是整个周天的 1/736，转换为现行的 360 度制，即 29 分 21 秒。近代天文测量所得的日和月的平均角直径值为 31 分 59 秒和 31 分 5 秒，与之相比，张衡实测结果的绝对误差仅有 2 分。囿于两千多年前的观测手段和科学技术水平，这个数值可以说是相当精确的。

五是重制了新星表。张衡对前人留传下来的多种星表做了仔细的整理、汇总，在此基础上又利用自制的各种仪器认真观察天体，进而建立了多达三千恒星的新星表。这不仅大大超于前人，也为后世所不及。汉末丧乱，张衡所制星表失传。晋初陈卓建立的星表，仅有 1464 颗星。

直到清康熙年间，用望远镜进行观察，方过三千之数。

六是揭示了五星运动规律。张衡虽然还不知道行星包括地球，都是绕太阳而行的，但他已经发现行星运动的速度与运转中心体的距离有关。他提出：日月和其他五星是在天地之间运行，而不是在天球壁上运行。这七个天体运动的速度各不相同，近天则迟、远天则速。按照五星距地的远近及运行的速度，张衡将五星分为两类：水星、金星，距地近，运动快，附于月，属阴；火星、木星、土星，距地远，运动慢，附于日，属阳。

可见，张衡的浑天仪和《灵宪》，是中国古代天文学史上最杰出的天文学成果，将中国古代天文学水平提升到了一个前所未有的新阶段，居于世界领先水平。

天长地久，张衡永恒。

第五章
应时历法

农牧业赖于天时历朝历代重历法
祖冲之体恤百姓潜心创制大明历

· 寻访札记 ·

祖冲之与南京关系颇深。他出生于南京，其一生轨迹大致在南京、镇江、苏州一带。遗憾的是，如今在南京找不到一座祖冲之塑像，也没有他的纪念馆。几年前，有人建议在九华山公园建一座祖冲之纪念馆。因为有资料记载，祖冲之曾在此观察过天象，并设置精巧的水碓磨，能同时舂米和磨粉，后在江南水乡推广。纪念馆终究没有建成，而我还是前往实地寻访。虽然没有看到祖冲之的任何遗迹，但漫步其间，时空交错，我仿佛看到了祖冲之当年在这里忙碌的身影，感受到了其鲜活的气息。

（一）

天地不会言语，但它用现象告诉人们，它是有规律的。顺之者昌，逆之者亡。

聪明的古人早就认识到了这一点，所以他们想出各种法子来观测天象，而观测天象的一个主要目的是制订历法，以掌握自然规律，配合人们日常生活的需要。

历法，是根据天象变化而制订出来的计算时间的方法。根据月球环绕地球运行所制订的历法称为阴历，根据太阳在不同季节的位置变化所制订的历法称为阳历。

在我国，历法的历史极其久远。据传，早在黄帝时代，中原一带就已经有了历法，即《黄帝历》。还有一种说法，称历法始于夏，那时有以阴历正月为岁首的《夏历》。

实际上，历法有一个大的前提，那就是农牧业普遍兴盛于世。故而，历法应始于农牧业兴盛之商代。周代在继承发展商代观象授时成果的基础上，把制订历法的工作推进了一步，主要是周代天文学家掌握了推算日月合朔的方法，并能够定出朔日。

到春秋末年至战国时代，天文学家已经定出回归年长为 365 日，并采用了 19 年设置 7 个闰月的方法。在此基础上，诞生了具有历史意义的科学历法——《四分历》。

秦始皇统一六国后，很快发现春秋战国时期的历法有些混乱，并存在明显不足，便下令重新编造新的历法，以阴历十月为岁首，称《颛顼历》，并且统一了全国的历法。

西汉时期，汉武帝下令对《四分历》《颛顼历》进行彻底改革，以编造新历，把元封七年改为太初元年，并规定以十二月底为太初元年终，以后每年都从孟春正月开始，到季冬十二月年终。

这部历法为《太初历》，是中国历法史上的第一次大改革，也是有完整资料的第一部传世历法。它以正月为岁首，将我国独创的二十四节气分配于十二个月中，并以没有"中气"的月份为闰月，从而使月份与季节配合得更合理；行星的会合周期也测得更为准确。

我国历法史上的第二次大改革，是南北朝时期杰出的天文学家祖冲之创制《大明历》。

祖冲之于公元429年生于南京，祖籍范阳郡遒县，其曾祖父祖台之，在东晋时任光禄大夫，以著小说《志怪》出名。祖父祖昌，为刘宋朝廷的大匠卿，是负责营造的官员。父亲祖朔之在刘宋任奉朝请，也具有一定的地位和声望。

孩童时代的祖冲之，常常听奶奶讲"夸父逐日""女娲补天""嫦娥奔月"等神话传说。有一次，奶奶讲完故事，便问祖冲之，今天是七月初五，后天是几月初几呢？

太简单啦！祖冲之脱口而出，七月初七。

那我问你，七月初七是什么日子呢？

这下祖冲之被问住了，摇摇头说，不知道。

那是一个特别的日子。接着奶奶给他讲了一个故事——

有一天，天上的织女和其他仙女一同下凡，后来与一个叫牛郎的孤儿结了婚。婚后，他们男耕女织，生了一儿一女，生活十分幸福美满。不料有一天，天帝得知了此事，就派王母娘娘押解织女回到天庭受审。

牛郎闻讯，心急如焚，便用担子挑着一儿一女，乘着小船一路追赶织女。追着追着，牛郎眼看就要追上织女了，高兴得忘记了疲劳。而此时，王母娘娘忽然发现了牛郎，便拔下头上的金钗，用手一挥，在天空划出了一条波光闪闪的银河，挡住了牛郎的去路，牛郎傻眼了，无计可施，无法过河，只能在河边与织女遥遥相望。两人泣不成声，久久不愿离去。

他们坚贞的爱情感动上苍，也感动了喜鹊。之后，无数喜鹊纷纷飞过来，它们用自己的身体搭成一座五彩缤纷的天桥，跨越天上的银河，让牛郎与织女相会于天河。

王母娘娘无奈，只好在每年的七月七日，允许牛郎和织女在鹊桥上相会一次……

听着祖母的故事，祖冲之望着遥远的天空，陷入了沉思：原来天上有这么多迷人的奥秘，人间有这么多动人的故事。

稍稍长大后，祖冲之已不满足于奶奶讲的那些故事了，而是缠着知识渊博的爷爷问这问那。

夏初的一个夜晚，祖冲之与往常一样，坐在宽大宁静的院子里，凝视星空，当他的目光移到北斗七星上时，惊讶地发现：怎么啦？这些星星组成的勺子形，前几天勺子的把儿朝东，而今天那勺把儿怎么指向南边了呢？

思考良久，祖冲之想不明白是何缘故，便三步并作两步跑到了屋里，问爷爷，您说星星们会翻跟斗吗？

爷爷慈爱地看着祖冲之笑道，孩子，你怎么会突然问起这个问题呢？

祖冲之疑惑道，不知怎的，我前些日子看北斗七星时，它的勺把儿是朝着东边的，但今天再看，发现它的把儿又指向南边了，您说奇怪不？

哦，原来是这样啊？爷爷说，你这个问题把我难住了，如实讲，爷爷只能给你回答一半。

祖冲之不信，恳求道，爷爷，您什么都懂，怎么会只知一半呢？您还是都告诉我吧！

是真的。祖父摇着扇子，慢条斯理道，你这个星星翻跟斗的问题，还得去问张衡老爷爷。

张衡老爷爷？祖冲之一脸懵懂，他是谁啊？

张衡是东汉时期的人，他离我们现在已经有300多年了。爷爷告诉祖冲之，他是一位著名的天文学家，一生中用了很多的时间和很大的精力去观测、计算和研究天体运动，最终发现，天上的星星不但不停地运动着，而且运动的速度各不一样呢！

还没等爷爷说完，祖冲之就问，天上的星星为什么会运动呢？

这个问题是个谜。爷爷摸着祖冲之的头说，好好学习吧！许多东西等你以后去揭开谜底。

嗯，听爷爷的。祖冲之点着头，突然又想起原先的问题，便说，对了，爷爷，您还没有告诉我关于北斗七星翻跟斗是怎么回事呢。

哦，我们扯远了。爷爷回过头娓娓道来，有一本书叫《史记·历书》，上面有一句话：随斗柄所指，建十二月。那是古人经过对天象的长期观测，找出了北斗七星在不同季节指向不同方向的规律，若斗柄东指，天下为春；若斗柄南指，天下为夏；若斗柄西指，天下为秋；若斗柄北指，天下为冬。

原来是这样啊！祖冲之高兴道，我明白了，现在春天刚刚过去，来到了夏天，按照口诀，勺把儿要从东边指向南边了，再过些日子到了秋天，它就会指向西方呢。

看着孙子小小年纪理解能力就这么强，爷爷心里乐呵呵的，便鼓励祖冲之道：宇宙的奥秘无穷无尽，如果你感兴趣的话，就好好地去观察它，去钻研它，去揭开它。

那次谈话后，祖冲之对天文知识有了更多的了解，对天文的兴趣也越来越浓。

爷爷发现祖冲之的兴趣后，有意引导和培养他。有一天，爷爷带着祖冲之去拜访一名有学问的长者何承天。

何承天，东海郡郯县人，南朝著名的思想家、天文学家。他曾上奏，改正旧历所订的冬至时刻和冬至时日所在位置，修订《元嘉历》。该历通行于宋、齐、梁，在我国天文学历史上占有重要地位。其论周天度数和两极距离，相当于给出圆周率的近似值约为 3.1429，这对后世历法影响很大。

此时的何承天已是古稀之年，但精力十分旺盛。听了祖昌对孙子的介绍后，何承天非常喜欢这位勤奋好学、充满好奇心的英俊少年，他把祖冲之拉到身边，含笑问道，孩子，天文这东西，虽然很有意思，但深入钻研很难，而且非常辛苦，也不能靠它升官发财，你为什么要钻研它呢？

祖冲之不加思索道，我对升官发财毫无兴趣，只想弄清楚天地间的许多秘密。

天地间的秘密？你想得太容易了呀。何承天笑道，我倒要考考你，有一天，月亮掩盖了一颗大星星，你说这表示什么呢？

祖冲之思索道，这是因为月亮在天空运行，一会儿遇上这颗星，一会儿又遇上那颗星，它们之间的运行路线不同罢了。

不，这是天意。何承天说，出现这一现象，说明将有一个将军快要死了。

祖冲之瞪大眼睛，迷惑不解。

何承天煞有介事道，过了几个月，真的有一个将军死了。

听何承天这么一说，祖冲之的脸刷地红了，颇为惊讶。过了一会儿，他小心翼翼地试问道，何爷爷，当今有许多将军，每年死掉一两个将军是正常的事，这与月亮有什么关系呢？我常听说天上的星象预示着人间的祸福，但我不相信这些，请问爷爷您相信吗？

何承天不禁大笑起来，拍着祖冲之的肩膀说，你小小年纪不信天命，立志要弄清天地间的秘密，我相信你以后会在天文方面有所建树。

说着，何承天领着祖孙二人来到后园的草地上，指着竖立的一根垂直于地面的木杆说，这是土圭。它可以用来测量太阳在天上的位置。例如，每天早上，杆影朝西，而且很长，说明太阳刚从东方地平线上升起来。接着，杆影朝西北，越变越短。到正午时分，杆影朝正北，这是一天杆影最短的时候，同时说明这时的太阳是一天中最高的时候，而且证明了太阳位于我们的正南方。之后，杆影会越变越长，经过东北而移到东方，而且影子很长，慢慢地太阳就在西方落下了。

何承天接着说，我每天都会在簿子上记下正午杆影的长度。杆影马上就要落到正北的那条线上，你们看看它到底有多长。

祖冲之聚精会神地注视着杆影慢慢地移动，当影子落到了正北线上时，他兴奋地叫道：一丈二尺八寸三分！

你记住这个尺寸。何承天带他们回到客厅，立即拿起毛笔，在簿子上记下当天正午杆影的长度，喃喃道，今天竟然比昨天还要短！他沉思了好一会儿，有意考问祖冲之，正午杆影最短是在哪一天呢？最长又是哪一天呢？

祖冲之一时回答不出来。可是他记得书上常常提到"夏至"和"冬至"，连忙答道，杆影最短是在夏至日，杆影最长是冬至日。

何承天说，可是，今天的事你不觉得奇怪吗？

祖冲之很茫然，有什么奇怪的事情呢？

何承天拿出一本历书来说，这是皇上颁发的今年的历书。照历书来看，后天才是冬至日。可是……

是啊，今天正午的杆影为什么会比昨天还要短呢？祖冲之问。

你问得好！何承天说，冬至应该是一年中太阳最低的时候，也就是杆影最长的一天。从夏至以来，杆影会一天比一天长，到了冬至最长，然后杆影会一天一天变短。既然后天是冬至，今天明天杆影应该继续加长才对，可是今天却比昨天还要短了，你说怪不怪呢？

祖冲之问，是不是记错了呢？

何承天认真道，我每天都是当场记录的，绝不会有错。而且我量杆影已经很多年了，除了遇到阴雨天没有办法测量以外，每年都有这种奇怪的事情发生。这种怪事，当然不是太阳今天故意爬得高一些，而是那些管天文历法的人失职了。他们死抄旧历法的计算方法，把后天定为冬至日，这其实是错误的。

他看了看祖冲之，接着说，农民种田是需要依据季节的，因而他们就得记住节气的先后次序，他们常常要问哪一天是清明，哪一天是谷雨，凭着这些节气来定季节的早晚。现在历书把冬至弄错了三天，那么，所有的节气跟着就都乱了，对农民种田很有影响啊！

那为什么不修改错误的历法呢？祖冲之不解地问。

因为他们死抠古书，因循守旧呀！何承天愤然道，那些管天文历法的人，一天到晚讲天象怎样预测吉凶祸福，却不肯改正古代历书中的错误，给农业生产带来了许多不便。等我把另外一些天文现象都测算好之后，便要奏报皇上，请求改订历法。

祖昌赞同道，你若有确切的实据，证明历法有差错，一定要改过来，这对农业生产有利啊！

对于这么大的事，祖冲之不好插嘴，但他在心里记住了一件事：有差错的历法非改不可！

从何承天那里回来后，爷爷更加了解了孙子的兴趣与天赋，便开始亲自教授祖冲之天文知识，讲了许多关于东汉天文学家张衡的故事，特别详细解说了张衡创制的浑天仪：这种仪器对应着天空的日月星辰，能把日月的起落和位置移动再现出来。

看孙子听得如此入神，爷爷便继续说，宇宙无边无界，我们眼睛所能看到的星辰只是浩瀚苍穹的一小部分。可是，为什么有的星星看起来特别明亮呢？因为它距离我们近。也许还有一些星体，因为距离我们太遥远而看起来有些暗淡……

祖冲之心驰神往，可爷爷把话题一转说，如果你的成果不被他人接受，你会像张衡一样坚持自己的主张，并持之以恒地进行天文研究吗？

祖冲之把头一昂，坚定地说，爷爷，我能，我要做张衡一样的人物。

（二）

一晃几年过去了，祖冲之已经长大成人。家里把他送到一所专门为官宦和富家子弟创办的学府——国子学就读。在这里，祖冲之潜心学习，除了老师讲解的内容外，他阅览天文，研究历法，其学问远近闻名。

一日，祖冲之正在家里的书房读书，突然听到外面人声嘈杂，不一会儿，父亲三步并作两步地跑进来说，冲儿，皇上传下旨意，要你去华林学省做事，快随我接旨去！

祖冲之整整衣冠，急忙来到堂前。

根据旨意，祖冲之因博学多才被封为华林学省学士。祖冲之为这意外的任命欣喜不已。他的欣喜不为名、不为利，更不为官，只为华林学省这个皇家藏书、讲学和研究的场所，是祖冲之梦寐以求的去处。

第二天一大早，祖冲之匆匆起床吃过早饭，直奔华林学省。

远远望去，那里楼台高峻，庭院清幽，高大朱红的门楼，两边蹲着两尊大石狮子，门楼上悬挂着一块"华林学省"的大匾。

进入院子，只见小路是用雨花石铺成的，两边有朱红的栏杆，栏杆后面绿树掩映。院子非常宽敞，院墙周围绿水环绕，花木繁茂，苍松翠柏，柳嫩竹青。

多么美好的地方啊！祖冲之不禁感叹道。

在这里，祖冲之在知识的海洋里纵情驰骋，浏览古籍，查考档案，翻阅资料，丰富的天文资料当然是祖冲之最感兴趣的。几年的研习，祖冲之学问精进，尤其是在数学、天文和历法上颇有建树，在当时的学者中鹤立鸡群。

是金子总会发光。公元461年，襄阳王刘子鸾奉命到南徐州当刺史，想找一名有才学的人辅佐自己。百里选一，刘子鸾看中了华林学省才华横溢的学士祖冲之。尽管祖冲之不愿意放弃自己的学术生涯，然而，一纸调令，祖冲之只得含泪离开华林学省，去南徐州出任从事史。

虽然在此地做学问不如在华林学省，但当从事史也有一大好处，即可以更多地接触社会，经常到民间办理各种事务。有一次，祖冲之到一个叫塘头巷的村庄去办事，看到这里的村民缺衣少食、面黄肌瘦，便到村民家里访贫问苦。

一位老者对祖冲之叫苦，唉，俗话说，人热了跳，稻热了笑。可眼下是人跳稻不笑，苦坏了咱庄稼人啊！

祖冲之急问，老人家，这是怎么回事啊？

老者叹道，听说你是从事史，从事从事，就是做事，更要管事。历朝历代，官家管天，百姓管地。可如今，当官的不管历法，我们辛勤劳作，辛苦一年，却因节气不准，庄稼的收成是一年不如一年啊！

是这样的啊！祖冲之羞愧难当，连忙安慰老者道，老人家，你批评得对，我一定要好好管管这事！

祖冲之没有食言，他下定决心，排除万难，将自己的主要精力用于历法改革。

为了推行历法改革，祖冲之又回过头来对自古以来的各种历法进行深入的研究，重点对《四分历》《颛顼历》《太初历》以及《元嘉历》一一甄别、对比，分析利弊，比较优劣。在此基础上，他又走到大自然中去，在实践中获取知识，在实践中检验天文历法的准确性。

他首先进行了大量的天文观测。天文观测的一个重要环节就是测量日影的长度，即用铜制的标杆垂直于地面之上，把铜表在正午时的日影长度记录下来。这件事看起来很简单，实际上却非常繁琐，一项十分细致的工作，需要兼具细心与耐心才能持之以恒地坚持下去。而祖冲之日复一日、年复一年，竟坚持了十多年之久。他曾向人介绍说，我长期坚持测量日影长度，从不懈怠，总是亲自辨别日影长短。他还自豪地说，我自己制作的铜表质量好，且十分坚硬，即使日晒雨淋也从来不会变形，在进行观测时，它的影子长度能够辨别得很清楚，做到表影分明。

耐心与坚守是一切聪明才智的基础。祖冲之为了实现制订新历法的梦想，从不言累，从不放弃。公元461年的冬天，祖冲之整整连续工作40多天，不畏寒冷进行观测。他用八尺高的铜表测量，再经过复杂的计算，确定了那年冬至的时间是阴历十一月三日。

只要功夫深，铁杵磨成针。祖冲之顶着酷暑，冒着严寒，最终测定了一年中二十四节气的正午日影长度。

北京古观象台铜制圭表（邵世海供图）

就这样，祖冲之亲自实践，积累了丰富的第一手资料。经过反复研究和不断地实际观测，祖冲之发现古代的各种历法或多或少都有一些错误，都有推算不够精密的毛病。这更坚定了他改革历法的决心。

（三）

功到自然成。有一天，祖冲之胸有成竹，拿出毛笔，"大明历"几个字一挥而就。于是，撰写工作开始了。那一年，祖冲之才 33 岁。

经过无数个昼夜的接续奋战，一部伟大的历法——《大明历》诞生了！

《大明历》完成后，祖冲之如释重负，此时他唯一的希望，是这部好的历法能够尽快造福于百姓。于是，祖冲之给孝武帝写了《上大明历表》，请求皇帝下令让全国实施这个新的历法。

然而，上表之后，石沉大海，久久没有音信。原来新历法遭到朝廷宠臣戴法兴等保守势力的竭力攻击和抵制。为此，孝武帝组织了一次"答辩会"。那一天，孝武帝亲自参加，中书舍人巢尚之和南台御史戴法兴两人共同主持。祖冲之面对满朝文武百官，不慌不忙，侃侃而谈，吐露自己改革历法的想法，重点谈了新历法的优点。

戴法兴听得很不耐烦，打断了祖冲之的话，傲慢道，我看太阳和地球的运动有时快有时慢，并没有规律可循，不管用什么历法都一样。既然古人已经创造了历法，这么多年沿用下来，并没有什么不合适的地方，所以，我看就没有必要改了吧？

祖冲之当即反驳道，地球的运动的确时快时慢，但是，据我多年的观测，这种运动是有一定规律的，这才是事实。

规律？戴法兴讽刺道，你简直把自己当成神了！

祖冲之反唇相讥道，我与你比起来还差得远呢，要说神，你才是！

哼！你太放肆了！戴法兴恼怒道，历法乃古人之财富，它代表着上苍的意志，不是你祖冲之说改就改的。你还是死了这条心吧！

不可能！祖冲之理直气壮道，改革古历旧法，并不是心血来潮，是我经过严密的推算，以十多年实地观测为基础提出来的。如果没有绝对的把握，我祖冲之吃了豹子胆，也不敢拿出来请求皇上在全国加以施行。祖冲之又补充道，我将古今历法做了反复比较，分析其优劣，认清其短长，所以，我的研究是有根据的。我们决不能盲从古人，如果发现旧历法有错，就应该果断放弃，采用新的历法。

祖冲之这番话，让戴法兴无法辩驳，不由得怒火中烧，便暴跳如雷，大声吼道，不管你怎样吹嘘，也甭想让我信服，我就是不同意！说罢，拂袖而去。

宫殿内的空气一下子凝固了。孝武帝见状也不知如何才好，眼睛转向巢尚之，意在征询他的看法。

巢尚之惜才爱才，从心底里欣赏祖冲之，便上前一步说，启禀皇上，臣认为祖冲之的《大明历》是有根有据的。而且，比起古人的历法，新历法确实有许多先进的地方，而且在这次答辩之前，祖冲之已经运用《大明历》计算过之前 23 年间的日食和月食发生情况。结果是每次计算都与实际情况符合，而用旧历法推算出来的结果却不符合实际情况，这难道还不足以说明新历法的确有它的好处吗？再说，祖冲之请求皇上下令施行《大明历》，也是为国家担当、为百姓着想嘛！

巢尚之话音未落，站在一边的官员们纷纷点头称是。

孝武帝听了祖冲之的答辩，又听取了巢尚之的意见，心里对《大明历》十分赞许，嘴里却说，今天的辩论先到这里，朕再考虑考虑。

孝武帝毕竟是重视科技的皇帝，他经过慎重考虑，决定在三年后的大明九年改换年号，并实行新的历法。

公元 464 年，祖冲之被调到娄县主持工作。刚上任不久，就得到孝武帝驾崩的消息，随后，继位的皇帝把改换历法的事便放在了一边。

后来的南齐也有人支持改历，也是因种种原因，新历没能得以实行。公元510年，祖冲之的儿子祖暅继承父亲的遗志，几次上书提议实行《大明历》。后经其他学者的进一步实测和推荐，当朝皇帝萧衍终于批准将《大明历》颁行于世。

《大明历》实施之后，效果特别好，沿用了80年之久。而且，在天文历法上实现了一系列重大的突破——

引进岁差。祖冲之在历法计算中引进岁差，是对中国历法的一大贡献。在历法计算中，太阳方位的计算是最为基本的数据。太阳位置的准确与否，直接关系到日月交会时刻和五星的出没方位等一系列问题。中国上古之所以交食预报不准，五星动态预报不精，其中的一个重要原因就是太阳方位预报不精所致。要准确地预报太阳方位，就必须要解决精密地测定历元时太阳的方位，掌握太阳不均匀运动的计算方法。祖冲之引进岁差的计算，也就解决了太阳方位计算中的一个重要问题。

改革闰周。当时历法中所使用的闰法是"19年7闰"，即在19个阴历年中，加上7个闰月，并把这19个阴历年叫做"章岁"。这种闰法在当时是一种创新，有它的优点，但"19年7闰"的历法的缺失也是明摆着的，主要是不够精确，经过200年就会多出一天，这看似不大的误差，却会影响到历法中的其他数据。祖冲之不畏旧章法的束缚，根据自己长期的实际观测，在《大明历》中将闰法改为"391年中加设144个闰月"，以此来解决旧章法闰数过多的问题。

创立冬至时刻的测算方法。取得精密的天文观测数据，是制定精密历法的重要基础。祖冲之特别重视天文观测，他在《历表》中说，测以定形，据以实效，悬象著明，尺表之验可推，动气幽微，寸管之候不忒。因此，《大明历》中许多精密的天文数据，如回归年的数值、交点月、恒星周期等，都是他勤于观测的结果。而他在各种天文观测中，成

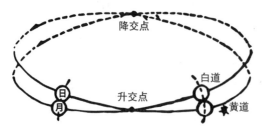

交点月示意图

就最大的是对冬至时刻的观测。他不但自己实测决定当时的冬至时刻，同时还将古代的观测记录应用到自己发明的方法中进行推算。《大明历》中回归年长度是从两次冬至实测记录中导出的，因而岁实非常精确。

创立交点月概念。祖冲之在历法中第一次引用了交点月的概念。所谓交点月，是月亮沿着白道运行的时候，过一个黄白交点环行一周所用的时间。祖冲之推算出一交点月是 27.2123 天，数据相当精确。由于日食和月食都发生在黄白交点附近，所以准确求得交点月，就能精确地预测日食和月食。

祖冲之不愧为中国古代最著名的科学家之一，他的主要科学成就和贡献在数学、天文历法和机械制造三个方面。而最闻名于世的是"祖率"，首次将圆周率精算到小数点后七位，即在 3.1415926 和 3.1415927 之间。这一纪录，直到 15 世纪才被阿拉伯数学家阿尔·卡西打破。

与"祖率"相媲美的《大明历》，是当时最科学最进步的历法，为后世的天文研究提供了正确的方法。

尽管《大明历》颁发之时，祖冲之已经长眠于地下十多年了。但是，人最珍贵的价值，就是在他去世之后，他所创造的东西还能造福于人类。

"祖历"与"祖率"一起，与日月同辉、与天地共存！

第六章
巧制简仪

学究天人郭守敬吸取沈括经验用功极致

巧制简仪授民时倾心研制新历功在千秋

周公测景台后面就是告成观星台。两台在空间上仅一步之遥，但在时间上却相隔 2000 多年。我先站在观星台前仰而视之，再退后远远望去，形状像"高"字。而实际高度也的确很可观，视觉上足足有五层楼那么高。据介绍，观星台是中国现存最为古老的天文台，也是世界上十二座著名古天文台之一。国际上最有影响力的科普周刊之一英国《新科学家》杂志，曾盘点世界九大神秘古观象台，郭守敬主持设计建造的这座告成观星台入选并位列第二。

（一）

浩瀚太空中，有无数星星，且总有那么几颗星特别明亮。

我国古代天文学家犹如太空中明亮的星星，而郭守敬显然是其中耀眼的一颗。

1970 年，国际天文学联合会决定，将月球上的一座环形山命名为"郭守敬环形山"。1977 年，国际小行星中心将 2012 号小行星命名为"郭守敬星"。

郭守敬，1231 年生于河北邢台县。他的父亲去世早，由爷爷郭荣抚养长大。自号"鸳水翁"的郭荣是一个学识渊博、远近闻名的文化人，他通晓五经，精于数学、天文、水利等多种学科，并善于交际，经常与志同道合的文人雅士畅谈交流。郭守敬生活在这样的文化氛围中，深得祖父的言传身教，从小就很喜欢读书，又勤于思考，对书本中讲到的一些事物和现象，总会追根究底，想方设法搞清楚其中的奥妙。

一个深秋的晚上，人们早已进入了梦乡。夜空中没有闪烁的繁星，只有几颗孤单的星星若隐若现。那夜，刚过 16 岁生日的郭守敬在自家院子里，借着一盏微弱的灯光，全神贯注地摆弄着用竹圈扎成的一个球形架子。只见他忙得不亦乐乎，一会儿抬头凝视天空，一会儿又弯下身子，用手轻轻转动着竹球中的一根小竹筒，对准天上的星座观察着，然后，俯下身子就着灯光，一边思考，一边在土台的一张纸上不停地写着、画着……

他在干什么呢？原来，前几天他从古书中看到了一张"璇玑图"。璇玑又称浑天仪，是中国古代的一种天文观测仪器。郭守敬一下子被这张图吸引住了，看了又看，认真研究仪器的构造和工作原理。越研究越觉得微妙，于是，一个念头在脑海中萌发了：何不按图索骥把它做成实物呢？

兴趣是最好的老师。经过反复琢磨，郭守敬进一步弄清了其中的奥妙，开始按图动手制作。浑天仪一般是用青铜铸造，而他没有这个条件，只能用竹子来替代。这正是他的拿手好戏，郭守敬平时就喜欢用竹子做一些小玩意、小模型。他找来几根竹子，将其削成竹片、竹丝，按照图样制作起来。这显然并非易事，但他不怕麻烦，连续奋战了五六个晚上，有时通宵达旦。经过一次次尝试、一次次改进，终于做成了一个精巧的竹制浑天仪。

令郭守敬兴奋的是，用这个竹制浑天仪进行观测，居然能够比较清晰地看到星象！

郭守敬的一举一动，郭荣看在眼里喜在心上，认定孙子是可造之才，便把他送到自己的好友——博学多识的名士刘秉忠门下去学习。郭守敬如鱼得水、如饥似渴，一面在良师指导下钻研学问，一面与同窗好友王恂交流心得。近三年的学习，让郭守敬在天文、历法、算学等方面大有长进，颇有收获。

学而优则仕。郭守敬学成归来便得到州官的任用，让他负责家乡的水利建设。他先是实地考察了解情况，并制定了水利建设的规划，接着带领父老乡亲兴修水利工程，翻修古桥、修复河道、整治水利、引水灌溉、设置水驿，极大地促进了当地农业生产。

郭守敬的一系列举措得到官府和百姓的称道，很快闻达乡里，美名远播。不久，元朝统治者忽必烈亲自召见了他，并委以重任。

公元1276年，元朝军队攻占江南一带，基本统一了天下。于是，忽必烈专门成立了一个机构，称为太史局，要求尽快编订出新的历法，并任命张文谦、张易为总管，授权王恂负责具体的组织工作。时任工部郎中的郭守敬主管水利，同时精通天文历算。忽必烈知人善任、用其所长，将他抽调到太史局，与王恂一起从事改历工作。

郭守敬与王恂曾是多年的同窗好友，在相别几十年后再次相聚，又同在太史局共事，俩人情投意合、配合密切，经常在一起探讨与商议改历事宜。郭守敬提出，修历一定要吸取沈括编修《奉元历》的经验教训，注重实地实验。王恂很是赞同。

那么，沈括编修《奉元历》是怎么一回事呢？

沈括，公元1031年生于杭州钱塘县，出身仕宦之家，幼年随父宦游各地。32岁时进士及第，授扬州司理参军，得到上司转运使张蒭的赏识。后来有诏令转运使保举所属官员一人，张蒭就把沈括推荐上去，在开封任职。

沈括经举荐到昭文馆任职，负责编校书籍。他利用工作机会，阅读了许多天文方面的书籍，掌握了一些天文知识。公元1072年，宋神宗指派沈括兼任提举司天监。入监兼职后，沈括主持修历工作，并推荐精通天文数学的卫朴参与其中。修历工作开始后，司天监内外展开了一场激烈的斗争。

卫朴极力主张，要使历法精确，必须移改《大衍历》的闰朔法，将熙宁十年天正元，由午时改用子时，闰十二月改为闰正月。

反对修改历法的人来势汹汹，首先拿改定朔法为题，企图在根本上推翻新历。他们还提出，新历还没有显验可据，站不住脚。

卫朴的主张受到阻挠，几乎不能贯彻。新历大有胎死腹中的危险。然而，沈括和赞成改革的人态度十分坚定，他们建议来一次实地试验。实验是这样进行的：用日晷来测定立春、立冬两个节气的日影，看看是否和历法推算相符。

事实胜于雄辩。在实验结果面前，反对派也没话说了。这样，修改历法的大原则被确定下来。但在修历的具体方法上，也引起了争端。沈括、卫朴等人认为，必须从观五星运行情况入手，来验证所推日历。但一批无能的历官纷纷起来反对，兴风作浪，不惜对卫朴等改历派进行人身攻击。

由于沈括、卫朴等人的坚持，终于排除各种阻力，修成了《奉元历》。但新历在颁行的第二年，正月望的一夜，本来算好的月食，竟然没有应验。反对派乘机发难，朝廷也向修历官追究责任。沈括这时已经离开司天监，却毅然挺身而出，替卫朴和新历法辩护，同时提出了一个补救办法，即令天文院学生用浑仪、浮漏、圭表测验，每日记录天象，交原撰历人用新历参较，如有不完善的地方，便令审订改正。神宗采纳这个建议，卫朴第二次入监修历。一年多后，重修工作才告完成。

《奉元历》虽未达到理想状态，但依然称得上一部具有特色的历法。更为重要的是，沈括推动修历的做法和根据实测来修历的主张，为郭守敬提供了宝贵的经验。

（二）

郭守敬从沈括的经验中认识到，工欲善其事，必先利其器。治历离不开实际的天文观测，而观测要有工具，必须首先准备好适用的仪器仪表。

王恂也有同感，认为没有准确的观测，一切无从做起。于是，他对郭守敬说，现在的仪器难以满足观测的需要。你擅长仪器制造和天文观测，这方面的事就由你来负责吧。

郭守敬点头道，我责无旁贷，而你精于数学计算和历法编排，我们相互配合，一定能把修历这件事办好。

王恂提出，现在人手不够，应当抓紧广招一批人才，这样才能加快推进历法的修订。

我也是这么想的。郭守敬说，我考虑，我们熟悉的那个许衡，通晓历理，但已告老还乡，我们可以把他请回来一起参与太史局的工作。同时可以再从大都司天台和上都司天台的人员中，选拔一批精于计算、精通测验的人，把他们抽调过来帮助工作。

这样好！我完全赞同。王恂又提议道，我们还可以广开才路，把南宋皇室从事过天文历法工作的官员，集中调来太史局，一起参与新历的制定。

郭守敬又提议说，高手在民间。我们可以不拘一格，把民间通晓天文历算的人士也网罗起来，充实进来。

真是英雄所见略同。他俩达成共识，很快就把相关人员抽调了过来，组成了一个强有力的班子。郭守敬把自己搜集整理的历代历法材料40余种毫无保留地拿出来，供大家阅读参考，并帮助大家逐一进行详细的分析，去粗取精，去伪存真，以探索编制新历的方法。

一天，郭守敬亲自跑到大都南城外始建于金的司天台，检查了铸造于200年前宋元祐年间的大浑仪。这种大型天文仪器由七八层环圈套叠在一起，形状象征着天球。

何谓天球？当人们抬起头来向上眺望时，天空就像硕大的半个圆球，笼罩着苍茫大地。在这半球里，繁星闪闪发光，太阳和月亮时升时落，并不断移动着各自的位置。看着这景象，人们自然地感觉到，地平线下面还有半个圆球，与人们眼前看到的半个圆球合在一起，就成为一个完整的大圆球。

这就是天球。而大浑仪就是模拟天球的测量仪器。

郭守敬看到的这台大浑仪，由于当年几经远程颠簸，难免在运送途中受到损伤，加之长期弃置不用，大浑仪的环圈锈蚀不堪，转动不灵，难以使用。台上年久失修的圭表，既倾斜又残缺，简直不成样子，失去了实测的功能。

即使这样，郭守敬毅然留了下来，对老旧仪器一件件做了仔细的检查、校正和修复。经过长达一个月的整修，这些老旧仪器总算能够勉强用于天文观测工作了。

晚上，他亲自动手，用这台大浑仪进行夜间天文观测，但很快发现了问题：这台浑仪南北极轴的方向与实际位置相差竟有 4 度左右。经过分析，找到了原因：这台浑仪原是在开封使用的，那边的地理纬度要比这里高得多，但仪器上轴的位置并没有得到相应的调整。如果仍旧使用这台旧浑仪，又不加调整，测得的数据自然就不会准确。

郭守敬是个要求极高、追求完美的人，他对这些整修后的仪器不甚满意，不但用起来不能得心应手，而且存在许多不足之处，测量的精准度很不够。

这时，郭守敬产生了自行研制先进天文仪器的念头。这个念头闪过，46 岁的他似乎又回到了青少年时代。他善于动手的习惯和能力，此时又有了用武之地。他亲自动手，煞费苦心地研制新的浑仪。

郭守敬针对古代浑仪的不足之处，根据自己实测的经验，对古代浑仪进行大胆革新，大刀阔斧，删繁就简，去掉那些并非必要的装置以及作为支架的圆环，仅保留两组最基本的功能性环圈系统，并将这两组装置设计在同一座仪器上，代替原来罩在外面的圆环，使之既相互关联，又相互独立，可以由两个人同时操作。改进后的浑仪，四面凌空，简洁通透，无所遮拦。

简单不易，简单便佳。这种结构简单的浑仪，既实用又方便，郭守敬将之命名为"简仪"。

同时，郭守敬还临时赶制了候极仪、立运仪、四游仪、星晷定时仪和正方案等五种仪器，与简仪融于一体，互为补充，配套使用。

为了保证制作质量，郭守敬召集了一批能工巧匠，将自己设计的这些仪器进行冶铸。他一直守在现场监制，使所制仪器的刻度十分精细，比以往仪器的精密度提高了许多。

简仪（陈向阳供图）

　　全新的简仪制作出来后，郭守敬用这台仪器进行精密的观测，获得了许多更加准确的数据，对新历的编制发挥了重要作用。如黄赤交角数值，从汉朝起就一直被公认为 24 度，千年来始终没有人怀疑过。郭守敬则不然，他对这个沿用了千年的数据进行检测，结果表明，当时的黄赤交角只有 23 度 90 分，与原本的数值相差 10 分。

　　还有，从汉朝到北宋，一共进行过五次二十八宿距度的测定，在宋徽宗崇宁年间进行的最后一次观测中，28 个数值的平均误差为 9 分，而郭守敬经过测定，修正后的数值平均误差只有 4.5 分，降低了一半。

　　对于郭守敬来说，用于测量日、月、五星和恒星位置的简仪固然重要，但还有一件事也很重要，那就是测量正午太阳影子长度的圭表。所谓"圭"，是指从表的跟脚向正北方向延伸的一条长石板，上面有刻度；所谓"表"，是一根垂于地面竖直而立的标杆。每天正午，太阳升到天空正南方，表的影子刚好落在圭面上。这种仪器看似简单，但使用起来非常困难，主要是表影边缘不清晰、测量影长的技术不够精密等。就是这些难题，长期困扰着测量工作，许多天文学家几经努力也始终没有得到很好解决。

知难而进是郭守敬的一贯作风，他决心破解这些难题。为此，他凭着自己深厚的数学基础与渊博的科学知识，在深入研究前人成果的基础上，首先对圭表的高度作出大胆调整，将直立的铜制表杆高度增大了五倍，使太阳的影子相应加长，这样，太阳影子终端的误差也就相应减小。

但是，问题又来了，表身增高后，表端的影子更加虚淡模糊。怎么办呢？郭守敬自有办法，他经过反复琢磨、多次试验，在表端设一横梁，按照针孔成像的原理，用一片薄铜叶，正中开有一个针孔大的小孔，创制为景符，这样一来，模糊问题迎刃而解，测量出来的日影长度，比以前要精密许多。

有时恒星和月球的亮光十分微弱，圭表观测的难度很大。郭守敬便创制了一种叫做"窥几"的新装置。这是一张长方桌，长六尺、宽二尺、高四尺。桌面上开有一条南北方向的长缝，缝边刻有尺寸，同时在桌面上装有两条可前后移动的木条，即"窥眼"，通过"窥眼"便可直接观测到清晰的星月。

人的思考力是无限的，创造力也是无穷的。郭守敬在短短 3 年中，精思巧制了大大小小多达 20 种天文仪器，主要是简仪和高表、景符、窥几、候极仪、浑天象、玲珑仪等。他还根据各种仪器的特点，绘制了仰规复矩图、异方浑盖图和日出入永短图等一批高质量的天文图。这些天文图与天文仪器的配合使用，大大提高了实测的效果与效率。

在加快创制新的、更精密的仪表的同时，郭守敬因地制宜、昼夜不停地进行天文观测。在实际观测中，他越来越感到需要建一个安装仪器、便于观测的司天台，于是，他直接上书忽必烈，奏折中写道：

昔周公建测景台，立圭表以观测天象，据此定国是，助农事，开创伟业，名垂千秋。后历朝历代，皆设台观象，研制历法，功莫大焉。今盛世之年，重历法而兴大业，吾等奉命担此要任，不敢怠慢，日研仪器，夜观天象，初有成就。为从速进展，请命在大都设置太史院，建造司天台，以利新仪器的安装与使用。

忽必烈看到奏折，立即批阅，让照此办理。

（三）

再好的构想，只有付诸行动才能成为壮举。郭守敬深谙此理，他立即行动起来，经过反复实地考察和对比，选定京城东墙南端脚下为太史院院址，接着花了近一个月的时间，亲自设计太史院的建筑，其布局别具一格：四周环绕着长150米、宽100米的墙垣，墙内是个大庭院，院中心矗立一座台屋结合的综合性建筑——司天台。

当年动工修建，三年建成。这是一座高达七丈的三层建筑物。主要观测场所设在建筑物最高处的平台，上面安置了简仪、仰仪和高表。

司天台的落成，使天文观测条件大大改善。郭守敬带领相关人员坚守在这里，白天观测太阳，夜间观测星月，并把有关数据及时汇总后交王恂他们进行推算。虽然观测结果好于以往，但仅在一地观测总是有局限。于是，郭守敬再次上书忽必烈：

唐代在制订《大衍历》前，全国选点13个，进行规模宏大的天文大测量；而如今，元代疆域比唐代广阔，若不派遣历官分赴各地进行实测，则无法了解各地昼夜时间长短之不同，日月星辰位置高下之差异，日食月食时刻之差别，因而难以制定出精确的历法。为此，应在全国范围内设立测量站，制定大规模天体测量的方案并全力施行，以保新历精准而及时。

这个提议，又一次得到忽必烈的赞赏，很快批准付诸实施。郭守敬听取各方意见，并与王恂等人一起，精心制定规划，反复研究论证，决定在全国各地设立 27 个观测点。接着，派出 14 个监候官，分道而出，分别行动，组织开展了规模空前的"四海大测验"。

成功人士的特质是不断追求目标，并付诸行动。郭守敬总是事必躬亲，他亲自带领一批天文学家，从大都出发，经过阳城等处，一直到达广州和南海，行程千里。一路上，郭守敬不辞辛劳、忘我工作，亲自动手观测天象，还在沿途建设多个观测站。

其间，郭守敬一行专程来到河南登封，寻访周公测景台旧址。在这里，郭守敬怀着崇敬的心情，详细考察了测景台周边的地理环境，察看测景台的遗存，他无限感慨道，周公大德大道，远见卓识，择宝地以建台，立地中以观测，颇有先见之明，开天文观测之先河。我意欲在此再建一台，接续文脉，弘扬先德，精准观测，振兴天文。

同行者皆无异议。于是，在离测景台仅 20 米之距，开建观星台。

观星台（邵世海供图）

历时数月，观星台顺利建成。该台台体呈方形覆斗状，有盘旋踏道环绕，四壁用水磨砖砌成。台高 9.46 米。台下北壁设有对称的两个踏道口，可以由此登临台顶。在环形踏道及台顶边沿筑有 1.05 米高的阶栏与女儿墙，皆以砖砌壁，以石封顶。台的北壁正中，有一个直通上下的凹槽，其东、西两壁有收分，南壁上下垂直，南端放置石圭，用来度量日影长短，称为"量天尺"。

这个"量天尺"与其他建成的分布于全国的 27 个观测点，组成了一个庞大的观测网，南起北纬 15 度，北至北纬 65 度，南北总长 5000公里；东至东经 128 度，西到东经 102 度，东西绵延 2500 公里。其天文测量范围，从南中国海到西伯利亚，从朝鲜半岛到河西走廊，比唐代的测量范围大了一倍多。

这次"四海大测验"的规模之大、地域之广、数据之多、精度之高，史无前例！

求索之路永无止境。郭守敬又开始了向天体测量的深度进军。他深知，要准确观测星象，二十八宿距度非常重要。因而他决心重新测定更为精准的二十八宿距度。

这一次，郭守敬利用自己观测二十八宿及众多星星的丰富经验，更是发挥他所创制的简仪等新仪器的作用，所测二十八宿距度的平均误差仅为 0.07 度，将数据精确到了 1/20 度。

郭守敬并没有就此止步，而是测量天上更多的恒星——重新测量了我国传统命名的 1464 颗星，还选择了相当数量在历史上从未命名的星星，进行周密的测量，制成了我国古代最为详细而准确的星表。

用功极致，终有所成。从四海大测验到恒星大观测，经过长达四年的辛勤工作和不懈努力，公元 1280 年，一部新的历法顺利完成。

郭守敬将新历及时上报，忽必烈大为满意，大加赞赏，并取《尚书·尧典》中"钦若昊天，敬授民时"之意，将新历定名为"授时历"。

《授时历》

授时者，报告时间、颁布历书也。《授时历》一经颁发，立即受到老百姓的欢迎和天文界的好评。它与历史上的历法相比，有着许多独到的创新之处：

《授时历》首先废除了历法惯用的"积年"和"日法"。郭守敬等人认为，造历全凭实测数据，不必虚立一个遥远的积年，也不必硬凑一个繁杂的日法，对一年365天以外的余数也不必用分数，而改用日以下逢百进位的刻分秒微。这样，与以前人为设立繁杂数字的历法相比，既省算又省事。

《授时历》的另一大特点在于精密测量。郭守敬带领太史局人员，连续四年用圭表进行日影观测。虽然沿用了祖冲之的计算方法，但在时间间隔上，祖冲之只测量了冬至日前后各23天的晷影长度，而郭守敬取了前后各178天，将回归年长度确定为365.2425日。这个同世界通用公历所用的回归年长度值完全一样！

《授时历》还精准推算黄赤交角值。从汉代以来，黄赤交角值一直为24度，从未改变。而郭守敬凭着严谨的科学态度，经过多次实验，推算出黄赤交角值为古度23.9030度（折合今度约23.3334度）。这个数值大大精于同时代国外天文历法中的黄赤交角值，与近代天体力学理论得出的准确值相差无几。

基于四海大观测而研制成的《授时历》，在元明两代共使用了364年，堪称中国古代历史上最精密的历法，也是世界古代历法中使用时间最长的一部历法。

　　即便是这样的历法也会过时，但郭守敬的科学精神永存——

　　月球上有一座山叫"郭守敬山"。

　　太空中有一颗星叫"郭守敬星"。

第七章
承古开今

————————————

天圆地方宇宙观自古而然根深蒂固

中西会通徐光启观念更新承前启后

· 寻访札记 ·

　　上海徐光启纪念馆是一座宅第式建筑，参观展览就像在"家"里绕了一圈。展陈面积不算大，但内容颇为丰富。徐光启的手稿手迹、文献著作、天文图表等珍贵资料均有呈现，展现了徐光启的世界眼光、科学精神和爱国情怀，观之获益匪浅。从纪念馆出来，左侧就是光启公园。公园的北部有徐光启墓。墓体为椭圆形，周围用花岗石镶砌，顶上绿草如茵。在现代都市的繁华闹市区，隐藏着这样高大的墓穴，实属罕见。我想，这正印证了徐光启的巨大功绩和时代价值。

（一）

天圆地方，是中国古人对宇宙的长期印象，也是一种根深蒂固的时空观，直到 17 世纪上半叶，中国才有人在历书中引进了圆形地球及经度和纬度的概念。

此人就是学贯中西的徐光启。

公元 1562 年，徐光启生于松江府上海县。这里水网密布、土地肥沃、农桑发达、经济繁荣，素有"鱼米之乡、衣被天下"之美誉。然而，明朝末年社会动荡不断，倭寇入侵，烧杀抢掠，灾害频发，民不聊生，"鱼米之乡"已非"人间乐土"。徐光启出生时，原本富裕的家庭，因天灾人祸，加上父亲徐思诚秉性耿直、不善经营，家道已经中落。

徐光启的降生，给勤实务农却生活拮据的家庭带来了一线希望。父亲为他取名"光启"，寄希望于他光宗耀祖、重启门第。殊不知，这个名字竟开启了中国天文学的新时代之门，迎来了我国天文学发展的曙光。

传家两字耕与读。耕读是江南一带的传统。尽管徐家经济困难，但还是想方设法凑出钱来送儿子入学读书。徐光启一边认真读书，一边在田间地头参加力所能及的劳动，还在节假日跟随父亲到老农家拜访聊天，从而了解到了民间的种种疾苦，掌握了许多农时和农业方面的知识。少年时代的徐光启立下了追求先进、立身仕途、治国为民的志向。

随着年岁的增长，徐光启更加发愤苦读。经过十多年的刻苦学习，徐光启于万历九年考中秀才，跨进了仕途的门槛。但以后的道路并非一帆风顺。从万历十年到万历二十二年，徐光启先后参加了五次乡试，由于明代后期科举制度日益腐败，贿试成风，他每次都名落孙山，失望而归。直到万历二十五年，徐光启遇上了正派耿直、爱才识才的乡试主考官焦竑，才被录为乡试第一名——解元。

徐光启荣归故里，得到了亲朋好友的热情祝贺与称赞，他信心百倍，继续钻研学问，同时忙于家计。有一天，他与好友喝茶聊天，无意间听说他的伯乐焦竑因得罪了执政大臣，在朝廷受到排挤，愤而辞官回到南京老家，过着隐居的生活。徐光启闻之大为震惊，对焦竑既同情又惋惜，决定立即启程，前往南京探望。

南京古称金陵，素有"六朝古都""天下文枢"之称，同时拥有"江南佳丽地，金陵帝王州"的美誉。当时的南京是明朝的陪都，名家学者、文人骚客皆会于此，学术氛围非常浓厚。

第一次来到南京，徐光启无心游览这里的名胜古迹，而是急切地找到了位于郊外的焦竑住所。焦竑见到徐光启，喜出望外，欣然问道，你怎么会找到这里的？是来南京做事了吗？

徐光启告诉恩师，我听朋友说您在南京，就特意前来拜访于您。我现在还在松江老家，一边维持家计，一边静心学业，准备会试。

焦竑让徐光启坐下，告诫道，你勤于学习，志于学问，我当然支持你参加会试，但科举制度已经陈腐不堪，你千万不要仅仅专注于此，而要开阔视野，学习与吸纳新的知识，以充实自己的学问和思想。

恩师所言极是。徐光启恳挚道，我这次专程过来，既是拜见更是就教，望恩师多多指导。

焦竑坦然道，我来南京不过一年，但这里的空气比京城清新许多，我说这空气并非单指自然环境，人文之风也令人舒畅，学术氛围更是自由敞亮。接着，他与徐光启畅谈了南京的风土人情、人文胜迹，并嘱咐说，你这次来，不妨多住几天，多走走多看看，拜访一些有识之士。

那当然是好。徐光启央请道，我在南京人地生疏，还望恩师多多引见。

拜师不在多，有一个人你必须一见。焦竑带着钦佩的口吻说，这个人是我刚认识不久的一位朋友，他叫利玛窦。

利玛窦？徐光启没听明白。

焦竑介绍说，利玛窦是意大利人，天主教耶稣会传教士，也是一位博学多才的学者，他来中国多年，对于中国社会及人文有着深刻理解和包容，广泛结交中国朋友，不但会用汉语传播基督教教义，还会介绍各种自然科学知识和当今国外的科学技术知识。与他交谈，会让你得到许多新的东西。

好啊好啊！徐光启对恩师的指点千恩万谢。

翌日一早，徐光启告别焦竑。午后，他找到位于石鼓路的天主堂，拿着恩师的亲笔信拜访利玛窦。

整座教堂呈十字形，外观造型简洁而朴实。内部为典型的四分拱顶，两侧墙上有彩色玻璃组成的拱券窗，各种图案绚丽多彩，教堂正面的花体字是拉丁语 Ave Maria 的首字母缩写，意为万福玛利亚。

南京石鼓路天主堂

利玛窦在教堂的会客厅热情接待了徐光启。在询问了焦竑的近况后，他发自内心地说，焦竑光明磊落，思想开阔，知识渊博，是我尊敬的中国朋友和学者。他把你介绍于我，是对你的看重，也是我的荣幸。

徐光启开始时还有些拘束，但听他这么说，顿时放松了许多，便恭敬道，能够拜见您，是我莫大的荣幸，愿得到您的指教。

指教谈不上，交流而已。利玛窦一边说一边领着徐光启参观室内陈列着的各种摆设和仪器设备，并一一进行详细解说。

这些琳琅满目、奇形怪状的玩意儿，徐光启闻所未闻，更不用说亲眼看见，一下子被深深地吸引住了。他边听介绍边不时地向利玛窦询问，表现出浓厚的兴趣。

看完后，两人坐下来，又交谈了很长时间，都有相见恨晚的感觉。谈话中，利玛窦起身拿出一份世界地图作为礼物送给徐光启，并介绍说，这幅世界地图是我以意大利米兰安布洛慈图书馆所藏世界地图为底本绘制的，来中国后，应南京这里的官员之请，我重新修订了这幅地图，并把它翻刻出来，赠予中国朋友。

利玛窦绘制的《坤舆万国全图》

太珍贵了！徐光启迫不及待地展开地图，仔细观看，只见地图上面明确标示出圆圆的地球，并绘有经度、纬度、赤道、五带，显露出五大洲的轮廓。地名都翻译成了汉语，还附加有关地理、物产等方面的说明。

徐光启如获至宝，爱不释手。利玛窦在一旁说，其实，地球是球形的，悬在空中，上下都有人居住。中国处于一块大陆之上，中国之外还有许多陆地、海洋和国家。

这让徐光启有了全新的认知。他与许多中国人一样，遵循传统的观念，一直认为整个世界是天圆地方，明朝就在世界的中心，是唯一的天朝大国。现在，面对这张地图，他大开眼界，似乎认识了一个全新的世界。

这次南京之行，使徐光启的知识与观念得到更新，同时也激发了他寻找科学真理的强烈愿望。

时间如白驹过隙。距上次参加会考，整整相隔 6 年。徐光启终于如愿以偿，考上了进士，进入翰林院做庶吉士，边读书边做文章。

徐光启在翰林院学习期间，利玛窦获准长驻北京传教，并在宣武门内修建了北京第一座天主教堂。翰林院与教堂相距不远，徐光启在攻读之余，常常步行到利玛窦的住处，真诚地向他请教西方科学。后来，徐光启干脆在教堂边上租了一间房子住下来，便于随时向利玛窦请教。

在漫漫人生路上，知己难得，知音难觅。常言道，人生得一知己，足以慰风尘。在翰林院当庶吉士这三年，徐光启几乎天天与利玛窦见面，讨论学问，而谈得最多的便是西方的科学技术发展，包括天文、历法、数学、火器等。有一次，利玛窦认真地告诉徐光启，在众多学问中，数学尤为重要。有了数学做根基，别的科学包括天文学的研究都会触类旁通。

其实，徐光启已经领悟到了这一点，他请教道，是不是可以打这样的一个比方，数学好比工人盖房子时用的斧头和尺子，而天文、历法等其他科学知识犹如盖房子时用的其他器具，倘若连斧子和尺子都还没有，其他器具的使用便无从谈起。

利玛窦点头称是，你的比喻很形象，也很恰当。

徐光启顺水推舟，把心里酝酿已久的一个想法和盘托出：先生，我们能不能合作翻译《几何原本》这本数学著作，把它介绍给中国的学者？

利玛窦听了一怔，没想到徐光启竟然知道这本书并有此想法。他笑而不语。

原来，《几何原本》是古希腊的一部数学教科书，公元前三百年前后由古希腊数学家欧几里得著成。这本书逻辑推理性强，结构科学严谨，集几何学的大成，是对古希腊数学的总结和升华，在西方被认为是用数学进行思维训练的经典著作。利玛窦来中国后，几次想把这本书翻译成中文，但因难度太大而作罢。

徐光启用渴求的眼光等待着利玛窦的回答。沉默了好一会儿，利玛窦如实道来，我初到中国之时，就有过翻译《几何原本》的念头，但碍于语言之困难，数次动笔又数次停笔，深知其中的甘苦。中国和西方语法不同，词汇不同，首次翻译拉丁文的数学书，许多专用名词在中文都没有现成的译法，无成规可循。如果逐字逐句地直译，会非常晦涩，让人费解。

面对犹豫不决的利玛窦，徐光启却信心十足，我们的祖先有一句名言，一物不知，儒者之耻。既然我知道世界上有这本书，又遇到你这位老师可以随时请教，怎么能知难而退，让这本书在我辈手中错失呢？他还豪迈地表示，如果害怕困难，困难就会越来越大；迎着困难而上，困难反而会越来越小，只要不怕困难，这本书一定可以翻译成功。

中文版《几何原本》中的插图：
利玛窦与徐光启

徐光启的热忱与志向深深地打动了利玛窦，他终于同意合作翻译《几何原本》。

那年春天，翻译工作开始了。这是一项巨大而艰难的工程。每天下午，徐光启完成翰林院的功课之后，就会风雨无阻地赶到利玛窦那里。利玛窦一句句地讲解着书上的内容，徐光启则一句句地记录，并不时地进行讨论，常常工作到深夜。

春华秋实。经过一年多的努力，徐光启与利玛窦合作译完了《几何原本》的前六卷。原计划，徐光启还要与利玛窦合作译完全书，但利玛窦忙于传教，建议把译好的前六卷先刻印出来，待以后有时间再来翻译。

徐光启也考虑到自己在翰林院任庶吉士的三年期限将满，面临一次分配官职的重要考试，需要时间精心准备，也就同意了利玛窦的提议。于是，徐光启写了序，以他渊博的自然科学知识，正确地指出了数学的价值，第一次向中国科学界说明了几何学的本质，并向中国知识界、天文界大力推荐这本书。

（二）

仕途是一条不归之路。有人在这条路上迷失。有人在这条路上发达。有人在这条路上求索，实现着真正的人生价值和社会价值。

徐光启正式步入仕途，被授予翰林院检讨的官职。后因父亲去世，徐光启按照礼制离职回乡守丧。这一期间，他积极参与家乡的农业劳动和水利建设，还为农民引进和种植甘薯、芜菁等优良品种，帮助农民度过灾年。

守丧期满后，徐光启回到京城复职。1613年初冬，因与朝中一些大臣意见不合，徐光启称病去职前往天津。他在北京房山、保定涞水两县开渠种稻，进行各种农业实验，先后撰写了《宜垦令》《农书草稿》《北耕录》等书，为《农政全书》的编写打下了基础。

1616年，礼部侍郎沈㴳连上三道奏疏，请求查办外国传教士。徐光启上《辩学章疏》为传教士辩护。同年徐光启回京复职，次年任詹事府左春坊左赞善。后又因病回归天津，写作《粪壅规则》一书。

此时，徐光启已经完全沉浸在农业科研之中，但政治风云突变，我国东北地区的努尔哈赤所建立的后金政权不断壮大大起来，并向南扩张，攻占了明朝设在东北的重镇。在此严峻形势下，朝廷不得不把晓知天文、素知兵略的徐光启应急召回，商量防守事宜。

苟利国家生死以，岂因祸福避趋之。徐光启虽然身患疾病，但还是立即起身赶回京城，参与研讨抗金之策。但由于朝廷的腐败无能，与后金的战事连连失败。在此情况下，徐光启不计得失，秉笔直书，接连给皇帝上了三道奏折，提出"训练勇士、精制武器、奖罚分明"的建议。在拖延了几个月后，朝廷才下旨令，命徐光启训练新兵，防御都城。

徐光启奉旨选练新兵，克服缺银饷、缺兵械等重重困难，亲自给新兵讲授练兵规则，亲自带兵训练，终于练出了一支三千多人的精悍队伍，派赴辽东对金作战，取得赫赫战绩。

公元 1621 年，万历皇帝驾崩，天启皇帝继位。这是一个喜欢做木匠活、不理朝政的糊涂虫。朝廷大权旁落在宦官魏忠贤手中，他结党营私，无恶不作。对此，徐光启极为不满，对朝廷丧失了信心，便上疏回天津养病。

不久，金兵大举进攻，占领了辽东全境。朝廷不得已又再三催促徐光启回京。徐光启面对危局，提出了"仿制火炮、建造炮台"的建议，但又遭到那些陈腐官员的恶毒攻击和竭力阻挠，使徐光启的计划因得不到经费而搁浅。徐光启对朝廷和皇上彻底失望了，便上疏辞职回到家乡。

1624 年，徐光启擢升为礼部右侍郎兼侍读学士之职，当时朝中魏忠贤专权，他不肯就任，次年便遭谗劾去职，回到家乡。让徐光启欣慰的是，自家的田地经过儿子多年的经营，一派丰收的景象。这让他有条件进行农业科学的研究和试验，并有空闲时间将酝酿多年的《农政全书》整理定稿。

坏事变好事。去职 3 年后，洋洋洒洒 50 余万字的《农政全书》完成了。它总结了我国 3000 多年以来的农业生产经验，并吸取了西方农业技术成果，在我国科学史上有着极高的学术价值，堪称中国古代最完备的农学百科全书。

天启七年，崇祯皇帝继位，恢复了徐光启的官职。尽管崇祯皇帝励精图治，但明朝已经病入膏肓，日薄西山，无法挽回败亡之势。无奈，徐光启只得回归自己的本行——农业研究与天文历法。

崇祯二年，官府传出消息，五月初一下午一点半，京城将出现日食。日食，又叫日蚀，就是月球运动到太阳和地球中间，如果三者正好处在一条直线时，月球就会挡住太阳射向地球的光，月球身后的黑影正好落到地球上，这时发生日食现象。在民间传说中，称日食现象为天狗食日。

在封建时代，日食被看成是国家兴衰治乱的征兆，受到高度关注。那天下午，京城里无论官员还是百姓，吃过午饭，都不午睡了，纷纷走出家门，早早地等待着难得一见的日食。这天的天气特别好，一轮圆圆的红日高悬在天空中。

由于时间还早，人们聚在一起海阔天空地闲聊着。突然，有人高喊，你们看啊，天狗开始吃太阳了！

"别听他瞎说，时间还早着呢。"

"真的，是真的！"

"别吵啊，快看，快看！"

人们纷纷停止谈话，抬头仰望，只见当空的太阳真的像是被天狗啃了一口。慢慢地，缺口越来越大，不一会儿，太阳变得像弯弯的月亮一样。又过了一会儿，太阳被月亮完全遮住了。这时，太阳旁出现了一道光环。

"太好看了！多么漂亮呀！"

"千载难逢，难得一见啊！"

"我们真有眼福！"

人们不约而同地夸赞着。很快，月亮离开了太阳。最后，太阳又发出了耀眼的光芒。

人们兴奋着，畅谈着：

"我从来没有看到过这样好看的日食。"

"是啊！不知多少年才能看到一次呢！"

"今年的日食发生在中午，真是鸿运当头啊！"

这时，有人却疑惑道，今天的日食是不是提前了啊？

有人则说，不会吧，这可是官府正式公布的时间。

有人证明道，肯定提前了，我在家里看了时间出门的，可是抬头一看，月亮已经离开了，太让人惋惜了！

有人出来反驳，照你这样说，不是日食提前了，而是钦天监算错了！

"这不是笑话了吗？"

"这不光是笑话不笑话的事了，恐怕是不吉利的吧。"

人们有的疑惑，有的摇头，扫兴地回家去了。

老百姓的感觉没有错，的确是负责观测天象的钦天监报错了时间，他们按旧的历法推算日食的时间，结果却与实际相差甚大，误差竟超过半个小时。

如此失误，令崇祯皇帝大为恼火，把负责钦天监的大臣大骂了一顿，并下旨令徐光启筹建修历局，负责修改旧历。

崇祯皇帝称之为改历，是因为明朝使用的《大统历》，乃是在《授时历》基础上沿袭下来的，经过了三百多年，自然会有不少的差错。

（三）

岁月悠长，山河无恙，人生易老。

徐光启已进入古稀之年，但他老当益壮，全身心地投入编制新历的工作中。

他奉旨开设修历局之后，首先订立了修历的方针：用人必须务实，器具必求实用，经费决不虚报，时间不可虚度。接着，徐光启大胆地采用招聘的方法，从社会上召集了一些有真才实学的人才。还特别邀请了西方传教士邓玉函、龙华民来京协助修历，帮助翻译一批西洋天文理论著作，指导年轻的中国实习者编制各种天文用表，还教授工匠制造观测天体的仪器。

在此期间，德国传教士汤若望在中国成功地预测了两次月食，并在钦天监官员李祖白的帮助下，用中文完成了《远镜说》一书，第一次将伽利略望远镜介绍到了中国。徐光启对汤若望十分钦佩，力邀他参加修历局的工作。

虽然修历局汇聚了各方面的人才，但徐光启还是身先士卒、事必躬亲，坚持奋战在第一线。他常常长时间地端坐在斗室之中，仔细推算各种数据，然后把计算结果用蝇头小楷记录下来，废寝忘食地工作到深夜。

在修历过程中，徐光启十分重视实测的作用。他虽然眼力和腿力已渐虚弱，但仍经常登台观测天象，以取得最准确可靠的数据。一次，他在严冬刺骨的寒风和漫天飞舞的雪花中登上观象台，亲手测验器具，不慎失足跌落台下，腰部和膝部都受了伤，不能行动。经过一段时间的休养，伤痛并未痊愈，徐光启又迈着蹒跚的步伐，坚持到测候现场，与工作人员一起守候在仪器旁观测天象，直至深夜。他常对人说，非亲眼所见，我是不会放心的。

天文学是观测的科学。精密的天象观测是历法的重要基础。而对天象的观察，必须借助于各种仪器，尤以天文望远镜为最。1608 年，荷兰眼镜匠利伯希首次发明望远镜。次年，意大利科学家伽利略在此基础上发明了天文望远镜。

徐光启既仰望星空，又旷观世界。当他从汤若望等西方传教士那里了解到天文望远镜这一新的发明后，立即带人仿制，制成"窥筒眼镜"，大大超出了肉眼观测的效果。

然而，徐光启中西会通的修历工作和创新做法，不时遭到非议。有一位四川老者，名叫冷守中，头脑保守僵化，不相信西洋先进的历法思想，反对徐光启参照西法改历，而用迷信的方法制订出一套历法，送到修历局。

徐光启破例接待了他，在翻阅了他的历法后，如实地对他说，先生亲制历法，精神可嘉，但你的这套计算方法已经陈旧，故而不能采用。我们正在抓紧进行新的修历工作。

老者并不领情，态度蛮横道，我的算法既是祖传又有新创，准确无误。听说你们用西法修正《大统历》，是违反祖制、大逆不道的行为，是可忍孰不可忍！

徐光启对固执己见的冷守中没有采取压制的办法，而是据实说理，指出他所依据的方法，不过是神秘的数学游戏，并无科学依据。

冷守中仍然不服，徐光启无奈，便说，这样行不行，我俩一同来推算四月十日将在四川当地发生的日食时刻，如果你算对了而我错了，那就证明你的方法有理而我的方法有误；如果你算错了而我算对了，那你就要认输。

要的！冷守中自信道，我必赢无疑！

没有任何悬念，实测的结果，冷守中显然错了，且误差很大，而徐光启的推算准确无误。冷守中心服口服，收起了他那套歪理，不再前来纠缠。

江湖人士也就罢了，却连当时颇有名望的天文学家魏文魁，也极力反对徐光启的新法，并给修历局送来两套他自己按旧法编成的历书，要求朝廷使用。徐光启翻阅了他的历书，发现他的推算方法很陈旧，且有许多谬误，就建议魏文魁再重新研究一次，同时对他的钻研精神表示敬佩，希望他能与自己合作。魏文魁不但不虚心吸取徐光启的意见，反而强词夺理地反驳徐光启，竭力阻挠徐光启的历法改革。对此，徐光启不再退让，不予理睬，排除一切干扰，坚定地推动修历进程。

其间，徐光启得到皇上重用，被任命为礼部尚书兼东阁大学士，相当于宰相之职。徐光启安之若素，继续孜孜不倦地编修历书。由于事务繁重，徐光启生怕没有太多精力做好修历局的工作，便向皇帝推荐了知识渊博、沉稳可靠、兼通天文数理的李天经负责修历局的工作。就在递上奏折的第八天，徐光启病逝于京城。

崇祯七年，徐光启生前主持修订的历法，由李天经最后整理，成书137卷，名为《崇祯历书》。

《崇祯历书》是中国传统历法与西方先进天文学相结合的产物，它全面系统地介绍了西方天文学知识，对中国相对落后的传统天文学产生了巨大冲击，促使中国天文学实行全面革新，走上了一条中西融合的天文学发展新路，对推动中国传统天文学向近代模式转化起到积极的推动作用，从而结束了中国天文历法近三百年停滞落后状态，带来了我国天文学的初步复兴。

《崇祯历书》首次详细介绍了西方托勒密和第谷的宇宙体系，也部分吸收了哥白尼的日心体系。这是一种介于哥白尼日心体系和托勒密地心体系之间的折衷学说。虽然仍认为地球是宇宙的中心，但已认识到五大行星是绕太阳旋转的。这比中国传统的地心体系进步许多，也比当时已在中国得到传播的托勒密地心体系有所进步。

《崇祯历书》中的天文用表均以第谷体系为基础进行编算，也引用了大量第谷的观测资料，在一定程度上解释了日月的迟疾和五星的顺逆留合等现象。在具体计算中使用了几何学，从而使中国历法从传统

《崇祯历书》

的代数学体系向西方经典的几何学体系靠拢。同时，第一次引进了地球和有关地理经纬度的概念，引进了当时西方较为成熟的球面三角和平面三角术，构成了其中的法算部分，使日食、月食等天文现象的推算向前迈进了一大步，为历法的精确推算提供了可靠的保证。

遗憾的是，由于朝中守旧派的激烈反对，加之皇上举棋不定，近十年中，新法与旧法之间进行了八次激烈的较量，如此先进的一部大型历书竟然没有能够及时颁发。直到1643年，崇祯皇帝才下决心将《崇祯历书》颁行天下。

徐光启在天之灵终于得到告慰。由此，中国古代天文学向近代天文学跨出了重要的一步，标志着中国天文学从此汇入世界天文学发展的潮流。

徐光启成为名副其实的徐光启——光前启后，承古开今。

第八章
古仪厄运

清政府腐败无能落后挨打神州暗无天日
观象台名存实亡古仪命运多舛遭受浩劫

· 寻访札记 ·

位于北京市建国门西南角的北京古观象台，是明清两代的国家天文台，创造了连续观测 500 年的世界纪录。观象台有拱形门洞，上方阴刻"观象台"三字。台体左侧是登顶的台阶。我拾级而上，登上台顶。这里可以瞭望京城的景象，而吸引我目光的是天体仪、赤道经纬仪、黄道经纬仪、地平经纬仪、象限仪、纪限仪等一台台古代天文仪器。看上去，它们都已老态龙钟，但身体机能并没有完全丧失，仍然昂首挺胸，似乎还在仰望星空、观测天象，又似乎在诉说着曾经的辉煌和苦难……

（一）

天地无终极，人命若朝霜。《崇祯历书》颁发的第二年——1644年，李自成的军队攻入北京，崇祯皇帝在走投无路之下自缢于景山。

一个时代终结了。

李自成的军队打进北京时，留在北京观望形势的耶稣会传教士汤若望将各种仪器、历书等保存在自己的住所。不久之后，清军入关，李自成战败，弃城而逃。清兵进入北京后，汤若望主动上疏摄政王多尔衮，表示愿为朝廷效力。

汤若望，1592年生于德国科隆的一个贵族家庭，后成为天主教耶稣会传教士。1619年来到中国，5年后到了北京，又在5年后，他在钦天监官员李祖白的帮助下，用中文完成了《远镜说》一书，第一个将伽利略望远镜介绍到了中国。正是这部书引起了徐光启对他的关注与重视，调他参加修历局工作，协助徐光启完成了卷帙浩繁的《崇祯历书》。他是历经明、清两朝，继利玛窦之后最重要的来华传教士之一。

1644年9月2日，即顺治元年八月初一，摄政王多尔衮派大学士冯铨率礼部官员一干人等齐赴观象台，目睹了新法与旧法之间的一场较量。

按照历法预测，这一天会发生日食。为此，汤若望很早就做好了准备，以新法计算出日食在各地发生的时刻，而一些保守派还是用旧法计算日食发生的时间。

这场"斗法"正是在汤若望建议下进行的。一番比试之后，结果新法胜出。六天后，朝廷命汤若望督率修历局官生用心精造新法，以传永久。

1645年，汤若望对《崇祯历书》进行整理修订，把它压缩成《西洋新法历书》103卷，进呈摄政王多尔衮。清廷定名为《时宪历》，册面上明显印有"依西洋新法"五个字，颁行于天下，从此成为每年编制历书和各种天文推算的依据。

是年1月，汤若望被任命为监正。任命耶稣会传教士负责钦天监的这一做法，此后在清朝历史上持续了约200年。

外国传教士入主钦天监，一方面，他们终于打入中国的最上层；另一方面，他们也为中国人带来了西方数理天文学，并促使中国天文学开始纳入世界天文学的发展轨道。

不久以后，一场历法大案使已近古稀的汤若望身陷其中，虽幸免一死，但在此之后，清政府废除新法，以旧法取而代之。同时，免去汤若望钦天监监正之职，而由杨光先取代了他的位置。后者正是制造这起历法大案的始作俑者，他既不懂西洋新法，对中国传统历法也不精通，但却得到了鳌拜的重用。此类事，在中国历史上屡有发生；此类人，历朝历代大有人在，且常常得势。

但历史的一条规律是，善有善报，恶有恶报。1669年，羽翼丰满的康熙帝诛杀鳌拜，开始真正掌握实权。汤若望在去世三年后得到平反。依照汤若望的愿望，康熙帝将其厚葬于北京阜成门外二里沟利玛窦墓旁。而杨光先则身败名裂。

康熙对数理科学尤其对天文学充满兴趣。在经历了种种事件，特别是目睹过测天的较量之后，他更是对西学深信不疑。1676年，康熙致钦天监旨曰：

新法旧法争论结果，已知新法为是，你等应加以勤习西法，凡习熟西法者方准升用，其未习西法者，不准升用。

此后，法国传教士白晋和张诚来华带来了四分象限仪、天文钟等一些新式天文仪器，分别向康熙介绍了意大利与法国科学家观测日食和月食的新方法，还献给皇上一架测高望远镜。这使康熙大开眼界，由此产生了学习天文学的浓厚兴趣。

两位传教士不仅给康熙送了望远镜，还指导他用望远镜测量大地、观测天体，用四分象限仪观测太阳子午线高度，用日晷测日影等，康熙俨然成了一名精通天文的专家。有一次，钦天监测定 1711 年夏至的时间为午时三刻。对这个结果，康熙表示怀疑，他说，朕细测日影，是午初三刻九分。后来证实康熙测定的时间更为精准。

然而，皇帝修习天文学的一腔热情，并没有改变中国天文学的现状和命运。当钦天监的天文学家们继续为皇家提供择吉择日之类的服务时，当一些人忙于为西学中源寻找证据时，西方的天文学家早已冲出了现代天文学的起跑线。与世界天文学的发展相比，中国已经远远地落在了后面。

（二）

一百多年后，英国政府以林则徐虎门销烟为借口，派出远征军漂洋过海入侵中国。1840 年 6 月，在海军少将乔治·懿律率领下，英军舰船 47 艘、陆军 4000 人，陆续抵达广东珠江口外，封锁入海口……

鸦片战争爆发了。这是英国对中国发动的一场非正义的侵略战争，也是中国近代屈辱史的开端。这场战争以中国失败并赔款割地而告终。坚船利炮打开了中国的大门，中英双方签订了中国历史上第一个丧权辱国的不平等条约《南京条约》。中国从此沦为半殖民地半封建社会，丧失独立自主的地位。

随之，禁绝百余年的外国传教士又回到了中国。

无疑，鸦片战争是中国历史的一个转折点。在这场转折中，外国传教士在中国的活动也随之发生了变化。早期来华的耶稣会士从事传教，可以说是一种东西文化交流的形式，而鸦片战争之后来华的外国传教士们，就没有当年耶稣会士那种虚怀若谷的雅量了。他们怀有不可一世的种族优越感和文化优越感，认为他们传教的对象是一种无文化的异端，只有让他们信奉上帝，全盘基督化，才能拯救中国。正是抱着这样的主张和出发点，外国传教士在中国一方面从事传教活动，一方面从事各种社会事业，包括建立观象台。

1854 年 11 月，英法联合舰队在黑海上与俄军决战。然而，尚未开战，英法联合舰队在海上便遭遇强风暴雨的袭击，顷刻间，30 多艘舰船全部沉没，军队遭受重创，元气大伤。痛定思痛，法国人认识到海上天气预报的重要性，便将调查风暴来源和天气预报的任务交给了巴黎天文台台长勒弗里埃。

在通讯尚不那么发达的时候，这位台长发信给各国，要求提供气象资料，之后竟收集到许多气象情报，并据此绘制了一张气象图，结果发现了海上风暴的形成、强弱、时间等都是有规律可循的。这使勒弗里埃深受启发。于是，他提出了一个设想，在世界各地建立气象观测网，组织不同地方的人进行气象观测，再将各地取得的观测资料集中起来，进行综合分析，绘制出气象图表，推断出未来风暴的行进路径，及时发出海上航行预警。

这个设想得到各方的热烈响应。1856 年，法国建立了正规的气象站网，在世界上最先开展了天气预报工作。上海是鸦片战争之后最早开放的五座通商口岸城市之一，地处长江入海口，在航运方面有着得天独厚的条件。传教士们考虑到航运方面的方便，首先选择在上海徐家汇建立观象台。

为什么选在徐家汇？

徐家汇的形成可上溯至明代。晚明著名天文学家徐光启曾在此建农庄别业，从事农业实验并著书立说，逝世后即安葬于此，其后裔在此繁衍生息，初名"徐家库"，后渐成集镇。因地处肇嘉浜与法华泾两水会合处，故得名"徐家汇"。

显然，选择在这里建立观象台，既有地理上的优势，也有纪念徐光启之意。

徐家汇观象台的第一任台长是瑞士籍传教士能恩斯。该台在建立之初主要是给往来船只提供气象资料，从而使其航行更为安全。1879年，长江口外牛皮礁设置自鸣声浮，徐家汇观象台将测候所得气象资料与有关灯塔互相通报以利航行。在观测气象的同时，该台人员还深入中国腹地，对扬子江上游进行研究，绘就了54张地图，并测定了50个城市的位置。这座观象台在其早期研究工作中还做了大量资料积累，出版了《中国的气温》《中国的降雨量》《远东大气》等书籍，并收集了数以万计的气象图表，成为研究中国气象的重要资料。

徐家汇观象台于1874年开始地磁观测。后来，在徐家汇观象台的基础上建立了佘山地磁台，主要从事无线电授时，因而成为中国标准时间的发源地。1900年，法国耶稣会又在上海松江县的佘山建造了圆顶，并安装了当时领先于东亚的口径40厘米的双筒折射望远镜，其主要工作

徐家汇观象台

是天体测量、地磁和太阳观测。

这表明，千百年来用肉眼观测天象的旧时代实际上结束了。但这是外国人在中国干的事。而当时的中国，一些天文工作者还在为保存旧时代留下来的原始的天文观测仪器而奔走、抗争。

（三）

1900 年，战争的铁蹄再次践踏在中华大地上。八国联军借口中国义和团运动伤害了他们的利益，悍然发动侵华战争。

战争期间，德国侵略军奉命在作战中只要见到中国人，无论男女老幼格杀勿论。他们把北京西四北太平仓胡同的庄亲王府放火烧光，当场烧死 1800 人。八国联军统帅、德军元帅瓦德西公然违反国际公约，特许德国士兵公开抢劫三天。在此以后，八国联军又实施多天抢劫。中国的珍贵文物遭遇空前的浩劫……

在抢劫过程，八国联军当然不会放过存放在北京古观象台上的那些中国古代天文仪器。

北京古观象台

北京古观象台位于北京市建国门立交桥西南角，建于1442年，台体高约14米，台顶南北长20.4米，东西长23.9米。它在明朝时被称为观星台，清代时将观星台改称观象台。台上陈设有古代天文仪器，它们大都铸造于清代。看上去，它们都已锈迹斑斑、老态龙钟，但略加整修还能使用。

一天，瓦德西骑上马匹带着一队军人来到观象台，看到这里的古代天文仪器，饶有兴趣地看了一遍又一遍，由衷赞佩道，这些仪器的造型和上面的龙形装饰完美极了，有无与伦比的艺术价值。

中校军官杰尔德曼向他报告说，这些仪器是中国古代的天文仪器，还有很高的科学历史价值。

瓦德西颐指气使道，这些仪器就在德国的军管区内，我们有权把它们运回德国去！

是的，这可是很好的战利品。杰尔德曼表示马上派兵把守观象台，改日将之拆装运送回国。

当天下午，杰尔德曼就带着十几个人占据了观象台，强行把这里的工作人员驱赶出去。这时，两位年轻人站了出来，一个高个，一个瘦弱。

这两个年轻人并非观象台人员，而是天文爱好者，他们出于对天文的兴趣，常常结伴而来，研究古代天文仪器，并利用这些仪器进行天文观测，俨然成了这里的常客和编外研究员。

高个青年礼貌地对杰尔德曼说，这里是我国的国家观象台，承担着观天测地的任务，我们在这里有重要的工作，你们不能占据在此。

杰尔德曼没想到有人敢站出来说话，先是瞥了一眼，然后傲慢道，这里已经划入德国军管区，属于我们的地盘，用不着你们来观什么天、测什么地！

站在高个青年身后的瘦弱青年上前道，这里永远是中国的地盘，这里的一切都是中国的！

杰尔德曼冷笑道，中国的？我们不但要驻扎在这里，再过几天，我们还要把这里的东西全部运走！

高个青年先是一怔，然后严正道，这里的东西，不仅是天文仪器，还是我国的历史遗物。国际公约有明文规定，即使在战争期间，任何国家、任何人都不能移动和破坏他国之文物。

听高个青年这么一说，杰尔德曼认定这两个年轻人不是一般人员，便上下仔细打量了一番，接着怒吼道，不与你们废话！来人，把他们关押起来，留着有用！

随即，几个德国军人一拥而上，把高个青年和瘦弱青年捆绑起来，关押在观象台的仓库内。

次日，一批法国军人也来到这里，想进入观象台，被德军留守人员拦住，声称这里是德国军管区，不得入内。经过一番交涉，留守人员才同意三名法国军官进去参观一下，但不得触碰里面的天文仪器。法国军官看着这些古老而精美的仪器，垂涎欲滴，却只能无奈地离开了。

回到军营，这三名法国军官心有不甘，便将他们在观象台看到的情况，一级一级汇报了上去，最后竟惊动了法国统帅伏依隆，他立即派统领徐锡仑前往德军总部与瓦德西会商。

瓦德西礼貌地接待了徐锡仑，但得知法方要求平分天文仪器，一口拒绝道，这是不可能的，我们最先发现了这批天文仪器，理所当然归我们所得。

我们早就知道这批仪器的存在，只不过因战事需要没有立即前往接收。徐锡仑又补充道，我们也派人前去搜查，只是晚到了一步而已。

瓦德西蛮横道，不是早到晚到的事，观象台在我们德国的军事管辖区内，这里的东西当然归我们所有。

但这批东西的情况有所不同。徐锡仑辩解道，这个观象台，曾得过我国在华传教士的长期帮助，包括这批古代天文仪器，我们曾予以保护和研究，功不可没，必须享有应有的权利。

听了徐锡仑的这番话，瓦德西觉得有些道理，更是为了加强盟军之间的合作，便退让一步说，为了增进盟军之间的友谊与合作，我们可以分给你们部分天文仪器，但在我们的军管区内，我们应享有挑选仪器的优先权。

徐锡仑得寸进尺说，那不行，我们应当平分秋色，各自挑选。

闻之，瓦德西极为反感，恼怒道，这绝对不可能！我们不会放弃德国的利益。

场面一下子僵住了。徐锡仑思考再三，不得不作出让步，无奈地说，那就听从总司令的吧。不过，我们希望在数量上合理分配。

瓦德西爽快道，一家一半，从速处置。

就这样，德法达成协议，决定由德法两国瓜分观象台的 10 件天文仪器。

几天后，观象台上空乌云密布，风雨欲来。杰尔德曼指挥着留守在这里的德国军人准备拆卸这里的天文仪器。然而，他们哪里弄得了这些玩意儿，皆为青铜结构，虽没有一个螺丝螺帽，却固定得严严实实，无从下手。

德军拆卸古观象台天文仪器

把他们押出来！狡猾的杰尔德曼指着观象台那边的仓库得意洋洋道，我留着他们干吗的？就是要让他们来帮助我们拆卸这些东西的！

两个德国士兵很快把高个青年和瘦弱青年押了出来，并给他们松了绑。

高个青年和瘦弱青年一看这阵势，知道他们要拆走这些天文仪器，便一起冲到观象台的中央，张开双臂护着台上的浑仪。

见此状，杰尔德曼鄙视道，真是螳臂当车，自不量力！告诉你们，今天我们必须把这些东西拆下来！

你们不能拆，千万不能拆！瘦弱青年转过身来乞求道。

杰尔德曼狡诈道，我们不能拆？行，那就让你们来拆！

瘦弱青年这才反应过来，原来留着他们是为了让他们帮助拆卸这些仪器，顿时怒火中烧，斩钉截铁道，我们决不会拆下这些仪器！

好！杰尔德曼发狠道，你不拆，我们来拆！

高个青年急了，你们怎么拆？这结构太复杂了，你们是拆不了的。

拆不了就锯，锯不了就砸！杰尔德曼要挟道，你们就看着我们来搞吧！

这话一下子把高个青年和瘦弱青年镇住了，只能眼睁睁地看着他们。

只见几个德国士兵扛来电锯，拿起铁锤等工具，爬到高大的天文仪器上，毫无章法地开始拆卸起来。

住手！高个青年实在不忍心看到他们野蛮拆卸，大声吼道，不行！不行！这样拆是会把这些仪器毁掉的！

停！杰尔德曼走到高个青年跟前，逼问道，我再问你一句，你们究竟帮不帮忙拆？

高个青年避而不答，而是问，你们拆下这些仪器准备存放在哪里？

这不关你的事！杰尔德曼强硬道，我问最后一遍，你们拆不拆？

我们可以来拆。

高个青年只得改变态度，以商量的口吻说，能不能将这些仪器拆下后就存放在这里？

杰尔德曼未置可否，而是狠毒地说，你们拆下这些东西，既可以保住性命，又可以保全仪器，假如你们不拆，那就是人物两毁！

在杰尔德曼的威逼之下，为了保住这些古代天文仪器，高个青年和瘦弱青年只得忍辱负重，小心翼翼地将这些仪器拆卸……

杰尔德曼派士兵一边监视着高个青年和瘦弱青年，一边记录着他们拆卸的方法和过程。

拆卸工作整整持续了一周。高个青年和瘦弱青年要求与这些仪器一道，留在观象台。杰尔德曼却告知道，我们不需要你们留在这里，但法国使馆邀请你俩到他们那里去。

高个青年和瘦弱青年颇为惊讶，不知何故。原来，杰尔德曼竟私下答应了法国方面的要求，让高个青年和瘦弱青年随其中的一部分仪器去法国驻华使馆，以便以后帮着安装和使用这些仪器。

仪器拆卸完毕后，德国挑选了天体仪、纪限仪、玑衡抚辰仪、地平经仪和浑仪。分给法国的是地平经纬仪、象限仪、黄道经纬仪、赤道经纬仪和简仪。紧接着，杰尔德曼一伙强行将这些仪器装箱搬出古观象台，分别运到德国和法国驻华使馆内，并强行将高个青年和瘦弱青年交给了法国方面。

迫于国内外舆论，不久之后，法国方面不得不把高个青年和瘦弱青年放了出来，并在两年后将仪器归还了中国。而德国侵略者全然不顾中国政府的要求和世界舆论的谴责，竟将劫去的五架古仪，于1901年8月，堂而皇之装上了"波南厅"号运输舰，运往德国不来梅港。9月2日，再由该港运往波茨坦。后来，按照德皇威廉二世的命令，将掠夺的中国古代天文仪器安放在皇家宫殿——橘园宫前的草坪上。

德国橘园官前摆放的中国古代天文仪器

八国联军侵华战争是中华民族历史上的一次浩劫，侵略者在首都北京制造了屠戮平民百姓的惨案，进行了大肆洗掠，抢劫了不计其数的包括观象台古代天文仪器在内的文物宝藏。

清政府腐败无能，以被迫签订丧权辱国的《辛丑条约》为条件，八国联军侵华战争于1901年9月7日结束。随后，北京古观象台得以部分恢复，两个青年仍然经常光顾这里，参与其中的一些工作。

而事实上，北京古观象台的天文仪器已经名存实亡，天文观测更是难以为继。

这是一段不堪回首的屈辱历史。

这是中国天文史上的重大挫折。

PART 2

中部
『天眼时代』的曙光

　　天眼，古时道教中指天神之眼，也叫天目。据称：天眼开，观十方，如同手掌。极乐开，斗牛宫，都在目前。常显化，天宫景，无边妙意。明历历，才看见，景致无边。可见，天眼有着神奇功能，但这些只是神话而已。

　　而真正称得上"天眼"的，是近代发明的天文望远镜。从 1609 年伽利略制作第一台天文望远镜开始，天文望远镜就得到不断发展，从光学波段到全波段，从地面到空间，望远镜观测能力越来越强，成为观测天体、捕捉天体信息的主要工具，从而使人类的眼睛有可能做到"观十方"而"景致无边"，从而迎来人类仰望星空的新时代。

　　进入近代，中国站到了一个新的时代门槛，多少人在为中国寻找先进的天文之路苦苦求索。

第九章
时序更新

旧时代终结中华古仪失而复得大快人心
有志者痛感落后探求新路追赶世界水平

·寻访札记·

　　我站在古观象台台顶上，看着昂首挺立的一座座古代天文仪器，久久不愿离去。我是多么渴望知道它们的前世今生，更想知道那些被劫往德国的中国古代天文仪器曾经经历了何等命运。但它们不会讲话，没有言语，只是默默地、永久地仰望星空……我依依不舍地离开它们，走下观象台，来到设在左侧的展厅参观。在这里，一张张图片和一行行文字向我诉说了古观象台的历史和这些古代天文仪器曾经发生的悲惨故事。

（一）

清王朝末期，已经到了苟延残喘的地步。列强在中国作威作福，肆无忌惮地分割和侵占中国的国土与利益。一个原本强盛的国家，在腐败无能的当政者手上迅即败落。国将不国。

面对飘摇中的中国，面对北京古观象台的遭遇与败象，高鲁心里罩上了极大的阴影。

高鲁 1877 年出生于福建长乐，早年就读于福建船政学堂，后来北京谋生，与北京古观象台和古代天文仪器结下了不解之缘。28 岁那年，高鲁离开祖国，赴比利时留学深造，在布鲁塞尔大学学习工科，获得博士学位。

在一次出游中，高鲁特地到德国，前往德皇夏宫——波茨坦无忧园内的橘园。这是 1851 年至 1864 年建造的文艺复兴风格花园，一个诸多元素组合成一体的地方。橘园中最有名的就是橘园宫，这座宫殿是无忧宫花园内的最后一座建筑，也是最大的建筑，宫殿长度为 300 米，几乎与新宫相媲美。

高鲁当然不是去游玩的，而是要去看一看存放在这里的五件中国古代天文仪器。橘园宫前是一个硕大的草坪。在草坪的中央，劫来的中国古仪被安放在这里供游人观赏。由于放在露天，加上年久失修，古仪犹如被遗弃的婴儿，孤苦伶仃，黯然失色。看着这些熟悉而心爱的古仪，高鲁的心

高鲁

在滴血，发誓要将它们早日接回自己的祖国！

离开德国，高鲁来到法国，特地去拜访弗拉马利翁。他是法国著名天文学家，以三卷本《大众天文学》名世。在弗拉马利翁的启迪和影响下，高鲁对天文学产生了更大的兴趣。

在法国，高鲁还有一次重要的风云际会。他认识了孙中山，一见如故，当即决定参加孙中山在法国巴黎组织成立的同盟会，开始走上革命的道路。

1911 年 10 月 10 日晚，武昌起义的第一枪响彻寰宇。革命党人分别于 10 月 11 日夜和 12 日攻占汉阳和汉口。起义军掌控武汉三镇后，湖北军政府成立，黎元洪被推举为都督，改国号为中华民国。武昌起义胜利后短短两个月内，湖南、广东等十五个省纷纷宣布脱离清政府的统治而独立。

辛亥革命后，高鲁随孙中山一同回国。孙中山在南京就任中华民国大总统。高鲁被任命为临时政府秘书兼内务部疆理司司长。

1912 年第一天，中华民国临时大总统就职仪式在南京举行。孙中山发表誓言：

> 倾覆满洲专制政府，巩固中华民国，图谋民生幸福，此国民之公意，文实遵之，以忠于国，为众服务。至专制政府既倒，国内无变乱，民国卓立于世界，为列邦公认，斯时文当解临时大总统之职。谨以此誓于国民。

随后，孙中山颁布《改用阳历令》，以 1912 年 1 月 1 日作为中华民国元年元月元日。

自古以来，历法是皇权的象征之一。历法为国之大事。历书从来都是由皇家颁发。但在中国民间，私人推算的历书一直存在，且很流行，

中華民國新紀元

◎滬軍陳都督通告　大總統孫〔令〕為曉諭事本日（陰曆十一月十二日）係

更用　陽曆　期與世界各強國同進文明一新年目　應改時

此布告軍民各界人等知悉以黃帝紀元四千六百○九年　前行用陰曆

十二日者改為中華民國元年正月第一日從

施令佈天下　孫大總統即

掛國旗以昭慶賀而光大典特示

◎南京黃元帥通電　各省都督鑒今日（十二）

用陽曆並以中華民國紀元明日即為中華民國元年正月一日

◎南京參議院通電　各省都督府暨議局各報館鑒今日議決改用

歷並以中華民國紀元明日即為中華民國元年正月一日臨時

總統即於是日到寍發表臨時政府之組織請即公布　大

日請公布黃興印文

各省代表會代理參議院公印文

《申报》关于废除旧历、以公元纪年的公告

甚至把出售自编历书作为一种生财之道。

中华民国成立之后，废止了私人推算历书之事，但没有设立一个专门的官方机构来统一颁历授时，因而一些自编历书还是在市面上到处兜售。这些自编的历书五花八门、各行其是，大多依据旧法推算，其方法和数据皆不精准，造成了许多混乱现象。这样，编制颁行新历成为当务之急。于是，民国政府责成教育部落实编制新历的任务。

1912 年春，南北议和，民国政府迁都北京。教育总长蔡元培一到北京，便把编制颁行新历之事摆到了议事日程上来。蔡元培首先想到了高鲁。因为他在南京临时政府任职时，就知道内务部疆理司司长高鲁精通历法，擅长编算，且对推行阳历十分赞同、非常热心。民国一成立，高鲁最早将自己的生日换算成了阳历日期。

就在这一年，教育部接管了清政府的钦天监，并在北京古观象台的基础上成立了中央观象台。经蔡元培提议，高鲁成为中央观象台第一任台长，并委派在教育部工作的常福元协助高鲁。

常福元早年就读于天津北洋水师学堂，是严复的高足，具有强烈的爱国强国思想，但他毕业后未能如愿加入海军，而是到了安徽高等学堂教数学，后到北京，与高鲁邂逅于北京古观象台，成为挚友。现在，他又成了高鲁最得力的合作者。

在高鲁和常福元的努力下，改历工作在探索中进行，首先将历代沿袭的"皇历"废除，然后依照阳历，按月排列，每日之下记录昼夜长短及节气、纪念日等，书中还附有精美的天文常识图及农业气象等。

相对于新历的编制，新历的推广更为重要，难度也更大。历法与每个人的日常生活关系密切，而人们固有的观念和生活习惯往往很难改变。因此，必须从头做起，从点滴做起，使新历家喻户晓、深入人心，进而被民众普遍接受。

高鲁以中央观象台台长的身份向全国发出公告：如果有人愿意将阴历生日换算成阳历，中央观象台无条件地为国民提供有关咨询和服务。公告一出，受到各界欢迎和热议，许多知识界、文化界的人士，还有一些有觉悟的民众积极响应，函请中央观象台换算自己的阳历生日。

之后，高鲁一鼓作气，进一步改革和创新历书：全部废除旧历日期，从左向右排列日序，装订线放在左侧，这样既新颖又便于翻阅。这一举措广受欢迎与好评，但是，一般的人总有惰性与惯性。对于那些因循守旧、习惯于旧式线装书的人来说，用新历书就觉得十分别扭和不方便。于是，反对新历的人抓住这点夸大其词、大做文章。山东省省长龚积柄竟公然通电全国，大肆攻击新历，倡议改回旧历。各系军阀也纷纷表示赞同，一时间，复古之风回潮，且甚嚣尘上、愈演愈烈。

高鲁毫不妥协，在各种场合针锋相对、大声疾呼，坚决改用和推广新历，号召民众抵制复古之风，自觉维护和使用新历。他还以自己的行动做出表率，动员母亲在七十寿辰时，将生日换到阳历日期进行。此举一时成为佳话，影响甚广，对新历的推行起到了很好的示范和促进作用。

（二）

作为中央观象台台长，在改历之外，高鲁还有许多工作要做。他着手对钦天监的组织机构及工作内容做了全面改革，参照近代科学机构的建制规模，在中央观象台内分别设置历法、天文、气象、地磁等各科。

正当中央观象台各项工作有序推进之时，1913 年 10 月，日本在东京召开亚洲各国观象台台长会议，徐家汇观象台台长劳积勋神父代表中国出席了这次会议，而身为中央观象台台长的高鲁却没有收到邀请。劳积勋神父对中国还算友好，加上其他一些原因，他出面争取，中央观象台被允许派员列席会议。

听到这个消息，高鲁心里并未感到高兴，仍为不快，便找常福元商量此事，他愤懑道，既然是亚洲各国观象台台长会议，理所当然要请我们中央观象台台长参加，怎么能让外国神父为台长的徐家汇观象台代表中国参加呢？这是对中国主权的极不尊重！

不是不尊重，而是一种蔑视和挑战。常福元气忿道，虽然劳积勋神父对中国比较友好，也介绍我们参加会议，但他不能代表中国。让我们作为列席，这是极不合适的。

高鲁征询道，我考虑再三，我们就不去参加这个会议了吧？

当然不去。常福元认为，如果中央观象台作为列席代表参会，有损国格。

是的。高鲁越说越气愤，在我看来，此举实乃中国天文学界的耻辱，我们必须断然拒绝出席，并提出抗议！

我马上就去拟写一封给东京会议组委会的信函，表明我们的态度。常福元欲走又还，伤感道，抗议虽抗议，但实际上起不了什么作用啊。

也就是在这时，高鲁心中萌生了一个念头，他对常福元敞开心扉道，说到底，还是我们落后啊！我们必须奋力追赶，建造一座中国人自己的现代天文台，与世界天文学界比肩而行，这样才会有我们的地位，有参会权和说话权。

常福元非常赞同高鲁的想法，并建议高鲁写一份计划呈报政府。高鲁一口答应。

然而，他们的想法和计划只是一种理想而已，难以找到生根发芽的土壤。那时，正值内战打得不可开交，民国政府的要员们忙于争夺地盘，地上的事情还忙不过来，哪有心思顾及天上的事情呢？因此，对于高鲁他们的计划根本无人问津，不予理睬。

既然这样，高鲁只能采取一条迂回的道路来实现自己的梦想。从那以后，只要有国外的天文学家来华访问，高鲁都会盛情邀请他们到中央观象台讲演。中央观象台也经常举办天文常识展览及通俗天文观测等活动。高鲁本人还撰写了《中央观象台之过去及未来》一书，分别赠送给一些政府要员，并亲自将此书译成法文、英文，利用各种渠道和机会赠给世界各国的同行，让他们了解中国天文学的发展状况。

高鲁希望通过这些举动，引起国内外尤其是当权者对于天文学研究的关注，以促使建造中国人自己的现代天文台计划尽早实现。1915年，高鲁认为时机已到，决定将天文台建在北京西山，并与常福元多次到西山踏勘选址，一起拟定建台方案。但是，现实却一次又一次令他失望，当他们的计划提交上去后，得到的却是没有经费、暂不施行的答复。

（三）

1918 年，国际经度会议在法国巴黎举行。该会的前身是 1884 年在美国首都华盛顿召开的国际子午线会议。在这次会议上，各国代表一致决定将地球划分为 24 个时区，每个时区 1 小时。由于当时全世界三分之二的海运船舶采用格林威治时间进行导航计时，因此确定将经过英国格林威治皇家天文台的零度经线作为本初子午线，在全世界范围建立了统一的标准时间。之后，该会改名为国际统一时辰大会，不定期在不同国家召开。

高鲁认为，国际统一时辰大会是一个重要的国际天文会议，便亲自前往参加，并在会上发言，表达了中国追赶世界天文学发展愿望与有关设想，得到与会各国代表的欢迎与赞同。

然而，高鲁参会回国不久后，就被教育部委任为中国驻欧留学生监督。他为此极为不愿与惋惜，因为他知道，这是 20 世纪初的第二个十年，也是人类的视野不断向宇宙深处延伸的重要年代：

赫兹普龙与罗素关于恒星光谱型与光度关系的赫罗图发表，天文学家们开始由恒星的光谱研究试图揭示恒星的演化之谜。

天文学家已经发现太阳并不在银河系的中心。

爱因斯坦发表了《根据广义相对论对宇宙学所作的考察》，成为现代宇宙学的奠基之作。

然而，此时的高鲁却不得不中断中国人自己建造现代天文台之梦。他竭力推荐常福元担任代理台长。临行前，他一再关照常福元，中国的天文事业要急起直追，再也不能耽搁下去了。还有，要寻找各种机会，早日把至今流落在德国的五台中国古代天文仪器要回来。

常福元一一允诺。他代理台长不久，战后协约会议在法国巴黎凡尔赛宫召开。27个战胜国的代表 1000 人参加，其中全权代表 70 人。中国政府派出代表团出席巴黎和会。常福元得知这一消息后，立即通过蔡元培先生的介绍，前往拜见中国政府代表团成员顾维钧，希望通过顾维钧在会上据理力争，要回德国从我国抢夺去的那些古代天文仪器。

顾维钧是民国初期一位杰出的社会活动家和外交家，但对天文方面并不了解。他在家里热情接待了常福元，当他得知常福元的来意后，婉转地说，这次参加巴黎和会，对于中国来说十分重要。在会上，我们有许多重大的事情要谈，这关系到我国的主权和前途命运，而一般性的问题，我们只能暂且放一放，以免冲淡了主题。

常福元说，这我完全理解，但天文并非小事。这批被德国抢走的古代天文仪器，不仅是我国的国宝级文化遗产，而且至今还可以用于观测天象。无仪器无以观测，无观测无以历法，无历法无以农耕，无农耕无以立国。故而，此乃国之大者，不得不争，不得不要，还望顾先生予以重视，在会上据理力争，一定让这些天文仪器完璧归赵，服务国家，造福国民。

听你这么一说，我知道这事的重要性了。顾维钧说，请你回去后立即把德国抢走的这批东西列出个单子来交给我。

我带来了。常福元从衣兜里掏出一张单子交给顾维钧说，人证、物证、时间、地点都在上面，我还把国际公约的有关条款抄录在上面，供你参考。

顾维钧站起来，握着常福元的手说，你想得真周到，我一定在会上把这事提出来，竭力争取，让这些古代天文仪器早日归回我国。

拜托您了！我们盼着这一天。常福元千恩万谢，随即告辞。

1919 年 1 月 18 日，巴黎和会召开。这是帝国主义国家安排战后世界秩序的会议，实质是一次帝国主义的分赃会议。就在这次会议上，日本竟要求将战前德国在山东的特权交给日本。出席和会的中国代表王正廷和顾维钧表示坚决反对，并据理力争，要求把山东归还中国。

然而，美国总统威尔逊考虑到，意大利已退出和会，如果日本再退出的话，将不利于和会的权威性，甚至遭受严重挫伤。再者，英法与日本曾有密约，也支持日本的要求。因此，在和会期间的四国首脑会议上，美英法三国终于做出决定，同意将德国在山东的所有权益转让给日本。

消息传开，举国哗然。中国人民为了表示强烈愤慨，5 月 4 日，在北京举行了声势浩大的示威游行，以反对巴黎和会对山东问题的决定。五四运动迫使中国政府代表未敢在《凡尔赛和约》上签字。

巴黎和会期间，顾维钧几次在会议上大声疾呼：按照国际公约有关规定，八国联军侵略中国时抢走的各类文物，包括北京古观象台的古代天文仪器，应无条件地归还中国，并写进和约。

中国代表的这一正当要求得到了大多数国家的理解与支持。最后，《凡尔赛和约》第一百三十一条中规定：德国应将所有公元 1900 年及公元 1901 年德军从中国掠去的天文仪器，在本约签字后十二个月之内，概行归还中国。

1920 年 6 月 10 日，中国天文仪器在德国波茨坦橘园草坪拆下，包装后送上了"南廾丸"号日轮，在国外漂泊了近 20 年之久，终于踏上了归国的路程。

然而，这批仪器在途经日本神户时，又遇到了麻烦。日本政府竟横生枝节，以种种不当理由扣押我国的天文仪器。我驻日使馆人员多次前往交涉，日本官员最后亮出底牌，竟厚颜无耻地宣称，只有中国政府承认巴黎和会上规定的日本在山东的种种特权，才能放行这批天文仪器。

真是无稽之谈！我使馆人员严词拒绝，并强烈要求日本方面立即将这批天文仪器放行。但日本政府不予理睬，迟迟拖着不办。无奈之下，中国政府只能要求德国方面出面协调。因德国方面急于履行《凡尔赛和约》，以尽早恢复与中国的外交与经济关系，故而出来做工作，才促使日本勉强同意放行。

两个多月后，这批中国古代天文仪器终于在日本神户装上"樱山丸"号日轮，于10月1日运抵天津。次年4月7日，古仪运到了北京，由荷兰驻华公使欧登科出面将它们交予北京古观象台。

请君试问东流水，别意与之谁短长。

古仪如游子归来，常福元不禁潸然泪下。这泪，是悲伤的，也是激动的。作为北京古观象台代理台长的他，立即组织有关人员，把这批天文仪器安装复原。天体仪、纪限仪、地平经仪、玑衡抚辰仪安装在观象台的台上，浑仪安装在台下。

在历经时代风云变幻之后，古观象台终于恢复了原貌，继续着它原有的使命。

1921年10月，正值民国政府十周年国庆之际，中央观象台决定组织一次大规模的公开参观活动，把德国和法国归还的古代天文仪器一并展出。为了搞好这次活动，常福元还特地赶写了《天文仪器志略》，详细记述了中国古代天文仪器的前世今生，以作说明之用。

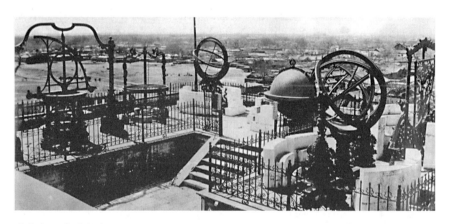

古仪归还古观象台

许多媒体及时对展览作了大量报道。有报道称，中国古天文仪器当年被德国掠走后，安装在德皇夏宫——波茨坦无忧园内的橘园宫前，视同玩具而已，吾国人经过其地观之，辄唏嘘叹息，哀其国之大不幸。如今，历经曲折终得回归，乃不幸之大幸也。现设展为公众开放参观，更值庆贺之。

一经报道，备受关注。开放展览这一天，观者如潮。但因条件所限，展览仅仅搞了一天就关闭了，接着开始紧张的修建工作，至次年年底完工。之后，这些古代天文仪器常年开放供公众参观，让人们从中遥望浩瀚的星空，遥想更为久远的中华民族天文发展史……

常福元并未为此感到欣慰与满足，因为他知道，时序已更新，而古仪也已过时，完全失去了它当年的风采与功能。原本一直走在世界天文学前列的中国，现在大大落后于世界了。

然而，在那个时代，常福元无能为力，他只能伴着这些古代天文仪器，望天兴叹，默默守望着天文学新时代的早日到来。

第十章
点燃热望

折射望远镜使用标志近代天文学起始
重建观象台计划点燃振兴天文学热望

"穹台窥象"是青岛十景之一。穹台，即指坐落在观象山巅的紫金山天文台（简称紫台）青岛观象台。其前身是 1898 年德国侵略者在青岛建立的"气象天测所"。1924 年，北洋政府正式收回并更名为"胶澳商埠观象台"，后购进一台法国制造的 32 厘米折射望远镜。这是当时我国主权所掌握的最大的一架折射望远镜，使我国结束"裸观时代"，进入了"天眼时代"。我在圆顶观测室内，参观了这台仍在使用的天图式望远镜，并有幸进行天文观测，第一次亲眼看到了太阳黑子……

（一）

20 世纪 20 年代，中国早已跨入了近代社会，而当时我国的天文学还站在现代天文学的门槛之外。多少人正在为中国寻找先进的天文之路苦苦求索。

高鲁就是其中的一员。他从旧时代走来，走上革命之路，努力改造旧世界，建设新世界。而构建现代天文学是他最为迫切、最为钟情的事业。1921 年底，他卸任驻欧留学生监督一职，回到北京，复任中央观象台台长。复任后的第一件事，就是筹建中国天文学会。在他的努力下，由北洋政府教育部批准立案，于 1922 年 10 月 30 日在中央观象台正式成立了中国天文学会。

中国天文学会成立于风雨如晦的年代。

那是袁世凯称帝前夕，复古之风笼罩神州。而高鲁作为敢想敢干的勇士和开路先锋，在成立大会上报告了学会的宗旨及数年来筹备的经过。大会确定，天文学会以"求专门天文学之进步及通俗天文学之普及"为宗旨，团结和发动全国天文工作者，开展天文仪器的研制，进行天文观测，编辑天文书刊，开展学术讲演，奖励天文学著作，以及做好联络工作等。会上，高鲁被选为第一届评议会会长。

中国天文学会的成立，标志着中国天文学发展开始步入新时期，但它如初生的婴儿，还十分弱小。为使天文学会具有一定的社会影响力，高鲁竭力劝说著名科学家李四光、竺可桢以及社会知名人士蔡元培、陈嘉庚等加入天文学会。他还用母亲的部分资产，设立了"霁云楼老人基金"，奖励会员的天文著作，并开办《观象丛报》，作为近代天文知识在中国的启蒙工具和传播近代天文知识的旗帜，进而让中国天文学异军突起。

中国天文学会会标（周团辉供图）

这不愧为万马齐喑中的一声惊雷。

这一时期，中国天文界还完成了一项重要使命：接管青岛观象台。

青岛观象台由来已久。1896年7月23日，德国海军"伊尔提斯号"炮舰由芝罘驶往上海途中，遭遇风暴袭击沉没。因此，在远东地区建立天文气象观测机构，成为德国海军实施海外侵略扩张的要务。

1897年，德国以山东曹州教案为由派兵侵入我国青岛，并与清政府签订了不平等条约，强行将青岛划为德国租借地。之后，德国海军港务测量部在青岛成立了观测机构，定名为"气象天测所"。1905年6月，德国海军将天测所迁至大鲍岛东山，建成欧洲古城堡式建筑，改名后为"皇家青岛观象台"，并在圆顶天文观测室安装了德国生产的16厘米折光天文望远镜，增加了天文观测业务。

1914年，由于20世纪初资本主义国家向帝国主义过渡时期政治、经济发展不平衡，导致帝国主义列强为重新瓜分世界和争夺全球霸权而爆发了一场世界级帝国主义战争。参战双方为以德、奥为主的同盟国和以英、法、俄为核心的协约国。日本作为协约国一方，派兵攻占青岛，接管了德国设在青岛的一切机构，包括青岛观象台，并将其改名作"青岛测候所"。

在第一次世界大战中，中国对德宣战，并派出10万华工奔赴前线参战。然而，当胜利到来的时候，作为协约国成员的中国，却被排除在战胜国之外。在巴黎和会上，德国本该将强行租用的青岛交还中国，但是在美、法、英三国操纵下，巴黎和会开成了列强分赃会，竟然决定由日本继承德国在山东的租借权。

外交失败的消息传到国内，全国上下一片哗然。北京学生掀起了轰轰烈烈的五四运动，并立即得到全国人民的响应。迫于压力，北洋政府最终拒绝在和约上签字。直到1921年的冬天，美国在华盛顿召集九国会议，讨论青岛悬案，最终订立了《九国公约》，青岛正式归还中国。

1922年12月，北洋政府按照《九国公约》，收回了青岛。之后，测候所改称"青岛测候局"。但是日方不甘心就此放弃观象台，想方设法曲解《山东悬案细目协定》的有关规定，编造种种理由，拒不将观象台按时交还中国。后经有关方面多次交涉，中方观测员才得以进入观象台工作。然而，日方人员却以中方缺少技术、缺少人才为托词，赖着不走，仍然滞留在台中。就这样，中日双方的工作人员各自观测和记录气象资料，酿成了旷日持久的"观象台日员悬案"。

中方不断进行交涉。1923年2月，胶澳商埠督办公署与日本驻华大使小幡订立八条协定，规定由中国人担任测候局局长。3月，测候局改称"青岛测候所"。一年后，我国气象学家蒋丙然出任青岛测候所所长，代表中国政府接管了青岛测候所，测候所改称"胶澳商埠观象台"。其组织机构随之调整，蒋丙然任台长兼任气象地震科科长，高平子任天文磁力科科长。

观象台规模虽小，但中星仪、小赤道仪等仪器均出自德国蔡司公司，设备十分精良。他们首先将已搁置多时的中星仪、摆钟和小赤道仪加以恢复，并投入观测。

几年后，一些地理学家发起了国际经度合作观测活动，提出以世界各地的重要天文台为基点，每隔几年测量这些地点的经度。当时的设想

19 世纪 30 年代的青岛观象台
（紫台青岛观象台供图）

是，如果大地继续漂移，那么各地距离就会有所变动，测量出来的经度值每次也就会有不同。为此，国际经度测量机构组织了第一次国际经度联测工作。

当时的中国，北京测量总局早已瘫痪，中央观象台没有仪器，而天文研究所和南京测量总局还没有成立。在这样的情况下，胶澳商埠观象台便成为代表中国参加这次国际联测工作的唯一研究机构。蒋丙然和高平子敏锐地意识到，这种国际合作的机会对于尚在成长中的中国近代科学而言十分难得。为此，观象台先后购进无线电收讯机和超人差自记测微尺，高平子偕同宋国模进行观测，取得了良好的结果。

这一工作开创了我国学者参加国际天文合作的先河，引起国内外的重视。由于出色的工作并取得成绩，庚子赔款董事会资助了青岛观象台一笔外汇，购进一台口径 32 厘米的折射望远镜，这是当时我国主权所掌握的最大的一架折射望远镜。

折射望远镜，是光学望远镜最早的一种。第一架折射望远镜大约在1608 年出现在荷兰，由三个不同的人各自独立发明。1609 年 5 月，伽利略在威尼斯偶然听说了这个发明，兴趣盎然，并依据自己对折射作用的理解和掌握的有关知识，自己动手，改进并做出了一架全新的望远镜。它是一种使用透镜做物镜，利用屈光成像原理的望远镜，具有视野宽阔、对比度高、清晰度好的特点。

　　青岛观象台进口的这架折射望远镜，采用透镜作为主镜，光线通过镜头沿镜筒折射汇聚于一点。这种"焦平面"折射望远镜，其薄壁长管结构和外观虽与伽利略时代无太大区别，但有着更为优质的光学玻璃，清晰度更好，可以观测到伽利略从未梦想过的精彩天空。

　　青岛胶澳商埠观象台购进并使用折射望远镜，在当时社会波澜不惊，但它的使用，使我国初步告别了用肉眼进行天文观测的"裸观时代"，开始步入用望远镜观测的"天眼时代"。其意义不可小觑。

青岛观象台 32 厘米折射望远镜（孙恒阳供图）

（二）

青岛观象台毕竟不是中国人自己建造的，而且也不是真正意义上的现代天文台。而高鲁他们的理想是，建造一座由中国人自己建造的现代天文台。

高鲁驻欧期间，考察了欧洲国家的多个天文台，在那里看到了与中国传统天文观测仪器完全不同的先进天文仪器，也因此对近代天文台有了更为具体的认知，对建设中国自己的先进天文台的愿望更为迫切，并形成了一些基本的构想。

此时，高鲁在等待和寻找时机。

这一时期的中国有三个政权，成三足鼎立之势：武汉政府、南京政府及设在北京的北洋军阀政府，相互对立又相互掣肘。而三个政府之中南京政府成立最晚，资历最浅，要想迅速地树立起自己的威望，只有在其他方面下功夫。

在中国人的传统中，颁布历书从来就是实现统治的象征，历代封建帝王都是如此。1927年南京国民政府也如法行事，成立了"时政委员会"，其最初的任务就是编制历书。

1927年春天，高鲁和蔡元培两人相继放弃了中央观象台台长和北京大学校长的职位来到南京。高鲁在抵达南京后，有一段时间住在铁汤池丁家花园招待所，与当时的国民党最高首领胡汉民正好住在斜对面，一来二去，两人见面的次数一多，聊及的话题也愈加深入。高鲁对推行阳历之事一向积极热心，当谈到颁布历书一事，两人一拍即合。就这样，编制历书的任务又一次落到了高鲁身上。

不久，任职于青岛观象台的陈展云辞职后来到南京，前往丁家花园拜访高鲁。在谈及编历一事时，高鲁便主动提出请陈展云来帮忙，并兴致勃勃地将今后的打算具体告之道，我现在已经替教育行政委员会觅到门帘桥沙塘湾一号一所民房，两三天内即可办妥租屋手续。但委员会短期内不会迁来，我自己在沪宁两地跑来跑去，不常住南京。这座新租下的房屋请你与周庶咸先生一起看守照料。

陈展云问，我们有哪些具体工作？

高鲁告诉他，现在教育行政委员会决定在会内附设一个时政委员会，任务是赶编明年的历书。时政委员会成立后就设在这所房屋内，到时候将把你调到时政委员会工作。

陈展云欣然受命。这次谈话后没几天，陈展云与周庶咸均被任用为科员，搬进了这所房屋。这年 6 月，原在中央观象台天文科工作的陈遵妫也被高鲁召到了南京。

就在高鲁等人为组建时政委员会、编制国民历而操心奔走之时，在北京，又一幕闹剧上演了——

1927 年，张作霖的大元帅府命令教育部转令中央观象台编制来年历书，要求历书上附载当时颇为流行的迷信内容。由于军阀混战，民不聊生，中央观象台拖欠员工薪酬已有数年，而大元帅府放出了诱饵，一口允诺如果编制此种历书，今后将按月发放员工薪酬。就这样，中央观象台将此事应了下来，竟然编制起这种附载有迷信内容的历书。

消息传到南京，高鲁愤懑不已，决意加快筹办观象台。成立之初的观象台筹备委员会只有三个人：高鲁、竺可桢、余青松。此时，余青松尚在厦门大学教书，因此在筹委会只是挂名，而真正每天到鼓楼观象台筹办处办公的只有竺可桢和高鲁。

高鲁对于观象台的未来规划有着自己的一番主张。在他的设想中，观象台应分设多个不同的组：天文、气象、地磁、地震、时政等。不过出于种种考虑，院方只主张先设立天文、气象两个组。高鲁和竺可桢也就相应地成为这两个组的分管负责人。

（三）

一腔热情重新在高鲁的心中点燃。他决定将原来准备在北京西山建现代天文台的计划转移到南京。他最先设想的是，将天文台建在南京东郊的紫金山第一峰——北高峰。

这是件大事。高鲁需要亲自去实地勘察一番。于是，他带领陈遵妫和陈展云一起实地考察。他们乘汽车来到陵园公路紫霞洞路口，然后走到紫霞洞道观。高鲁对他们说，这里有泉水，建台后吃水用水都可以到这里来取。

离开紫霞洞，再向上攀登，已经没有现成的人行道，只得看准方向在乱草丛中举步。50 岁的高鲁体力还算矫健，陈遵妫和陈展云那时候都是年轻小伙子，他们很快从乱草丛中攀登到了紫金山第一峰——海拔448 米的北高峰。

山高人为峰。高鲁举目瞭望，颇为兴奋道，这里地形真好，就在此选址吧！

接着，高鲁让陈遵妫和陈展云两人再沿着山脊到第三峰视察一下，以供日后参考，他自己则只身沿原路返回，到城里找竺可桢介绍实地考察情况，并商量建台事宜。

没想到，竺可桢对高鲁的想法不以为然。竺可桢说，气象部门应设在北极阁，因为这里山不算太高，位置大抵在南京城内南北居中的地方，因此观测所得的气象记录可以代表南京气候，而紫金山第一峰距离南京城又远又高，此处的气候与南京城里的气候差别太大。

对于竺可桢提出的意见，高鲁觉得有一定道理，在考虑一番后说，观象台总部还是应该设在紫金山，但与此同时可以在城里再增设一个气象测候所。

那测候所设在哪里呢？竺可桢问。

这个测候所的地址可设在鼓楼公园。高鲁补充道，鼓楼位于南京市中心，地势只比全城平地稍稍高了一些，在这里测得的气象记录要比在北极阁测得的记录更能代表南京的气候。而且鼓楼公园有现成的草坪，只要稍加整理就是很好的气象观测场。

竺可桢未置可否。

当时，高鲁还同时兼任大学院秘书，会计、庶务两科由他直接领导，这为他的工作带来了不少方便之处。他先请院方致函给南京政府，要求将鼓楼公园接收过来，很快获得批准。然后他让会计科拨款，由庶务科招商承修鼓楼房屋。高鲁指示木工在鼓楼房屋上层的左右两侧隔成四小间。在中央这一间的前半间添加一层三楼，然后掀掉三楼前面的部分椽瓦，修成一座小平台。

依高鲁的设想，将来可以在这个小平台上放置风向针、风力表之类的仪器。在鼓楼大平台的显著位置，十分醒目地写上了"鼓楼测候所"五个大字。高鲁打算等修缮完工就把气象组全搬过来。

但他并不知道，对于气象组的办公地点，竺可桢有着自己的打算并已付诸行动。就在高鲁在鼓楼干得起劲的同时，竺可桢一方面接收北极阁，一方面则在另觅地点，终于找到第四中山大学校内一个叫做"梅庵"的小庭院。在与校方接洽后，借用了"梅庵"，竺可桢便带领气象组的员工迁了进去，并开始在大学西花园草地上设置百叶箱，开始观测气象。

此时，高鲁择定的鼓楼办公地点也已修缮完毕，为了不让它闲置，他只好将天文组搬了进去，而原来"鼓楼测候所"几个字当然也没必要留着，于是，高鲁找了两条孙中山语录贴了上去：

凡真知特识必从科学而来。

宇宙之范围皆为知之范围。

1927 年 11 月 20 日，"筹备国立中央研究院大会"举行。由于高鲁在会前多方奔走，做了很多工作，所以在这次会上，高鲁提出的"建国立第一天文台在紫金山第一峰"的提案顺利获得通过。

提案虽然通过了，但筹办和建设经费并没有着落。高鲁一方面紧缩其他各项开支，一方面向英法美庚子赔款委员会申请款项，得到了 8 万银元。高鲁拿到资金后，立即向瑞士、德国的两个厂家订购了子午仪和赤道仪，并委托厂家代制两座望远镜的观测室圆顶。

由于高鲁与竺可桢在选址上的分歧，院方看出两人似乎难以合作，便做出决定，撤销观象台筹备委员会，将其改组为天文和气象两个研究所，聘高鲁、竺可桢两人分别任两个研究所的所长。

为了扩充这支刚刚成立的队伍，除了旧部陈遵妫、陈展云之外，高鲁还亲自跑到上海，将高平子请到了南京。

1928 年 2 月，国立中央研究院天文研究所成立。研究院的聘书不久便送达：聘任高鲁为天文研究所秘书代所长职权，聘任高平子、陈遵妫为天文研究所专任研究员，聘任陈展云、李峰为助理员，叶青为推算员，殷葆贞为书记。

此时，高鲁离建立现代天文台的理想越来越近了。

就在高鲁成为天文研究所代所长几个月后，1928 年 11 月 22 日晚，正在美国留学的张钰哲发现了一颗编号为 1125 的小行星。在此之前，虽然已发现的小行星有 1100 多颗，但是没有一颗是中国人发现的。按照国际天文界惯例，小行星通常由发现者为它命名。远在异国他乡的张钰哲深爱着自己的祖国，他首先想到的是以"中华"命名这颗新发现的小行星。

"中华星"的发现与命名，对于中国天文学界是一个极大的鼓舞。得到消息的高鲁高兴地对同事们说，中华星的发现与命名，壮了中国人的志气，标志着中国天文学的元气恢复，必将回归于世界先进之列！

高鲁以更大的热情，精心筹划天文研究所的发展，迅速推进各项工作，尤其是紧锣密鼓地展开紫金山建台一事。

南京，是一座历史文化底蕴深厚的古城。从公元前472年越国筑越城算起，南京当时已有近2400年的历史，素有"六朝古都"之称。

1911年辛亥革命成功之后，孙中山先生也将国民政府建在了南京。一次，孙中山先生与友人在此游玩时，曾对友人说，百年之后，愿向国民乞此一抔土以安躯壳。1925年，孙中山先生在北京病逝，弥留之际念念不忘的仍然是自己为之奋斗一生的事业，殷殷嘱托道，吾死之后，可葬于南京紫金山麓，因南京为临时政府成立之地，所以不可忘辛亥革命也。遵照中山先生的遗愿，国民党于1926年1月开始在南京紫金山山麓修建陵墓，后称中山陵。

中山陵位于紫金山第二峰小茅峰南坡，而观象台则规划建在紫金山的第一峰。依高鲁的想法，第一峰与第二峰遥遥相对，并峙而立，以体现观象台的建立，乃是继承孙中山先生的遗志，科学救国，以天文事业之发展助中华复兴之大业。

雷厉风行，说干就干。为了方便日后运输建筑材料，高鲁请南京市工务局技士陈政和来设计一条盘山公路，此人曾留学法国学习土木工程，设计公路原是本行。高鲁还给陈政和配了两名帮手，一位是陈展云，还有一名工友。三个人每天一早就带上干粮来到紫霞洞路口，一边测量地形，一边选线，并且在路面中心标桩。到了中午，三个人只在紫霞洞道观吃一点干粮，稍事休息后继续工作，直到天黑才返回城里。就这样连续干了十多天，终于完成了测量工作。

测算天体位置，必须以天文台所在地的经纬度为已知数，因此测量天文台所在的经纬度也是建立一座天文台必要的准备工作。1928年下半年的一天，高鲁带领陈遵妫和陈展云两人来到紫金山第一峰。在这里，他们用小地平经纬仪测量数十次取平均值算出此峰所在的位置：东经 118 度 49 分，北纬 32 度 02 分。

从 1927 年秋到 1928 年底，一年多的时间里，高鲁和他的同事们东奔西走，踏勘、测量、筹措资金，终于完成了天文台的设计工作。于是，高鲁在《中央日报》和上海的《申报》上刊出施工招标广告。

当美好的前景徐徐展开时，高鲁的现代天文台之梦却再一次被打断了。国民政府发来公函，任命他为中国驻法国公使。对于这个委任，高鲁内心并不乐意接受，一再推辞却毫无效果，最后只得从命。高鲁非常惋惜地对同事们说，我真希望为祖国天文界效劳终身，把我国古代天文学在国际上的荣誉发扬光大，无奈因李石曾先生再三敦促，不得不暂时离开。

赴法国之前，高鲁经过反复考虑，向蔡元培推荐厦门大学天文系主任余青松来接替他，担任天文研究所所长之职。

蔡元培尊重高鲁的意见，由中央研究院发出公函，邀请余青松于当年 3 月到天文研究所赴任，接替高鲁之职。余青松此前曾参观过天文研究所，当时高鲁已有意将他留在天文所任职，因有急事在身，余青松须返回厦大，故与天文研究所擦肩而过。此次收到中央研究院的聘书，余青松非常乐意，但又感到为难，自己刚刚接受了厦门大学的聘任，不能擅自违约。于是，余青松提笔写信给蔡元培，诚恳说明了自己的有关情况，并明确承诺，本学期结束后即来南京赴任。

蔡元培乃通情达理之人，十分理解余青松的难处，同意了他的请求，并函请当时在天文研究所任研究员的高平子暂时代理所长之职。

高平子为人处世一向谨慎，他认为自己不过是代理所长，而建台乃百年大计，自己不便行事，于是筑路和建台两事暂缓进行，而其他工作照常。其间，高平子主持《天文年历》的编算，组织测定南京鼓楼、庐山、河南登封观星台的经纬度工作，安装我国第一台太阳分光仪，并开始用于观测，取得了一些观测成果。

1929 年的 4 月，南京政府国民革命军开始出师北伐，不久打进了北京，结束了北洋政府的统治。南京政府改北京为"北平"，同时命令南京各部分别派员前往北平接收原北洋政府所属中央各部，命令国立中央研究院转令天文、气象两所派员接收中央观象台。

作为代理所长的高平子亲自出马，与气象所派出的黄厦千一同北上，前往接收。两人抵京之后，撤销了中央观象台，在原台址上建立了两个新机构：国立天文陈列馆和北平气象测候所。

就这样，紫金山天文台这里的筹建工作被搁置下来。

第十一章
紫金山上

所长余青松亲自考察选定天堡峰新台址
现代天文台几经曲折进入实质性新阶段

·寻访札记·

　　紫金山又称钟山，因其蜿蜒如龙，称为"钟阜龙蟠"。紫金山有三个山峰。主峰为北高峰，第二峰为小茅峰，第三峰为天堡峰。在紫金山天文台采访时，我第一次登上天堡峰。天堡峰上有天堡城，它是太平天国时期修筑的两个重要军事要塞之一，如今归于紫金山天文台内，筑于绝壁之上，可以俯瞰全城。站在天堡城的最高处，极目远望，南京城和玄武湖尽收眼底，可我无心欣赏这美丽景致，而是迫不及待地寻访当年紫台选址和建设的那些人与事。

（一）

20 世纪是世界风云突变的时代。

第一次世界大战爆发，从欧洲波及全世界，造成了前所未有的破坏和灾难，消耗了大量财富，夷平了许多城市和村庄，无数生灵涂炭。

同时战争客观上推动了科学技术的迅速发展。大战期间，各国投入了大量的人力、物力和财力，发展相应的科学技术。至 20 世纪 20 年代，科学技术飞速发展，整个世界仿佛都按下了快进键。

1920 年，太平洋科学协会在美国檀香山成立，旨在联合太平洋地区的国家利用科学技术，开展资源调查和保护等。欧美国家及亚洲太平洋沿岸的一些国家或地区，均成为太平洋科学协会的会员，并轮流举办会议。

自第三次东京会议开始，中华民国正式参加该会，并争取到会员国地位。中国科学家积极参与该会的资源调查和研究，获得了国际同行的认可。通过参加该会，推进了中国科学体制化的进程，并对当时中国地质学、海洋学、天文学的发展起到了极大的促进作用。同时，国际科学界的新思潮也传入中国。

1929 年 5 月，第四次太平洋科学会议在印度尼西亚举行。受中国天文学会的委派，余青松以厦门大学教授的身份出席了此次会议。

余青松，1897 年 9 月生于福建厦门。少年时代的他，求知欲特别强，学习成绩一直在全校名列前茅。高中毕业后，他以优异成绩考上了清华，在乡里传为佳话。1918 年，他远赴美国，先在里海大学攻读土木建筑学专业，获学士学位，后到美国曼克林提克·曼瑟建筑公司任设计员。

余青松

一个偶然的机会，余青松获得了读研的资格，便于1923年到美国匹兹堡大学攻读天文，并在阿利根尼天文台台长邱提斯领导下进行天文观测与研究。在这里，他边学习、边实践、边研究，十分充实，也颇有收获，出色完成了《天鹅座CG星的光度曲线和轨道》的硕士论文。这篇论文获得导师的高度评价，在刊物上发表后引起很大反响，这使他在美国天文界初露头角。不久，他获得加利福尼亚大学的天文学奖学金，转入该大学进修，同时在里克天文台从事恒星光谱研究工作。

良好的学习和科研条件，使余青松如鱼得水。他以深厚而扎实的知识基础，脚踏实地的苦干精神，在学术上不断精进，尤其是在恒星光谱研究工作中取得了令人瞩目的成果，由他提出的光谱分类法具有很强的独创性和实用性，被纳入多国天文学教科书中。

1926年，余青松完成了他的博士论文，顺利获得博士学位。他怀着一颗赤诚的爱国之心，毅然归国，回到家乡福建省任厦门大学教授。

对于参加这次太平洋科学会议，余青松尤为重视。他第一次参加了该会的天文组会议。其实，太平洋科学会议也是第一次召开专门的天文组会议，因为天文学发展与太平洋有着很密切的关系，尚有许多太平洋上的科学难题，须待天文学家直接观察天象而加以解决，如太平洋区域地面纬线之迁变，太平洋中海岛的移徙等。而且，世界许多重要的天文台都在太平洋沿岸。

除此之外，还有一个原因是，这一年的5月9日，在苏门答腊、马来半岛、菲律宾等地发生了日全食，世界各地的天文学家们纷纷组队来此观察研究。此次大会则给了天文学家们一个相互交流观测成果的好机会。

天文组会议在万隆工业大学举行。会上可以由提交论文者本人宣读论文，并同与会者进行比较充分的交流。在整整 3 个小时的时间里，余青松认真听取了其他五位同行的报告，并在这次会上作了题为《恒星光强度分配之研究》的报告。

大会期间，余青松还与其他与会者一起，应印度尼西亚茂沙天文台台长包智的邀请，参观了这座天文台。当时参观的人很多，而时间又很短，只能是走马观花。几天后，余青松又邀上了早乙女博士及山本博士夫妇再度来到这座天文台。

茂沙天文台建在万隆北部的一座高山上，这是一座私立天文台，它的名字来自遗赠者茂沙先生。台虽不大，人员寥寥，但仪器却是最先进的。其中置有亚洲最大的赤道仪器，用于眼力测量，也用于摄影。据台长介绍，此仪专门观测南方诸星的距离。由于仪器先进，该台在天文观测上成绩丰硕。

这次参观，余青松收获颇多，其最深刻的体会是，天文台不在于规模多大，关键是设备要精良，人员要精干。

（二）

参加第四次太平洋科学会议后不久，余青松如约来到南京，正式就任天文研究所所长之职，投入全新的事业之中。

新官上任三把火。余青松第一件事就是为天文台选址。他亲自上紫金山考察。虽然有高鲁留下的筑路方案在手，但余青松希望能够掌握更多的情况。一番踏勘下来，余青松发现，原来选定的台址并不适合建造天文台。为慎重起见，他又深入实地进行多方观测，并收集各种资料加以分析，确定自己的判断没有错。余青松不免有些失望，他原本希望能建一座理想的现代天文台，配置世界一流的大型天文望远镜，开展最前沿的天文观测与天体物理方面的研究，可现在台址的自然条件实在难以满足条件，他觉得应当重新选址。

经过慎重考虑，他给中央研究院写了一封信，坦陈在紫金山上建立天文台的种种弊端：

选择台址，为筹建天文台之基础问题，自应十分慎重。选择之标准甚多，主要条件约有下列数种：在地势方面，以山高为宜；在气象方面，以晴天日较多之地为宜，以湿度较小之地为宜；在交通方面，以交通便利、取水较易之地为宜；在空气方面，以尘埃较少之地为宜，以距工业区较远且居上风之处为宜；在光线方面，以距离闹市较远、市光较小之处为宜。

以上诸条，尤以地势、气象两条为最重要。用此两条原则来衡量南京或紫金山的天然形势：南京邻近诸山，其高度均不能满足通常的建台需要。紫金山第一峰亦仅海拔448米，其峰常在云下；据东南大学地学系、南京气象月报和国立气象研究所统计，南京自民国13年至17年4年中，平均每年晴夜数仅有102天。最多的一年亦仅148天，最少的一年仅有63天。

天文研究，必须以天体为基础。可观测机会的多少，时间的长短，效果的良否，又常受地方气象条件的限制。而南京不仅晴夜少，观测机会也少，除秋冬外，雨水又太多。因此，紫金山上的空气湿度，每年均超过76%。最低的一年亦超过74%。空气的湿度过大，不仅会阻碍地面观测，对昂贵的天文望远镜的保护也会带来困难。据此条件，无论是在南京，还是紫金山，都不可能建成一座十分理想的现代天文台，所以我建议，重新选择天文台的台址，其台址应远离南京城，到荒僻而有高山的地方……

余青松出于公心，从科学的角度坦率提出自己的意见，这原本是科学研究领域的问题，却引起了一场科学之外的政治争论与责难：

为表达全体国民仰见党国提倡科学研究之盛心，表彰中央政府重视学术探讨之精神，国立第一天文台必须要建在首都。

要让中外观光者能在中国政治文化策源地，见到最新式最完美之天文台，中央天文台就必须建在南京。

建台南京早有定论，且已选好地址，凭何推翻重来？居心何在？

……

这些军政要人强烈反对余青松的建议，而国民政府也从政治上考量，最终决定天文台建在南京紫金山北高峰，并且要求立即开工。

作为天文学家的余青松，对此项决定实在想不通，心有不甘，便找时任中央研究院院长的蔡元培先生反映情况。

蔡元培，民国时期著名教育家、革命家、政治家，国民党中央执委、国民政府委员兼监察院院长。中华民国首任教育总长。1917 年至 1927 年任北京大学校长，革新北大，开"学术"与"自由"之风。国民政府定都南京后，主持教育行政委员会、筹设中华民国大学院及中央研究院，主导教育及学术体制改革。1928 年后专任中央研究院院长。

在位于北极阁附近的研究院办公楼内，蔡元培热情接待了余青松，客气道，先生名扬国内外，毅然回国，放弃厦门大学教授一职，屈就尚未建成的天文研究所所长一职，我等深为敬佩。

余青松诚悦道，我久仰蔡公大名，奔你而来，是我所愿，实为荣幸。

蔡元培

天文台为初创，条件有限，难为你了。蔡元培转而道，不过，建台之事，国之大者，有劳于你，还望你竭尽全力，早日成就。

那是当然。为祖国服务，我之所愿。余青松切入正题，但建台之事，当以科学为依据，切不可草率进行，更不能以政治考量。

那是，那是。蔡元培说，你的信，我仔细看了几遍，既是专业之见，也是肺腑之言，就本人认知而言，并无异议，极为赞同。

余青松困惑道，既然这样，国府为何坚持将天文台建在南京？

蔡元培坦诚相告，我知道，建台紫金山之决定，国府主要是从政治上考量，而没有按照科学规律和科学研究的实际需要。这一点我是清楚的，但我也知道，今天的中国，国势动荡，国运难测，一旦政局不稳有变，也许连这样的建台机会也会失去。这样的话，即使我们的愿望最好，论证最科学，理由最充分，那又怎样才能发扬光大我国日益衰微之天文学？何日才能恢宏我国古代天文学之辉煌？又何以与欧美先进之近代天文学并驾齐驱？

余青松欲言又止。蔡元培继续道，基于现实之情形，我们只能退而求其次。与其不建，还不如先将天文台建起来。建起来总比不建好嘛。

面对蔡元培的诚恳之言和务实想法，余青松无言以对。沉默良久后，他提出了一个折衷的办法，将天文台分开在两处建立，一处按原定计划建立在紫金山北高峰，将来侧重颁历授时和行星的观测研究；一处在国内另觅更为适宜的高山，再建一台，主要对宇宙天体做全方位的探索。

两全其美，甚好甚好。蔡元培立即表示同意，同时又指出，机不可失，时不再来，必须抓紧在南京建台事宜。另觅地方建台之事，当等到首都台建成方可进行。

余青松出于无奈，也出于对蔡元培先生的尊敬，只好答应下来。

（三）

与其说是答应，不如说是承诺。承诺是金。余青松立即投入建台工作之中。但是，就在与蔡元培谈话后的第二天，有人向余青松报告，陵园管理委员会突然派人将勘定的盘山路沿线木桩全部毁掉了。

得知这个消息时，余青松正忙于到财政部催发国民政府已核准的建台款，自己无法抽身，便派台里一名职员前往了解情况。原来，陵园管理委员会认为，这条盘山路所选择的路线都在紫金山南麓，这里既是风景名胜区，又是国父孙中山先生陵寝所在地，如果在此筑盘山公路，就会露出黄土颜色，会破坏这里的整体风景，更会破坏陵园的庄严形象，进而引起国内外人士的瞩目，甚至造成不良的国际影响。鉴于此，陵园方面明确表示，如果要在山上筑路，必须在山的北部进行重新勘测和重新设计。另外，因近年来经费紧张，陵园已经无力兑现原来答应赞助天文台筑路费用一半的承诺。

这一突如其来的变故，无疑增添了建台的难度。但是，余青松者，"咬定青山不放松"之谓也。他有一股韧劲，不肯轻易放弃，便对紫金山北高峰重新进行了考察，发现这里的地形陡峭复杂，道路长距离盘旋，且要经过许多涧沟。如果天文台建在第一峰，那么修路的工程将十分浩大，还要架设若干座桥梁，这就需要投入大量的资金，所里难以承担。还有一个难题是，在山的北面筑路，不能通达紫霞洞泉水，将来取水用水就会十分困难，不得不从城里长途运输解决用水问题，这样既不方便又代价昂贵。

无奈之下，余青松又考察了紫金山第三峰——天堡峰。这里是著名的古战场，曾国荃军与太平天国军曾经在此发生惨烈激战。

考察天堡峰后，余青松又查阅了有关资料，认为天堡峰山势较为平缓，开筑通达此峰顶的盘山路方便选线，而且天堡峰顶面积较宽，又靠近南京城，与北高峰相比，其高度较低，将来筑路费用也可以节省许多。另外，虽然此峰海拔只有267米，但是多年的气象资料表明，南京以东风居多，而天堡峰恰好在上风向，可以免去烟尘的干扰。

综合多方面的因素，余青松主张在天堡峰建台。但是，所内有人认为，天堡峰离市区太近，难免受到市区灯光的影响，而且海拔又低，观测条件不如第一峰。余青松则与大家分析利弊，说服大家面对现实，同意在天堡峰建台，最后终于统一了大家的思想。

台址选定以后，余青松随即与江苏土地测量所联系，由该所派出工程师及一些学生，帮忙测量通向天堡峰的初步路线。但测量工作才进行了两天，工程师便被派往镇江，而学生们也到了毕业的时候。时间已不容再拖下去，于是，余青松决定亲自动手测量和设计。专业背景给了余青松天然的优势，他从中央测绘总局借来了水准仪、经纬仪等测量仪器，带领职员吴炳源和一名工友，上山测量、选线。他先用了3天时间，以平板仪进行初步路线的测量，随后又在选定的路线全程每隔50米或100米立一根木桩作为标记，再用精密水准仪重新测量核查了一次。

经过加班加点的实地测量，获得应有的数据后，余青松便亲手绘制此路的横断面图、纵断面图和平面图。接着他率领员工开始在天堡峰西北方向打桩、标高、选线，终于设计出一条从紫金山龙脖子口上山的2000米盘山道。

1929年的11月25日，南京和上海两地的报纸同时刊登了关于紫金山天文台工程招标广告。消息既出，很快引来了国内三家营造公司的应征。其中，孙和祥公司曾参加过修建南京至汤山公路的工程，因此在筑路方面积累了不少经验，报价也比其他两家前来应标的公司低很多。于是，余青松进行反复比照，并多方征求意见，最后在天文所所务会议上讨论研究，决定由孙和祥公司来承担筑路工程。

盘山公路工程随即开工。但工程难度大，屡遇雨雪和巨石挡道，而陵园方面又以地处国父陵地为由，严禁使用炸药。手工开凿极为不易，原定四个月的工期，拖了一年多才竣工。

在修建盘山公路的同时，建筑设计的招标公告在京沪各报发布，有三家设计事务所应征，最后选中了基泰工程司事务所的天文台设计图样，里面凝聚了建筑大师杨廷宝先生的设计理念。

该设计方案，是两幢端庄大气、造型美观的西式建筑。一幢是主体建筑，为天文台本部，并在顶部设计了三座圆顶室，可用于安置大小、性能各不相同的三架望远镜。在主体建筑正前方的山坡下，有一幢体量较小的附属建筑。这两幢建筑从正面看去，浑然一体；从侧面看来，错落有致、珠联璧合。

但是，设计方案呈交陵园管理委员会审核时，陵园总务处处长夏光宇仔细看过图纸后认为，这个设计太西洋化了，必须用中式风格重新设计，以保证与陵园的其他建筑风格相一致。

对于夏光宇处长的意见，余青松并不以为然，便找到夏处长办公室，向他解释说，中式建筑的风格是在屋顶和屋檐处做文章，但是天文台必须要有能做360度转动的圆顶，而圆顶并不是中国建筑体制，因此要将天文台做成中式的，根本就无从下手。

但夏光宇一口咬定说，陵园现有建筑皆为中式，天文台也必须与之相宜，且目前正值训政时期，天文台建在陵园范围之中，外观建筑就必须要与陵园保持一致。

夏光宇说完后便以公务在身为由下了逐客令。余青松没想到夏光宇对他的态度会如此傲慢，气得脸色煞白，忿忿不平地走出了夏处长的办公室。

天下着蒙蒙细雨，枯黄的树叶散落一地。陵园楼前的院子里冷落萧煞，院外的场地上汪着一摊摊浑水。乘兴而来扫兴而归，余青松坐进车里，心情坏到了极点。

四天后的 10 月 10 日，南京国民政府以各种方式热烈欢度国庆日。而余青松的心情始终十分沉重。这天清晨，他独自来到玄武湖散步，想调整一下自己的心绪。

玄武湖位于南京主城区，东枕紫金山、西靠明城墙、南倚覆舟山，是中国最大的皇家园林湖泊，被誉为"金陵明珠"。湖面呈菱形，被环洲、樱洲、菱洲、梁洲、翠洲分为三大块，北湖、东南湖及西南湖。湖内由湖堤、桥梁和道路连通。

清晨的玄武湖，犹如仙境一般。朝阳还未升起，一层薄雾笼罩着湖面，朦胧中的远山近水格外富有诗意。

余青松伫立湖岸，微风夹杂着湖边花草的芳香扑鼻而来，清新自然。他的心情因此开朗起来。走到一个水榭凉亭处，见到一个画家正在临湖作画，竟把远处古代的亭台楼阁与西式楼宇巧妙地组合在画面中，和谐地融为一体，颇有美感。

看着这画面，余青松顿有所悟。他立即返回，与基泰工程司的设计师共同商讨修改方案。经过再三考虑，决定在主建筑的入口处增设一座中国牌坊式的结构，并在屋檐、屋顶栏杆等处融入明显的中式元素。这样设计出的造型，虽然一眼望去还是西式建筑的总体格局，但也增添了不少中式风味，且不显生硬，中西合璧，反而别具一格。

20 多天后，一份中式天文台图纸摆在了夏光宇处长的面前。他反复看了修改的图纸，甚为满意，随即提笔致信行政院院长孙科：

孙兄，您对国立天文台在紫金山之建筑，主张中国式风格，我十分赞同，但由于天文台因观测之需，建筑应为移动式圆顶，故而不能按照我国园林之营造方式，只能在内外装饰上采用部分东方图案。我看天文研究所余青松所长所提之修改方案，为中西合璧式天文台之设计，功能上满足观测之需，造型上美轮美奂，与紫金山之自然风光融为一体，不失为东西合璧之独创风格。所以，我建议准予批准该方案，并抓紧开建。

两天后，孙科秘书打电话给夏光宇，传达孙科意见：同意照图开建。夏光宇令箭在手，立即将此结果转达给了余青松。

一块石头落了地，余青松这才轻松了许多。

几度春秋，几经曲折。紫金山天文台的建设终于进入了实质性的阶段。

第十二章
拉开序章

紫金山天文台拔地而起建筑蔚为壮观
天文学新序章徐徐拉开进程令人欣慰

· 寻访札记 ·

　　紫金山天文台建成至今已近 90 个年头。它像一位精神矍铄的老人，依然依偎在群山环抱之中。五座银色的大型天文观测室圆顶错落有致，每座圆顶的基座和整个墙面，都用虎皮石砌就，四周均环绕着天坛式石栏杆。具有民族特色的牌楼覆盖蓝色琉璃瓦，跨于高峻的石阶之上，牌坊横额"天文台"几个字清晰可见。工作人员向我介绍，紫金山天文台的观测站和办公地址已经迁往别处，这里将改建为天文博物馆，以文字、图片和实物等形式供人参观，为人们揭开神秘的天文学面纱。

（一）

正是春光明媚、山花烂漫的季节——1931 年 5 月，中国第一座现代天文台终于在南京紫金山上开工兴建。

当你把每一件重要的事情当作事业来做时，你就会用心用功到极致，进而获得人生中极为宝贵的成功筹码。

余青松就是这样，完全专注于天文台的建设之中。早在他第一次登上紫金山天堡峰踏勘时，那些质地坚硬的虎皮石就给他留下了很深的印象。这次开工以后，这些虎皮石也被派上了用场，从打地基到砌墙面用的都是这种石头，不仅使天文台的建筑十分坚固，而且就地取材也节省了大量开支。

就在天文台开建之时，高鲁被国民政府行政院委任为教育部长，于1931 年回到了南京，并在这一年担任中国天文学会第十届评议会副会长。即使在出使法国期间，这位酷爱天文的公使也仍然对紫金山念念不忘。那时，他在外交事务之余，不仅一直坚持天文学研究，而且经常与一些法国天文学家交流。正是在高鲁的热心介绍之下，法国马赛天文台台长普契里专程赴中国参观了青岛观象台和建设中的紫金山天文台。

由于当时的中国内忧外患、战事频发，天文台的建设也一再遭遇挫折。如何筹措资金以缓解国内天文学研究的经费匮乏，这是高鲁一直在思考的问题。当两位老部下陈遵妫和陈展云来到高鲁下榻的中央饭店看望他时，他便将酝酿多时的计划说了出来：我在归国途中，曾拟天文纪念邮票具体发行办法，我到教育部任职后，就提请国府批准。如能通过，所得收入可全部补助天文学会。可见，高鲁对建设紫金山天文台用心何其良苦。但是，后来教育部长之职发生变故，高鲁的建议也就不了了之。

在天文台的施工中，经费始终是摆在天文所面前的一个大难题，国府核定的建台经费迟迟没有下拨。余青松曾设法向各方贷款，结果也成画饼。而这时，高鲁当年用庚子赔款向世界著名厂家订购的一批天文仪器已经运抵南京，子午仪室的建设刻不容缓。

情急之下，余青松只得动用天文所的 3 万元活期存款和下半年经费，作为自行建筑的尝试，并拟定计划：先建天文台路和子午仪室，材料由天文所自备，用工为点工制。尽管如此精打细算，但随着经费状况的每况愈下，天文台的建造计划不得不再度调整：除了原来基泰工程司设计的子午仪室已经如期建成，原先规划的天文台本部则予以取消，这座建筑里的三个天文观测室，改为单独建造的大赤道仪室、小赤道仪室，还有一个不再建造。另外，天文台本部和员工宿舍也缩小规模。经过改动，天文台的建筑数量有所增多，体量变小，相对独立。这样的好处是可以灵活安排，根据财力物力分期实施。但需要调整布局，重新进行建筑设计。好在余青松对于建筑如何满足天文工作之需了如指掌，加上他在美留学时所学的知识，他便自己亲自绘图设计，既节省了时间，又节约了经费。

（二）

在随后的日子里，高鲁与蔡元培等人一同奔走于国民政府、财政部、中华文化教育基金会之间。不久，国民政府下拨建台费 10 万元，中华文化教育基金会也向天文研究所捐款 5 万元，用于向国外购置天文仪器。高鲁又催促财政部下拨建台费 15 万元，为天文台的建设奠定了经济基础。在积极筹措资金的同时，高鲁还利用各种机会宣传开展天文学观测和研究的重要性。

在一次中央监察院监委会上，高鲁大声疾呼，此台即行续建，而成立之期就在一两年后，时间极为紧迫。如若经费不足而迁延，则岁月蹉跎，我们何以慰国人之属望？又何以回报友邦之期许？果若如此，不仅仅是我国之损失，也为世界学术界所惋惜。

与高鲁一样，余青松也在探索着一条科学救国之路。他在建台过程中历尽艰辛却从不言弃。在一次所务会议上，余青松慷慨陈词道：

如今，民族危难，国事多秋，正因如此，我们更应拼力建设天文台！虽然救国救民之道有多条，但从长计议，最重要、最关键唯有教育与科学。第一次世界大战后，德国割地赔款，损失巨大，灾难深重。但数年之后，国力恢复，重整旗鼓，很快又处于强国之列。究其原因，别无他法，重视科学而已。而如今，我国不仅飞机重炮不如人，其他许多方面也都落后。扪心自问，不得不承认，是脑筋不如人，思想不开窍。我们要救国家，改变现状，就必须重视教育与科学，包括天文学。更何况，天文台开建的消息，早已在国内外广泛传开。假如我们在国势趋危、财力不足的今天，还能摆脱困境，找到出路，力争早日建成天文台，必将有利于唤起和提振国人团结救国之信心，起到振聋发聩、鼓舞斗志之奇效！

在高鲁、余青松等人的积极努力下，天文台建设得以在艰难中进行。然而，天文台的建设注定多灾多难。不久，"一·二八"事变爆发，淞沪沦为战区，国府仓皇迁都洛阳，南京岌岌可危。余青松不得已将紫金山上施工的工匠们遣散，仅留两名小工看守已成建筑。直到上海停战协定签订，余青松才召回分散在城内各处轮值司放防空警报的职员，组织他们续建子午仪室。5个月后，子午仪室、行星观测室、水塔终于建成。

天文台水源始终是个问题。太平天国时期，紫金山天堡峰建有天堡城军事要塞，虽屡遭兵燹，久经沧桑，但依然保存完好。余青松在此建起一座水塔，用水车从山下拖来水，再将水抽至塔内，解决了山上用水的难题。

（三）

　　紫金山麓又一春，喜看群山多一峰。

　　1934 年 8 月 25 日，紫金山天文台坐山而立、拔地而起，成为当时南京最显眼的标志。不，这是中国现代天文学的最重要标志！

建成后的紫金山天文台（紫台档案室供图）

建成后的紫金山天文台主体建筑

紫台中式三孔石牌坊（邵世海供图）

建成后的紫金山天文台本部，中央建有办公主楼。居于正中的长石级台阶，向上直达圆顶观测室。在台阶中段处，一座三孔石牌坊横跨其上，顶部覆盖着一层蓝色的琉璃瓦，足见中国气派。坐落在最高处的圆顶室，四周环绕着天坛式精雕石栏杆，既有利于安全，也增加了建筑的整体性。

远远望去，新建的天文台主体建筑不仅雄伟壮观，又颇有中式建筑的风格和美感。尤其是观测室的银色圆顶，高低错落，衡宇相望。走进圆顶建筑内，一架远东地区最大的、直径为 60 厘米的反射式现代天文望远镜，与台内陈列着的几架珍贵的我国古代天文仪器交相辉映。

一个历史性的时刻终于到来。9 月 1 日，紫金山天文台揭幕典礼隆重举行。这天，龙脖子山路入口处高悬一条醒目的横幅标语"天文学是一切科学的推进机"。

山道两旁，彩旗招展。会场里，两幅长画横悬于讲台左右的墙壁之上。上面绘着紫金山天文台的雄姿、飞向高空的探测气球、高耸云际的望日塔、银河系大熊星座仙女星座等景象。讲台两旁用青竹围绕，台柱与房顶散置大小不同的星星点点。整个会场，犹如苍穹之缩影；置身其间，仿佛在宇宙中漫游。

上午9时整，各界代表济济一堂、兴高采烈。揭幕典礼开始后，蔡元培首先致辞，他说，余青松所长和天文界同仁，勠力同心，呕心沥血，积数年之劳苦，历无数之艰难，开远东未有之序章，终建此台，今日揭幕，无任佩慰，谨致祝贺！

紫金山天文台第一任台长余青松致辞，他无限感慨道，紫金山天文台得以成功建成，除高鲁等人士的大力推进和社会各界竭诚辅助外，也是本院同仁多年来心血之结晶。现在，本台能够观测星辰并加以研究，助力国家建设之发展，促使人类文明之进步，既为我辈至幸，也是国之所幸。

紫金山天文台的建成，得到国内外天文学界同仁的高度关注。有不少国外学者慕名而来，参观学习。日本京都大学校长新城新藏和几位日本学者到紫金山天文台参观，浏览全景后，站在变星仪室前称赞道，这不愧为一座无与伦比的现代天文台，日本至今尚未有哪个天文学家能建造一座这样先进的天文台。

何止是日本，在整个亚洲也没有一座这样的现代天文台。而中国紫金山天文台屹立于群峰之间，当之无愧地成为"亚洲现代天文第一台"。

紫金山天文台（邵世海供图）

从最初高鲁在北京西山勘察筹划，到选址紫金山，继而由余青松承接重任，历经艰难曲折，克服重重困难，终于梦想成真。这是整个中国天文学界的一大盛事。这座由中国人自己建造的第一座现代天文台，顺应时代潮流，历经国家危亡，饱含民族苦难，彰显科学精神。

曾经在古代辉煌灿烂的中国天文学，曾经在近代远远落后于世界的中国天文学，从此重整旗鼓，迈开追赶世界天文学的步伐，彻底改变中国在天文学领域的落后状况，进而有望在不远的将来跨入国际先进行列。

第十三章
危机顿起

日寇侵华战争阴霾笼罩北平岌岌可危
古代天文仪器抢运南京国宝暂且安全

·寻访札记·

10 年前，为创作《故宫三部曲》，我曾经寻访过南京浦口火车站。该站始建于清末。在中国近代史上，许多重要的事件曾在这里发生。 1912 年 1 月 1 日，孙中山由上海到南京就任中华民国临时大总统，便是经浦口火车站进入南京城的。抗日战争时期，装载故宫南迁文物的火车曾在这里停留了三个星期……人们对这些事件大都有所了解，但很少有人知道，1933 年，北平古代天文仪器也曾停放浦口火车站，后转运至紫金山天文台。这次重访浦口火车站，我又了解到这段鲜为人知的历史故事。

（一）

　　紫金山天文台的建成，在我国天文学发展史上竖立起一座里程碑，同时也是筑巢引凤，由此集聚人才，组成了我国近代天文学的一支重要科研队伍。

　　紫金山天文台建设期间，在美国留学的张钰哲回到了国内，并被聘为天文研究所特约研究员。至此，天文研究所已经由成立之初的 7 人增加到了 10 多人：余青松任研究员兼所长，高平子任研究员兼秘书，陈遵妫任研究员，张云、蒋丙然、赵进义、张钰哲、高鲁为特约研究员，李铭忠、陈展云、吴炳源、杨惠公任助理员。

　　这些早期的天文学家，怀着爱国之心、报国之志，决心披荆斩棘、奋力拼搏，在追赶世界天文学发展的道路上大显身手，成就一番事业。

　　然而，天有不测风云。就在紫金山天文台在夹缝中诞生并顽强发展的时候，战争阴霾笼罩我国，日本侵略者从中国东北三省逼近北平。中国知识分子和文物工作者呼吁保护文物、外迁国宝。南京政府遂作出决定，于 1933 年 5 月抢运北平文物至南京，这些北平文物中也有一部分古代天文仪器。

　　古代天文仪器是中国古人智慧的结晶，它们创造了中国古代天文学的辉煌，如今，它们是中国古代天文学发展的最好见证，具有重要的科学价值、历史价值和文化价值。

　　为了将这些古代天文仪器运来南京安全存放，李铭忠自告奋勇来到了北平，准备把这些古代天文仪器拆开后运到南京。但让他没想到的是，这些古代天文仪器没有一颗螺丝，要拆开它们不知从何下手，而且这些古仪皆为庞然大物，实在不知如何搬运。无奈，李铭忠只好空手而归。

得知此事后，时任中央研究院历史语言研究所所长的傅斯年，将此事委派给了正在北平抢运其他文物的裴子元，让他想方设法将这批天文仪器运往南京。这年六月，裴子元请人把陈列在北京古观象台的浑仪、简仪、圭表、漏壶，以及小地平经纬仪、小天体仪等7件古代天文仪器一一拆卸，装箱后发运。

由于浑仪、简仪是大件仪器，无法拆解，无奈之下只得采用最原始的运输办法：用横杠垫在它们的下面，靠人力推动，一寸一寸、一步一步地向前推动，用了几天的时间，才把这些大件古仪运送到北京前门火车站。然后装上火车运往南京，存放在浦口火车站。

于是，傅斯年通知余青松说，一些古代天文仪器我们已经替你们运到了南京浦口火车站，今后如何渡江并运到紫金山上，那你们自己想办法吧，我们管不了了。

<h1 style="text-align:center">（二）</h1>

义不容辞，责无旁贷。余青松深知这批古代天文仪器的价值，他一方面感谢傅斯年给予的极大帮助，一方面想方设法将这些珍贵的天文仪器运到紫金山天文台来。他考虑了水陆两方面的交通运输条件，很快做出运输方案。而在当时，供载运火车的长江轮渡正在建造中，余青松便决定等轮渡完工后用它载运天文仪器渡江。

不久，长江轮渡建造完成。1934年2月1日清早，陈展云受所长之命，带上建筑工领班万子华，一同来到浦口火车站。几分钟后，铁路装卸工也赶到了，立刻装车，用了不到两个小时的时间，便将全部古代天文仪器装上了平板车。之后，用机车将平板车牵引到码头，挂在一列沪客车后面，一同随轮渡过江。下了轮渡之后，再装上火车运到了下关火车站。

下关火车站始建于1905年，时称沪宁铁路南京车站，是沪宁铁路起点和终点站，作为民国时期首都南京和全国的重要门户。这些珍贵的古代天文仪器，在下关火车站一放就是近一年，原因是找不到合适的卡车。在当时，中国进口卡车载重几乎都是两吨半，而简仪的底座估计有三吨半重。直到 1935 年 1 月，才找到一辆载重三吨半的卡车，是导淮委员会在苏北工地的用车，当时送到南京维修，刚刚大修完毕。司机人在外地，其内弟也会开车，乐得借机承揽生意。

转运当天，忽降大雪，雪深积尺。陈展云一早来到下关火车站，组织载运工作。用于卸载古代天文仪器的三脚架插入雪地，因看不见地面，试插多次，好不容易才插稳。然后悬上滑车，拉动铁链，起重速度非常缓慢。直到凌晨三点，简仪底座还未卸到站台。陈展云急了，嘱本所建筑工人代卸所有小件，请铁路工人集中力量卸三大件，即便这样，卸载用时也大为延迟，倘若再拖延几分钟时间，就有可能来不及让路而被后来的火车撞上，后果不堪设想。有惊无险，最后关头总算将古仪全部卸到站台，再搬上卡车。

陈展云松了口气，料想在太平门车站卸下仪器大概也用不了多少时间。但是，让陈展云没有料到的是，从太平门车站到紫金山这一段路程并不长，路途中却是险情不断。

简仪底座装上大卡车发动时，后轮只在原地旋转，不能前进。忽然听到咔嚓一响，经检查后发现，后轮轴心一个零件折断了。好在司机毫不惊慌，立刻乘车到城内，半夜敲开修理厂的门，购回新零件装上。开动之前，先扫除车前一段路的积雪，并填平洼坑，开动时由几个工人在车后用人力推，才顺利开出。

行至半路，要经过一座木桥，桥面不宽，桥栏杆挡住了简仪庞大的底座。工人们提议把三根栏杆柱锯断，车通过后再把它修复原状。这座桥是军事机关建造的，照例不该这样做。但陈展云顾不上这些了，立刻让本所卡车开到山上，把木工、漆工唤醒，让他们携带工具、油漆等赶到现场，把三根木柱小心谨慎地锯断。卡车开过后，又准确地把锯下的木柱接上。随后，油漆工在接缝处敷上油灰，把两侧栏杆全部油漆两遍。油漆完工时天已亮，但因下着大雪，没有过路行人，神不知鬼不觉……

（三）

古仪有灵，承天之佑。历经一路艰难、一路风险，这批从北平抢运出来的古代天文仪器总算运上了紫金山。

钟灵毓秀紫金山，虎踞龙盘翡翠冠。稀世罕见、价值连城的中华国宝能够安家落户于紫金山，堪称不幸之大幸！

浑仪从北京运至紫金山天文台

浑仪（陈向阳供图）

这些古代天文仪器运抵紫金山上后，大部分在 1935 年春完成安装，分布在紫台的几幢观测建筑之间的空地上。它们是：

浑仪，是我国古代测定天体位置的一种仪器。较早成型的浑仪为西汉天文学家落下闳所制。而紫金山上的这架浑仪，铸造于明朝正统年间。它结构牢固，工艺华美，近看高大，远看玲珑，造型沉稳，工艺精湛，是中国古代科学技术、工艺美术、铸造技巧、机械构造等多方面高度发展的结晶，堪称古代浑仪制造的顶峰。

简仪，即简化了的浑仪。浑仪的特点是环圈多，相互交错，遮掩天区。元朝郭守敬在浑仪的基础上改进而成简仪。它首先是取消了黄道坐标系，其次是将地平坐标系部分和赤道坐标系部分分开设置。地平坐标系部分称为立运仪，它实际上就是一架地平经纬仪，而赤道坐标系部分则成为一架独立的赤道经纬仪。这样一来，整个仪器的结构更简洁明了，既便于观测操作，又基本消除了观测盲区，能够测量天体的地平方位和地平高度，且互不干扰。这在中国天文仪器制造史上是首创，比丹麦天文学家第谷·布拉赫制造的大赤道经纬仪早 319 年面世。

简仪（陈向阳供图）

圭表，是中国最古老的天文仪器。存放于紫金山天文台的这座青铜圭表，铸造于明朝正统年间，清朝重修。其结构极为简单，由圭和表两个部件组成，正南北向平放。此圭表在明朝铸造时采用表高 8 尺的旧制，于清朝重修时表高增加到清尺 10 尺。这样一来，冬至前后表影最长时就超出了原来圭的长度，因此加装立圭作为补救。

圭表（陈向阳供图）

天球仪（陈向阳供图）

　　天球仪又名浑象。它属于一种演示仪器，正如地球仪是以一个球体来演示地球表面的各种地理风貌，如山川、沙漠、河流、海洋等。天球仪就是以一个大圆球来演示天空中日月星辰的位置和运动。这架天球仪用青铜制成，上嵌 1449 颗铜钉，代表恒星及其组成的 283 个星宫，根据观测所得的天文坐标，标记在对应的位置上。最早的天球仪，是由东汉天文学家张衡于公元 117 年所发明和制造的。紫金山天文台里的这架天球仪制于清末的 1903 年，1900 年八国联军打进北京抢走了原来的大天球仪，当时的清政府重又复制了这架天球仪以供使用，但只有原先的一半大小，因此又名"折半天球仪"。

还有一些古代天文仪器，后来又陆续安装到位。

这样，中国古代天文仪器与紫金山天文台的现代天文仪器汇聚一堂，把中国古代天文学与近代天文学发展历史连结起来了——

历史与现实相接，国脉与文脉相连。

第十四章
初透苍穹

先进天文望远镜成为天象观测之天眼

日食观测新方法开启天文科学之新局

一个晴朗的傍晚，我再一次来到紫金山天文台，进入位于天堡城最高处的穹顶观测室参观，只见一架巨大的望远镜坐落在大约 2 米高的平台上。这就是 1934 年从德国进口的 60 厘米反射式望远镜，当年是亚洲最大、最先进的天文望远镜。1955 年由中国人在国内发现的第一颗小行星，正是通过这架望远镜观察到的。没等多时，外面天色完全暗了下来，工作人员按下按钮，观测室的穹顶徐徐打开。我昂首观望，只见深蓝色的天空中繁星点点，便情不自禁道，真有"坐井观天"之感。不，是天眼观测。

（一）

工欲善其事，必先利其器。紫金山天文台落成后，又陆续购置了一些先进的天文观测仪器，进而使之成为名副其实的、在亚洲首屈一指的现代天文台。

1935 年 7 月，余青松在当时天文界很有影响的《宇宙》杂志上撰文，详细介绍了诞生不久的紫金山天文台——

紫金山天文台是中央研究院天文研究所首先建设的一个天文台，位于南京太平门外紫金山第三峰，即天堡城附近。其建筑以及设备不独为我国最完备之天文台，更可称为东亚的最新式者；现已大部完成，所以特别介绍于此，想必为关心天文学者所乐闻。

紫金山天文台和其他建筑不同的地方，其一有活动的屋顶，其二有极稳固的仪器基座，其三基座不受地板震动的影响。

小赤道仪室中部圆顶对径五公尺半，安设 200 毫米折光赤道仪一座。附属有研究室、太阳分光仪室、照相暗室等。太阳分光仪之定天镜则置于室外南头之砖座上，距离四公尺。

变星仪室形似方塔，高凡四层。上面圆顶对径四公尺，内设 100 毫米之罗氏式变星照相镜一具，其下有研究室暗室等。仪座高十二公尺，方形中空。这样可以把日光从塔顶反射到塔底，预备日后增设太阳分光仪之用。

紫台仪器除一部分由前中央观象台移交外，新购者甚多，主要有：600 毫米反光赤道仪一具，另附有石英制双层棱镜分光摄影器一具。此仪上面除大反光镜外，还有一个 200 毫米的折射镜。用为摄影时的指导星位的工具，称为导镜，还有两个觅星的小远镜和活

动照片夹子等。一切动作都用
电力。观测台可以旋转升降也
用电力。小赤道仪一具，是合
200 毫米的目视远镜和 150 毫米的
摄影镜而成的。附属有太阳放大
摄影器、日珥观测器、测微器、
物镜、棱镜等。此仪用重力旋转，
可用电力校正速度。观测用梯椅
只用人力移动。此外，100 毫米罗
氏变星摄影镜一具，美国制造。
海尔式太阳分光仪一具，美国制
造。蓄得式主仆电气时钟二副，

变星仪室（陈向阳供图）

英国制造。每副四千余元。厘勿赖电气时钟一具，德国制造。

　　最值得一提的是，紫金山天文台的 600 毫米大赤道仪是当时远
东最大的望远镜。这台大赤道仪，是 1934 年向德国蔡司公司订购
的，附有一个石英制双层棱镜分光摄影器和观测升降机，价值为国
币 12.2 万元。这台望远镜反光镜焦距为 3 米，加上卡塞格林副镜，
焦距可达 10 米。除了大反光镜之外，还有一个口径 200 毫米、焦
距 3 米的折射镜，用来作摄影时的指导星位的工具，称为导星镜。
大赤道仪观测圆顶直径为 8 米，设有可升降的观察平台，全部实现
电动操作，可对天空任一位置进行观测。

　　这些先进的望远镜，被大家称之为"天眼"。

　　天眼，在神话传说中指天神之眼，也称天目，归属道教，正所谓
"天眼开，观十方，如同手掌。极乐开，斗牛宫，都在目前。常显化，
天宫景，无边妙意。明历历，才看见，景致无边"。

60厘米反射望远镜（陈向阳供图）

天文学家借用神话传说中的"天眼"，比喻有了天文望远镜，就有了观测天象的独特的、功能强大的眼睛，能看到肉眼看不到的很远很远的那些星星。

有了这些"天眼"，紫金山天文台便有条件、有能力真正开始科学的天文观测。

（二）

如舞蹈者的第一步奠定节奏，如音乐家的第一响定下基调，如剧作家的第一幕揭开主题，刚刚建成的紫金山天文台做的第一桩事情，就是很快做出预报：1941年中国境内将发生日全食。

日食和月食是地球上常见的两种天文现象，它们都是日、地、月三者在运行中连成一线时才会发生。如果地球在三者中间，发生的就是月食；如果是月球在中间，发生的就是日食。月全食基本上每个人都有机会见到，而日全食对于大多数人来说，一辈子难得一见。

日全食为日食的一种，是在地球上部分地点的太阳光被月亮全部遮住的天文现象。日全食分为初亏、食既、食甚、生光、复圆五个阶段。由于月球比地球小，只有在月球本影中的人们才能看到日全食。

民间称日全食为"天狗食日"，人们对此极为关注，都不想错过观看这一奇妙天文现象的机会。

天文界则更为重视。1934 年 11 月，高鲁发起组织了中国日食观测委员会，这个委员会由中国天文学会、中央研究院天文研究所、金陵大学、清华大学等机构派代表组成，并选蔡元培先生为会长，高鲁任秘书长。委员会就设在天文研究所内。

日食观测委员会成立后，迅速启动筹备工作。高鲁最为积极，跑前跑后筹措资金，先后请求国民政府拨款 3 万元，后又从英美法三国庚款委员会取得补助 12 万元，用于购置仪器等各项费用。

1936 年 6 月，中国日食观测委员会组织了两支日食观测队分赴日本和苏联进行观测，意在为 1941 年的日全食观测积累一些经验。

赴苏联远东城市伯力的中国观测队成员，只有张钰哲和李珩两个人。由于筹备的时间十分仓促，加之观测人员缺乏，所以只好就手边现有的仪器来决定他们的研究课题：一是摄取日冕影像，二是日食时刻的测定，三是测定日全食时天空暗黑程度与薄暮天色的比较。

张钰哲他们乘 5 月 31 日的加拿大"皇后号"轮船先到日本，然后从日本乘火车到达敦费，之后再改乘轮船，在一路水陆奔波之后，两个人终于到了海参崴。在此停留了两天之后，搭乘国际列车北上，于 6 月 12 日到达此次观测的目的地——伯力。

伯力，是俄罗斯远东联邦管区的行政中心、哈巴罗夫斯克边疆区首府、俄罗斯远东第一大城市。该城市原为中国领土，1860 年 11 月 14 日，沙俄迫使清政府签订不平等的《中俄北京条约》，将包括伯力在内的乌苏里江以东约 40 万平方公里的领土割让给俄罗斯帝国。张钰哲他

1936年中国赴伯力观测队
（紫台档案室供图）

们之所以没有选择去西部而在伯力，主要是受经费和时间所限。

一到伯力，张钰哲和李珩就投入紧张的工作中。当地的总领事馆有一个很宽敞的后院，四周虽有树木房屋，但对于观测日食并不构成障碍；因为是在领馆中，要找人来帮忙做些杂事也很方便，同时又可免去一些可能的干扰。

地点选好、仪器调试完成之后，他们还有许多事要做，比如，自制的镜筒在摄影时是否会漏光而影响了拍摄效果，临时冲洗暗室和所带的摄影药品是否适用，等等。为此，他们先用望远镜夜观牛郎星，拍摄了一张片子，用混浊的自来水和显影药洗出的片子满是污斑。于是，他们便向俄国同行要来几公升蒸馏水。但接下来的几天里阴雨绵绵，星辰一直被云雾所笼罩，只好把望远镜搬到屋顶去拍摄远景。由于镜筒中光栅设计不周造成散光，洗出的底片还是微呈暗黑色，实在无法完全去除。

由于日冕摄影是此次的主要目的，所以张钰哲他们的主要精力也集中在此，至于日食时的一些次要事务，因人手不够就请领馆工作人员帮忙。短短的一周时间里，他们夜以继日地工作，把各项准备工作做得井井有条。张钰哲感叹道，晴朗之区，固难免不测之风云；多雨之地，亦偶观穿苍之霁色。人事既尽之后，成败利钝，只有听诸天命了。

几天中，伯力的天色由阴沉转为开朗，到15日那天，整天晴朗，连一丝云也没有。但是次日天就变了，阴雨连绵的天气给观测者的心中也蒙上了一层阴云。19日，全食当天的黎明时分，天空露出晴意，到中午时居然是晴空万里无云。这一下子让观测者心中阳光灿烂。

然而，正当人们以为胜券在握、不虚此行之时，午后二时，低沉的乌云横空而来。下午四时，全食之顶仍凝聚不散。晚六时，暴雨倾盆。两个多小时后，雨才停。

恶劣的天气让张钰哲他们的所有努力付之东流、前功尽弃。这真是：天公不作美，苦到头来终无甜。张钰哲他们只得收拾行囊，无功而返。

而赴日本北海道的观测队比较幸运。此队由余青松带队，队员有天文研究所研究员陈遵妫，还有国立中山大学天文台邹仪新、南京金陵大学理学院院长魏学仁、上海自然科学研究所研究员沈璿、国立北平大学工学院教授冯简共6人。

他们于6月8日夜到达东京。第二天前往观测地点——北海道枝幸村。该村是日本北海道的一个小村庄。观测队员们一到枝幸村，便着手进行观测准备，搭好帐篷，装好了仪器，但是由于第一天晚上天有阴云，所以未做观测。

6月13日晚上10点，枝幸村忽然狂风大作。陈遵妫十分担心会将观测望远镜吹倒，于是便招呼正在工作的余青松、邹仪新一同跑到了观测地点，一看之后，大吃一惊：望远镜架已倾斜。还好，检查之后发现仪器安然无恙，他们悬着的心才放了下来。而此刻，风刮得更急了。为

1936年中国赴日本北海道观测队（紫台档案室供图）

了避免再出险情，他们立即动手将仪器抬下教务室，并将帐篷用绳索再加固。

一切就绪后，陈遵妫已是气喘吁吁，不禁对女队员邹仪新说，真是苦！你还是不要学天文！而邹仪新说，我累死也要做天文，做天文就是做神仙。她的话引得大家一阵哄笑。

第二天，当人们来到观测地时，发现观测队的帐篷已被昨晚的狂风吹破了。队员们便前往村长处，请他帮忙找人改建了一座小木屋。之后几天，观测队忙于进行各项观测，而枝幸村一直是阴雨绵绵，直到日全食的前一天，天终于放晴，队员们按照太阳高度重新调整了仪器的位置。

在日全食发生的那一天，多云天气也同样笼罩着北海道的天空，这使余青松和他的伙伴们十分担心。对于当时的场景，余青松在日后曾描述道：

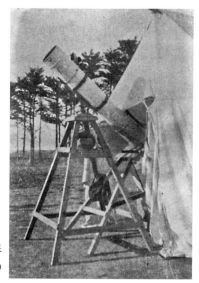

北海道观测主要观测仪器
（紫台档案室供图）

　　在将食之时，阴云四起，诸人均现恐怖之状，惟惧天公不作美也。迨二时后，于阴云中得见月影由右下方向进入太阳面上。阴云一阵一阵遮蔽日面，而日面之被食部分，渐渐扩大，日光亦渐渐衰弱。在将全食之前，日面之左上角，在日光尚未被全部遮蔽之瞬间，呈极强之光辉，与太阳四周微露之白光，恰如金刚钻之戒指，甚为美观。瞬时此状消失，日冕四射；日冕散成五角形，其长度约与太阳直径相等。太阳边缘，见有五个红色火焰，是即日珥，其中有两个并列一处。于太阳之右下方附近，得见明亮之金星；而周围仍有不少阴云，故所见之星不多。如斯现象，仅一分五十余秒而消失，逐渐恢复常态。全食时之光亮，与望月时相垺，但因其变动迅速之故，似乎特别黑暗；且非如望月时之白色，系黄绿带褐之色，甚为美丽。全食之前，有无数乌鸦归巢，以为天黑之故；全食终了之后，即生光后约经二十五分钟，雄鸡大鸣，盖以为天亮故也。

余青松以"金刚钻之戒指"来形容太阳冲出云层那一刻阳光之灿烂，可见景观之壮美。不过，余青松他们在此时此刻并没有沉醉于大自然的美景之中，而是全神贯注投入观测。

结果，此次北海道观测队共摄取日冕影像四枚，普通三枚，露光时间为1秒、5秒、10秒；紫外线片一枚，露光时间为30秒。其中，普通片以露光5秒者为最佳，1秒者有云，而日冕不完全，10秒者因留声机转动不灵，不甚明朗；紫外线片因阴云失败。阴云使得日冕片拍得并不理想，原本打算据此测量日冕光度，只得作罢，但是可以了解的是，日冕呈五角形状。原来打算拍摄一枚红内线片，但是因为观测小屋里光线实在太暗，所以上下换片的时候只能在黑暗中摸索着来做，结果用时太长，以致没有时间再拍这枚红内线片了。

观测结束后，日食照片的冲洗工作也遇到了不少麻烦。本来在枝幸定焦距时负责装片洗片的工作室借用的是花山天文台观测队的暗室，到了日食结束之后，这个观测队自己也要用暗室，所以余青松只好决定将底片带回南京再进行显像。但是由于观测队要等到7月2日参加完日本学士院及学术会议宴会之后才能回国，耽搁的时间久了，余青松很担心

1936年北海道日全食（紫台档案室供图）

炎热的天气会使底片变质，于是改变主意，决定在东京显像。

此时，观测队所带的显像仪器已然装箱，由枝幸直接运送到了长崎，于是又临时买了一套，借用丸之内饭店 701 房间的盥洗室作暗室。这个盥洗室所用的是一个布制的红灯，中间点着一支蜡烛。就在第一片洗出而第二片开洗时，蜡烛因为温度过高而熔化倒下，将红布烧毁了。后面的两组底片都是在黑暗中洗出来的。

尽管如此，余青松他们仍然觉得十分幸运。从观测结果来看，实际观测与推算相差均约慢 3 秒：初亏 13 时 8 分 39.6 秒，食既 14 时 20 分 7.1 秒，生光 14 时 22 分 4.4 秒，复圆 15 时 26 分 47.9 秒。

1936 年的日全食观测虽然成败兼有，但日食观测委员会依然从中获得了不少宝贵的经验。例如，仪器的装置方式、各国观测队所用的仪器、日本政府的筹备情形及观测时的注意事项等。这些都为我国筹备 1941 年日食观测提供了参考。

更重要的收获是，以往人们以为日冕形状仅与黑子周期有关系，但是通过此次日食观测，却发现它与日珥关系更为密切一些。例如，此次日冕呈五角形，有四角之下部在太阳边缘部分，均有日珥；其中一角虽未见日珥，或恰在太阳北面，亦未可知。同时，在两个日珥重复之处，该角日冕光射特长，这也为证明日珥与日冕形状的关系提供了证据。

（三）

此次日全食，除派观测队出国观测外，日食观测委员会在国内也组织了观测。

6 月 19 日，在南京只能看到日偏食。这一天，留在南京的高平子和李铭忠等人在紫金山上进行了观测。按照推算的结果，南京初亏时刻为 12 时 56 分 8 秒，复圆时刻为 15 时 17 分 4 秒。

从早晨到中午，一直是多云天气，像是要下雨的样子。本来以为没什么希望了，但是在日食即将开始的时候，阴云竟然慢慢散开，太阳露了出来，此时初亏已过，但李铭忠还是趁此机会拍了一些照片。

这次观测本打算用新的照相机，但是由于几个月来人们一直在为出国观测日全食做准备，照相机没能及时制成，所以这次用来拍摄日偏食的仍然是原来那台小赤道仪，共拍了 12 张。高平子从 13 时半开始用分光仪观测，共测到黑子一大群附有十分明亮的光斑，日珥四群，光度概近中等，以及日面黑纹五条。

随着观测工作的进行，天气也越来越晴朗，这种情形一直维持到日食结束。复圆的时候，高平子测得的结果是 15 时 17 分 24.1 秒，李铭忠测得的是 15 时 17 分 27.2 秒，平均为 15 时 17 分 25.6 秒。这个数值与陈遵妫他们算出的时刻十分接近。

一件波澜不惊的小事，也许就是历史的转折。这次中国天文学家在国内外进行的日食观测，看似平常，实开先例：我国首次利用先进天文观测仪器进行大规模天文观测，从"裸观时代"迈入"天眼时代"。

初试锋芒，初透苍穹，序章正式掀开。

这在我国近代天文学史上具有里程碑式的意义。

第十五章
临危外迁

危急关头紫金山天文台被迫外迁凤凰山
多事之秋张钰哲冒风险组织观测日全食

· 寻访札记 ·

　　紫金山天文台西迁旧址坐落在昆明东郊风景秀丽的凤凰山上。这里林木茂密，鸟语花香。工作人员带我在馆里参观，虽然面积不大，但陈列了不少宝贵的历史照片和文字资料。我不仅详细了解到这段鲜为人知的历史，而且在观测室亲手抚摸和使用了当年用以观测的望远镜。在这里，我还惊喜地发现了我国著名天文学家陈展云先生早年撰写的《中国近代天文事迹》一书。该书虽然没有正式出版，是油印本，但极为珍贵，其中详实的内容和鲜为人知的故事，为我的创作提供了丰富的历史素材。

（一）

1936 年日全食之时的南京，虽有阴云遮蔽，但终于云开雾散，重见天日。然而，此时的中国却是阴云密布，山雨欲来风满楼。

一年后的 7 月 7 日，震惊中外的"卢沟桥事变"爆发。

是夜，卢沟桥的日本驻军在一番密谋后，在没有通知中国地方当局的情况下，擅自在中国驻军阵地附近举行军事演习。接着又谎称一名日军士兵在演习中失踪，并无端提出要求，到宛平县城进行搜查。这一无理要求被中国驻军断然拒绝，而日军按原定计划，随即向宛平城和卢沟桥一带发动进攻。对此恶劣行径，中国驻军第 29 军 37 师 219 团奋起还击，进行了顽强不屈的抵抗。

"卢沟桥事变"揭开了中华民族全面抗战的序幕。

正在青岛参加中国天文学会第 15 届年会的余青松，听到"卢沟桥事变"的消息后，预感形势严峻，随即赶回南京。他径直来到台里，召开台务会议，紧急磋商应对事宜。大家义愤填膺，痛斥日本帝国主义的侵略行径，并一致认为，日本对中国蓄谋已久，对紫金山天文台也是垂涎欲滴，为防不测，紫台必须做好外迁准备。余青松最后决定，一方面准备拆卸重要天文仪器；另一方面继续进行观测，用观测成果鼓舞全国人民的抗日信心和勇气。

在中华民族最危急的关头，紫金山上的天文观测几乎没有停顿过。余青松本着"多测一日，即多留一份记录"的信念，利用一部分拆卸起来比较容易的仪器，如太阳分光仪、变星仪等留下来继续进行观测，拍摄了新星、彗星、银河、星云、太阳等照片 316 张。

不久，淞沪告急。于是，余青松决定将大部分的仪器装箱，让职员先撤进城里，而自己则带领一名工役留在山上观测。8 月 11 日夜，余青松用变星仪拍摄到了十分清楚的芬斯勒彗星照片。

两天后，战火烧过了长江。8 月 13 日，淞沪会战爆发。很快，战争的硝烟扩散到了国民政府的首都南京。这一天，共有 27 架日军飞机飞临南京上空。当巨大的爆炸声在城市上空响起的时候，南京人真正意识到，战争临头了。

天文研究所接到中央研究院紧急指示：疏散人员，天文仪器和图书资料立刻装箱，准备内迁。

情况紧急，余青松立即带领天文研究所的全体人员行动起来，开展相关准备工作。由于大小赤道仪和变星仪底座及大赤道仪镜筒太过笨重，只好决定暂时放弃。变星仪底座以上部分和太阳分光仪比较轻便，就连同其他仪器一起拆卸装箱。

秋风吹不尽，悲秋情绪长。1937 年秋，台里派出陈遵妫、李鉴澄两人为先遣队队员，押运已经装箱的天文图书和仪器，搭乘长江轮船去武汉，再转赴长沙。余青松、李铭忠、杨惠公、殷葆贞等六人则迁移到赤壁路余青松的寓所办公。几架无法搬运的古代天文仪器和紫金山天文台的所有房屋，临时委托给陵园管理委员会警卫处的四名警士看守。

候船之时，台里的工友孔祥林送来十余封公函。陈遵妫大致翻了一下，发现其中有一封信是日本人山本一清写给余青松所长的，信中说，国际天文学会要搜集中国古代天文学史料，这项工作由他负责，因此请天文研究所给予协助。

陈遵妫看后颇为反感，但无暇多想。到达中央研究院联合工作站临时地点后，陈遵妫重新拆开这封信，愈看愈觉得来气，他愤懑地对李鉴澄说，整理中国的天文史料，当然是我们自己的事，而国际天文学会不讲规矩，竟要让中华民族的敌人来越俎代庖，真是无稽之谈！这不是中国天文界的莫大耻辱吗？

李鉴澄也震怒道，不予理睬！中国的事早晚都要由中国人自己来做。

是的！陈遵妫此时便萌生了写一部资料性的中国古代天文学读物的念头。

　　留在南京的余青松，由于看到上海抗战开始时形势尚好，故而主张暂且观望一段时间，不必着急将余下的仪器也搬来搬去。可是，不久形势急转直下，很快苏州失守。危急之下，余青松决定将余下的仪器也运往大后方。

　　但此时，交通却成了问题。刚刚修成的苏嘉铁路已不能使用，只有长江水路可以运输仪器。屋漏偏逢连夜雨，船破又遇顶头风。所有的轮船都被各单位包下，根本不出售零星客票，更不运输零担货物。

　　走投无路之际，余青松听说私立金陵大学包租下一艘轮船，便走访了金大理学院院长魏学仁，与之商量说，战争在即，运输很难，能否请你们帮助我台将这些宝贵的天文仪器代为运走？

　　魏学仁先是拒绝，后在余青松再三恳求下终于松口，但提出了一个条件，只有把贵台的这些仪器捐给我校，算作本校财产，我才便于说服领导同意你们的请求。

　　形势所迫，别无选择，余青松只能接受了魏学仁的条件，并自我安慰说，无论这些天文仪器归谁，只要还掌握在中国人手里，不落到日本人手里，我都认了。

　　余青松随即派出人员，将大赤道仪、小赤道仪、比较仪、测光光度计、测量光谱光度计等送到下关码头，并小心地将它们搬运上船。

　　金陵大学包租的这艘轮船终点正是重庆港。这批天文仪器运抵重庆以后，便被存放到金陵大学驻渝办事处——求精中学内。遗憾的是，子午仪这次因故未能一起托运过来。

　　在安排好台里的相关事宜后，余青松于当年12月带领余下的职员，随身携带一些小型天文仪器，分别乘坐一辆小车和一辆卡车，怀着忧伤的心情，怅然离开南京，开始了艰辛的内迁之旅。

（二）

殊不知，就在中国大难临头之际，1937年的世界天文学界，一扇探索宇宙的新窗口已被打开，这就是射电望远镜的发明。

在远离战火的北美大陆，一位名叫格罗特·雷伯的美国无线电工程师在自己家的后院建造了一个直径为9.45米的抛物面天线，在距离抛物面6.1米的焦点处，放置了一对锥状的小接收天线，这就是第一台经典式射电望远镜。利用它，格罗特·雷伯从银河系的中心方向——人马座发现了波长很短的电波。

人类居然可以探到宇宙的心跳了！

可是，在地球上，人类却听到了另一种心跳。不，是心惊肉跳！

就在余青松一行离开南京没几天，1937年12月13日，人类历史上的重大悲剧发生了——日本侵略者实施了震惊中外的南京大屠杀。他们在南京及周边地区，有组织、有计划、有预谋地进行长达一个多月惨

日军占领紫台

无人道的血腥暴行，烧杀抢掠，无恶不作，无数家庭支离破碎，大批平民和战俘被日军残酷杀害，遇难人数超过 30 万……

这座古老而美丽的城市变成了人间地狱。

在此期间，有幸撤离南京的天文学家们，带着屈辱，忍着悲痛，正在前往大后方的漫漫路程上。

1938 年 1 月，在余青松带领下，天文研究所众职员内迁至长沙郊区。此时的长沙也在疏散人口，无法进入，就连南岳的形势也已十分紧张。因此，余青松等人在南岳一座寺院稍作停留之后，便又继续行进到了湖南株洲。

此时，中央研究院各研究所内迁至湖南衡山寺庙的人员也陆续下山，准备撤往桂林。余青松得知这个消息之后，决定从株洲直奔桂林，但株洲到衡阳的火车已经停开，余青松设法雇木船沿湘江水路到达衡阳，然后乘汽车转赴桂林。这时的天文研究所不过五个人：所长余青松，研究员李铭忠、陈遵妫，助理员李鉴澄，事务员殷葆贞。

在桂林住了一段时间之后，根据院部指示，余青松决定再度西迁。1938 年春天，天文研究所经越南转入云南。李铭忠在撤离转运仪器时将自己的私人财物也夹带其中，这件事让余青松颇为不满，因此决定在续聘时不再聘用他。

蔡元培先生闻及此事，念及李铭忠一路奔波抵达昆明，此中辛苦自不待言，而一旦失业，家眷的安置以及生活等诸方面都会出现问题，动了恻隐之心，于是致信余青松，对此事提出了自己的看法：

> 别后想一路平顺，日内已安抵昆明矣。总办事处寄来天文研究所续聘、续任名单，吾已详阅，无多问题。惟李铭忠君不续聘一层，吾以为不甚妥。李君在所数年，平日工作素闻称职；此次迁移，对于一部分之仪器，收拾转运，亦甚劳苦；既已由京而湘，而

桂，而滇，方准备从新着手，忽被解聘，情何以堪！闻其眷属亦已到滇，失业以后，未必即有其他相当之职务可为介绍，吾深为不安，想先生亦同此感想也。如其并无重大过失，务请仍予续聘，试验半年。倘荷采纳，请以专函向总办事处声明为荷，并祈亦复。

余青松同意了蔡元培的意见，给李铭忠定下了半年试用期。然而，仅仅两个月后，事情就又发生了变化。1938年9月，日本飞机首次空袭昆明，李铭忠的妻子和女儿遇难，他悲痛欲绝，辞职返回上海，并从此离开了天文界。也是在这次轰炸中，陈遵妫的继母和一个弟弟被炸死，妻子和一个女儿也被炸成重伤，于次年相继去世。陈遵妫忍着心痛，带着悲伤，一边颠沛流离，一边进行天文学的研究。

在外迁的路途中，余青松一直挂念着紫台，便委托一位德国朋友上山看望，不久，朋友给他回信说，建筑物大体如旧，里面则狼藉不堪，古代天文仪器岌岌可危。

收到来信，余青松不禁为留在紫金山的古仪担忧，但毫无办法，只能在心中暗暗祈祷这些古仪平安无事！

战争愈演愈烈，华夏大地惨遭浩劫。

余青松意识到，中华民族的抗日战争将是一场持久战，要想继续观测，以维持天文观测的连续性，另觅新址重新建造一座天文台迫在眉睫。所以，在辗转迁昆的途中，余青松已在一路寻觅合适的建台地点。到了昆明以后，他们租到了小东城脚20号一所民房作为临时所址。余青松一边带领全所职员整理以往的观测记录，一边继续寻找着合适的台址。

昆明素有"春城"美誉，地高气薄，很适宜进行天文观测。余青松决定在昆明建立一座永久性的现代天文台，在战时作为临时所址，等抗战结束后将其作为紫金山天文台的第一个分台。

主意拿定，余青松开始了选址工作。就在这时，中央研究院物理研究所所长丁西林偕同该所两名职员也来到昆明，他们准备将物理研究所迁到昆明，故来查勘筹备建所事宜。因为该所的地磁台原设在紫金山山麓，与天文研究所是邻居，所以到了昆明，丁西林设想仍然与天文研究所做邻居，便向余青松建议两所共同选址。

余青松非常乐意，两人一拍即合。于是，两位所长和陈遵妫开始在昆明近郊忙碌起来。在先后踏勘和测量了黑龙潭、太华山、凤凰山等地点之后，他们最后选定了距离昆明市七公里的凤凰山。

根据地质工作者的勘查，凤凰山一带没有铁矿，这是地磁台选址的必要条件。而且，昆明东郊既没有工厂，也没有通电，夜晚伸手不见五指，到处漆黑一片，正是天文观测和摄影最佳之地。

地址选好以后，余青松带着陈展云及一名工友，在凤凰山上测量地形并绘制地图，标出两所共用地界线，然后由余青松和丁西林两位所长与大羊坊旺村管事农民签订了租地合同。

当一切准备就绪，两个研究所的修建工程同时开工了。天文研究所的房屋建在山顶上，图纸依旧是由余青松亲自设计的，不过要比紫金山天文台简陋多了。

凤凰山天文台（紫台档案室供图）

凤凰山天文台落成后，由南京运出来的太阳分光仪和变星仪也进行了重新安装调试。其中，变星仪的底座太笨重了，无法使用。不过，余青松也有办法，他用角铁制成铁架，代替底座，结果稳固程度与原来的底座几乎没什么两样。而太阳分光仪本来是以小马达开动的，因为凤凰山还没有电力可用，因此改用手摇进行观测。

余青松知道金陵大学没有天文系，天文仪器存放在学校里也没有什么用，就写信给魏学仁，请求把他们代运的天文仪器发还给天文研究所。魏学仁倒也大度，立即回信说，除一架测量光谱的光度计需要使用外，其余可以全部归还。余青松随即派陈展云奔赴重庆，从魏学仁处将这批仪器收回，并运到了昆明。

伴随着人员的陆续到来以及仪器的安装完毕，中断了两年多的天文观测工作在新落成的凤凰山天文台部分恢复了。余青松亲自上阵，主持太阳分光仪的观测，上午下午各两次。由于昆明的观测条件很好，所以，不久就记录到大量关于太阳日珥、光斑、黑子的资料。这些资料经余青松整理之后，每三个月编制一份报告寄到巴黎《日面现象》杂志发表。变星赤道仪由陈遵妫主管，逐夜观测，也获得许多成果。

1939 年，国际天文学联合会举行第六届大会，余青松本奉命作为代表去参会，但是后来因为外汇核准稍迟了一步，以致误了船期，结果临时中止参加。

战争使中国又一次拉开了与世界科学界的距离，但逆境中的科学家们一直在勉力维持。

尤其是余青松，他在归国步入天文界后，全身心投入振兴中国天文学的事业之中。创业艰难，他几乎一直在极其艰苦的条件下开展工作，特别是在危机深重、艰苦卓绝的抗日战争中，从未停下脚步，亲自创建现代化天文台，组织进行现代天文学的观测和研究，呕心沥血、鞠躬尽瘁。他以全部的精力和过人的智慧，以特殊的才能和坚强的意志，率领中国天文界励精图治，走出困境，踵事增华。

可是，正当他准备为祖国的天文事业继续奋斗的时候，1941 年，中央研究院以所谓专家须到国外进修为借口，免去了余青松的天文研究所所长职务。

在中国的历史上，文人雅士、知识分子总是在关注着人类的命运，而他们自己的命运却往往操控在别人手里，凭着莫须有的借口或罪名，就可以投之监狱、置于死地，革职、降职、调离，那更是家常便饭、小菜一碟。

面对无情的打击，余青松伤心、失望极了。但他并没有立即甩手出国，仍然怀着他那颗拳拳之心，等待着新所长张钰哲前来交接。

这可以说是软弱，也可以说是坚强，还可以说是使命担当。

从古以来，中国就有埋头苦干的人，有拼命硬干的人，有为民请命的人，有舍身求法的人……即使是等于为帝王将相作家谱的所谓"正史"，也往往掩不住他们的光芒。这就是中国的脊梁。

（三）

张钰哲在 1929 年从美国学成回国后，在南京中央大学任物理系教授，同时被中央研究院天文研究所聘为通信研究员。为了不中断天文观测，他托人从美国购买了一些光学玻璃，在学校地下室的一间小屋里，自己动手磨制望远镜。

"卢沟桥事变"的爆发，打断了他的研究工作。张钰哲带着夫人和女儿，随学校内迁，辗转至重庆。在 1941 年接到中央研究院的聘书之后，张钰哲只身前往昆明。但战时的交通中断使张钰哲未能及时到任，而余青松的行期则迫在眉睫，张钰哲便建议在他未到所任职期间，所内例行事务暂请研究员陈遵妫代为照管。

不久，张钰哲几经周折，来到凤凰山任职，立即投入工作。他听到职员们抱怨说，在天文所除了编制历书之外无所事事，因此倍感苦闷。张钰哲提出，可以模仿国外天文台，做经常性观测工作，并作了具体的安排。

担任所长后，张钰哲重新找到了自己的位置。不过，他并没有太多时间沉浸于归队的喜悦之中，因为1941年的日全食即将来临，作为西北观测队的队长，张钰哲和他的队员们紧张地做着有关准备工作。

当时正值抗日战争最艰难的时期。缺乏组织日食观测的基本条件，尤其是经费拮据，仪器缺乏。中国日食观测委员会千方百计募集款项，向各方借用或自制观测仪器。张钰哲和高鲁、李珩、陈遵妫、李国鼎、龚树模等人组成了观测队。

是年6月30日，中国日食观测队携带仪器设备向临洮出发，成员包括天文研究所派出的李珩、陈遵妫、李国鼎、龚树模，金陵大学理学院派出的潘澄侯、胡玉章、区永祥，而高鲁、陈秉仁二人则代表中国天文学会，张钰哲担任队长。此外，因为打算向中央大学方面借用精密仪器，特请该校物理系派研究生高叔荀负责护运，并协助观测工作等。这是中国人第一次有组织地开展现代日食观测。

赴甘肃临洮日食观测西北队合影（紫台档案室供图）

1941年张钰哲前往甘肃临洮（紫台档案室供图）

　　这是一次艰难的"长征"。一路上，沿途的地名有所谓七十二弯、吊死岩等，足见路途之险峻。驾驶员为省汽油，每下坡便关起油门，任汽车滑行。公路两旁，所见翻车滚下坡的比比皆是，令人触目惊心。

　　此时的昆明阴雨连绵，一个月后才终于放晴。晴朗的天气给人们的心情平添了几分喜悦，但正是因为天气晴好，所以空袭警报也不时传来。观测队先乘火车沿叙昆路赴曲靖，由于警报频频，火车只好在中途停车，这一停就是3个小时。后来又因为铁路发生故障，当天晚上人们只好在车厢内席地而卧。第二天早晨，观测队抵达曲靖后，改乘中国运输公司的客车前行，午后到了盘江边。

　　当时，盘江大桥已被日本飞机炸断，改用浮桥帮助行人通过。为了防止浮桥也被炸毁，人们采用了暮搭晨拆的方式，而观测队赶到这里时刚到午后，因此只好在此等待半日，直到暮色降临，浮桥搭起，才顺利通过。

　　抵达贵阳之后，观测队还要再次与中国运输公司接洽赴重庆的车辆，因此耽搁了四天才重新踏上行程。不过，在等待汽车的日子里，队员们也没闲着，他们应中国工程师学会贵阳分会的邀请，在西南公路管理处作了题为"太阳为动力之泉源"的演讲。此间，听众们对日食问题更是表现出了浓厚的兴趣。

当汽车行至盘县贵阳市区时，队员们还没来得及喘上一口气，空袭警报又一次响起，人们只好向郊外狂奔以避开轰炸。7月7日中午，队员们在经过重庆海棠溪路段时，又遭遇了一次没有预发警报的空袭。危险就在眼前，但队员们想到的却是那些宝贵的观测仪器，立即将汽车停在路旁躲避。顷刻间，27架敌机嗡嗡然掠顶而过，继以轰然一声巨响震耳欲聋。待敌机远去，队员们返回路旁察看，只见车上多蒙一层土尘，幸无其他损害。

一路劳顿，加上夏季各种疫病流行，高鲁与李珩在抵达成都之后便病倒了。张钰哲将二人安置在当地养病，待身体恢复之后再来兰州与众汇合。而张钰哲本人则抓紧时间与中央研究院院长朱家骅及总干事傅斯年联系，详细报告了筹备情况和观测计划。同时，还向中央大学物理系借了几件日食观测需要用到的仪器。为了防止再次遭到日机袭击，张钰哲决定将从昆明带来的仪器设备全部送至重庆郊区的歌乐山中存放。

观测队经与甘肃省油矿局联系，借得一辆三吨半载重卡车。等到中央大学的仪器运到后，观测队继续前行，但是没走多远便又一次受阻。由于桥梁被水淹没，大家只好在附近一农户家借住，三天后水势稍退才再次出发，而途中卡车又发生故障，无法前行。

此时的张钰哲已是十分焦急，日食时刻并不会因为人们所遭遇的种种事故而延期，而在途中滞留实乃此行之大忌。于是，他一方面与中央研究院总办事处联系，请求其转请甘肃省油矿局再派车辆支援；另一方面则设法在当地寻找修车之所。幸好在褒城有一家由西北公路局开设的木炭车厂，张钰哲忽然想出了一个办法，他请胡玉章、区永祥二人专门为木炭车厂职工放映日食电影。三天便放映了六场，在当地大受欢迎。这一下子，修车的速度也加快了，原本要 20 天才能修好的发动机仅用 7 天就完成了。

卡车修好后，观测队再度启程，途中与奉命从兰州开过来的油矿局的车相遇，于是两车一同向天水方向赶去。两天后，当车行到距离天水七八公里处时，忽见城上云烟凝结，有人说是云，也有人觉得是烟，正在大家争论不休时，路旁跳出一人，用枪指着汽车，不许通行。经询问，方知天水有空袭警情。当地官员特地派人在此等候，使日食观测队免遭此劫。

过天水到兰州，离临洮也就不远了。而沿途各个单位的热心相助，以及人们对于日食观测的热情更是令人感动，也许正是因着这种种原因，即使在刚刚经历过那么多的险情之后，队员们的心情也像天气一样慢慢地由阴转晴了。而中央研究院朱家骅院长则飞抵兰州带来了一个好消息：他已致电财政部，商请港汇，并将日食观测所用的地平镜，由港航空运渝。

就在观测队抵达兰州的第二天，高鲁、李珩二人也乘飞机到达。人马重新汇合，观测队仍搭油矿局的车直奔临洮而去。8 月 13 日，观测队在历经种种磨难与敌机轰炸的生死考验之后，终于到达目的地临洮。从出发至今已过去了整整 6 个星期，行程达 3200 公里。

为了择一安静之所进行观测，张钰哲、高鲁等人颇费了一番脑筋。观测队抵达临洮之时，有多处地方可供选择：临洮县县长在城内包下了旅社，以供队员们日常起居食宿；临洮师范操场可供装设观测仪器；另外，教育厅还开具了专函介绍观测队与城东门外一公里左右的乡村师范学校及 12 公里之外的农业职业学校接洽。观测队综合考虑了各种因素，最后选定了乡村师范学校。

乡村师范学校原本设在兰州，抗战爆发后疏散到了乡间。在临洮城东的岳麓山上有一座椒山祠，这是明末杨继盛讲学的超然书院故址。而乡村师范则将这里的大部分殿宇修葺后改为教室，只留下正殿和戏台。张钰哲向校方借得正殿做队员宿舍，而戏台则成了队员们吃饭的地方。

到达临洮的这些日子，日机空袭不断。8月底的一次尤为严重，两架敌机盘旋在关顶，投弹十余枚。每闻警报，队员们都十分担心天文仪器被炸，想方设法加以伪装和保护。

除此之外，张钰哲还担心着临洮的天气。在观测队到达临洮之后，竟有大多数时日是在阴雨中度过的，甚至有连续七八天不见天日的情况。访问当地人士，都说去年的秋天阴雨连绵达81天之久。于是，张钰哲与高鲁商量后，电告甘肃省政府主席谷正伦，请求政府加派专机，以期届时协助凌空观测。高鲁则专程赶赴兰州联系飞机一事。兰州驻军司令长官朱绍良向上请示后特批，兰州空军的教练机和轻型轰炸机各一架，于9月20日飞至临洮。日全食当天，如遇阴雨天气，队员将乘此机携摄影机飞到云层之上，对日全食做凌空观测和摄影。

经过一路的颠簸和日晒雨淋，观测队所带的行李箱都有一些破损，值得庆幸的是观测仪器没有太大损失，不影响使用。不过，定天镜上的玻璃要加镀银才能强烈反光，但第一次镀银时，因为银层太薄并不合用，需要用蒸馏水清洗，而随行带来的蒸馏水已所剩不多。队员在临洮城里四处寻找，最后在城里找到了一家西药店有蒸馏工具，他们用了两天时间才制取了少量的蒸馏水。在蒸馏过程中，空袭的警报一次次拉响，制取工作不得不随时中断。

张钰哲在临洮期间，正值其母亲在重庆患病，他给高鲁写了一首诗，表达了他对日寇的愤懑之情，也表露了自己未能在母亲病榻旁尽孝服侍，依然选择远赴他乡开展日食观测的心路历程。诗是这样的：

久矣风沙不关心，滇池秦塞事长征。

情怀病骥思归卧，世事鞭驱未悯矜。

赖有耆年垂规范，孰云星历侪俳伶。

更祈异象呈空日，云雾寇氛俱扫清。

天文学家前面的"天"字去掉，就是文学家。如果张钰哲不当天文学家，凭他的诗词水平，也可以当文学家了。当然，他的志向和专长在于天文，写诗只是他表达情感的一种方式而已。既寄情于母亲，也记述艰难征途的真实感受。

在十分危险的环境下，观测队的准备工作艰难开展。时间一天天地过去，各项准备也已就绪。9月20日晚间，陆军的一个炮兵团开赴临洮，而空军的20余架战斗机则集结于兰州机场，随时待命，准备拦截第二天可能空袭临洮的日本轰炸机。

入夜，张钰哲和一部分队员因高度紧张而难以入眠。夜半时分，张钰哲起身来到户外，只见夜空繁星点点，这才放下了心。但是，21日黎明时分，天却一下子变了。大雾笼罩在岳麓山上空，久久不散。直到上午8时40分，雾气散去，观测队的人们终于松了一口气。此时，用做凌空拍摄的那架轰炸机已做好了起飞的准备。

初秋的早晨，昔日宁静的小山村变得异常热闹起来。因为早就想到会有许多人前往观看，所以早在筹备期间，观测队便四处贴出布告，谢绝参观。为了让大家也能有机会一睹日全食的情景，布告中提议观众们到山上观看，因为那个地点位置很高，可以不受地面上各种建筑物的影响，不仅能看到日全食，而且还能看到观测队工作时的样子。由于这个布告言辞恳切，又有十分具体的建议，观测队的一片苦心也自然得到了群众的理解。在观测现场内外，虽只有一绳之阻，但秩序井然。观测队在庙门附近放了一只钟，供场外观众校时。又请来乡村师范图画教员及擅长绘画的学生数人，现场做日全食的水彩写生。

就在日全食发生时，还发生了一个有趣的小插曲。当时，山上的观众们忽然发出一片喧哗，令山下的观测队员们颇有些不解，步兵学校的石允朴于是举起望远镜四下观望，这才看到，原来是一只兔子忽然跑了出来，被人们抓住。张钰哲听闻此事后笑曰，料想此兔错把日食当成是夜晚而外出活动，不懂天文竟给兔子惹来了杀身之祸。

这天的午后时分，张钰哲宣布泰岳庙开放，欢迎各界人士入内参观各种观测仪器和设备，并指定了专门人员讲解。前来参观的群众络绎不绝，人们对于日全食的兴趣固然令人欣喜，而以当时的情况来说，此次观测对于启发民智似乎更为重要。在中国传统的观念中，日食的罪过素来要归到天狗身上，但是这一次日全食发生时，在临洮这个边陲小城竟听不到一丝对天狗的讨伐声，这一点，在重庆、成都这样的大城市里也难以做到。

日全食还吸引了不少对天文感兴趣的人。中央广播电台台长冯君策就是其中的一位。他曾经参加过 1936 年日食观测，对于天文的兴趣十分浓厚。这一年春天，当张钰哲经过重庆之时，曾拜访过冯君策，详细谈到此次日全食的广播办法，但在当时并没有做出最终决定。而这次冯君策主动到了兰州，准备赴临洮进行日全食广播。闻此消息，张钰哲心中大喜。21 日，冯台长果然带领技术人员来到岳麓山上，架设电线电话进行广播工作。

这样，这次日全食观测形成了前所未有的规模——地上有仪器观测，天上有飞机拍摄，全程有电台直播。

是日，临洮天气晴朗，日全食观测顺利进行。在直播日全食现象及观测工作情形时，除冯君策本人之外，还有观测队队员李珩及中央社记者沈宗琳参加。广播的方法是用有线电话通到兰州，再经无线电转到重庆，经由中央无线电台向全国播出，并通过国外电台向全世界播出。初亏时，广播从上午 9 时 30 分至 9 时 40 分；全食时，广播从 10 时 40 分

我国境内第一次拍摄的日全食（紫台档案室提供）

至 11 时；复圆时，广播则从 12 时 10 分至 12 时 20 分。

这次观测获得了圆满成功。观测队对日冕总亮度的测定取得了很好的成果，进行了日冕的多色照相，并拍摄了日全食过程的彩色电影。

就在日食观测大获成功后的第三天，张钰哲接到母亲病故的消息。其实，早在从昆明出发后没几天，张钰哲就已得知母亲病危。他自幼与母亲相依为命，感情极深，但是他思虑再三，还是留在观测队里坚持观测。母亲病故的消息传来，张钰哲强忍悲痛，给家中寄去一笔钱和一篇长长的祭文之后，毅然与队员们一起返回昆明。

化悲痛为力量。回程途中，张钰哲还应沿途各单位之邀举行了有关日全食的报告，在一些穷乡僻壤更是耐心讲解日全食及各种天文知识。这使很多人不仅第一次听说了"天文"这个词，而且还在一定程度上提振了抗战的信心。

当张钰哲和众队员们风尘仆仆赶回凤凰山的时候，由于屡遭日本军机的轰炸，山上树木烧毁严重，昔日的苍松翠柏不见了踪影，以致山上天文台的屋宇全都暴露在外。

这一期间，身为中央监察委员的高鲁随国民政府西迁重庆，由于看多了官场的腐败而深感厌倦，曾几次离开陪都重庆只身赴云南进行观测。1942年4月，在视察滇缅公路时，高鲁所乘坐的汽车不慎翻下悬崖，受了重伤。在昆明住院期间，陈遵妫受张钰哲台长之托，到医院去看望了高鲁。面对这位第一个将他领进观象台的老前辈，陈遵妫不禁劝他，年老不宜再多跋涉，应多多保重。高鲁却叹道，天有不测风云，人有旦夕祸福，但只要还有一口气，天文事业就是我人生的支柱。

这一年的7月，高鲁病愈出院后便被政府委任为闽浙监察使。次年元旦，福州各界人士召开纪念上海"一·二八事变"十一周年大会。会上，高鲁发表了"誓与日寇血战到底"的演说。然而在演说中，他便因脑出血而倒在了讲台上。虽然经抢救脱险，但是高鲁的身体已经大不如前。

1944年9月，福州沦陷。国难当头之时，一些政府官员在逃跑途中竟然欺压百姓。高鲁闻之十分愤懑，便致电重庆，请求对国民党第三战区司令长官顾祝同玩忽职守进行弹劾。但是，让他没想到的是，作恶者并没有得到应有的惩罚，相反，高鲁本人却因为得罪了权贵，于10月被免去监察使一职。受此打击，高鲁旧病复发，他的身体再也没有恢复过来。

PART 3

下部

『巡天时代』的辉煌

坐地日行八万里，巡天遥看一千河。

这是作为诗人毛泽东的浪漫想象。然而，随着现代科学的发展，这一想象正逐步变成现实。人类开始走出地球村，向浩瀚无垠的宇宙星空迈进。

从人造卫星到登陆月球，从载人航天到长久性空间站，人类在"巡天"之路上越走越远、越走越高。

中国后来居上：卫星上天、嫦娥奔月、祝融探火、夸父逐日、天宫长驻……一项项突破，一步步赶超，终于跻身世界天文航天强国之列。

进入新时代，中国天文与航天事业如日中天、高潮迭起，取得一个又一个辉煌成就，成为中国式现代化的鲜明标识和新时代的无限风光。

第十六章
旭日东升

新中国成立紫台喜获新生前景一片光明

张钰哲荣任台长立下壮志开辟一方天地

在紫金山天文台仙林新园区采访时，我特地瞻仰了坐落在园区内的张钰哲雕像。2017年，紫金山天文台总部搬迁到这里，同年举行了张钰哲先生铜像揭幕仪式。看着这尊栩栩如生的雕像，我对张钰哲先生的敬仰之情油然而生。他专注、安静、坚毅的神情，充分表现出他的奋斗精神和科学精神。正如一首新诗所描述的：出身于艰苦世道，目光却浩瀚远大。脚踩贫寒艰苦的大地，双手撑起浩渺璀璨的天空。身在异国他乡，心系中华大地。义无反顾奔祖国，纵情天文探新知。

（一）

战争是一头猛兽，它吞噬人类的文明，捣毁美好的一切。

日本帝国主义发动的侵华战争，给中国人民带来了深重灾难，给中国的城乡造成了巨大的破坏，也给刚刚起步的中国现代天文事业以致命的打击。尽管紫金山天文台西迁至凤凰山，有了一个暂时的"家"，但在这炮声隆隆、烽烟四起的岁月，从事天文观测和科学研究是何等的艰难，中国知识分子和科技工作者又怎能安心从事自己的教育科研工作呢？

他们怀着极大的悲愤和高度的使命感，在另一个战场上，艰苦卓绝地工作着、奋战着，击碎敌人的阴谋，捍卫民族的尊严，为早日结束战争和战后恢复而积蓄力量、做好准备。

一天午饭后，张钰哲与陈遵妫正在办公室里谈论工作，突然，收音机原有的节目中断，传出了新闻播音员的声音：

亲爱的听众，现在向你们报告一个重要消息，1945 年 8 月 15 日，日本裕仁天皇向全日本广播，接受波茨坦公告、实行无条件投降，结束战争。中国人民的抗日战争终于取得了彻底胜利……

张钰哲和陈遵妫顿时怔住了。过了好长一会儿，几乎同时向对方发问：

你听到了吗？

这是真的吗？

真的，真的！张所长，你听，你再听，日本侵略者投降了！

喜极而泣的陈遵妫冲出门去，一边跑一边呼喊——

日本侵略者投降啦！

战争结束啦！

我们胜利啦!

大家闻讯而出,高呼着、欢笑着、拥抱着……

白日放歌须纵酒,青春作伴好还乡。颠沛流离十几年,南北辗转上万里,今天,终于可以回家了,终于可以安心工作了,大家怎能不激动万分、兴奋不已!

这是一个历史性的日子。1945年9月9日,中国战区日军投降签字仪式在南京举行。美、英、法、苏、加、荷、澳等国的军事代表和驻华武官,以及中外记者、厅外仪仗队和警卫人员近千人来到国民政府中央陆军军官学校大礼堂参加仪式。8时52分,何应钦、顾祝同等5人步入会场受降席就座。8时57分,中国战区日本投降代表冈村宁次解下所带佩刀,交由小林茂三郎双手捧呈何应钦,表示侵华日军正式向中国缴械投降。然后,冈村宁次在投降书上签字。

战争结束了。次年,国民政府还都南京。

中国科学界酝酿着战后的重建。对于这些从战争中走过来的中国科学家们来说,战火已经将他们的时间烧得支离破碎,对他们的工作造成了严重影响。而要弥补这一切,只有加倍努力工作。战争也使科学工作者坚信,只有科学才能救国,而发展科学正是战后中国的当务之急。

但是,道路依然曲折。当时,中央研究院虽有一定地位,但也无力与当权的军政机关相比。当军政人员纷纷赶赴南京时,中央研究院却只弄到一张飞机票,因此只好派庶务员高玉华先到南京去接收鸡鸣寺、成贤街、北极阁、紫金山等研究院房产。不久后,高玉华传回消息说,接收工作初步完成。

1947年的6月26日,病痛缠身的高鲁病逝于福州。这位曾为中国近代天文学鼓与呼并作出巨大贡献的老人,在走完了他70年的人生之路后,带着太多的遗憾离开了人世。

一颗巨星陨落了。

天文界的同仁们得知高鲁去世的消息十分悲痛，他们高度评价高鲁先生为中国近代天文学的发展和现代天文学的开创作出的特殊而卓越的贡献。古人云，学而优则仕。而高鲁先生是"仕而优则学"，在仕途中从事科学学术活动，亲手开创我国现代天文事业。这是因为，当时的中国正处于大动荡的转型社会之中，没有一定的社会地位和权威是不可能开创事业的。官员与学者集于一身的高鲁，在特殊时期利用自己的特殊身份，富有远见卓识地为我国现代天文事业开辟了发展道路，成为一代宗师。

高鲁的英名和业绩永载史册。

（二）

此时，张钰哲还在美国。原来，抗战胜利后，政府派出一批学者、教授赴美考察进修，张钰哲也在其中。

再度赴美的张钰哲来到叶凯士天文台与昔日的老师樊比博教授一起工作。利用一台 60 厘米口径的反射望远镜，张钰哲进行了分光双星的光谱观测，并且不久就取得了研究成果。在这一年的年底，张钰哲应邀出席美国天文学会年会，并在会上宣读了他的论文《一颗新的食变星的速度曲线》，此文后来与他的另一篇论文《大熊座 W 型交食双星的光谱观测》均发表于美国的《天文物理学》杂志上。这期间，张钰哲还发现了一颗新的变星。

1948 年，在完成了在美考察和研究工作的预定计划之后，张钰哲准备回国。然而，此时的国民政府已近崩溃边缘，无暇顾及张钰哲回国的路费。张钰哲夫人虽在国内四处奔走，却毫无结果。当时，张钰哲的一些朋友纷纷劝他，不如留在国外搞一些研究工作。美国的一些大学也向张钰哲发出了邀请，但他的归国之心并未因此而动摇。

张钰哲正为回国的路费而焦急万分之时，根据预报，1948 年 5 月 9

日将有一次日环食发生，自太平洋的阿留申群岛经日本的千岛群岛、中国的浙江到中南半岛的越南，这一线都可见到。美国国家地理学会为此计划派出一支观测队，到中国浙江省的武康地区进行观测。得到这个消息后，张钰哲托樊比博教授与美国国家地理学会商量，让他参加这个观测队，结果如愿以偿。

就这样，张钰哲于 1948 年 3 月 12 日返国，并在参加过日环食观测后，于 5 月 15 日回到了天文研究所正式上班。

经过各方努力，天文研究所回迁到紫金山，带回了 24 英寸反射镜赤道仪的主镜片。大赤道仪破损的程度不似小赤道仪那样严重，而且维修起来也不像小赤道仪那样困难，但天文研究所还是决定先维修小赤道仪，因为小赤道仪虽然破损严重，但可以在国内自行维修，而且修好后可立刻就投入观测，而大赤道仪即使装好也无法立刻开始工作。

紫金山天文研究所的各项恢复工作面临着严重的资金紧缺。编制天文年历是天文研究所日常工作的一部分，但是由于经费紧张，这一年的天文年历印制工作最终未能完成，其他工作也已到了难以为继的地步。

张钰哲（右）参加美国赴中国的观测队

1949年元旦，《人民日报》发表了毛泽东亲自为新华社撰写的题为《将革命进行到底》的新年献词。他豪迈地宣布，1949年中国人民解放军将向长江以南进军，将要获得比1948年更加伟大的胜利。

毛泽东新年献词的发表，宛如一声春雷，宣告了华夏大地春天的到来——自由和民主春天的到来。

中国人民欢欣鼓舞，而蒋介石政权则无可奈何地哀叹自己末日的来临，抓紧进行撤离大陆、逃往台湾的准备。他们除了把大量黄金和故宫南迁文物偷运台湾外，还下令将紫金山天文台的古今天文仪器和有关资料装箱，随中央研究院天文研究所迁往上海，然后择机运往台湾。

面对国民政府的命令，向来心平气和的张钰哲思绪翻滚、彻夜难眠。回国后，他经历了残酷的战争，目睹了政府的腐败与无能，对国民党失去了信心，甚至痛恨。经过反复考虑，他决定紫台和重要仪器决不随迁上海和台湾。于是，他以古今天文仪器体量大、拆卸难为理由，拒绝执行上级指令，只是将一些普通的小仪器和部分图书装成75箱，由自己亲自带队暂去上海。

临行前，张钰哲对留守紫台的陈遵妫、陈彪等人说，紫金山是移不走的。紫金山移不走，紫台就移不走；紫台移不走，古今仪器就不能移走。你们一定要保护好这些珍贵的天文仪器，千万要做到万无一失，确保其毫发无损。

只要我们在，紫台就在，仪器就在。陈遵妫代表留守人员表示，我们将用生命来保护紫台，保护天文仪器的安全。

（三）

钟山风雨起苍黄，百万雄师过大江。

1949年4月23日，中国人民解放军占领南京。总统府大门上的

中国人民解放军占领南京

青天白日旗被解放军战士扯下，换上了鲜艳的红旗，高高飘扬在南京的上空。

国民党军队溃不成军，纷纷向紫金山一带撤退。留守在紫台的陈彪担心山上的仪器会因此受到破坏，便给在上海的张钰哲打电话，报告南京这里的情况。张钰哲在电话中果断地说，为了保全紫台和古今天文仪器，你们不妨设法与解放军联系，寻求他们的保护。

放下电话，陈彪立即与其他留守人员商量对策，派人到城内与解放军取得了联系。第二天，人民解放军进驻紫金山天文台，并将其作为重要目标保护。

陈彪随即将解放军进驻的消息电话告诉了张钰哲。闻此消息，张钰哲心里的一块石头落地，但身在异乡无法开展工作，他恨不得早早回到南京，回到紫台。

就在此时，国民政府的一位官员找到张钰哲，动员他带着紫台的仪器和图书随国民党一起赴台。张钰哲早就有所警觉，已经做好了应对的准备，他对这位官员说，我们可以赴台，但这次带来上海的天文仪器和图书资料运去台湾作用不大，而筹建紫台时的一套设计图纸，由于当时的疏漏，没有带过来，这对赴台后重建天文台至关重要，我想回趟南京，设法将图纸弄来带走。

这位官员告之说，解放军已经占领了南京，你回去也无法弄回图纸。

张钰哲掩饰道，我刚刚与台里通了电话，他们告诉我，解放军还没有上山，他们暂时没有顾及紫金山天文台，我必须抓紧回去把事办妥。

这位官员信以为真，答应帮助张钰哲回南京一趟，但告诫他要速去速回，切勿耽误了赴台。

4月底，张钰哲悄然回到南京。显然，他是不准备再回上海去了。几天后，这位政府官员打电话给张钰哲，催促他立即返沪。张钰哲回话说，我一回到南京，解放军就接管了紫台，我已无法脱身，只能守在紫金山上了。

这位官员很是无奈，懊悔当初答应张钰哲返回南京，但为时已晚，只能悻悻然挂了电话。也许是这位官员知道在沪的这批天文仪器和图书资料价值不高，或者是自己急于赴台，后来再也没有过问在沪的紫台人员以及那些天文仪器和图书资料，让这些人与物躲过一劫。

5月7日，南京市军管会派军代表赵卓接管中央研究院。次日，赵卓视察紫金山天文台。张钰哲、陈遵妫热情接待了赵卓一行，带着他们参观存放在紫台的古代天文仪器，还让他们用现代天文望远镜观察太空。

赵卓一边饶有兴趣地观测，一边开玩笑说，假如我们在江北时有这么一台望远镜，就能把南京城看得一清二楚，过江就会容易得多。

张钰哲则一本正经地说，我们的望远镜是看远不看近，恐怕帮不上你们的忙。

赵卓一语双关道，希望你们既能看远也能看近，守护好紫金山，守护好天文台，即将成立的新中国需要你们提供天时地利。

在场的人都热烈地鼓起掌，张钰哲心中升腾起一股暖流，预感到中国天文事业的春天即将到来。

当天晚上，张钰哲按捺不住激动的心情，提笔给远在美国的导师樊比博写信，吐露心声道，我从内心里有许多赞美新政府的话要说。他们的官员是廉洁的、勤劳的，和旧政府截然不同。我从外表分辨不出他们是士兵还是将军，在他们身上，我看到中国的未来和希望。

9月14日，迁沪的紫台人员带着75箱天文仪器和图书资料，几经周折返回南京。其实，这些天文仪器和图书资料也都十分珍贵，对于紫台的恢复与重建是不可或缺的。张钰哲随即与大家一起，把回归的天文仪器连夜进行安装调试，尽快恢复紫台的天文观测工作。

一唱雄鸡天下白，唤来旭日照人间。

1949年10月1日，中华人民共和国开国大典在北京举行。毛泽东主席在天安门城楼向世界庄严宣告：

中华人民共和国中央人民政府今天成立了！

紫台所有工作人员围聚在收音机前，一同感受着开国大典的盛况和这一激动人心的伟大时刻。

是夜，张钰哲主持了紫台天文观测重新开启仪式。他站在圆顶观测室内对大家说，从今往后，我们将用我们的双手，创造新中国的新文明；我们将用我们的双眼，观察到一个全新的太空、一个全新的太阳、一个全新的世界！

第十七章
中华之星

东方红一号卫星遨游苍穹国人扬眉吐气

张钰哲率先开展卫星轨道研究功不可没

·寻访札记·

在紫金山天文台原址，完整保留着当年的格局。在紫台采访时，我还参观了张钰哲办公室。室内面积不足 20 平方米，简陋而整洁，一桌一椅一柜而已。四周墙面上挂着张钰哲先生生前的工作照片，并配有文字介绍。在这里，我还观看了中国现代天文学事业的奠基人之一、新中国成立后紫金山天文台首任台长张钰哲先生"星耀中华 风范千秋"的纪念视频，进一步了解了张钰哲先生胸怀祖国、无私奉献、追求真理、勇攀高峰、奖掖后学的光辉一生。

（一）

满目疮痍，百废待兴。

新中国成立后，各项重建工作迅速展开。南京市军管会高等教育处决定，成立中央研究院院务委员会。天文研究所所长张钰哲被任命为委员。紧接着，中国科学院成立，天文研究所归属中国科学院。

与此同时，天文研究所的观测研究工作陆续恢复，开始用 20 厘米折射望远镜做变星目视观测，并进行小行星定位工作。

1950 年 5 月 20 日，中央政务院决定撤销原天文研究所，成立中国科学院紫金山天文台，并任命原天文研究所所长张钰哲为中国科学院紫金山天文台首任台长。

手捧由周恩来总理亲自签发的任命书，张钰哲夜不能寐。他推开窗户，仰望星空，仿佛看到，他在 22 年前发现的那颗"中华星"在新中国的上空更为明亮，在美丽的苍穹中慢慢地、慢慢地移动⋯⋯

1902 年 2 月 16 日，农历正月初九，张钰哲出生于闽江之滨的福建省闽侯县。这天，天狼星与七仙女星在冬季的夜空中交相辉映。这是一个极好的天象，预示着在这天出生的人好运相随一生。

但张钰哲出生后的境遇并不好，幼年丧父，家境艰难，兄弟姐妹几个全靠母亲独自养育，苦苦支撑生活。而苦难的生活并不会泯灭人的天性。张钰哲从小对宇宙星辰怀有特别的兴趣。8 岁那年的一天晚上，他与往常一样，坐在自家的露天小院里，依偎着母亲，全神贯注地数着天上的星星，突然间，他看到一颗星星拖着长长的尾巴在夜空里闪耀，感到十分好奇。母亲告诉他，这叫扫帚星，它的出现往往会带来不祥之兆。张钰哲却不信，他自问自答道，这么漂亮的星星怎么会不好呢？不会的，我看到它好欢喜啊！

张钰哲所喜欢的那颗星，是著名的哈雷彗星。它是一颗绕日公转的周期性彗星，轨道周期大约为76年。英国天文学家爱德蒙·哈雷依据当时牛顿刚刚发现的万有引力定律测算其轨道，并成功预言其下一次回归的时间，因而得名哈雷彗星。

人的一生中看到哈雷彗星的机会极少，而偏偏让张钰哲在童年时就遇见了。这不仅没有给他带来厄运，还引发了他对天文现象的极大兴趣。自那天起，张钰哲开始主动阅读与天文有关的书籍。一本叫做

张钰哲（紫台档案室供图）

《上下古今谈》的书，让他了解了不少天文知识，唐代天文认星口诀《步天歌》伴他漫步星空，帮他熟记二十八星宿。

在国外留学的哥哥张承哲最了解自己的弟弟，他给张钰哲寄来校园风景明信片，并附上激励的话：喜欢我的校园吗？如果想来这里学习，务必搞好学业，练好英语！这封信给了张钰哲很大的动力。

张承哲回国后，张钰哲与全家人一道来到北京生活。张钰哲有了上学的机会。他天资聪颖，学习刻苦，从小学到高中，一直是班里学习成绩第一名。1919年，他以优异成绩考入清华学堂高等科。

在清华学堂，张钰哲的英语水平突飞猛进，因为他渴望在毕业后留学美国继续深造。但当时的清华学堂规定，游泳考试合格才可以毕业，还流传着"游过50米，横渡太平洋"的说法。这可让游泳技术不佳的张钰哲犯了愁。为了顺利毕业，他不得不努力锻炼，学习游泳。天道酬勤。考试那天，他居然一口气游过了50米！

四年后，他如愿以偿，以高分获得公派出国留学的机会。那时的中国，正处于半殖民地半封建社会，政治黑暗、经济落后，中华民族危机深重。张钰哲深受"工业救国"思想的影响，认为中国要摆脱落后的状况，就必须发展工业，而发展工业最需要的人才是工程师。于是，他来到美国后，先在普渡大学学习机械工程，后在康奈尔大学学习建筑学。

　　素描是建筑学的基本功。在一次素描画评展中，张钰哲获得了金牌奖。尽管有绘画天赋，但年轻的张钰哲却十分迷茫：建筑学真的是自己喜欢的吗？这时，他在图书馆看到一本天文学科普书，一下子将他带回8岁那年的情景。他仍记得透过老家的玻璃窗，看到的哈雷彗星。童年的兴趣一下子被激发出来。当然，不仅仅是兴趣，而是他看到了中国天文从古代鼎盛到近代衰退的巨大落差，看到了中国天文与国际天文事业发展的巨大差距。这时，张钰哲思考并认清了自己的未来。他决意改变这种状况，用天文科学带动其他科学门类的发展，进而推进工业现代化。

　　基于这样的认知，张钰哲于1925年决定转入芝加哥大学天文系学习。一年后，张钰哲以优秀的成绩毕业，继续攻读硕士学位，同时进入学校所属的叶凯士天文台做天文观测和研究，师从美籍比利时裔天文学家樊比博教授。

　　叶凯士天文台位于美国威斯康星州，附属于芝加哥大学，1897年由著名天文学家乔治·埃勒里·海耳创立。海耳一生筹建过多个著名天文台和多架划时代、里程碑式的望远镜。

　　叶凯士天文台里最有名的望远镜，是1897年跟这座天文台同时建成的"叶凯士望远镜"。这是一架口径102厘米的折射望远镜，直到今天仍然是世界上最大的折射望远镜，不过它的建造者不是海耳，而是一个叫克拉克的人。此外，叶凯士天文台后来还配置了口径分别为100厘米、60厘米的两架反射望远镜。

虽然叶凯士天文台科研设备优越，但生活条件艰苦。张钰哲只能睡在天文台的阁楼上，阁楼的玻璃窗是圆形的，像极了船舱上的窗户，因此得名"军舰"。就是在这艘"军舰"里，张钰哲完成了自己的博士论文。同时，张钰哲一边刻苦钻研天文理论，一边积极从事天文观测实践，经常使用 60 厘米的望远镜进行天文观测，遇到问题就虚心向导师樊比博教授请教，很快就能独立开展观测与研究工作。

1928 年 11 月，也许是天意使然，张钰哲着了迷似的天天进行天文观测。至 22 日夜里，北美大陆寒风凛冽，地面变得特别的黑，黑得伸手不见五指；天空变得特别的蓝，蓝得像平静碧透的大海。张钰哲连续观测了 5 个多小时，却毫无倦意。功夫不负有心人。刹那间，一颗新星闯入望远镜的镜头，张钰哲屏住呼吸，凝神观察许久，初步确认它是一颗新的天体。这一意外发现，让他欣喜若狂，第二天便把这一发现告诉了导师樊比博。

樊比博教授对此十分重视，之后连续几天，他都陪着张钰哲对这颗新的天体进行观测，并作了详细记录，经过反复推算，最终证实这是一颗从未发现过的小行星。

在此之前，人类已发现的小行星共 1124 颗，但是没有一颗是中国人发现的。张钰哲发现的这颗小行星为第 1125 颗。按照国际天文界的惯例，通常由发现者为新星命名。

为这颗小行星起个什么名字呢？张钰哲反复思考和推敲着。

台里的同事都为张钰哲的发现而高兴，并自告奋勇地为新星起名出主意。

有的说，把你名字中的钰字拆分开来，就叫"金玉星"吧。

有的说，这有点俗，还不如用你名字中的哲字，称其为"哲星"。

张钰哲笑着摇头道，我无意用我的名字，而想用与祖国相关的字来给新星命名。

一位外国同事不以为然道，你发现的这颗新星与你祖国有什么关系呀？中国现在在天文上太落后了。你这次之所以能观测到一颗新星，一是靠叶凯士天文台的望远镜，二是靠樊比博导师的指导。依我看，这颗新星要么用叶凯士命名，要么用樊比博命名，这样更合适。

虽然这位外国同事并无恶意，说得也有一定道理，但张钰哲听了心里颇不是滋味，他既没有反驳，也没有表态，有意把话题扯到别的地方去了。

当天夜里，张钰哲找到导师，谈了自己对新星命名的想法。导师非常赞同和支持他的想法，并鼓励说，你有这个想法我很高兴。一个人不管走到哪里，也不管做什么事，哪怕有朝一日插上翅膀飞向了太空，也不能忘记地球上有一个自己的祖国。导师接着问，你准备给新星取个什么名字？

张钰哲坦诚道，我们的国家正处在混乱落后之中，但中华文化源远流长，中华民族生生不息，所以，我想给这颗新星取名"中华星"。

这个名字棒极了！樊比博竖起大拇指，中华不仅代表着你的祖国，也象征着宇宙中闪烁的光华。

中国人发现的第一颗小行星：中华
（紫台档案室供图）

从此，一颗人类发现的新星——中华星，带着海外游子的拳拳之情、报国之心，闪烁在无垠的宇宙之中。自豪与兴奋之余，张钰哲提笔作诗一首：

　　　　科技学应家国需，异邦负笈跨舟车。
　　　　漫言弧矢标英志，久缺晨昏奉起居。
　　　　乳育劳劬齐载覆，春晖寸草永难如。
　　　　喜把竹书传好语，明年渡海俱琴书。

　　这首题为《留美学业将毕寄诗呈母》的诗，既是写给亲生母亲的，也是写给祖国母亲的，表达了张钰哲学成归国的强烈愿望。

　　一年后，张钰哲获芝加哥大学博士学位。叶凯士天文台和导师樊比博都希望他留下来工作，但他思考再三，决意回国工作。他对导师说，你曾教导我不能忘记自己的祖国，我觉得不但不能忘记，还要用自己学到的知识服务自己的国家。所以，我决定回国工作。

　　虽然导师很是惋惜，但还是理解与尊重学生的意愿，他嘱咐张钰哲说，回国后如遇到什么问题与困难，可以写信告知，如果你想再来这里工作，我们也随时欢迎你。

　　张钰哲一再向恩师表示感谢。

　　回国之前，张钰哲利用有限的时间，马不停蹄地参观访问了美国洛威尔天文台、威尔逊山天文台、利克天文台和加拿大自治领天文台，了解它们的观测、科研情况。参观访问中，他还搜集了许多天文学书籍、天文仪器样本、太空图片，还有教学幻灯片等资料，以便回国后参考使用。

　　秋红舒意展，归鸟傲青云。1929 年秋天，张钰哲如期返回自己的祖国，来到南京中央大学物理系担任教授，向学生讲授天体物理学、天体力学和基础天文学等课程。之后，他又被中央研究院天文研究所聘为通信研究员。

在大学里，张钰哲如鱼得水，他的教学内容和教学方法深受学生们的喜爱。在此期间，他也收获了爱情，找到了自己一生的伴侣——陶强。两个志同道合的人许下诺言：我与梅花有旧盟，直至白首不分离。

爱情是事业的催化剂。这段时间，张钰哲更加热心于天文教育工作，培养天文人才。但有时也有缺憾，因条件所限，很少有机会参与天文观测工作。直到多年之后，他才遇上了两次观测日食的机会。

一次是在1936年6月，赴苏联远东城市——伯力进行日食观测。

一次是在1941年6月，赴我国临洮冒着侵华日军的炮火观测日全食。

（二）

虽然紫金山上白雪皑皑、寒意浓浓，但春的气息已经提前到来，更有鸟儿停歇在古代天文仪器的顶端，发出动人悦耳的欢叫声。

1953年春节里的一天，毛泽东主席在江苏省主要领导的陪同下来到紫金山天文台视察，参观了陈列在这里的浑天仪、简仪、圭表等古代天文仪器和60厘米反射式天文望远镜等现代天文观测设备。

毛主席的来访，极大地鼓舞了张钰哲台长和紫台全体人员。在20世纪50年代至60年代前期，张钰哲除了忙于领导紫金山天文台和全国的天文工作以外，一直带头进行天文观测，带领年轻人一起工作。当时紫金山天文台连最基本的坐标量度仪也没有，张钰哲就每隔一段时间，自己带着一大沓玻璃底片到上海的物理所去测量。首批观测成果在1953年创刊的第一卷第一期《天文学报》上正式发表。1954年，张钰哲

张钰哲在60厘米反射望远镜旁工作（紫台档案室供图）

又指导年轻人一起开展了小行星摄动计算、轨道改进方面的天体力学轨道计算研究工作。

当时，南京的晴夜多在冬天，且是越冷越晴。寒夜里长时间露天导星，往往又冷又倦。张钰哲虽是台长、导师，但他从来都是和他的学生张家祥等轮流导星，一人一片，往往通宵达旦地进行观测。有时人几乎冻僵了，钢笔里的墨水也冻住了，只能用铅笔来记录。张钰哲不以为然地说，不知者以为苦，知之者以为乐也。

1954年，张钰哲和张家祥一起计算研究第415号小行星受摄运动的轨道。由于计算公式复杂，计算量浩繁，为确保计算正确无误，他们两人分别独立计算，每到一阶段，就互相对比核验，然后再继续往下算。限于当时的计算条件，他们分别使用快速电动计算机，花了整整一年时间，才完成了这一研究。

1955年1月20日，张钰哲和张家祥一起发现了一颗新的小行星。

这时离他在美国发现"中华星"，已经过去了整整 27 年。有人建议将此星命名为"张钰哲星"。而张钰哲断然拒绝，并提议说，这是新中国成立后，在中国共产党领导下所取得的一项重要天文成果，也是全体紫台人共同奋斗的结果，我们就把这颗新星命名为"紫金一号"吧。

如果说"中华星"是由中国人发现的第一颗小行星，那么"紫金一号"则是中国人首次在自己的土地上发现的茫茫宇宙中的一颗新的天体！

两个"首次"都是由张钰哲创造的。他用"宇宙之星"奉献着自己最真挚、最深沉的爱国之心！

（三）

1957 年国庆节刚过，人们还沉浸在节日的欢乐之中。张钰哲与往常一样，一早来到办公室，开始了一天的繁忙工作。不一会儿，秘书小史给他送来当天的《新华日报》，他习惯性地翻阅报纸仔细阅读，忽然间，一则消息映入了他眼帘：

> 1957 年 10 月 4 日，在离莫斯科 2000 公里的一个偏远角落——苏联哈萨克共和国丘拉坦秘密基地，随着一阵剧烈的轰鸣声，一枚顶载有一个直径为 58 厘米的铝制圆球的火箭，终于挣脱地球的巨大束缚，飞速升上茫茫夜空……

苏联成功发射了世界上第一颗人造地球卫星。

张钰哲把这条简短消息看了又看，兴奋之余顿生无限的感慨。

新中国成立之初，由于是在战争的废墟和国民党政府留下来的烂摊子上进行社会主义革命和建设，经济困难，科技落后，人才奇缺，百废待兴，中国还没有条件和能力去管天上的事情。然而，张钰哲一天也没有忘记学成归国时的志向。经过多年的研究，张钰哲终于用天体力学基础理论弄清了人造卫星轨道，并在 1957 年底发表了题为《人造卫星的轨道问题》的论文，从理论上探讨了地球赤道隆起和高层大气阻力对人造卫星轨道的摄动影响。而在此时，世界上还没有一个国家发射人造地球卫星。

张钰哲把秘书小史叫了过来，吩咐道，让台办公室通知全台科研人员，今晚加班，集中观察苏联人造地球卫星。

秋天的夜空，犹如一只硕大的深蓝色的玉盘，时隐时现的星星钻石般点缀其中。张钰哲带着科研人员，在经过测算的时间段里，用天文望远镜观察到了苏联人造卫星准时出现在南京上空。

观察结束后，已是深夜 12 点多。张钰哲把科研人员召集到会议室，告诉大家，今天上午得到苏联卫星上天的消息后，我立即打电话给北京的同事，了解到了较为详细的情况。我们今天看到的苏联人造卫星，是一个球形体，内部装有两部不断放射无线电信号的无线电发报机。据计算，这个卫星在离地面 900 公里的高空运行，它的运行轨道和赤道平面之间所形成的倾斜角是 65 度，每转一周的时间是 1 小时 35 分钟。

有人问，张台长，苏联卫星运行轨道与你前不久发表的论文提出的卫星轨道是否一致？

不完全一致，但比较接近。张钰哲说，苏联卫星对我们的研究和研制工作将会有很大帮助，从今天开始，我们要用现有的设备跟踪观测，并进行数据分析，为我国研制人造卫星积累资料。

大家兴致勃勃，谈到很晚。走出会议室，张钰哲见到几位南大实习生坐在外面的山坡上，还在仰望星空，便上前问道，你们今天看到苏联卫星了吗？

实习生们立即站起来，围到张钰哲的身边，回答说，没怎么看清楚，所以我们在这里等着再看。

张钰哲笑道，看来你们对人造卫星的知识还不甚了解，你们这样等着，天都快亮了，看不到啦！

实习生恳请道，张台长，您能给我们讲讲人造地球卫星吗？

可以啊，但今天太晚了，以后找时间给你们讲。张钰哲走了几步又回转过来，对实习生们说，人造卫星基本按照天体力学规律绕地球运动，但因在不同的轨道上受地球引力场、大气阻力、太阳引力、月球引力和光压的影响，实际运动情况非常复杂。你们如果感兴趣的话，可以找些资料看看，不妨研究研究。

我们都对人造卫星特别感兴趣。一位实习生怯怯地问，台长，我们国家也会搞人造地球卫星吗？

当然会搞！张钰哲说完便转身而去，消失在晨雾之中。实习生们激动不已，毫无倦意，继续席地而坐，他们谈啊谈啊，一直到天空现出黎明的曦光。

几天后，张钰哲接到钱学森从北京打来的电话。

钱学森

钱学森，1911 年出生于上海，籍贯浙江省杭州市。1934 年从国立交通大学机械工程系毕业；1935 年受清华大学第七届庚子赔款赴美留学奖学金资助赴美进修；1936 年从美国麻省理工学院获得硕士学位毕业，之后转入加州理工学院航空系，师从西奥多·冯·卡门；1939 年获得美国加州理工学院航空、数学博士学位，之后留下任教；1945 年被派赴德国调查纳粹德国火箭科技；

1955 年在毛泽东主席和周恩来总理的争取下，以朝鲜战争空战中被俘的多名美军飞行员作为交换回到中国；1956 年出任中国科学院力学研究所第一任所长；1957 年出任国防部第五研究院第一任院长，同年补选为中国科学院学部委员。

钱学森在电话中说，张台长，我们从未谋面，但最近偶然在一本杂志上看到了你撰写的《人造卫星的轨道问题》的论文，如同得知苏联卫星上天一样兴奋。原来，我们中国人也早已在考虑和研究人造卫星问题了！

接到钱学森的电话，张钰哲有点突然，高兴道，久仰久仰，没有想到你能看到拙作，还请不吝赐教。

你客气了。钱学森谦逊道，我是久闻大名，今天看了你的论文，更是钦佩之至，很想向你请教一些人造卫星方面的问题。

不敢，不敢。张钰哲连忙说，我也正想与你商讨一下人造卫星之事。我建议我国应及早启动人造地球卫星计划。

是啊，是啊。钱学森建议道，我们南北联手，共同来推动这件事。

放下电话，钱学森再也坐不住了，他与中国科学院裴丽生、赵九章等几位著名科学家一起商议，一致认为，时不我待，必须抓紧叩响天庭之门，让中国人的卫星在太空占上一席之地。于是，他们向中央写了一份报告，建议研制中国的人造地球卫星。报告很快得到了中央的重视，人造卫星计划被列入国家重要议事日程，开始启动。

1961 年 6 月 3 日，第一次星际航行研讨会在北京召开。会场安排在中国科学院的阶梯教室。会议的主要议题是人造卫星。来自力学、物理、天文、自动化、化学、生物等各学科的知名科学家和学部委员以及中青年科学工作者个个激动不已，纷纷提前赶到会场。

钱学森跨进阶梯教室，面带微笑与大家点头打招呼，与会者不约而同地站起来，用热烈的掌声对钱学森表示由衷的欢迎。钱学森热情地与每位专家握手，他从专家们的笑脸上看到分明藏着一种代表希望的东西。

钱学森站到讲桌前，用带有庄严意味而又极其平易的声音说，我今天讲的题目是：苏联及美国星际航行中的火箭动力及其展望。

接着他便开讲起来。大家全神贯注地听着、记着、思考着……

会议结束后，钱学森特地请从南京赶来参会的张钰哲留下来，感谢他推荐三名优秀的年轻人来北京工作，并约请他抽时间再来北京给大家做个讲座，主要谈卫星轨道问题。

虽然张钰哲比钱学森年长，而且在天文界有着崇高的地位，但他对钱学森十分钦佩，便谦逊地汇报说，多年来，我一直在做人造卫星的轨道问题研究。苏联卫星上天后，我们紫金山天文台很快建立了人造卫星运动理论研究室，这与你的想法不谋而合，先做理论研究。接着，我们在全国进行大范围的选点工作，之后在北京、南京、长春、云南、陕西、广州、武汉等地建立了七个人造卫星观测站，利用天文广角望远镜进行观测，获得了一批宝贵的数据资料，并进行了卫星轨道的数据分析。

这我听说了，你们的数据分析资料给了苏联，后来他们经过计算，发现你们作出的轨道预报，比他们的轨道数据还要精确。钱学森肯定道，这非常了不起！

现在苏联在人造卫星方面领跑世界，我们在可能情况下要急起直追。张钰哲说，我台有两项计划，一是在紫金山上建一个新的观测室，专门用于我国人造卫星的观测；二是在南京建一个光学仪器厂，生产我们自己设计的天文望远镜。

我完全赞同！钱学森表态说，我们会在经费和技术上给你们必要的支持。

这次愉快的交谈，使两位专家在卫星事业上开始了实质性的合作，并由此结下了深厚友谊。也是在这次谈话后，张钰哲更加不知疲倦地工作，奔走于全国各地的人造卫星观测站，视察指导工作。

因积劳成疾，张钰哲得了严重的胃病。1963 年他在北京医院做了胃切除手术。躺在病榻上，他念念不忘紫台工作，尤其挂念着人造卫星观测站的建设进展，焦虑与内疚之情油然而生，便作诗一首：

> 百战艰难拼汉血，
> 三山摧毁坐观成。
> 步天测度原无补，
> 病榻栖迟负国恩。

不久，张钰哲不顾医生的劝阻，毅然要求提前出院，回到紫台投入紧张工作。这一期间，他经常带着紫台科技人员，赴北京研讨人造卫星的有关问题，并带回具体的工作任务，积极配合做好天文保障工作，为我国人造卫星研制竭尽全力。

（四）

历史将永远记住这个意义非凡的日子——1970 年 4 月 24 日。

新华社经授权向全世界宣布：中国成功地发射了第一颗人造卫星。卫星运行轨道的近地点高度 439 公里，远地点高度 2384 公里，轨道平面与地球赤道平面夹角 68.5 度，绕地球一圈 114 分钟。卫星重 173 公斤，用 20.009 兆周的频率播送《东方红》乐曲。这次卫星发射成功，是我国发展空间技术的一个良好的开端。

茫茫太空传来欢快悠扬的《东方红》乐曲。从此，中国天文与航天事业翻开了崭新的一页。

中国第一颗人造卫星发射成功的特大喜讯，通过无线电波传遍了长城内外、大江南北。人们纷纷组成长长的队伍，高呼口号，上街游行庆贺。夜间，成千上万的人群，或伫立街头，或站在田间，遥望飞越头顶的"东方红一号"卫星。

这一天，成了中国人民扬眉吐气的一天！

这一天，张钰哲与紫金山天文台的同仁们，一直守候在广角望远镜前，准时准点观测从紫金山上空飞过的"东方红一号"卫星。

他们为此兴奋，为此自豪。当卫星离开视野飞向天际，他们仍围坐在山峰的最高处，久久不愿离去，继续仰望星空，迎接黎明的到来……

如果说，张钰哲用天文望远镜观测到的第一颗小行星，是中国人发现的宇宙之中自然生成的"中华之星"，那么，"东方红一号"卫星就是中国人自己制造并发射到宇宙之中的"中华之星"。

无疑，张钰哲是中国人造卫星上天的功臣之一。而他作为中国天文界领导人之一，为紫金山天文台的发展、为全国各地天文台站的建设、为中国天文学的振兴，更是付出了极大的心血，作出了巨大的贡献。

在张钰哲的领导下，紫金山天文台创建了小行星彗星观测研究、太阳物理、恒星物理、天文仪器研制、天文年历编算、毫米波射电天文、空间天文等分支学科，逐步发展成为一座综合性天文台，尤其在天体物理和天体力学等主要研究领域，在国内外享有崇高声誉。

在国际天文学的重心转向前沿的天体物理学时，张钰哲及时提出，要在首都北京建一座以天体物理研究为主的天文台。他亲手草拟了这座新天文台的规划方案。为了选台址，他不辞劳苦，坐汽车、骑毛驴、爬高山、过峡谷……在他的努力下，北京天文台的建台方案终于得到了国家批准。这时，留学法国的著名天体物理学家程茂兰回国了。张钰哲大喜过望，他认为，程茂兰是筹建和主持北京天文台的最佳人选。于是，他将凝聚自己心血的北京天文台全权交给程茂兰。张钰哲向有关方面推

张钰哲在昆明凤凰山观测日全食（紫台档案室供图）

荐说，程先生的天文成就，在国际上的学术地位，是国内任何天文学家都无法相比的，要重用与支持程先生的工作。果真，在程茂兰的领导下，北京天文台顺利建成，并成为当时亚洲最先进的天文台之一。

1979 年，张钰哲以中国天文学会理事长的身份，率队远赴加拿大蒙特利尔，与国际天文学联合会及台湾地区的天文学会进行会谈，成功恢复中国在国际天文学联合会的合法身份，中国天文学得以重返国际天文学大家庭，为之后的快速发展和国际交流合作打下了基础。

1980 年 2 月 16 日，张钰哲来到云南天文台，回到当年的凤凰山，在这里观测了日全食。这一天，恰逢他的 78 岁生日。他动情地对同行的人说，在我生日之际，能够又一次观测日全食，这是老天给我的生日礼物，是我的幸运，而我最幸运的是，一生从事天文事业，尤其是亲身参与并见证了新中国天文事业的发展。

生日刚过，他又亲赴青藏高原，登上海拔 4800 米的昆仑山口，为中国的第一座毫米波天文观测站勘察选址，指导建设了青海观测站。

在成就事业的同时，张钰哲也在不断成就自己。他在小行星方位观测、小行星光电测光、人造天体运动力学、天文学史研究等领域也不断开拓，创造性地开展工作，取得了不凡成绩。尤其是在小行星领域，他一手创立了紫金山天文台的行星学科。至20世纪80年代，紫台行星研究室观测发现的小行星达100多颗，都获得了国际编号，一部分陆续得到正式命名，中国古代天文学家张衡、一行、祖冲之、郭守敬等名字，北京、上海、江苏、福建、台湾和紫金山等地名，成为小行星的永久名字，闪耀在浩瀚的太空。

在获得命名的小行星中，有一颗比较特别，那就是1978年8月1日国际小行星中心正式命名的"张"（2051 Chang）。这颗小行星是美籍华裔天文学家邵正元在哈佛大学天文台发现的，他为了表达对张钰哲的敬意而以他的名字命名。为此《国际小行星通报》称：

> 哈佛大学天文台1976年10月23日发现的这颗小行星的命名，是为了表示对张钰哲的敬意，他是中华人民共和国天文学领导人之一，紫金山天文台台长，长期积极从事小行星、彗星的观测和轨道计算，他还测定了小行星的自转周期，进行过分光双星工作……

"钟山太史"印

张钰哲在天文领域取得的成就得到国内外天文界的一致公认。而他从不以此为傲，在大家的心目中，他是一位谦谦君子。他在从事天文事业的同时，对中国传统文化情有独钟，尤其擅长诗书画印，他自己刻了一枚"钟山太史"的图章，以此铭记自己的职责与使命。在古代，掌管国家天文机构的官员常被称为太史令。自号"钟山太史"的张钰哲，为中国的天文事业奉献了一生。他曾用隶书写过一副自拟对联，长期挂在自己的书房里：

观河汉星辰远溯鸿濛探造化，
究躔离仪象相期月窟建灵台。

以此抒发他的心愿——有朝一日在月球上建立太空天文台。

1982年3月，紫金山天文台举行庆祝张钰哲80寿辰和从事天文工作55周年茶话会。在会上，紫台赠送他一副对联，代表了天文界对他的高度评价和美好祝愿：

测黄道赤道白道，深得此道，赞钰老步人间正道；
探行星彗星恒星，戴月披星，愿哲翁成百岁寿星。

1984年，张钰哲辞去紫金山天文台台长职务，改任名誉台长。

这一年，张钰哲时隔36年再次访美。他考察了美国的几大天文台和当时最先进的观测设备，重访他青年时期求学的叶凯士天文台。他探访故知旧友，所到之处，美国天文界同行致以崇高礼遇。更让张钰哲没有想到的是，导师樊比博先生的女儿闻讯专程赶来，转赠她父亲的一本天文学专著，书中多处写到与张钰哲共同完成的科研成果。这让张钰哲倍感惊喜。访问叶凯士天文台之后，张钰哲又在哈佛大学做题为《今日中国天文台》的报告，向美国同行介绍中国当代的天文学。

"我与星星有个约会。"张钰哲的晚年，在太阳系里环游了76年的哈雷彗星再次闯入人们的视野。他8岁那年结识的"发小"，一直让他念念不忘。如今他已经84岁高龄，竟重逢于耄耋之年！哈雷彗星变老了，略显一丝黯淡，但在张钰哲眼里还是那个亲切的老朋友；张钰哲也变老了，从稚气未脱的孩童，变成了霜雪满头的老叟，但那双好奇的眼睛依然闪亮……

谁言天地无情，宇宙真情永远！哈雷彗星一定还认得张钰哲，而张钰哲对哈雷彗星又有了新的认识。他分析了中国历史上有关哈雷彗星的记录，提出了一个思路，来解决"武王伐纣"年代的悬案。他认为，《淮南子·兵略》记载的"武王伐纣……彗星出而授殷人其柄"，如果这颗彗星就是哈雷晚年发现的那颗彗星，那么，通过对哈雷彗星历史轨道的计算，就可以确定"武王伐纣"的较为确切的年代。他自己动手，经过反复考证和计算，认为武王伐纣的年代，很可能是在公元前 1057 至前 1056 年。

天文学与历史学就这样巧妙地结合在了一起。虽然后续的天文研究认为"武王伐纣"时的那颗彗星并非哈雷彗星，但张钰哲的这项研究，开创了借助天文学来研究历史年代问题的先例与思路。

张钰哲不愧为我国天文界的一代宗师、一颗巨星！

在浩浩宇宙中，不知有多少陨星坠落。在人类历史上，同样有许多巨星坠落。1986 年 7 月 21 日，张钰哲逝世，享年 84 岁。

为纪念这位现代天文学巨匠，1990 年 10 月，中国邮电部发行第二组中国现代科学家纪念邮票，其中一枚为张钰哲头像。

20 年后，我国利用嫦娥工程影像数据，首次申报"月球地理实体命名"，国际天文学联合会批准以张钰哲的名字来命名月面上一个撞击坑：国际编号 14750，中心点位置为月球西经 137.8 度，南纬 69.1 度，直径为 35 千米。

我与星辰皆过客，你携秋水揽星河。

张钰哲的名字，流传在地球上，镌刻在月面上，也回荡在浩瀚的苍穹里。他，就像他发现的"中华星""紫金一号"一样，与日月同辉，与时空永恒。

第十八章
千里之目

自主研制大口径天文望远镜势在必行

潜心创研苏定强提出新方法志在必得

·寻访札记·

　　在南京天文光学技术研究所的小会议室里，我向苏定强院士作了自我介绍，并谈了采访意图。他和善地点了点头，两眼看着我却没有说话。这一下子把我弄得有点紧张。少顷，我告诉苏老，虽然我们没有见面，但前不久您在中国天文学会成立百年纪念大会上作报告，我在视频里全程观看了，您讲得好，让我对我国近代天文学的发展有了初步的了解。听我这么一说，苏老顿时高兴了，便说，想必你也采访了其他专家，查阅了其他资料。今天还有什么问题，你就问吧。就这样，苏老的话匣子打开了。

（一）

2022 年，是中国天文学会的"期颐之年"。

100 年前，中国天文学会成立于中央观象台（北京古观象台），以"求专门天文学之进步及通俗天文学之普及"为宗旨，开始了初创性的工作。1932 年迁至南京，设于中央研究院天文研究所，1935 年加入国际天文学联合会，新中国成立后设于中国科学院紫金山天文台。

星河浩荡，百年辉煌。中国天文学会诞生的时候，中国还没有能力制造一架小型的天文望远镜。百年来，中国天文学的先贤和前辈们筚路蓝缕，接续努力，不断开拓中国现代天文学领域，改变了中国天文学的落后面貌，也给后来的探索者留下更加广阔的星空。

11 月 16 日，中国天文学会成立百年纪念大会在南京举行。中国科学院院士苏定强应邀作主旨演讲，深情回顾中国天文学发展的历史风云，重点畅谈了新中国成立后我国天文学摆脱落后状况、奋起直追、艰苦开拓的曲折经历和不凡业绩。

凤凰浴火，涅槃重生。我若重生，必将惊为天人！

中国天文工作者就是这样的"天人"。他们抱着极大的热情，肩负崇高的使命，开拓着新中国的天文学之路。而摆在我国天文工作者面前的一项首要任务，就是自行研制天文望远镜。

新中国成立后不久的 1953 年，毛泽东主席视察紫金山天文台，在参观了从德国进口的 60 厘米反射式天文望远镜后，指示紫台要自己研制更大的天文望远镜。

毛主席的这一嘱托，正是张钰哲最想做的一件事。作为天文学家，他太懂得天文望远镜的重要性了。当意大利物理学家伽利略第一次用望远镜来观察天空天体时，天文学就与望远镜结下了不解之缘。天文望远镜是观测天体、捕捉天体信息的主要工具。从某种意义上来说，近现代天文学的发展是伴随着天文望远镜的发展而不断发展的。

就在毛主席视察紫台不久，张钰哲台长召开全台会议，号召科技人员进行天文望远镜的研制工作。他说，天文望远镜就是人类的"天眼"，也是现代天文学的重要标志，更是我们从事和发展现代天文事业的先决条件。我们现在是借着别人的"眼睛"仰望星空，从今往后，我们要研制我们自己的天文望远镜，用自己的"眼睛"、自己的仪器去观察太空，探测宇宙。

顿时，全台上下群情振奋、士气高涨，都把注意力集中到了天文望远镜的研制上。一位名叫杨世杰的科技人员更是跃跃欲试。他从少年起就爱好天文。1951 年秋，他考入上海交通大学物理系，后经院系调整，于 1955 年秋毕业于复旦大学物理系，分配到紫金山天文台工作。他热衷于施密特望远镜的研究，经过反复钻研和思考，自行推导了它的设计公式，又想方设法从朋友那里弄到了一块很厚的船舱玻璃，一个人躲在紫台的地下室里，用最简陋的工具和最简单的方法，自己动手磨制镜片。整整用了 3 个多月的时间，终于在 1956 年研制出我国第一台施密特望远镜。事小意义大。

对丁杨世杰的这一成果，张钰哲台长极为重视，立即将这台施密特望远镜用于紫台天文观测，并酝酿研制新的更大的天文望远镜。

转眼间到了 1958 年。在"大跃进"的浪潮中，紫金山天文台的青年天文工作者初毓桦初生牛犊不怕虎，大胆提出自行研制 2 米望远镜的设想。这个设想得到了紫台领导和员工的一致赞同，也得到了中国科学院领导的大力支持。

那是"大干快上"的年代。紫金山天文台的科技人员与南京工学院机械、动力、无线电三个系的师生，在初毓桦和南京工学院汝元功老师率领下，参照苏联 2.6 米望远镜的结构形式，在大口径光学天文望远镜的设计上进行了开拓性的探索，当年就完成了 2.16 米望远镜的初步设计。接着，紫台正式提出研制 2.16 米望远镜的计划，并很快被列入国家重点研究项目。

当时，国际上已建成的最大的光学望远镜是美国的 5 米、3 米和 2.5 米望远镜，苏联正在建造 2.6 米望远镜，如果将口径定在 2.16 米并较快建成，我国在大口径天文望远镜的研制上可望进入世界先进行列。这无疑是一个伟大的创举，不仅会对我国天文学的发展作出巨大贡献，而且会对我国光学、精密机械和自动控制等先进技术的发展产生巨大的推动作用。

为了自力更生研制 2.16 米望远镜，在张钰哲台长的精心策划与争取下，1958 年 12 月，中国科学院同意紫金山天文台提出的方案，在南京紫金山北麓的板仓村与樱驼村之间创建南京天文仪器厂。3 年后，南京天文仪器厂光学车间工房建成，随即厂部迁至工房办公。从此，2.16 米望远镜的研制工作便在这里实质性启动了。

（二）

一石激起千层浪。2.16 米望远镜的研制确定为国家"216"计划，在我国天文界引起热烈反响。正在南京大学天文学系任教的苏定强听闻后，既激动又向往。因为他知道，研制大口径天文望远镜对于现代天文事业的发展是何等的紧迫与重要！

苏定强，1936 年 6 月 15 日生于上海，原籍江苏武进，其家族是苏东坡留在常州的一支后裔。常州是苏东坡人生最后一个驿站，他于公元 1101 年，经过长途跋涉，与全家从海南流放地返归常州，定居孙氏馆，并在这里度过了人生最后的 40 多天。苏东坡逝世后，其长子苏迈留在常州生活，世代繁衍，后裔约 1500 人。作为苏氏后裔，苏定强从小就

苏定强

有很强的求知欲，对自然界的一切充满好奇。上小学时就聪明好学，到了中学后更是成绩优秀，并对自然科学特别感兴趣，还喜欢自己动手做各种化学实验。

初中毕业前，英语老师在课堂上偶然讲到，北极星是天空北部的一颗较亮的星，可以靠它来辨别方向。苏定强立即举手问老师，怎样才能找到北极星？老师告诉他，方法很简单，就是在天空中先找到像一把勺子的北斗七星，再通过勺口的两颗星连线，朝斗口方向延伸约 5 倍远，便找到一颗最明亮的星，它就是北极星。

几天后的一个晚上，苏定强就用老师讲的方法找到了北极星，这一下子激发起他对天文观测的极大兴趣。于是，他用自己的零花钱买了一些天文学的书，反复阅读，对天文学的志趣在他心中萌芽了。

兴趣是最好的老师，热爱是最大的动力。1951 年秋，苏定强就读于上海动力机器制造学校（原"国立高级机械职业学校"），对天文学的热情更高了。他经常与一些爱好科学的同学探讨天文方面的问题，还自己动手做了好几架望远镜，在家里打开窗户对空观察。虽然望远镜的镜头都是买来的单透镜，像质不好，但还是看到了一些有趣的天象，比肉眼看得远多了，这更使苏定强产生了无限的遐想。

三年后，苏定强从上海动力机器制造学校毕业，被分配到了上海交通大学造船系当实验员。在一次展览会上，他见到了一台口径 15.24 厘米的望远镜和用它拍摄的天文照片，并从照片的文字说明中得知，这个望远镜的镜头是紫金山天文台青年科学家杨世杰自己亲手磨制出来的。这让他十分钦佩。几天后，他就给杨世杰写了信，想登门请教。在杨世杰热情指导下，苏定强很快学会了磨制技术，磨了一个口径 15.24 厘米的镜头，经杨世杰修改后成为他磨制的第一个望远镜镜头。

初试锋芒，兴趣倍增。之后，从磨制镜头到天文观测、照相，花去了苏定强大部分的业余时间。在这期间，他还自学了《普通天文学教程》，做完了全部习题。

至此，苏定强扬起了人生理想的风帆，决心投身中国天文事业。他向上海交通大学造船系提出，希望同意他报考南京大学天文学系。系领导非常开明，完全尊重他的意愿。经过几个月的刻苦复习，苏定强如愿以偿考取了南京大学天文学系天文专业。

始建于 1952 年的南京大学天文学系，是由中山大学数学天文系和齐鲁大学天文算学系合并而成，是中国高等院校中历史最悠久、培养人才最多的天文学专业院系，拥有中国唯一的天文学一级重点学科，堪称中国天文学顶尖人才的摇篮。在这里，苏定强以充沛的精力，一边认真学习天文学理论，一边积极从事科研工作。他与上海新亚诊察器械厂张松坡合作，共同研制了我国第一架马克苏托夫望远镜，用它拍摄了一批星空照片。他还撰写了两篇天文学方面的论文，分别在《南京大学学报》和《南京大学教学与研究汇刊》上发表。

小荷才露尖尖角，早有蜻蜓立上头。就在苏定强毕业前的一天，我国近代实测天体物理学奠基人、时任北京天文台筹备处主任的程茂兰来到南京，托人带信约他到南京中山路近华侨路口的福昌饭店见面。程茂兰很热情地对苏定强说，希望你毕业后到我们北京天文台来，我已经想好了，来后请你当光学组组长。

苏定强不知道具体是做什么工作，也没有多问，只是很高兴地对程先生说，好的，我喜欢实测天体物理，我本来心里就想毕业后能到北京天文台去工作。

但命运并没有这样安排。几个月后，苏定强得知，学校已决定他留校担任助教。虽然失去了去北京天文台的机会，但他对留在母校工作也很满意，便全身心地投入教学工作中，先后与其他教师共同讲授《天文光学仪器》《天体物理方法》《基础天文学》等课程。

其中《恒星天文学》这门课，是由戴文赛先生讲授的，苏定强有幸做他的助教。戴文赛 29 岁获英国剑桥大学博士学位，历任中央研究院天文研究所研究员、燕京大学教授、北京大学教授、南京大学教授，1954 年任南京大学天文学系副系主任，1962 年任该校天文学系系主任。就在那年春，戴文赛被邀请去参加广州会议。这是关于知识分子的重要会议，会议时间很长。期间，这门课就由苏定强来教。

苏定强虽然对《恒星天文学》这门课很看重，但他与当时系里的个别领导人在教学观念上不相一致，便产生了离开南大的念头。去哪里呢？他的首选当然是中国科学院南京天文仪器厂，因为他在天文仪器方面原来就有特长，且已做出显著成绩。更重要的是，他听说了南京天文仪器厂正在研制 2.16 米望远镜，这就像一块磁铁牢牢地吸引着他。他毅然向学校提出了调离的请求。戴文赛先生听到后非常难过，他对苏定强说，我已经想好了，我要和你一起来研究和教授恒星天文学，你还是留下来为好。

天文学系党总支也不同意苏定强的调离申请，但他决心已定，再三向戴先生阐明调离的愿望，并请比他高两届的曲钦岳和与他关系很好的党总支委员朱耀鑫帮忙去做工作。最后，戴文赛和系党总支终于同意了苏定强的调离要求。

路是人走出来的，历史是人写出来的。人的每一步行动都在书写自己的历史。苏定强的人生从此翻开了新的一页。

1962年，苏定强正式调到中国科学院南京天文仪器厂工作。在此前后，一大批青年科技骨干也从各研究所和大学先后调到或分配到这里。因为2.16米望远镜是为我国正在筹建中的最大的天体物理天文台——北京天文台研制的，主要用于天体物理研究，将来要安装在北京天文台，其使用者正是著名天体物理学家程茂兰先生和他领导下的天文团队，所以北京天文台的一些天文工作者也参与进来。同时，中国科学院决定由著名光学家、长春光机所副所长龚祖同先生来领导2.16米望远镜的研制，他为这项工作花费了极大的心血。

这样，"216计划"的推进速度明显加快了。张钰哲对此也极为重视，给天文仪器厂配备了得力的工作班子，并亲自主持召开动员大会。全台上下统一思想，一致认为，毛主席要求我们研制天文望远镜，这是一个极其重要而紧迫的任务。伽利略在1609年8月发明了世界上第一架能放大33倍的望远镜。这是人类历史上第一架指向浩瀚宇宙的天文望远镜。它带领人类跨出了想象的边界，开始用全新的视角来观察真实的宇宙。从此，现代天文学踏上了崭新的旅程。张钰哲说，中国人开创了古代天文学的辉煌，但我们在现代天文学上却落伍了。天文学是一门观测的科学，而天文观测离不开天文望远镜。可是，紫台的天文望远镜都是从国外进口的，至今没有一台我们自己制造的天文望远镜。因此，我们要急起直追，下决心自己研制天文望远镜，完成毛主席交给我们的光荣使命。

认识是行动的先导。紫台科研人员以极大的热情投入研制工作。但是，理想很丰满，道路很曲折。"216计划"从实施的第一天起，就面临着一系列的难题。最大的难题是技术，这在当时几乎是一张白纸。

中国专家去苏联考察后认为，研制 2.16 米望远镜的任务艰巨而复杂，难以一步到位。于是，中国科学院决定先研制一台直径为 60 厘米的望远镜作为中间试验。该试验望远镜由中国科学院"216 计划"办公室负责设计，组织联合作业单位——天文仪器厂和营口机床厂，分别加工光学零件、镜筒、镜身和传动部分。

经过各方努力和组织技术攻关，光学零件和机械部分分别于 1965 年 10 月和 1966 年 4 月完成。由北京自动化所和天文仪器厂共同承担的望远镜电控部分也于 1965 年完成。之后，60 厘米望远镜在天文仪器厂开始总装，后移至北京天文台兴隆观测站试用。虽然该望远镜存在某些不足，但还是为 2.16 米望远镜的研制积累了一定的经验，奠定了技术基础。

在研制 60 厘米望远镜的同时，苏定强对 2.16 米望远镜的研究从未停顿过，他更专注于大口径望远镜的技术问题。当时的 2.16 米大口径望远镜主要包括卡塞格林、折轴和主焦点三个系统。折轴系统和卡塞格林系统的副镜不同，转换系统时需要更换，不仅复杂，而且会降低准直精度，使像质下降。苏定强经过反复思考与实验，提出了一个全新的思路，即两个系统共用一个副镜。

1966 年 11 月 16 日至 23 日，在上海召开了"216 计划"第七次联合作业会议，对 60 厘米中间试验望远镜技术进行总结，并审定 2.16 米望远镜总体设计方案和大镀膜机设计方案。在这次会议上，苏定强作光学总体设计方案的报告时，提出了折轴系统和卡塞格林系统共用副镜的思路和一系列新的折轴系统方案。

苏定强的报告，尤其是其中的创新思想和创新举措，获得与会领导和科技人员的一致好评。虽然因增加的镜面较多、加工难度较大等因素，苏定强的方案未被采纳，但大家对这位个子不高、思维活跃的年轻人留下了深刻印象，给予了热情的鼓励，并寄予了热切的期许。

鼓励是一种能量。受到领导和专家们热情鼓励的苏定强信心满满，决心趁热打铁，继续进行深入思考，以此加快推进 2.16 米望远镜的研制进度。

不幸的是，"文化大革命"的风暴迅速席卷全国，也刮进了中国科学院及其下属的各个单位，正常的工作秩序被打乱，科研工作受到严重干扰，2.16 米望远镜的研制工作基本陷于停顿。

苏定强有力无处使，只能无奈地等待。

（三）

微风携带着春天的福音悄悄地传开。寒冬使少量树木枯萎，难以萌发出新芽与新叶。而更多的树木在经历寒冬的考验之后，依然涌动着活力，热切迎接着春天的到来。

1972 年春，中国科学院发出通知，恢复 2.16 米望远镜的研制工作，并成立由郭乃竖、苏定强、包可人、郝庆祥、沈磐安组成的技术核心小组。

他们心仪已久的事业又重新开始了。不久，5 人小组成员离宁赴京，与北京天文台的程茂兰、肖光甲等 22 人在中关村进行了座谈。在京期间，5 人小组成员还与北京天文台洪斯溢等一起参观考察了兴隆观测站。在那里，该站负责人、天文学家李竞介绍了国际上正在研制中的一些新望远镜的情况，还谈了对 2.16 米望远镜的要求和想法，使大家很受启发。苏定强当时就想，我国的天文望远镜已经落后了许多年，如何赶上去，唯有创新与突破，做出自己的特色。

他志在必得！回宁后，苏定强一头扎进科研工作中，查阅着、演算着、反复思考着⋯⋯

科学需要灵感。灵感是长期思索的结果，是头脑中的思想原子反应堆。一个经常处在燃烧中的头脑，往往积蓄起巨大的能量。

1972年6月，苏定强突然间灵感迸发，一个新的思路从脑海里跳了出来。于是，他奋笔疾书，提出了2.16米望远镜共用副镜、加入一块中继镜的折轴系统新方案。

很快，苏定强提出的方案被北京天文台的天文学家和大部分课题组专家接受。之后，苏定强用新方案进行实验，结果验证：只要转换时副镜些许平移，中继镜采用适当的扁球面，折轴系统可同时消去球差和彗差，获得极佳的像质。

这一重要的突破，有力推动了"216计划"的进程。经过黄磷、李竞、苏定强、郭乃竖等人的深入讨论，由黄磷执笔重新制定的2.16米望远镜设计任务书很快出笼了，后由北京天文台和南京天文仪器厂的科研人员修改定稿。1974年3月，中国科学院批准并下达了2.16米望远镜的设计方案。

这标志着"216计划"正式破冰启航了！

在科学之路上，只有沿着陡峭山路攀登的人，才有希望达到光辉的顶点。苏定强没有满足已有的科研成果，而是一方面研究落实任务书的要求，一方面继续完善和提升光学方案。他与本厂的王亚男一起，在反复探讨和演算的基础上，建立了一个以像斑均方值和畸变值构成的评价函数，并编制了光学系统优化程序，其设计结果像质不仅远优于设计任务书的要求，也优于国外水平。

这一光学设计结果，得到了国内外同行的充分肯定与好评。1977年10月，以第15届国际天文学联合会主席戈德伯格为首的十位著名天文学家，包括六位美国科学院士、一位诺贝尔奖获得者组成美国天文考察组，在参观北京天文台兴隆观测站时，特别关注我国正在研制的2.16米望远镜的具体情况，他们就光学设计、研磨和精度、机械构造、未来使用计划等提出了许多问题，我有关人员做了实事求是的回答。外宾对采用单副镜而未采用双副镜，从而避免因更换系统带来的许多问题特别感兴趣，他们共同认为，在采取单副镜这一方面，这个设计是世界上最独特最优秀的。同时他们认为，这一设计思想今后必将被世界其他各国所仿效。

10月17日，美国天文考察组还访问了南京天文仪器厂。苏定强向他们介绍了2.16米望远镜的光学部分，当苏定强介绍到R-C系统改正器的设计结果时，全体外宾热烈鼓掌。接着，他们参观了正在立式车床上加工的2.16米望远镜主镜，具体了解光学系统的优化工作，对2.16米望远镜和我国的天文仪器研制工作表现出极大的兴趣和由衷的赞赏。

（四）

天文望远镜的关键是镜。镜既涉及光学问题，也涉及技术问题。现在，光学问题基本解决了，接下来的问题就是磨制技术了。

2.16米望远镜的设计任务书规定，主镜相对口径1/3，磨制精度为卡塞格林焦点视场中心星像能量的90%集中在0.5角秒内。主镜先用苏联进口的镜坯，同时我国自行研发和浇铸一块更好的镜坯以备更换，其余镜面争取采用微晶玻璃。

研发和浇铸高质量光学玻璃的艰巨任务，由中国科学院通过上海轻工业局落实到了上海新沪玻璃厂。中国科学院为此专门投资了120万元，这在当时绝对是一笔巨资。然而，钱不是万能的，钱解决不了高难度的技术问题。上海新沪玻璃厂领导和负责这项工作的钟奖生在全厂进行发动，充分调动广大科研人员和工人的积极性，组成了多个攻关小组，一次次试验，一次次失败，一次次再试验……就这样，不知经过多少个日日夜夜，不知经历了多少次试验与失败，终于掌握了关键性技术，先后浇铸成功了两块高质量的主镜坯，各项指标达到当时国际先进水平。

巧妇难为无米之炊。而现在米有了，饭做不做得成就要看巧妇的了。两块厚重的主镜玻璃坯在严密的保护下，顺利运送到南京天文仪器厂。该厂义不容辞地接受了磨制望远镜主镜的任务，并交给张俊德与李德培具体负责。

张俊德，陕西户县人。1944年初中毕业后在家乡户县终南小学任教，开始研制月地运行仪。由于缺乏天文学、机械制造学方面的知识和相关器材，曾几次被迫停止试验，但都没有动摇他的决心。1953年被指派为中国教师代表团团员出席了在维也纳召开的世界教师代表大会。回国后，他继续倾心于月地运行仪的研究，改进了原来设计上的13处缺点，制成了新的"五四"式月地运行仪。由于他在天文仪器研究方面的贡献，1952年6月被调往中国科学院紫金山天文台仪器组工作。两年后，他随张钰哲台长等赴苏联列宁格勒参加普尔科沃天文台重建落成典礼。回国后，他更加专注于研制工作。经过长时间的日夜钻研，终于在杨世杰先生的指导下，于1955年磨制成功一台天文望远镜。1959年3月，他调到南京天文仪器厂任光学车间主任技术员。

李德培，1933年生于北京，1957年就读于南京大学天文学系天体测量专业。毕业前，他想制造一架望远镜，满足自己观测天体的愿望。于是他壮着胆，向南京大学天文学系副系主任戴文赛陈述自制一架望远镜作为毕业论文的选题的打算，得到了戴教授的同意。戴教授还主动与紫金山天文台联系，让李德培与其他几位同学一起上山做毕业论文。李德培买了一块船窗玻璃，在山上的铁锅内加金刚砂将玻璃外圆磨细，倒角成口径183厘米的镜坯，利用山上提供的金刚砂、木架子、球径仪、阴影仪等，用了一个星期，白天黑夜轮流连续磨制，终于把它磨成了一个曲率半径为3米的球面镜，并在一周内土法上马，用玻璃板磨制了小对角平面镜及目镜，装调好后效果很好，土星光环一清二楚。戴文赛看后称赞道，没想到你能用这么短的时间做成这么好的望远镜，这是很不容易的！毕业论文就这样通过了。毕业后，他被留在了紫金山天文台光学实验室工作。1963 年 4 月转到天文仪器厂，任研究实习员。

接到任务后，张俊德与李德培等人一起，开始了主镜的磨制工作。当时工厂的厂房十分简陋，设备也只是从紫金山天文台带来的一些木制三脚架、金刚砂容器及几台自制简易阴影仪。就是在这种极其简陋和困难的条件下，他们带领刚进厂的新工人，在防空洞内手工磨制镜面，同时设计了单轴、双轴、30 厘米等几种磨镜机和阴影仪等检测仪器，逐步使光学车间由手工操作变成机械化生产。

至 1979 年，2.16 米望远镜主镜进入抛光修改阶段。行百里者九十为半。最后磨制阶段却遇到了更大的难题。由于苏制镜坯质量极差，使镜面磨穿的气泡、结石达 358 个，上面留下了一条条尾巴。更为棘手的是，玻璃表面硬度不同，给面形的修改带来了极大的困难。为此，李德培进一步研究解决方案，最后确定采取小抛光盘局部手工修改的高难度方法，用手工逐个细磨扩孔。

什么叫铁杵磨成针？什么叫工匠精神？这就是。他们整整用了近 5 年的时间，用简易的设备与工具，用手工磨制的方法，于 1983 年 10 月完成了主镜的加工任务。同时，他们用新沪玻璃厂生产的第一块微晶玻璃，磨制了一个副镜。

研制大型天文望远镜是一项庞大的系统工程。除望远镜的光学系统镜面外，机械部分的难度和工作量也很大，主要有八大件，包括极轴、赤纬轴、平衡重、中间块、主镜框、赤经蜗轮、蜗杆、赤纬蜗轮。承担这些大件加工的工厂是上海重型机器厂、上海造纸机械厂、沪东造船厂、上海汽轮机厂、上海机床厂、上海钢铁研究所和上海轴承厂。在一无外援技术、二无经验的情况下，他们依靠自身的力量，群策群力，高质量地陆续完成了各项制造任务。至 1983 年，2.16 米望远镜的主镜、副镜包括备用镜以及机械制造全部圆满完成。

（五）

东方晨光熹微，太阳尚未东升。

1983 年 10 月的一天早上，在南京天文仪器厂四大件车间内开始了 2.16 米望远镜的组装与联调。

这是一间刚刚落成的有 3 个篮球场大的新车间。大虽大，但结构与设备都比较简单，主要有一台巨型行车吊机，用于机械部分和镜面安装时的起吊。虽然安装的难度大、进度慢，但进展还算顺利。

可是，到了最关键的时候，一场严重的事故发生了——当重达 5000 公斤的主镜起吊时，在场的科技人员和工人都为之激动着、兴奋着，不约而同地鼓起掌来。掌声中，吊机操作员屏住呼吸，按下起吊按钮，吊机横杆上垂下的两根钢丝绳慢慢地拉直、绷紧，紧接着，固定在钢丝绳下端的一块锃亮的主镜被拉起，徐徐地向上提升，1 米、2 米、3 米、4 米、5 米……

眼看主镜就要到达机械支撑着的镜框高度，负责起吊的指挥长果断地吹响哨子，下令道："停!"

随即，操作员熟练地按下了停车键，主镜高悬在 10 米左右的空中。突然间，吊机的钢丝绳发出"嘶嘶"的响声。

说时迟那时快。指挥长呼叫道，快躲开! 快躲开! 站在主镜下面的几名工人闻声迅速跑开。这时，只听得"咣当"一声巨响，主镜从空中坠落下来，顿时砸个粉碎，玻璃片四溅……

在场的人都被眼前场景吓傻了，不知所措。

等大家反应过来，悲剧酿成了。指挥长呆呆地站在那里，眼泪夺眶而出。所有人的眼里都闪着泪光。李德培弯下身子，从地上捡起一块破碎的玻璃，沉重地说，我要永远保存这块玻璃，始终记住这次教训！

失败是成功之母。南京天文仪器厂的领导和科技人员深刻吸取主镜事故的严重教训，制定严密的措施与制度，确保安装和联调工作的安全进行。经过近3年的努力，2.16米望远镜的安装和联调工作如期完成。

2.16米望远镜由中国科学院南京天文仪器厂和北京天文台以及中国科学院北京自动化研究所共同参与研制，其机械结构采用了非对称双柱式赤道装置，通光口径为216厘米，卡氏焦距为1944厘米，折轴焦距为9720厘米，高1060厘米，重量约100吨。

这一庞然大物，是当时我国研制出的最大的光学天文望远镜，也是当时远东最大的光学天文望远镜，曾被天文学家誉为中国天文界的首艘"航空母舰"。它的研制成功，标志着我国光学天文仪器的研究制造事业步入了一个新的阶段。

2.16米望远镜的设计，吸收了国外同类仪器的许多优点，同时在许多方面有所创新，体现了中国特色。其中，望远镜的光学设计，采用了卡氏系统与折轴系统增加一块中继镜、共用一块双曲面镜的方案，就属国内外首创。这样，避免了副镜的转换，简化了机械结构，提高了成像质量，从而也赢得了更多的观测时间。这一创新设计，被美、英等国

的一些著名天文学家称为"最独特、最优秀"的设计理念。

机械系统也是望远镜的重要组成部分。2.16 米望远镜的机械系统重量大、精度高、结构复杂，研制单位从无到有，反复论证，精心设计，千方百计地利用我国最好的机械加工工艺，进行精益求精的加工，机械系统全部达到并部分超过了设计任务书要求的各项技术指标。它的电控和自动控制系统采用了数字锁相等先进技术，全部达到并部分超过设计任务书的指标要求，提高了观测效率与自动化水平。

1987 年 6 月，中国科学院数理化局在南京主持召开 2.16 米望远镜工程会议，讨论安排望远镜本体的考机、出厂、运输计划等问题。之后，北京天文台考机小组一行 8 人来到南京天文仪器厂，在组长黄永伟率领下，对 2.16 米望远镜各方面性能作了全面的测试，最后提出了考机报告，认为可以启运兴隆观测站。

十年磨一剑。而对于 2.16 米望远镜来说，从 1958 年到 1988 年，整整走过了 30 年的历程——30 年磨一镜！

（六）

那是一个秋高气爽的季节，那是一个喜获丰收的黄金日子。

兴隆观测站

2.16米望远镜开始启运兴隆观测站。天文仪器厂举行了简短的欢送仪式。苏定强、李德培来了，许多科技人员和工人都来了……

高大无比的2.16米望远镜主机挂着红灯，披着彩带，在锣鼓喧天中稳稳地起吊到大卡车上。看着她，大家就像看着自己将要出嫁的女儿，既依依不舍，又希望她快快步入婚姻的殿堂。

经过几个月的时间，2.16米望远镜在兴隆观测站安装调试完毕。

北京天文台兴隆观测站，位于河北省兴隆县燕山主峰雾灵山南麓，长城以北，海拔960米，地理坐标为东经117度34分，北纬40度23分。相传为民间抗清英雄窦尔敦的根据地之一。新中国成立初期，中国科学院北京天文台创建人程茂兰先生为首的老一代天文学家，不辞劳苦，踏遍太行，寻觅燕山，行程两万余里，最终选定在此设立天文观测站，后成为我国恒星与星系光学天文的重要观测基地。

1989年11月13日，在北京天文台兴隆观测站举行了2.16米望远镜落成典礼。

燕山南麓，天高云淡，宾客云集。中国科学院原副院长张劲夫、国家科委主任宋健、中国科学院院长周光召，著名科学家钱三强、王大珩、王绶琯、叶叔华、雷天觉，以及参加研制2.16米望远镜的科技人员和各界来宾共约200人参加了典礼。

在热烈的掌声中，张劲夫和宋健共同揭下了盖在2.16米望远镜身上的绸布。从此，2.16米望远镜——中国的"千里之眼"正式投入运行，使我国天文观测由银河系的"河内"进到了"河外"，由以测光为主进到了光谱观测。这标志着我国天文学上了一个新的台阶。

这年底，2.16米天文望远镜投入14国联合观测，获得初步成果。进入20世纪90年代，2.16米天文望远镜的控制系统进行了两次更新，并配置了多个终端设备，进而成为一架具有多种天文观测功能的先进天文望远镜，在科学上作出了一系列新的发现。

2.16 米望远镜

从 1989 年投入运行到 1998 年 10 月，2.16 米望远镜共发现了 500
多个活动星系核，包括 200 多颗类星体，一批蝎虎天体、塞弗特星系，
发现的个别类星体在宇宙学研究上具有重要意义；认证并研究了我国发
现的 29 颗超新星，其中一些特殊的超新星引起了国际天文学界的关注；
发现了一批具有 W R 星特征的塞弗特星系；发现了与塞弗特星系成协
的星爆星系；发现了 11 个激变星；发现了在分子云周围的一批金牛座
T 型星；完成了极亮红外星系巡天样本；发现了海尔—波普彗星的钠喷
发，取得了一大批特殊变星的观测资料……

1996 年 8 月，中国科学院基础局祖钦信副局长在北京召集 2.16 米
望远镜 3 个研制单位的领导和主要科技人员开会，大家认为条件已经成
熟，2.16 米望远镜应争取在年内鉴定。12 月，2.16 米望远镜鉴定会在
北京天文台兴隆观测站举行。鉴定委员会对 2.16 米天文望远镜的评
价是：

——该望远镜首创使用中继镜作折轴系统转换，其设计被国际上大型光学望远镜所采用。

——该望远镜光学系统中像场改正器的设计达到了国际领先水平。

——该望远镜是一台二米级的达到国际先进水平的光学望远镜。

——该望远镜已成为我国天文学和天体物理学研究的最主要的观测设备。

1997 年 7 月 24 日，江泽民主席参观 2. 16 米望远镜并题词："探索宇宙奥秘，造福人类社会。"

1997 年，2. 16 米望远镜获中国科学院科技进步奖一等奖。1998 年，2. 16 米望远镜获国家科技进步奖一等奖。主要获奖单位是中国科学院南京天文仪器研制中心、中国科学院北京天文台和中国科学院自动化研究所。

至此，2. 16 米望远镜的研制工作画上了一个圆满的句号。

1999 年中国发行了一套科技成果邮票，共 4 张，其中之一就是 2. 16 米望远镜。

获得国家科技大奖后，苏定强反复强调，2. 16 米望远镜是集体智慧的结晶，共同创造的结果。他在接受采访说时，张钰哲先生非常重视天文仪器和技术，为我国这方面的工作奠定了基础。

2. 16 米望远镜最主要的领导人是龚祖同先生，他为这个项目花费了极大的心血，程茂兰、王大珩、雷天觉、吴学蔺等前辈科学家对 2. 16 米望远镜的研制给予了极大的重视、推动，使这架望远镜终于研制成功。还有包可人先生，他不仅设计了油垫轴承，而且两次指挥了整个望远镜的大件总装，这是责任重大的工作。1993 年 2. 16 米望远镜发生观测室升降地板撞上卡焦后端的严重事故，在包可人等的努力下终于修复，为 2. 16 米望远镜的研制作出了重要的贡献。此外，黄磷、黄玉棠、蒋筱如、夏立新、李德培、陈录顺等也为 2. 16 米望远镜的研制作出了突出的贡献。

请让我们永远记住这些名字。

参加 2.16 米望远镜研制的近百位科技人员和无数员工，他们绝大多数从未出过国，没有见到过口径相似的望远镜，能将 2.16 米望远镜研制出来，且一直工作到 30 多年后的今天，这真是了不起的创举。

2023 年，借助于国家天文台兴隆观测站 2.16 米望远镜等观测设备，中国科学院云南天文台双星与变星研究团队在聚星系统中的密近双星研究方面获新进展。他们发现轨道不共面的"三胞胎"三星组成的特殊聚星系统，为探讨密近双星的形成和演化提供了天然的天体物理实验室。相关研究结果发表在国际天文学杂志《英国皇家天文学会月刊》上。

35 年过去了，2.16 米望远镜正值中年，它气宇轩昂、英姿勃发，注目着浩瀚的苍穹，还在产出更多的科学成果。

苏定强为此感到无比欣慰，同时并不满足。他坚定地表示，中国近代科学和技术许多都是向西方学习来的，但是任何一个有自尊心的民族都不会满足于永远跟在先进国家的后面，我们希望有一天能赶上他们，甚至在一些方面超过他们。

是啊！欲穷千里目，更上一层楼。

第十九章
巡天之镜

舟山夜谈萌生中国天文望远镜研制新计划
毅然归国投身天文事业崔向群勇于挑大梁

·寻访札记·

　　南京天文光学技术研究所离紫金山不远，环境非常优美。崔向群院士接受采访时的第一句话是，我们这个地方好啊，坐在办公室里，就能看到不远处的紫金山上的天文观测台。这与其说是赞美这里的环境，不如说是表达她对天文事业的热爱。采访时，崔向群作为女性科学家的细腻和体贴不时体现出来，她从近代天文学的起始，到紫金山天文台的创建；从天文界前辈高鲁、余青松、张钰哲，到她的老师与同道杨世杰、胡宁生、王绶琯、苏定强等，娓娓道来，条分缕析。当她谈到大视场巡天望远镜时，更是如数家珍，侃侃而谈……

（一）

在生活中，人们在实现了自己的一个目标之后，有的就此止步，见好就收；有的人并不感到满足，而是确立新的目标，继续拼搏，一直都在朝着前方努力奋斗着。

苏定强便是后者。他在 2.16 米望远镜的研制工作初见曙光之时，又在酝酿着新的计划。他清楚地知道，虽然 2.16 米望远镜缩小了我国天文设备与世界的差距，但我国的天文发展正面临一个极其困难又非常关键的时刻。在这之前，国际天文学突飞猛进时，我国的天文事业却由于十年动荡受到极大影响，落后了许多。要改变这一状况，就必须马不停蹄迎头赶上去。

那是 20 世纪 80 年代中期的一个晚上，一批国内外天文学家趁着在浙江开会的间隙，夜航舟山。

舟山唱晚天映红，海航客船夜色秀。

在科学的春天里，天文学家们兴致勃勃，观沧海，望苍穹，看星辰，谈天说地，其乐融融。苏定强借着这个难得的机会，找到时任中国大文学会理事长的王绶琯和北京天文台研究员陈建生，面谈自己的一些想法。

王绶琯，1923 年出生于福建福州，13 岁时考入马尾海军学校。先是学航海专业，后来转入造船专业。1945 年远赴英国留学，进入英国格林威治皇家海军学院深造，在继续学习造船专业的同时，自学天文学并有所成就。1950 年被聘为伦敦大学天文台助理天文学家。当时的新中国百废待兴、急需人才，他于 1953 年回国，先后在紫金山天文台、上海徐家汇观象台、北京天文台就职，历任北京天文台研究员、台长。后当选为中国科学院学部委员、中国天文学会理事长。他是中国天文界

王绶琯

的领导人，也是国内外著名的天文学家，开创了中国射电天文学观测研究，提高了中国授时精度，推动了天体测量学发展，研制出多种射电天文设备，为中国天文事业作出了杰出贡献。

在一个简陋的船舱里，王绶琯与苏定强、陈建生促膝而谈。苏定强汇报说，虽然 2.16 米望远镜的研制工作已经基本完成了，但我们并没有感到可以松一口气了，总觉得我国天文设备与国际上正在研制的多架 8 米和 10 米望远镜所代表的先进水平相比，差距仍然很大。

王绶琯赞同道，我也是这样认为的，但要缩小差距，不能简单地跟着走，去做一架普通类型的口径更大的望远镜，而必须知己知彼，研究策略，选择路径，找到我们在科学上可以走在前沿的高地和技术上的突破口。接着，他介绍说，据我的了解，现在国际上的重大天文项目均属扩展型，依靠巨额投资，结合高技术，使其规模大幅度地超越原有的同类设备，体现新一轮的更新换代。比如，他们的新一代空间 X 射线及射线天文设备，耗资 10 多亿美元；新一代空间红外天文设备，也耗资 10 多亿美元；一系列新射电天文设备，耗资 10 亿美元，它们在各个波段的聚光和分辨能力均实现了大幅度超越，而期望发现的目标也从 10 万个提高到 100 万量级。而我们国家的财力是很有限的，没有条件拼财力，去建造 8 米或 10 米口径的望远镜，我们只能斗智不斗财，要量力而行，一步一步地搞天文仪器的研制。

是啊！我也一直在跟踪。苏定强分析说，国际上正在研制的这些天文设备设施，标志着天文学实测揭开了全波段、大样本、大信息量的时代序幕，使天文学研究进入了一个全新的阶段。我们难以与外国拼经济投入，搞昂贵装备，但如你所说，只有讲究策略，选好路径，才能有所突破，改变长期落后的状况。

王绶琯点头道，帕洛玛天图记录下的天体有几十亿颗，而在有缝光谱资料中的天体只有几万颗，获得大量天体的有缝光谱对天体物理研究有极重要的意义。

我也注意到了这一点。苏定强分析道，现在光纤技术和应用在天文观测上的前景明朗，这在国际上的进展很快，我国也具备引进和发展的条件和能力。

陈建生建议说，进入光谱开拓处女地，是我国天文学唯一能够凭借斗智而非斗财，与世界其他天文学同行处在同一起跑线上，进而逐鹿当代天文学的重大领域。这对于我国天文学的发展是一个非常难得的机遇。

这实在是一个非常好的策略与项目！王绶琯肯定说，如果我们能够探明方向、认准目标，寻找突破点，然后用有限的资金，优化配置资源，调动和集中力量，也有可能捷足先登、弯道超车，走到别人的前面，开辟出一块属于我们的处女地、首猎区。

在这次交谈中，王绶琯、陈建生和苏定强经过慎重考虑，约定认准一个新的目标，独辟蹊径，开展大规模有缝光谱巡天，迎接这个挑战。

这就是在天文学界传为佳话的"舟山夜谈"。

当初谁也没有意识到，这次"舟山夜谈"将翻开中国天文学史上新的一页。

舟山夜谈之后不久，王绶琯和苏定强便组织了一个研究核心团队，并邀请一些天文学研究和天文仪器研制的骨干开展经常性的讨论。随着讨论的深入，王绶琯集中大家的意见后提出，把注意力都集中到天文光谱观测问题上，并迅速聚焦在多年来国际天文学研究中经过诸多尝试但仍未能解决的难题，有针对性、独创性地设计出一个兼备"足够大的口径"和"足够大的视场"的天文望远镜。

有人则认为，两个"足够大"的方向与思路都对，但凭我国现有的研究水平和技术基础，难度也"足够大"，恐难实现。

有人还是建议做一架普通的 4 米口径望远镜。

苏定强却坚定地赞同王绶琯的意见，他认为，我们就是要走别人没有走过的路，不怕解决别人尚未解决的难题，解决难度可以促进科学进步和技术发展。他还认为，在 2.16 米望远镜的基础上做一架普通的 4 米口径望远镜既不能发展新技术，为下一代更大口径望远镜打下基础，更不可能在国际上 8—10 米级望远镜纷纷开始观测时期，使我国的天文学获得显著的进展和为国际天文学作贡献提供一流条件和平台。他坚定地说，难度就是高度，风险孕育成果。我们就是要走别人没有走过的路，解决别人尚未解的难题，这样才能赶超世界先进水平。

于是，王绶琯和苏定强着手拟订具体的方案。

王绶琯进一步提出：在 2.16 米望远镜之后，下一个新望远镜的科学目标应该是，一次曝光获得几千个天体有缝光谱的大规模光谱巡天，也就是星系红移巡天，研究银河系的结构和演化，以及多种巡天的光学光谱证认。这样超大规模的有缝光谱巡天过去没有人提过。

按照这样的科学目标和布局，苏定强提出了最初方案：通光口径 4 米，球面主镜，天体过子午圈前后作观测，镜面沿东西方向延长为 12 米并固定，用 4 辆小车带着 2400 根光纤从焦面上移动过去作跟踪，每根光纤前带一个改正球差的透镜，利用主动光学实现镜面曲面形状的实时变化，从而获得大视场兼备大口径的光学系统。

后来，苏定强又考虑了垂直布局的视场更大的大视场反射施密特望远镜光学系统，解决常规的透射施密特光学系统口径做不大的国际天文界难题，提出在数千根光纤前端加小透镜改正镜、在焦面设计阵列改正器、通过主动光学实时变化反射施密特改正镜曲面形状的三种方案。这是苏定强根据他在 1986 年发表的文章中所提出的，将美国射电望远镜阿雷西博的 300 米固定球面主镜应用主动光学技术，在观测中实时将照明区变成抛物面或双曲面，消除其固有的球差。

就这样，王绶琯和苏定强对各种方案进行比对，三易其稿，最终将方案确定为：采用苏定强独创的主动反射施密特望远镜光学系统，将光轴倾斜 25 度沿南北方向放置，焦面至球面主镜固定，用曲面面形不断变化的主动施密特改正镜跟踪天体。

这个独特的光学系统被称为"王—苏反射施密特望远镜光学系统"，即：球面镜直径 6.5 米，反射施密特改正镜 5 米，焦距 20 米，焦比为 5，视场为 20 平方度，有世界上最大的望远镜焦面，可以很容易地在焦面上安放 4000 根甚至数万根光纤。

这就是大视场光谱巡天望远镜——LAMOST 的最初蓝图。

（二）

道不行不至，事不为不成。要把蓝图变为现实，还有漫长的路要走。而此时，王绶琯已进入古稀之年，他还有两件未竟之事——射电天文研究和青少年科学素质培养。他对苏定强说，我要在我的有生之年，把自己一直想做但一直没有时间去做的两件事做好，巡天望远镜项目只能拜托你来领衔了。当然，我会继续关心、参与和支持这个项目，直至项目成功。

不是拜托，而是重托。苏定强知道，王绶琯对他既是信任也是压担子。他义不容辞，表示不辜负王绶琯的期望，一定要把巡天望远镜项目做成做好。同时他提出，这副担子绝不是他一个人所能承担的，需要尽快招募人才，组建团队。

谁来担当这个团队的带头人呢？苏定强和王绶琯不约而同地想到了崔向群。

崔向群，1951年12月生于重庆市万州区。她原在成都市上小学，四年级时随父母亲工作调动转学到四川省永川县小学。母亲对她的学习很重视，经常买一些课外读物给她看，而她喜欢看童话故事和小说，尤其喜欢看《十万个为什么》，让她知道了很多有趣的知识，并由此对科学产生了兴趣。

1964年，崔向群考入永川中学。这是一所历史悠久的省重点中学，每年都有不少学生考上北大、清华、北航等全国著名大学。所以，从上初中的第一天起，她就经常听到老师勉励学生努力学习，将来报考名牌大学。这自然使她萌生了对名校的憧憬与向往，更自觉地投入紧张的学习之中。她担任班上的数学课代表，但她更喜欢物理，觉得物理能解释许多东西，所以物理成绩特别优秀。

崔向群

有一次，母亲把她喜欢物理的事告诉了北京大学物理系毕业的同事。这位同事特地来她家，看了她做的物理作业，并问她，你为什么喜欢物理？

崔向群脱口而出，物理可以解释万物。

同事点头称是，并鼓励她说，好好学习，以后上北大物理系。

正当崔向群胸怀大志刻苦学习的时候，"文化大革命"开始了。她不仅中断了学业，并在"上山下乡"的热潮中，被送到江西生产建设兵团第 11 团接受再教育。在此期间，她没有放弃学习，想方设法买书和借书，在繁重的劳动之余自学了高中的数学和物理课程。当时，大学不是报考的，而是由地方或单位推荐。由于崔向群劳动积极，其他条件也都符合，在建设兵团劳动三年后被推荐上大学。刚开始通知她到上海第二医学院学习，后来因为上海知青比较多，领导就找她谈话，让她与别人做个调换，到华东工程学院学习。崔向群心想，这不是与自己喜欢的物理更接近吗？于是就一口答应了。

1972 年，崔向群来到南京，跨进了华东工程学院的大门，就读于光学仪器专业。她十分珍惜来之不易的学习机会，非常勤奋地学习，除了上好课堂教学内容外，她总会去学校图书馆借书阅读，主要看当时苏联出版的物理书籍。大学期间，崔向群的各科成绩都很优秀，尤以物理见长。当时班里有两个学生在普通物理考试中获得满分，她便是其中之一。

大学毕业时，她的老师陈进榜教授对她说，崔向群，我看你是个德智体美全面发展的好学生，留校挺好。

崔向群当然是愿意的，但她担忧道，陈老师，虽然我很想留下，但我听说有个规定，毕业生从哪里来回哪里去。

果然，江西省给学校发来电报，说江西很缺人才，江西的学生一定要回江西。就这样，崔向群回到了南昌，去江西省国防科工办报到。那里的负责人给了她一张洪都机械厂的报到证，她顿时傻了眼，很不理解这样的安排，委屈道，这不是学非所用嘛！我是学光学仪器的，应该去光学仪器厂工作。

负责人瞧了她一眼说，这个我们知道，但光学仪器厂在偏僻的大茅山里，条件非常艰苦，你一个女孩去那里工作是难以适应的。我们是照顾你。

我不需要照顾。崔向群倔强道，我要学有所用，专业对口，这样才能发挥自己的作用。

负责人没有想到这个看上去有点弱小的女子会这样回答，便告诫道，如果你愿意去，可以给你改分配，但改了以后就没有后悔的余地了。你一定要想清楚，拿定主意。

世上没有后悔药。崔向群毫不犹豫地回答说，我一定不会后悔，请你帮我改派吧。

拿到改签后的报到证，崔向群满腔热情地赶去厂里。该厂处在偏僻之地，加之交通不便，她从南昌乘火车，然后两次转乘长途汽车，第三天才到达了位于德兴县大山里的光学仪器厂。厂组织科的工作人员见到她，非常惊讶地说，你怎么愿意到我们厂里来？我们这里太艰苦了，许多人想出去都很难呢！

崔向群听了没多说什么，只是表示，我有思想准备的。

而让崔向群没有想到的是，厂里不是安排她做技术人员的工作，而是让她到光学车间当工人。即使这样，她也毫无怨言，心想，只要能学到东西、发挥作用，当工人也好。

她是这样想的，也是这样做的，愉快地到了车间，与其他工人一样，积极地参与镜面抛光等体力劳动。劳动中，她还处处留心，开动脑筋，提出一些合理化建议和改进措施。比如她看到黏接透镜火漆仍采用人工手捏这一原始办法，既费时费工，又大小不一，就自行设计了火漆机，并请车间里的机修师傅将其做出来给工人试用，一举取得成功。她还将光学车间从来没有人会用的几台高速抛光机开发使用，大批量抛光透镜，得到领导和工人们的啧啧称赞。

山中方一日，世上已千年。身处几乎与世隔绝的偏僻之地，崔向群对外界发生的变化很少知晓。但在1977年的一天，她突然从厂里的高音喇叭里转播的新闻中得知，国家恢复了高考，而且同时开始招收研究生。

忽如一夜春风来。崔向群心花怒放，翌日一早，就独自骑着自行车，赶了40里山路，到德兴县城报名参加研究生考试，那是"文革"后第一次招收研究生。当时光学仪器厂生产任务很重，每天都要工作10小时以上，崔向群只能利用所有空闲时间复习备考。

经过初试和复试，崔向群终于通过了研究生考试。她从自己的爱好与专业考虑，选报了中国科学院南京天文仪器厂天文光学专业的研究生。后来知道，当年报考中国科学院南京天文仪器厂的考生有120多名，只招收8人。当收到中国科学院研究生院的录取通知书时，她高兴得热泪盈眶，车间里的工人姐妹们也都为她高兴，大家围着她，有的与她拥抱，有的使劲地拍打着她……

1978年，崔向群如愿以偿成为中国科学院"文革"后的首批研究生，由此迈进了天文学的大门，开始了她人生中重要的新起点——从事天文光学望远镜研究。在导师胡宁生的指导下，她顺利完成硕士论文。毕业后，她留在中国科学院南京天文仪器厂工作。幸运的是，工作之初就在苏定强、胡宁生等天文学家的指导下，参与了当时我国口径最大的红外望远镜——1.26米望远镜的设计工作，并以自己的才华与努力初露头角。

有的人总在不停地找机会，而有的人总被机会找上门来。

崔向群就是这样的幸运者。1985年，她被中国科学院选派赴英国

Jodrell Bank 射电天文台访问学习。在那里，她参加了 38 米×25 米口径射电望远镜和 76 米口径射电望远镜的更新改造工作，主要进行射电望远镜反射面的检测工作和主动反射面板支撑结构设计。她的工作得到了当时的英国皇家天文学家、Jodrell Bank 射电天文台台长、教授 Francis Graham Smith 爵士的称赞。

之后，Smith 推荐崔向群到欧洲南方天文台总部工作，参与了 20 世纪末世界上最大的天文光学望远镜——8.2 米口径光学望远镜阵项目。其间，她与两位同事一起在国际上首次提出并应用主镜本身的自由谐振动模式作为主动光学中的波前拟合和校正的像差模式，从而提高了主动光学校正各种制造误差、重力和热变形误差的动态范围。还承担了8.2 米大口径薄镜面主镜主动支撑系统的设计方案和优化。

就在她干得风生水起之时，突然有一天，收到了苏定强的来信，一行行工整的文字映入她的眼帘。信中苏定强代表王绶琯殷切期望崔向群回国负责光谱巡天望远镜，并介绍了光谱巡天望远镜的情况。

细读来信，崔向群感受到这是一个在国内外都未曾有人涉足过的全新项目，具有极大的难度和挑战性，国内尚缺实施这一项目的人才。而她长期在国外学习工作，积累了一定的科研经验，又具有很强的动手能力，是参与和主持这个项目的最佳人选。更重要的是，崔向群从信中体会到苏定强和王绶琯以及国内的同仁们，都热切地期待她回来为中国的天文事业发挥作用。

崔向群既感到非常高兴，又有些许为难。她手头正有大量工作要做，而且也是出更大成果的关键时候，此时能离开吗？她私下征求外籍老师和同事的意见，但他们无一例外地挽留她，甚至阻拦她，使她陷入了两难境地。

苏定强这边一直在等待着。他对崔向群的情况非常了解，当年她在南京天文仪器厂学习和工作时，虽然苏定强不是指导她毕业论文的导师，但也曾给她上过课，在工作上也有过许多指导，所以也可以说是师生、师徒关系。她出国以后，还经常写信向他汇报学习工作情况，交流信息，请教问题。不过，苏定强也清楚地知道，毕竟目前中国与欧美国家在天文学发展水平上的差距不小，科研条件也有天壤之别，崔向群能否同意回国还是个未知数。

的确，崔向群面临着艰难的抉择。她一遍又一遍捧读苏定强老师的来信，也一遍又一遍地问自己：是留下还是回去呢？

河山只在我梦萦，

祖国已多年未亲近，

可是不管怎样也改变不了，

我的中国心。

……

是的，崔向群虽然身处异国，但仍然保留着一颗改变不了的中国心。她从苏老师来信的字里行间体会到，新的天文项目迫在眉睫，祖国的天文事业需要她参与。她更知道，是祖国培养了她，也是祖国给了她出国深造的机会。显然，在她心中，服务祖国是众多选项中最为重要的选择，振兴祖国的天文事业是她义不容辞的责任。

经过反复考量，崔向群向欧洲南方天文台提出了请辞，并给苏定强回信说，我决定回国了。

（三）

游骑迷青锁，归鸟思华钟。

崔向群携全家回国后，来不及安顿新家，顾不上走亲访友，就到中国科学院南京天文仪器研制中心，向周必方主任报到了。

崔向群刚回国不久，中国科学院基础研究局钱文藻局长在第一次见到崔向群时，语重心长地对她说，LAMOST 就拜托你了！

崔向群深感肩上的担子不轻。不久，褚耀泉、苏洪钧、赵永恒、李国平等人也陆续到位，与崔向群一起组成了 LAMOST 建设团队。

雷厉风行是崔向群一贯的风格，她一头扎进了 LAMOST 的研究之中，很快掌握了项目的主要内容和科学目标，并依据自己掌握的信息和有关经验，开始细化 LAMOST 望远镜的技术方案。

1994 年 7 月，一个国际天文学会议在英国剑桥举办。王绶琯和苏定强派崔向群、褚耀泉前往参加会议。在会上，崔向群对 LAMOST 的科学思想和具体方案作了系统的描述。国际天文学界同仁对其前瞻性的科学思想和独具一格的创新性建设方案给予充分肯定，有的国际一流专家以"激动人心"来表达对 LAMOST 方案的赞许。

这次国际会议后，由王绶琯、苏定强、崔向群、褚耀泉、王亚男等建议人组成的 LAMOST 团队，进一步坚定了信念。但在他们面前，

LAMOST 建议人合影（从左至右分别是：褚耀泉、苏定强、王绶琯、崔向群、王亚男）

实际困难与挑战着实不小。譬如，计划最好采用整块的 5 米和 6.5 米的两块大口径镜面，而整个项目经费只有 2 亿多元人民币，经费缺口很大，因此只能做一个光学系统用两块拼接镜面，这在世界上还没有人做过。更难的是，有一块主动变形镜，既要主动变形又要拼接，精度要求是头发丝的数千分之一，这又是一个世界级技术难题。同时，LAMOST 计划使用 4000 根光纤，是当时光纤数量最多的斯隆巡天计划 SDSS 的 7 倍，如果按老办法一根根地去定位，就无法在短时间完成，也难以实现每晚连续多次观测的初衷，还要花费高昂的运行经费。

面对技术与经费的双重挑战，他们无法回避，也没有退路，只能硬着头皮，步入了披荆斩棘、大刀阔斧的创新之路。

经过方案征集，中国科技大学邢晓正教授等为 LAMOST 提出的分区并行可控式光纤定位方案被采纳。这个创新方案可实现在短时间内数千甚至上万根光纤的精确定位，解决数千根光纤同时在短时间内精确定位的难题。

庆幸的是，他们遇上了有利的"大气候"。

"九五"计划期间，我国决定筹建一批大型科学工程项目，以促进我国国家战略层面高新技术的发展和基础科研水平的提高。中国天文学会、中国科学院数理学部曾向全国天文界征集未来重大天文观测设备建设方案。机不可失，时不再来。当时共有 10 多个重大天文观测设备参选，竞争相当激烈。LAMOST 项目经过天文界的层层评选最终被申报上去。

论证时，有专家认为，LAMOST 方案与科学目标好是好，但技术难度太大，还是适当缓行，采取"先进口、后仿制、再创新"的策略。

而王绶琯、苏定强和 LAMOST 团队坚持认为，创新应当是我们的第一策略。

在后期评审阶段，崔向群向大家介绍了 LAMOST 的六个均为世界首次的创新点：一是主动变形镜的创新思想突破大视场与大口径兼备望远镜的瓶颈；二是拼接镜面主动光学技术及在一个光学系统中同时采用两块大拼接镜面；三是在观测中实时在一块大镜面上同时实现应用拼接和可变形镜面主动光学技术；四是六角形可变形镜面主动控制和光瞳形状变化的波前检测技术；五是4000根光纤单元在焦面上的精确定位；六是多目标光纤光谱技术和大规模光谱仪集成。崔向群强调，我们将聚焦在多年来天文学研究中经过诸多尝试仍未能解决的难题，设计出一个兼备足够大的口径和足够大的视场的天文望远镜，赶超世界先进水平。

LAMOST的总体方案和技术创新意识与前瞻性的科学目标得到了专家评委的高度认同。经层层筛选和评审，最终LAMOST以其独特的优势和创新的理念，从众多的项目中脱颖而出，成为天文界的"宠儿"，正式被立项为国家重大科学工程。

1996年，国家计划委员会正式批复LAMOST项目建议书。批复中要求由中国科学院承担建设LAMOST国家重大科学工程项目。紧接着，国家计委批复了项目的可行性研究报告。

至此，LAMOST建设工程正式启动了。

（四）

LAMOST是一个雄心勃勃的天文项目，要从当时国际上用600多条光纤一次拍摄600多个天体的光谱的水平，提高到用4000条光纤一次拍摄4000个天体的光谱，这将使世界上光谱巡天望远镜的最高效率提高一个数量级。

LAMOST不仅要做最大最多的，还要做最难最强的。其中创新之多、风险之大，让很多国内外同行不敢相信。也有的外国同行断言，LAMOST太难了，中国做不出来。

苏州石刻天文图拓片（托勒密博物馆藏）

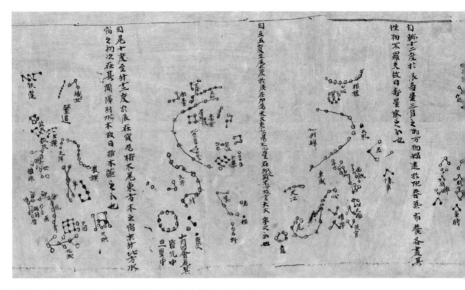

敦煌星图（现藏于大英图书馆，托勒密博物馆供图）

北京古观象台

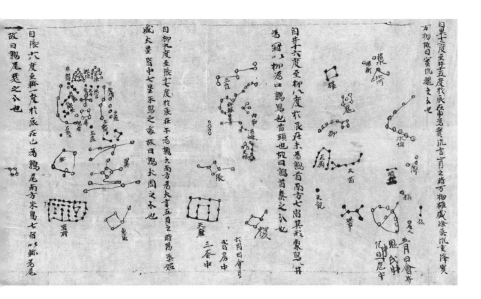

紫金山天文台古代天文仪器

紫金山天文台（陈向阳供图）

郭守敬望远镜

"中国天眼"

"天问一号"火星探测器发射现场

"夸父一号"卫星发射现场

墨子巡天望远镜的首
光照片——仙女座星系
（中国科学技术大学、
紫金山天文台供图）

紫金山天文台盱眙观测站星轨（紫金山天文台供图）

石林星空（刘浩摄影）

国家授时中心

紫金山天文台青海观测站星轨（戴建峰摄影）

紫金山天文台星轨（陈向阳供图）

难是难，但断言中国做不出来为时尚早。明知山有虎，偏向虎山行。在崔向群团队的努力下，LAMOST 工程的各项工作很快有序展开。

1995 年，王绶琯、苏定强、褚耀泉、崔向群、王亚男五位科学家共同发表了《一类大规模光谱巡天大型施密特望远镜的特殊装置》一文，对 LAMOST 的总体方案进行了系统的描述，为 LAMOST 的具体设计和研制奠定了重要的基础。之后又经多次探讨和比较分析，LAMOST 台址定在燕山深处的国家天文台兴隆观测站。

1996 年 10 月，LAMOST 项目工程指挥部成立，项目总经理为苏洪钧。两年后，崔向群被正式聘为 LAMOST 项目总工程师。2001 年，赵永恒任项目常务副总经理，崔向群、褚耀泉任项目科学家副总经理，姚正秋任项目总工艺师，李顾任项目总经济师，张丽萍任项目副总经济师。后赵永恒接任项目总经理，李国平任项目总工艺师。一批具有远大抱负和充满干劲的科学工作者，组成了一支精英团队，负责对整个工程项目的目标、进度、资金和质量进行控制，并保证工程安全。

作为 LAMOST 的项目总工程师，崔向群直接领导 LAMOST 望远镜的设计和研制工作，并亲自承担了其中最重要也是最难的主动光学工作。她清楚地知道，最难的不仅是这个创新方案的提出，更是各创新关键技术难题的解决和实现，特别是主动变形镜的实现是 LAMOST 成败的关键。

崔向群和苏定强一起，经过反复思考与实验，首次提出了一种新型的主动光学方法，即薄变形镜面和拼接镜面相结合的主动光学技术。这成为国际上继美国的拼接镜面主动光学和欧洲大口径超薄镜面主动光学之后的第三种主动光学技术。他们还在国际上首次成功地实现了六角形主动变形镜，以及在国际上首次在一个光学系统中成功地同时采用两块大口径的拼接镜面。

崔向群除主持整个项目的研制外，还作出了一系列重大决策，并亲自负责决策的执行。为验证和实现自主创新的曲面不断变化的主动反射面光学系统的设计方案，她带领项目组进行相关探索与试验，在南京建造了一块 MA 镜和一块 MB 镜的室外主动光学实验装置。这相当于 1 米口径的 LAMOST，包括了光机电各个系统，因此被称为"小 LAMOST"。它涵盖了 LAMOST 的主要关键技术和许多工程技术，还充分考虑到实际应用中可能会面临的诸多难题：在 LAMOST 长达 60 米的光路上，如何消除气流扰动对成像的影响？如何主动校正在跟踪天体的过程中各子镜的各种误差？为此，以崔向群为首的研究团队进行了"大口径主动光学实验望远镜装置"项目的深入研究，经过数年艰辛努力，成功研制出这个 LAMOST 的 1：1 子单元、可模拟不同子镜、可实时闭环和开环跟踪观测天体的主动光学实验望远镜装置"小 LAMOST"。

这个"小 LAMOST"于 2004 年 12 月在南京通过验收和鉴定。这是国际上第一架采用主动光学技术的反射施密特望远镜，实验验证了中国创新的镜面曲面不断变化的光学系统，攻克了大口径薄镜面主动光学的关键技术。这一成果随后被成功应用于 LAMOST，为实现拼接镜面主动光学技术和薄镜面主动光学技术相结合迈出了决定性的一步。

2006 年，项目组成功完成了三块 MB 主镜的拼接镜面实验；2007 年，完成了四分之一面积的 LAMOST 光学系统，即 6 块 MA 子镜和 9 块 MB 子镜，以及全部建筑和圆顶，完整的望远镜跟踪机械和控制系统以及 250 根光纤和 1 台光谱仪的"小系统"中间实验。这两个实验是"小 LAMOST"主动光学实验的进一步延伸，正是基于 1994 年和 1998 年苏定强分别成功开展的"薄镜面主动光学实验系统"和"拼接镜面主动光学实验系统"室内实验系统的基础。

LAMOST 的另一项极为关键的技术是光纤定位系统。它要求把 4000 根光纤在较短的时间内精确对准各自的观测目标。当时国外采用的是较为成熟的光纤定位技术，包括固定打孔定位、磁扣式等。但由于

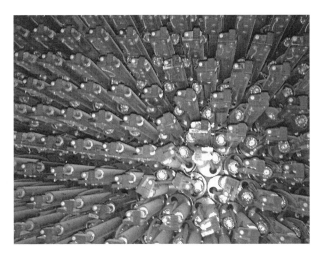

LAMOST 4000 光纤定位器（局部）

LAMOST 焦面的直径达 1.75 米，光纤数目多达 4000 根，而国外当时使用光纤数量最多只有 640 根，他们现有的方案很难直接使用。为了解决这一难题，项目组征集了 10 余个光纤定位系统的方案。

经过严格筛选，LAMOST 工程指挥部组织三家单位进行并行可控光纤定位原理的试验，由中国科学技术大学、长春光机所和沈阳自动化所三家单位分别按照各自的方案制造单个单元试验的样机。这三家单位花了三年时间，于 2000 年 10 月完成了第一批样机。最终，中国科学技术大学提出的"分区并行可控式光纤定位"方案被采用。该方案定位速度快、精度高、加工成本和运行费用低，且可靠性高。

崔向群带领项目组在不断攻关的过程中，实现了重大技术创新。其中主动光学技术和光纤定位系统，是 LAMOST 最关键的技术难点，它直接决定了 LAMOST 的成败。

技术攻关完成后，工程决战随即打响。2004 年 6 月，LAMOST 观测楼在国家天文台兴隆观测站开工建设。中国科学院、科技部、国家天文台和施工单位的有关领导，LAMOST 项目管理委员会、科学技术委员会部分成员，以及项目工程指挥部主要成员参加了观测楼奠基仪式，一起见证这一重要的历史时刻。

建设者加快进度，LAMOST 团队一路跟进。不到一年的时间，燕山深处，一座观测楼拔地而起。远远望去，这栋洁白壮观的建筑在苍翠的山脉中显得格外耀眼。

2005 年 9 月，LAMOST 首件大型设备 MA 机架从南京天文光学技术研究所启运至兴隆观测站，顺利完成安装任务，各项指标均达到设计要求。接着，LAMOST 项目全面进入现场安装调试阶段。

2006 年，整个项目又顺利进入光机电联调阶段。

2007 年 5 月 28 日凌晨 3 点，正在调试中的 LAMOST 喜获首条天体光谱，崔向群和同事们见到了曙光。随着调试的进展，观测系统成功得到了 120 多条天体光谱。这标志着项目各个系统已全部调通，并达到了设计要求的技术指标。

初战告捷之后一年多时间里，LAMOST 项目在小系统的基础上将两块大镜面的子镜数扩展至 24 块和 37 块，将光纤数扩展至 4000 根，将光谱仪数量扩展至 16 台。

24 块 Ma 子镜全部装调完成（李国平供图）

LAMOST 胜利在望。

时任全国人大常委会副委员长的路甬祥获此消息后高兴地说，令我感到欣慰的是，这样一个在国际科学界都值得自豪的创新工程，是在一位女性科学家长达13年的艰苦投入和技术领导下，突破关键技术障碍所实现的，其中的创新、敬业、执着精神也堪称典范。

（五）

又是一个漫山红叶的季节，又是一个值得庆贺的日子。

燕山山脉，山峰挺拔如剑，山势雄奇壮观，仿佛一条巍峨的巨龙蜿蜒而行。其燕山主峰，云雾缭绕，宛如仙境，如诗如画。

一座巨大的白色建筑斜架在燕山南麓山顶，指向天空。

这就是我国自主创新研制的天文大科学装置——LAMOST 望远镜。

2008年10月16日。历经三代建设者的艰苦努力，国家重大科学工程——LAMOST 终于全面建成。

LAMOST

这一天，天高云淡，晴空万里，清新的空气中带着舒适的温度，让人欣喜无比。更令人兴奋的是，国家天文台兴隆观测基地迎来了40周年诞辰的纪念庆典。也是在这一天，国家重大科学工程 LAMOST 项目的落成典礼隆重举行。

为了这一天，多少人付出了长期而艰苦的努力。自 1996 年项目正式启动以来，先后有 100 多人作为项目成员直接参加了 LAMOST 的建设，其中包括国家天文台、南京天文光学技术研究所、中国科技大学、上海天文台、中科建筑设计研究院，以及近二十家承担建设和制造的大中型企业。

苏定强、崔向群等天文学家和建设团队人员一早来到燕山顶上，他们要把自己的心血之作——LAMOST 指向苍穹，献给祖国。遗憾的是，王绶琯因身体原因没能前来参加。

中国科学院常务副院长、LAMOST 工程管委会主任白春礼，中国科学院院士、LAMOST 发起人之一苏定强院士，LAMOST 国际评估专家组组长理查德·艾利斯等国内外领导和嘉宾出席仪式并讲话。接着，白春礼、诺贝尔物理学奖获得者里卡多·贾可尼、苏定强、国家天文台台长严俊等共同开启 LAMOST 圆顶。

LAMOST 落成典礼上，苏定强、里卡多·贾科尼、白春礼、刘艳荣、严俊（从左至右）共同开启圆顶

LAMOST 项目总工程师、国家天文台副台长、南京天光所所长崔向群为前来参加典礼活动的国际评估专家作了扼要讲解——

LAMOST 由我国完全自主创新设计和研制。20 世纪 90 年代初，世界天文学迅猛发展，对此，我国广大天文学家深感责任重大、时间紧迫。著名天文学家王绶琯院士和苏定强院士经过反复探讨与论证，瞄准国际天文研究中大规模天文光谱观测严重缺乏这一状况，并以此为突破点，提出了"大口径与大视场兼备的天文望远镜"新概念，进而对望远镜整体设计提出了创新性的构想。

在中国科学院和天文界的支持下，LAMOST 项目组全体科研人员经过十多年的艰苦拼搏、努力攻关，克服了重重困难，2008 年 8 月按期完成全部硬件安装，开始进行试观测。目前，该望远镜的各项指标均已经达到甚至超过设计要求，在调试过程中单次观测已达到可同时获得3000 多条天体光谱的能力。

LAMOST 已成为我国最大的光学望远镜，也是世界上口径最大、光谱获取率最高的大视场望远镜。它的研制成功使我国的大规模光谱观测处于世界领先地位……

热情而响亮的声音回荡在燕山山脉，撞击着现场每一个人的心，他们为之激动着、兴奋着。

崔向群介绍结束后，领导与嘉宾参观了建成的 LAMOST 圆顶室和观测室，对正在运行中的 LAMOST 予以高度评价。LAMOST 的技术顾问亚丁·梅内尔是美国基特峰天文台第一任台长、国际著名的天文学家和望远镜专家。LAMOST 验收时，他已经 80 多岁，不方便前来，还特意嘱咐他的女儿代表他参加了 LAMOST 落成典礼。他说，我要是年轻一点，一定会在兴隆与你们一起经历这架新概念望远镜建成时令人激动的时刻。

主动光学之父——欧洲南方天文台望远镜专家雷·威尔逊，因为腿不方便没能参加 LAMOST 落成典礼，他的夫人代他前来致辞。致辞中说，LAMOST 不仅开创了将大视场望远镜做得很大的可能性，而且对主动光学做了最先进、最雄心勃勃的应用。LAMOST 涵盖了最先进的现代望远镜技术的每一个方面。

前英国剑桥大学天文研究所所长、美国加州理工学院技术研究所天文学部教授理查德·艾利斯说，光谱是天文研究中最重要的一个方面。过去的五年中，许多成像巡天望远镜开始投入使用，我们不断地意识到我们需要更多的光谱信息才能深入研究天体。现在中国天文界在大视场光谱巡天方面占据了强有力的位置，国际天文同行很羡慕中国可以充分利用这些新的光谱巡天观测结果。

（六）

2009 年 6 月，LAMOST 顺利完成国家验收。验收意见认为，LAMOST 工程以其创新的概念、设计、技术和工艺，开创了中国高水平大型天文光学精密装置研制的先河，成为中国光学天文望远镜研制的又一个里程碑。通过 LAMOST 的建设，为中国研制更大口径、更高水平的天文望远镜奠定了坚实基础。同时，LAMOST 的建成表明中国已具备了用拼接镜面方式自主研制更大口径光学望远镜的能力，并为中国今后主导或参与极大口径光学望远镜的国际合作奠定了坚实的技术基础。

LAMOST 望远镜的建成，不仅在国内外天文界引起强烈反响，也获得了广大天文爱好者的关注与热盼。考虑到科普工作的需要，国家天文台于 2010 年 4 月 17 日将 LAMOST 冠名为"郭守敬望远镜"。

时任中共中央政治局委员、国务委员刘延东出席了冠名仪式，并为"郭守敬望远镜"揭牌。她高度肯定了 LAMOST 已取得的成就，并指出把 LAMOST 命名为"郭守敬望远镜",既是对我国古代天文学先贤的颂扬,也确立了 LAMOST 在当代的崇高地位,不仅可以使我们今人和后人铭记中国古代天文研究史上曾经有过的辉煌,更能激励当代的天文科技工作者奋起直追,勇攀世界天文研究的高峰。她还指出,让这样一个世界级的研究装置能够更好地运行,是为国家天文事业的发展作贡献。

是的,郭守敬望远镜是国际上从来没有过的望远镜类型,是中国天文学家自主创新的新类型望远镜。它解决了大规模光谱巡天必须要有大视场兼备大口径的望远镜的难题,开拓和引领了千万天体光谱的大规模光谱巡天之路。

苏定强、崔向群等天文学家对 LAMOST 情有独钟,时刻关注着它的运行,并在理论研究和实际使用上不断完善与提高。崔向群表示,对她来说 LAMOST 的建成,还不是真正的成功。当它能够产出大量的、有价值的巡天光谱数据,取得一批批天文科学成果,这才是成功,这才是目的。

2011 年 10 月,LAMOST 启动先导巡天。2012 年 9 月,LAMOST 进入为期五年的正式巡天阶段。2015 年 3 月,LAMOST 向全世界公开发布首批巡天光谱数据,之后,更源源不断地产出光谱数据,受到国际天文学界的高度重视。截至 2015 年 5 月底,已经获取了 575 万条光谱数据,成为全世界光谱获取率最高的望远镜,并取得了一系列卓有成效的科研成果。

科学家利用 LAMOST 数据大样本的优势取得了一些成果,直接向传统理论发出了挑战,甚至颠覆了一些沿用多年的"权威理论"。例如,发现银河系盘星的新运动模式并非曾经普遍认为的简单圆周运动;利用 LAMOST 数据精确测量了太阳本征速度,改正了之前低估近二分之一的速度。天文学家希望利用这些发现,对银河系进行更深入的研究。这一系列的研究成果彰显了 LAMOST 数据在天文科学研究中的价值和意义。

2012 年 8 月，对于苏定强、崔向群两位院士来说，是他们人生中最为高光的时刻。国际天文学联合会第 28 届大会开幕式 8 月 21 日在北京国家会议中心举行。这是中国首次承办联合会大会，不仅是国际天文学界更是中国天文学界的一件盛事。崔向群院士以中国天文学会理事长的身份在开幕式上致辞。苏定强院士作为国内外著名天文学家代表在开幕式上作学术报告。

更让他俩和参会者们倍感荣幸与兴奋的是，时任国家副主席习近平出席开幕式，并发表热情洋溢的致辞。致辞中，习近平特别指出，中华人民共和国成立以来、特别是改革开放以来，中国科学院建成了完整的现代化天文台站运行体系，继建成世界上光谱获取率最高的大视场光谱巡天望远镜之后，目前正在建设五百米口径射电望远镜，并在空间天文和南极天文等重要前沿研究领域取得重要进展。

这里讲到的"大视场光谱巡天望远镜"，简称"LAMOST"，就是新中国天文光学事业中两个里程碑之一。

而作为新中国天文光学事业中的两个里程碑——2.16 米望远镜和大视场光谱巡天望远镜的主要研制者，苏定强和崔向群不仅见证了新中国天文望远镜研制的发展历程，同时也在继续创造和见证着新的奇迹。

2023 年，崔向群在一次会议上遇到也参加过 1994 年那次剑桥会议的澳大利亚天文学家昆汀·帕克，他现任香港大学理学院教授、空间研究实验室主任、猎户座天文学研究院副主席。他说，当时会上没有人相信 LAMOST 能做出来，但是你们做出来了，实在令人震惊。之后，他又在《中国日报》上发表文章说，我前不久见到了不知疲倦的中国科学院崔向群教授。她认出了 29 年前的我，当时我们都在英国剑桥，一起谈论过大天区多目标光纤光谱望远镜的概念，而今令人惊叹的是，依据这一概念研制的 LAMOST，已经获取了超过 2300 万横跨北方天空的单个恒星光谱！历史上天文学从未取得过如此重大的成就。当时许多西方观察家对此嗤之以鼻，但就像许多与中国有关的事情一样，事实证明他们错了。期望不仅达到了，而且超出了。

2023 年 3 月 30 日，中国科学院国家天文台发布 LAMOST（郭守敬望远镜）DR10 数据集。该数据集包含 2229 万余条光谱数据，是目前国际上其他巡天望远镜发布光谱数之和的 2.9 倍。至此，LAMOST 成为世界上首个发布光谱数突破 2200 万条光谱数据的巡天项目。在全球 25 个主要地面光学望远镜的科学产出排名中，LAMOST 位列第四，在全球 10 个口径 6 米以上的中大型望远镜的科学产出排名中，LAMOST 位列第三。用 LAMOST 的光谱数据发表的文章中，国外天文学家越来越多，占比已经接近一半。天文学家利用 LAMOST 数据在前沿领域取得了一系列有影响力的研究成果。

在银河系结构与演化方面，利用 LAMOST 数据大样本优势给银河系"重新画像"，银盘半径大小两次被刷新，从增大 25%，到增大到一倍，使天文学家重新审视星系形成及宇宙演化的一般规律；改写银河系晕的结构特征，确立内扁外圆的新结构，推翻了前人关于恒星晕是一个轴比不变的扁球体的猜测，对于理解银河系恒星晕的形成历史和演化提出了新的挑战；发现银河系并合形成的新证据：在运动学空间发现 7 个源自银河系并合过程的新星流，占国际同类发现总数的一半；在化学空间发现了 33 颗丰度不同于普通恒星的"低 α 丰度恒星"，是国际同类发现总数的两倍；利用 LAMOST 数据对太阳附近的暗物质密度进行了重新估算，这对寻找暗物质粒子、理解暗物质在银河系中分布具有重要意义。

在恒星物理研究方面，精确估算了上百万颗恒星的年龄，使具有精确年龄的恒星样本增加了一千倍。为银河系演化研究提供了基础数据；

测量近 6000 颗类太阳恒星的磁活动指数，发现太阳具有与超级耀斑恒星相当的磁活动水平，证实太阳有爆发超级耀斑的可能；首次测量了近 700 颗系外行星的轨道偏心率和倾角，发现约八成的行星轨道都如同太阳系的近圆形轨道，表明太阳系在宇宙中并不是一个特例而是具有一定代表性的，在某种程度上增强了人类寻找另一个地球和地外生命的信心。

在特殊天体搜寻方面，发现了万余颗金属含量低于太阳百分之一乃至万分之一的贫金属星，构建了世界上最大的、适合现有大望远镜跟踪观测的宇宙化石样本；发现了一批极其稀有的、锂元素丰度超过正常值上百倍的小质量贫金属星，对其结构和演化提供全新的理论研究视角；采用视向速度检测的方法批量搜寻宁静态的黑洞，在 LAMOST 数据中发现了一颗恒星级黑洞，打破了依赖 X 射线搜寻致密天体的观测限制；发现 44 颗富锂巨星候选体，构建了国际上一致性最好、数据量最大的高分辨率富锂巨星样本；发现 16032 颗 OB 星，是世界上最大的、准确度最高的 OB 星表，该星表已被作为基础数据用于研究银河系外盘年轻恒星的运动；一次性发现 591 颗高速星，将国际上发现高速星的总数翻倍。

在捕获来自遥远宇宙信息方面，截至 2023 年，LAMOST 类星体巡天成为世界上发现类星体数目第二的巡天项目，仅次于美国斯隆数字巡天（SDSS），已超过澳大利亚两度视场巡天（2dF），为研究类星体光谱变化、发现特殊类星体等研究工作提供了丰富的光谱数据。

如此多的成果，让崔向群兴奋不已。每次成果发布，她的第一反应都是，要把这些好消息立即告诉苏定强。在电话中，苏定强总是以非常平和的口吻对她说，这些消息固然令人高兴，但这样的好消息，或者说更大的好消息，一定会随着时间的推移越来越多。

崔向群知道，苏定强的话语中蕴含着自豪与自信。这时，她透过办公室的玻璃窗，看着紫金山上那令人熟悉的天文观测台的穹顶，似乎也看到兴隆观测站 LAMOST 的穹顶……

高远的太空，永恒的追求。这几年，崔向群往返于南京与北京之间，确切地说，她往返于两地天文观测站之间，继续着她钟爱一生、奉献一生的天文事业，让更多的"巡天之眼"挺立大地、傲视苍穹，造福于人民，贡献于人类。

第二十章
中国天眼

时代楷模南仁东研制国之重器傲视苍穹
超级射电望远镜抢占科技高地领先世界

· 采访札记 ·

立夏天方霁，闲情喜暂舒。在这万物盛茂的时节，我不远千里去寻访"中国天眼"——500米口径球面射电望远镜。我还是第一次身处云贵高原，独特的地貌和壮美的景色让我目不暇接。经过两个多小时的行程，到达了目的地。我先参观了"时代楷模"南仁东先生事迹馆。我一边观展，一边倾听解说员详细而动情的介绍……接着，赶在天黑之前前往实景参观。站在观景台最高层，向下俯视，"天眼"仰卧在青山丛中。目睹心仪已久的中国天眼，我为之震撼，为之动容，为之自豪。

（一）

　　天文研究天时，天时推动天文。当然，天文学的发展也离不开地利与人和，离不开社会经济的发展。

　　1992 年 1 月 18 日至 2 月 21 日，邓小平先后到武昌、深圳、珠海、上海等地视察，发表了一系列重要讲话，重申了深化改革、加快发展的必要性和重要性，在一系列重大的理论和实践问题上，提出了新观点、新思路，将建设有中国特色的社会主义理论与实践大大地向前推进了一步。

　　在邓小平"南方谈话"的鼓舞下，又一个科学的春天轰然而至，天文事业的发展也迎来了大好时机。

　　就在 2.16 米望远镜正式投入运行之时，我国另一项重大科技基础设施项目——500 米口径球面射电望远镜也在酝酿之中。

　　1993 年 9 月，国际无线电科学联盟大会在日本东京召开。北京天文台研究员吴盛殷参加了这次大会。会上，天文学家们提出，抢在全球电波环境严重恶化之前，必须果断作出决策，加快建造新一代射电望远镜，以接收更多来自外太空的讯息。会议还做出了成立国际大射电望远镜工作组的决议。这个工作组由十国代表组成：美国、英国、中国、法国、德国、加拿大、澳大利亚、俄罗斯、印度、荷兰。

　　国际无线电科学联盟大会的这一决定，在国际天文界引起热烈反响。北京天文台副台长南仁东得知这一消息后，迫不及待地去找参会回来的吴盛殷了解详情。

　　吴盛殷告诉南仁东，会上多国代表认为，地球上无线电的大量使用，致使外太空信号的接收越来越受到电波的干扰，如果这样发展下去，人类势必被封锁在自己发出的无线电波中，难以对浩瀚无垠的宇宙进行更深入更准确的探索与研究。所以，大家主张抓紧时间，选择能够避免电波干扰的最佳地区，建设新一代超大型射电望远镜。我在会上也发表了意见，基本赞同这一主张。

南仁东急切地问，打算如何建造这样大的射电望远镜呢？

吴盛殷汇报说，会议专门组织了题为"第三个千年的射电望远镜"学术报告讨论会，探讨 21 世纪射电望远镜的发展。在此基础上，大家提出的初步构想是：建造总接收面积为 1 平方公里的射电阵，由多架望远镜组成阵列。为此，会议决定成立大射电工作组，组织国际射电天文学界探讨这一巨大工程的科学目标，预测其科学产出，确认总体功能指标，提出不同技术路线，比较它们的可行性及造价，并协调既定目标中的国际合作。

了解详情后，南仁东激情满怀，当即表示，我们要抓住这个机会，积极参与，在中国建一个超大型射电望远镜。

从此以后，超大型射电望远镜几乎占据了南仁东的整个脑海，他日思夜想的就是这件事。

他为什么如此上心呢？

南仁东

1945 年 2 月 19 日，南仁东出生在吉林省东辽河上游的辽源。辽源位于吉林中南部，地处东辽河、辉发河上游，因东辽河发源于此而得名。这里环境优美，历史悠久，文化底蕴丰厚。青铜器时代就有人类在此活动，是满族重要发祥地之一，清代被辟为"皇家盛京围场"。

生长在这块土地上，南仁东从小受到传统文化的熏陶，少年时爱看"小人书"，口袋里有几分钱就会到出租连环画的书摊上去看书。也许是过早地看了许多课外书，上学后的南仁东，反倒对课本上的东西不是特别感兴趣。他的学习成绩虽然不错，但并不十分突出。老师赵振声长期观察这个有点特别的学生，觉得无论从哪方面看，他都应该是出类拔萃的呀！

赵振声有伯乐之眼光，更有爱才之热心。一个星期天，赵老师把南仁东叫到自己家里谈话。先是对他鼓励了一番，然后说，我知道你一定看过许多书，听过很多故事，仁东，你对书中哪个故事印象最深？

岳飞精忠报国的故事。南仁东脱口而出。

哦。赵老师笑问道，是从哪本书上看到的呀？能讲给我听听吗？

还是小时候从小人书上看到的。南仁东羞涩道，老师，你肯定知道这个故事。我怕讲不好。

不，老师今天就想听你讲讲这个故事。赵振声用期待的眼光看着他。

南仁东略加思索后，就像在课堂上回答老师问题一样讲了起来：

八百多年以前，河南省汤阴县岳家庄的一户农民家里，生了一个小男孩。也就是在这一天，一群大雁从天空飞过，父母高兴地说，好，儿子的名字有了，就叫岳飞吧。我儿子要像这群大雁一样飞得又高又远。岳飞慢慢长大，到十五六岁的时候，北方的金人向南入侵，而宋朝日趋没落，当权者腐败无能，抗金军队节节败退，国家处在危急关头。

有一天，岳母把岳飞叫到跟前，严肃地问道，现在国家有难，战事紧迫，你有什么打算？

岳飞不加思索，毫不犹豫道，我参军去，到前线与敌人作战，精忠报国！

精忠报国。岳母重复着这四个字，心里十分满意，决定把精忠报国这四个字刺在儿子的背上，让他永远牢记在心。

岳飞二话不说，立即解开上衣，请母亲下针。岳母先在岳飞背上写了字，然后用绣花针小心翼翼地刺了起来。疼不疼？不疼。岳飞说，这点疼痛算不了什么。用了整整半天时间，岳母才为儿子刺好了这四个字。从此，"精忠报国"就永远留在了岳飞的后背上。后来，岳飞以精忠报国为座右铭，奔赴前线，英勇杀敌，立下赫赫战功，成为一代抗金名将。

听完南仁东的讲述，赵老师问道，仁东，你想成为岳飞这样的人吗？

当然想。南仁东说，我也要像岳飞一样精忠报国。

可是，现在是和平时代，用不着你上战场打仗杀敌。赵老师问，那你准备怎样精忠报国？

这，这个吗……南仁东的脸顿时涨得通红，低头道，这个我还没有想好。

赵老师因势利导说道，精忠报国不一定都要在战场上流血牺牲，现在你们好好学习，掌握更多的知识，将来为国家做事情、作贡献，这就是精忠报国。

南仁东默默地听着，自知自己的学习成绩不够理想，浑身上下很不自在。

赵老师并没有批评他，而是说，你学习成绩并不差，但还不是非常优秀。你只要更加专心认真一点，一定会成为一个品学兼优的好学生，将来成为栋梁之材，为国家建设贡献力量。

老师的教诲，打开了南仁东的人生之窗，心里一下子亮堂起来。从那以后，他像变了一个人似的，发愤学习，成绩很快冒尖，在全年级中稳居第一。18岁那年，南仁东参加了高考，以平均98.6分的优异成绩，摘得吉林省理科状元桂冠，顺利考入清华大学，成为辽源地区10年间唯一考入清华大学的少年才子。

拿到清华大学的入学通知书，南仁东且喜且惑：我明明是填报的清华大学建筑系，怎么成了无线电系呢？他对父亲说，能不能向学校要求，还是改回建筑系。父亲却说，国家少一个建筑师，多一个无线电科学家，不是更好吗？现在国家更需要无线电方面的人才。

国家的需求，就是我的志愿。1963年秋天，南仁东愉快地跨入了清华校园。

就在这一年，美国在波多黎各岛建造了305米口径的阿雷西博球面射电望远镜。当然，当时南仁东并不知道这件事，他只知道一心一意投入学习之中。

清华大学无线电工程系建于1952年9月。其前身是1932年建立的电机工程系电讯组。1952年全国进行院系调整，将清华大学电机系电讯组与北京大学工学院电机系电讯组合并为清华大学无线电工程系。自蒋南翔1952年到校担任校长后，学校十分重视无线电工程系的建设工作，确定了无线电工程系要为我国电子工业发展服务的方针，并争取到工业部门对该系建设和发展的支持。经过几年的建设，清华大学无线电工程系成为中国无线电电子学科的开创单位之一。

在这里，南仁东开始接触到大量的无线电知识，初步掌握了无线电技术的基本原理：导体中电流强弱的改变会产生无线电波。利用这一现象，通过调制可将信息加载于无线电波之上。当电波通过空间传播到收信端，电波引起的电磁场变化又会在导体中产生电流。通过解调将信息从电流变化中提取出来，就达到了信息传递的目的。

兴趣有助于学习，学习也能激发兴趣。在学习中，南仁东对无线电技术的兴趣愈发浓烈，他如饥似渴地学习，刻苦钻研，在无线电世界里尽情遨游、其乐无穷。

但是，几年后，"文化大革命"打乱了正常的学习秩序。南仁东与其他北京学生一样，到全国各地去"串联"。先到上海，接着去了广州，又辗转去了四川、陕西和甘肃。起初主要是去看革命圣地，后来又去看少数民族地区。在甘肃，他穿过河西走廊，到了新疆。这里地域广阔，山脉与盆地相间排列，盆地与高山环抱，喻称"三山夹二盆"。北部是阿尔泰山，南部为昆仑山系；天山横亘于新疆中部，把新疆分为南北两半，南部是塔里木盆地，北部是准噶尔盆地。习惯上称天山以南为南疆，天山以北为北疆，哈密、吐鲁番盆地为东疆。南仁东先到了北疆，后越过天山，到了南疆。

真是歪打正着。"大串联"使南仁东第一次感觉到：祖国多么辽阔，山区多么落后，发展多么紧迫。这激发了他强烈的国家意识和为祖国作贡献的愿望。

"大串联"结束后，南仁东回到校园，专业一时学不起来了，他独辟蹊径，自学英语。在教室里学怕被人看到，而宿舍里人多话杂，南仁东不得不到学校的草坪上去自学英语，可学校的草坪常有人来往，或席地而坐，或谈情说爱，或高谈阔论。于是，南仁东只好拿着英语词典，坐上公交车，在车上看音标记单词。这样风雨不误，直至大学毕业。

1968年初冬，大学毕业的南仁东被分配到吉林通化无线电厂。这是个新建的小厂，总共不到150人。这个普通的工厂，成为南仁东人生中一所没有围墙的大学——社会实践大学。

进厂的第二年，厂里接到上级任务，要研发便携式小型收音机。南仁东入选厂科研小组，那年他24岁。这是厂里以前从来没有干过的事，南仁东更是从未接触过。怎么攻克这个难题？他边学边干，把在学校里学习的知识与生产线"对号入座"，把理论与实践相结合，解决了许多难题。他很快成为科研小组的骨干。

经过几个月的攻关，南仁东和技术员、工人一同研发的收音机终于成功了。"向阳牌"收音机走俏全国，成为当时著名品牌。这是南仁东第一次参加新产品的设计研制，第一次实现了把知识变成技术、把技术变成产品、进而变成商品的全过程。

小小的通化无线电厂，成为南仁东成长的摇篮。

（二）

"文革"结束了，光明到来了。

年过而立之年的南仁东看到了希望，精神为之一振。他抓住 1977年国家恢复高考的机会，再次捡起书本，加入了"高考大军"。不过，这次他报考的是研究生。一年后，南仁东被中国科学院研究生院录取为天体物理专业研究生。导师是中国现代天体物理学的奠基人之一——王绶琯。

名师出高徒。在此期间，南仁东在现代天体物理学和射电天文学观测研究方面取得了长足的进步。同时，他也深感中国古代先进的天文学在近代严重落后了，自己有责任改变这一面貌。

1981 年他获得硕士学位，之后被分配到北京天文台工作，并继续攻读博士学位。

随着我国改革的一步步深入，中国的国门霍然打开。

1985 年，秋冬之交，南仁东去苏联访问了两个射电天文台，其间，他想去奥斯特洛夫斯基的家乡看看。学生时代，他喜欢阅读文学作品，最打动他的就是《钢铁是怎样炼成的》。他一直为保尔·柯察金的英雄行为所感动。他去了。那里有他青年时代的英雄情结，有他在心里默诵了多少年的那段话——

> 人最宝贵的是生命，生命对于我们只有一次。一个人的一生应
> 当这样度过：当他回首往事的时候，不因虚度年华而悔恨，也不因
> 碌碌无为而羞愧……

博士毕业后，南仁东被派去荷兰做访问学者，后被日本国立天文台聘为客座教授，拥有先进的科研条件，拿着很高的薪水。这期间，他参与了 10 个国家的大型射电望远镜计划，以多项优秀科研成果赢得了国际天文学界的赞誉。

身处国外，即便洋装穿在身，即便有人说他长得像日本人，但南仁东始终怀抱着一颗中国心。

南仁东的中国心，就是要用自己学到的知识、掌握的本领，精忠报国。1993 年，他放弃了国外优厚的条件选择回国，就任中国科学院北京天文台副台长。那时，他在国外一天的收入就抵得上在国内一年的工资，差距实在太大了。很多人说他傻，不合算。他却淡淡地说，在我眼里，金钱衡量不了人的价值，把知识和技能用于国家建设，才是人生最大的价值！

就在他回国后不久，恰逢国际无线电科学联盟大会作出建造新一代大型射电望远镜的决定成立了国际大射电望远镜工作组（LTWG）。多年参与国际射电天文学研究与实践，使他深知多国联合建造大射电望远镜的意义重大！

善于发现机会，更要及时抓住机会。南仁东说，别人都有自己的大设备，而我们没有，我挺想试一试。如能争取到，将极大地提高我国天文学乃至基础科学的研究水平。

但是，多国都在争取，我们有希望争取到吗？南仁东一面向中国科

学院提出积极争取让国际大射电望远镜建到中国来，一面开始联络更多天文学家共谋此事。

听说南仁东要让国际大射电望远镜建到中国来，有人赞同，有人惊讶，更有人私下议论，南仁东是不是疯啦？

其实，这议论既无恶意也不夸张。因为这个构想在当时无异于异想天开，难度实在太大了！

业内人都知道，美国在1974年就建成了305米口径的阿雷西博射电望远镜。而近20年过去了，到1993年，我国刚刚在新疆乌鲁木齐南山建成的最大的射电望远镜还只有25米口径。这差距是多么大！

是的，我们的落后是明摆着的。南仁东说，正因为落后，正因为困难，我们才应该奋起追赶，才需要翻山越岭。

话是这么说，但国家会批准吗？是不是只有你一厢情愿？

没有一厢情愿，哪会积极争取？南仁东坚定地说，我们必须争取两条：一是大射电望远镜的台址必须在中国，二是中国不出资或者少出资。

那么，拿什么去争取呢？南仁东没说，因为他知道光说没有用，行动是最好的答案。说干就干。他立刻着手联络一批天文学家，以中国科学院北京天文台为依托，主动开展国际大射电望远镜计划的中国推进工作。

首先是联系多家科研单位和生产部门，对可能建设大射电望远镜的地区进行初步摸底。在总参四部、遥感所、紫台青海站、亚卫通公司、乌鲁木齐天文站、北京大学等单位协助下，一批候选区域经过比较与筛选基本确定，它们是：川西高原、柴达木盆地、准噶尔盆地、内蒙古草原、青海湖南部地区、浔江冲积平原、云南师宗县北部区域等。

接着，南仁东亲自动手写建议书。他属鸡。他笑称自己是"鸡扒命"，如同鸡东扒西啄一样，整天奔波忙碌，却不可能享受富贵荣华。

他认命了，在鸡年的最后一天，南仁东还在办公室里加紧收集和研究资料，包括与多国同行通邮件。黄昏时候，节日的鞭炮声惊动了他，但他还是迟迟不肯回家，趴在桌子上埋头奋笔疾书……

冬去春来。北京天文台的院子里，树木形成了一圈漂亮的新绿。

新绿预示着新的希望。经过几个月的努力，南仁东拿出了一份长达17300多字的《大射电望远镜国际合作计划建议书》。当然，这不是他一个人的建议，而是一批怀有大射电望远镜梦想的天文学家的共同构想。这些建议人是：北京天文台的南仁东、吴盛殷、马骏、颜毅华、余庆、蔡正东、彭勃，紫金山天文台的韩溥、徐之材，上海天文台的蒋栋荣、梁世光、张秀忠。还有三位顾问：李启斌、王绶琯、叶叔华。李启斌时任北京天文台台长、中国天文学会理事长、英国皇家天文学会会员。王绶琯和叶叔华都是中国科学院院士。可见，这是一个具有真知灼见和科学精神的团队。

"我们是谁？我们从哪里来？茫茫宇宙中我们真是孤独的吗？人类之所以脱颖而出，从低等的生命演化成现代这样，出现了文明，就是有一种对未知探索的精神。"

南仁东的这番话，道出了这个团队的心声，显示了他们的视野。

他们看到了一个新的天文学时代已经到来。20世纪，由于射电天文学的发展，人类打开了过去几千年看不见的宇宙，重新思考人类在宇宙中的位置、人类的未来。新的发现、新的展望，都强烈地呼唤着新科技的出现，以更好地扩展人类的视野。从古至今，为探索宇宙奥秘而产生的新科技，都不仅仅是用于探测我们头顶上的天空，它会像祖先当初发明的一切科学技术那样，作用于人类的日常生活。现在，一个新的天文学时代已经来到我们面前，就必须勇敢地去拥抱它。

他们看到了国际天文学前沿的最新动向。20世纪进入最后十年，印度天文学家提出了"国际射电天文望远镜"的概念。英国继多单元无线电连接干涉网改造之后，提出了"氢阵"的建议。美国也将把几个小望远镜联合起来，达到一架大望远镜的观测效果，或者建造巨大射电望远镜。荷兰天文学界经过几年讨论和学术论证，已确定把新一代射电望远镜列为 1997 年后最优先考虑的项目。在澳大利亚、加拿大、俄罗斯、日本等国，天文学家也在考虑和讨论下一代射电望远镜的各种设想。

他们看到了我国在天文学上的巨大差距。美国于 1980 年建成的由 27 台 25 米口径天线组成的巨大天线阵，一直活跃在射电天文研究的前沿。我国的邻居印度，1994 年在赤道附近建成了巨米波射电望远镜。它由 30 台 45 米口径的旋转抛物面天线组成，其灵敏度超过了美国的巨大天线阵，成为世界之最。而我国当时最大的射电望远镜口径只有 25 米。如果再看看美国、英国、德国、荷兰、日本、澳大利亚新建起的射电望远镜，我国更是落后得太远。

这是多么严重的情形，多么严峻的挑战啊！

显然，中国的天文学家不甘示弱！所以，他们在建议书中开宗明义地指出：我们的国土可供选择的各种地形地貌、相对廉价的劳动力构成了参加这一国际合作的优势。我们应当全力参与 LTWG 的工作，在其中做出尽可能大的贡献，并最终争取把这个多国合作投资的大射电望远镜建在中国。

在分析了机遇和对策后，建议书分析了天文学在当前的发展与前景：射电天文学在诞生后的 60 年中，已成为几乎所有天文重大发现的发祥地，诺贝尔奖的摇篮。世纪之交，一批有更高灵敏度、分辨率、更完整波段的大型射电望远镜将相继投入运行，显示出这一新兴学科的强大生命力与蓬勃发展的前景。参与这一计划的得益是多方面的，它将极大地提高我国天文学体系的建设水平，同时将会提供更多机会去接触、学习与消化国外最新的无线电、天线制作、通信、计算机、材料与工艺等先进技术。

最后，建议书呼吁：澳大利亚、印度和中国估计将是最终被选定台址的主要竞争者，我们希望在这场竞争中，积极参与 LTWG 的全部会议和工作、研究与试验，进行广泛而深入的可能台址普查、候选台址的实测，最终拿出有竞争性选址结果，争取定址在中国。在全部预研究过程中，希望得到政府和有关部委的大力支持和帮助。我们认为，赢得这场选址竞争的意义，特别是其长期效应，可以与争办 2000 年奥运会相比。

这份建议书洋洋万言，字字千钧，其中的每个字，都是南仁东他们呕心沥血的结晶。它代表着中国天文学家在新的天文学时代到来之际改变落后状况的强烈愿望。

这愿望，如地动山摇，震撼人心。

这愿望，像惊涛骇浪，震动业界。

1994 年春夏之交，由南仁东主持起草的建议书得到了中国科学院的重视与支持。随即，国际上简称"大射电望远镜（LT）计划"的中国预研究工作正式启动。

（三）

万事开头难。难于上青天。

头在何方？难在何处？南仁东心里当然非常清楚。建造一个超大型天文望远镜，首先是选择合适的地址。虽然在建议书中列举了一批候选区域，但只是初步确定的一个很大的选择范围，在这么大的范围内确定符合众多条件的具体地址，无异于大海捞针。更何况，即便在这么大的范围内也不一定选到合适的地址。

那么，大海捞针怎么捞呢？多年在国外工作的经验告诉他，靠人满世界去找显然是不可能的，必须依靠现代科技——遥感技术。非常之功，必待非常之人。南仁东决定到中国科学院遥感应用研究所招兵买马。于是，南仁东、邱育海、颜毅华和彭勃一起来到遥感所大楼，与该所所长童庆禧推荐的聂跃平面谈。

聂跃平，1958 年生于贵州省独山县。1974 年高中毕业后，到上道公社当知青，度过了两年农村艰苦岁月，得到很好锻炼。除了积极劳动外，他在煤油灯下抓紧看书学习。由于各方面表现良好，两年后被推荐到贵州工学院学习。1980 年，大学毕业后分配到贵州地矿局科研所工作。其间有三年参加了"黔南岩溶研究"项目，他跑遍了黔南的山山水水，并参与研究报告的编写，对黔南岩溶发育的独特现象有了感观和理论上的深刻认识。1988 年，而立之年的他考入南京大学攻读硕士研究生。两年后又提前考上我国著名地理学家任美锷院士的博士生，仍然专研岩溶。1993 年获得博士学位。接着又到中国科学院遥感应用研究所攻读博士后，导师是我国遥感奠基人陈述彭院士。在中国科学院接触到了遥感技术这个全新的领域，使他对地学的认识从地面平台转到了空间。

走进会议室，聂跃平看到 4 个专家模样的人坐成一排，就拘谨地坐到他们的对面，像接受面试一样，作了简单的自我介绍。南仁东笑道，你的情况童所长都与我说过了，这里我要向你介绍一下，我们几位都是北京天文台的，正在做我国超大型天文望远镜的预研究工作，今天想来请你帮忙。

不不不，我是后学。聂跃平谦逊道，南台长你们有什么要求尽管吩咐。

南仁东不再客套，给聂跃平介绍关于我国正在争取建造一个超大型天文望远镜的情况，讲了第一步是要选择合适的地址，并告诉他经过初步摸底，打算去川西高原、柴达木、准噶尔、鄂尔多斯等地选址。

聂跃平问，要选择怎样一个地址呢？

这个地址的要求很高。南仁东详细解释道，人们通常所说的天文台，一般指的是利用地面天文望远镜来观测各类天体的天文观测基地，分为光学天文台和射电天文台。无论是光学的，还是射电的，都需要考虑气象因素，但射电天文台更注重地理位置，也就是地址应远离人口密集的城市和工厂、矿厂等，因为工厂、矿厂排出的粉尘会增加大气吸收，无线电发射台发出的电波会影响射电观测。而且我们这次选址还有一个特殊要求，说白了，关键就是想找一个合适的大坑。

大坑？聂跃平问，要怎样的大坑？

要尽量圆。直径起码要在三百米以上。这样我们就省得花费大量的人力物力去开挖。南仁东补充道，当然地质一定要稳定，避开地震带。最主要的是，没有无线电干扰。而且要偏僻，远离人群聚居区域，但是也要是容易去的地方。

什么意思？聂跃平不解地问，既要无人区，又要容易去？

是啊。南仁东幽默道，喜马拉雅山是无人区，但我就没法去呀。

南仁东的话让大家都笑了。这一笑，现场的气氛顿时活跃起来。南仁东不笑，他急问，你能帮我们找到吗？

聂跃平坦率道，我没有这个本事。但我有遥感技术。

我们就是看中这一条。南仁东说，我对遥感技术略知一二，但具体应用一窍不通。

聂跃平介绍说，遥感是一门先进的、实用的探测技术，应用十分广泛。特别在测绘方面，已从根本上改变了测绘工作情况，不仅提高了工作效率，也提高了测绘精度。在地学方面，为地质、地理、环境科学等方面的勘测提供了新的手段和最新资料，为自然资源的开发利用创造了有利条件。

那就好！南仁东高兴道，用上遥感技术，哪怕是大海捞针，我们有定海神针！这样，我们立即在川西高原、柴达木、准噶尔、鄂尔多斯等地进行一次拉网式探测。

聂跃平却问，为什么不去贵州找？

贵州？南仁东问，为什么去贵州？

聂跃平说，我认为去贵州找，可能会找到更合适的大坑。

为什么？南仁东追问，难道贵州会有更能满足多项条件的地方？

除了你讲的那些条件，我不知你们考虑到其他问题没有？聂跃平说，比如这么大的一个大坑，应该有个排水问题吧？

想过。南仁东说，没有排水系统，下了暴雨，大坑就成水库了。

所以，我建议先在贵州找。聂跃平解释说，虽然贵州雨水不少，但喀斯特地貌留不住水。贵州山里的大坑，会自动排水。

南仁东眼睛顿时一亮，你对贵州很熟悉嘛。

是的。聂跃平说，我在贵州做了多年的喀斯特研究，发现这里地上留不住水，而地下水流滚滚。在这样的地方找一个大坑，不是更适合你们作为巨型天文望远镜台址的要求吗？

谈到这里，南仁东对这位年轻人刮目相看，他不仅懂遥感技术，还熟悉地质地貌，关键是有思想、有主见，是一位难得的复合型人才。遥感所派来的这个年轻人不简单。就是他了。南仁东心里这么想，嘴上也这么说，听你的，就去贵州，抓紧去，先去摸个底。可以吗？

聂跃平爽快道，可以，我马上就去帮你们找！

说走就走。聂跃平火速赶往贵阳。

他是带着重托去的。南仁东的话语一直回响在他的耳旁：要把国际大射电望远镜争取到中国来落户，能不能选好一个理想的台址是关键。

他是带着责任去的。自己研究喀斯特地貌多年，现在学了遥感技术，能将二者结合起来，为家乡的岩溶地貌作点贡献，这是他学以致用的追求。他已经 36 岁了，早就过了而立之年，应该有切实的目标、切实的作为。这正是自己的责任所在。

在贵州省科委的协助下，聂跃平先后考察安顺地区、黔南州和义兴地区。每天翻山越岭、早出晚归，跑了一个多月，看了几十个洼地，勘察、拍照、做记录、查资料，掌握了初步的第一手资料。陪同一起考察的普定岩溶站站长幸访明，多次劝聂跃平休息调整一下，而他总是说，北京有人在等着他的考察结果呢！

回到北京，立即汇报。南仁东劈头就问，贵州有没有选址的可能？

有。聂跃平胸有成竹道，可能性很大，或者说完全有可能。

我就只要你这句话！南仁东又问，是不是我们确定在贵州找就可以了？

是的。聂跃平补充道，只要在贵州的一定区域内找就可以了。

那就好！南仁东问，你这次下去，在野外多少天？

30多天。聂跃平有些不明白，你问这个干什么？

给你补贴。南仁东说，我这儿有点钱。

聂跃平说，我回单位报销就是了。

不需要，就在我这里拿。南仁东告诉他，这个项目还没有经费，我这个副台长有点儿机动的小钱。

聂跃平纳闷，便说，这么大的项目，没有固定经费支持，那怎么行呢？

是啊。我们只能一边争取项目，一边争取经费。南仁东说，所以，要请你抓紧做两件事，一是写个关于大射电望远镜中国贵州选址的调查报告，二是给中国科学院院长周光召写信，请求对大射电望远镜选址给予启动的经费支持，让这件事开展起来。

按照南仁东的要求，聂跃平写完调查报告后，就给周光召写了信。他心想，周光召既是院长，又是我国"两弹一星"元勋，他写信会有作用吗？不料，没过多长时间，周光召就给大射电望远镜选址批了六万元的启动经费。在当时，六万元不算多也不算少，已经算是破例，而且确实足够用来启动了。这对南仁东团队是一个巨大的支持与鼓舞。

不久，大射电望远镜推进工作十国工作组会议在荷兰召开。吴盛殷带着聂跃平撰写的《大射电望远镜中国贵州选址的调查报告》去荷兰参加会议。这个报告详细介绍了贵州的地质地貌——

贵州位于云贵高原，境内山脉纵横，群峰叠嶂，绵延千里。其地势西高东低，自中部向北、向东、向南倾斜，平均海拔在 1100 米左右。高原素有"八山一水一分田"之说，其地貌可分为山地、丘陵和盆地三种基本类型，山地和丘陵占到 92.5% 的面积。这里的喀斯特面积109084 平方千米，占全省总面积的 61.9%，构成一种特殊的岩溶生态系统。

调查报告最后写道，经实地考察，这里符合大射电望远镜选址的条件，并已初步查明，有几十个可供选择的"洼地"……

中国提交的调查报告得到会议的充分重视，与会代表对贵州地质地貌表现出极大兴趣。

国际上看好，国内也就加快了推进的步伐。这次会议之后，中国科学院成立了国际大射电望远镜中国推进委员会，南仁东担任主任。聂跃平被任命为选址组组长。

（四）

1994 年 10 月，大型射电望远镜选址工作全面展开。万里长征跨出第一步。

南仁东带领科研人员随聂跃平奔赴贵州。贵州省政府对此高度重视，主要领导亲自接见了南仁东、聂跃平和选址团队，表示贵州省对这个重大科技项目在贵州落地热切期盼、全力支持。

南仁东实言相告，这件事还处在保密阶段，而且选址工作才刚刚开始，八字还没有一撇，你们别抱有太大的希望。

领导却说，无论希望大小，我们都抱有极大的希望，都会全力支持。

领导的表态让南仁东、聂跃平他们甚为感动，都愿意将此项目落地在贵州。尤其是聂跃平，他生在贵州，很想以此来回报家乡。但他知道，科学工作不能感情用事，必须用考察结果说话。

考察的第一步是应用遥感技术。贵州 61.9% 的土地为喀斯特地貌，莽莽万山深处，要找出最理想的洼地，没有目标，是不行的。他们通过遥感技术，在遥感图像上捕捉到了 3000 多个洼地。显然数量太大了，必须缩小寻找目标。而当时遥感的分辨率不够高，只能大概知道在哪一片，把它圈出来。接着，聂跃平他们用遥感技术反复搜寻、甄别、分析，同时进行实地考察，进而建立数据库，存入 200 米、300 米到 500米口径的"大坑"300 多个。在此基础上，综合分析研究，反复比对，最后筛选出 100 多个。

不能再筛了。南仁东提出，就在这 100 多个"大坑"里一个个去选，一个个去跑。

聂跃平表示赞同，说就让我们一个个去跑吧。

不。南仁东说道，我跟着你们跑。要是漏掉最好的，我死了还会在这里转。只有去现场，才能获取各方面的详实数据，才能把地址确定下来。

他们坐着吉普车，开始穿梭于万山丛中。但很多地方没有公路，车开不进去，那就只能步行了。短则几公里，长则几十公里。不论去哪里，总有县乡村的干部和当地农民带路。没有路的地方，农民兄弟就用柴刀在丛林中劈出一条路来，正所谓"披荆斩棘"。年过半百的南仁东总是行进在队伍的前面，有时还唱起他年轻时代唱过的歌：

我们走在大路上，意气风发斗志昂扬，共产党领导革命队伍，披荆斩棘奔向前方……

在艰难跋涉的路上，南仁东几次对身边的人说，我们是在重走长征路。

是的，他们在长征，他们在跋涉，他们在不到一年的时间里，先后跑了一市两州——安顺、黔南、黔西南的30多个县，还跑了毕节的黔西等地。

道路在延长，范围在缩小。1995年春，经过多方考察与比较，南仁东和聂跃平把目标大抵锁定在安顺普定和黔南平塘两县。选址的成果，促使南仁东想把1995年度的国际大射电望远镜工作推进会放到中国来开，让国际天文学家到贵州亲眼看一看，以争取他们的认可与支持。

南仁东如愿以偿。1995年10月2日，大射电望远镜工作组暨球状射电望远镜国际会议在贵阳开幕，迎来了30多位国际著名天文学家。南仁东是这次国际会议的主席，他致开幕词并宣读了国家科委副主任徐冠华院士的贺信。

两天后，参会天文学家们坐大巴到达平塘县者密镇六硐村熊桥洼地考察。他们全部爬上了400米高差的熊桥洼地。荷兰天文学家理查德已是第二次来贵州考察，他第一个登到山顶，看到熊桥洼地时连说："Very good！Very good！"

专家们登高远望，看到连片的岩溶洼地群，异常兴奋，详细询问了洼地的分布、几何形态、地质结构等，南仁东和聂跃平都详细作了介绍。次日，专家又到普定县考察。

这次国际会议期间，实地考察共6天。10月5日，贵州省省长举行招待晚宴。国际大射电望远镜工作组组长手举酒杯，即兴说道：

南仁东带领外国专家和工作人员实地考察

贵州人民内在和外在的美，你们的善良和热情好客，你们的舞蹈、歌声，和世界上独一无二的贵州风光一起，给我和参会的 LT 成员留下了非常深刻的印象。我们这些研究天空的人，虽然没有大笔金钱，但我们有自己的思想、自己的梦。这些梦，常常会在辛勤的劳动之后，变为现实。

他的讲话，包含着深深的期望，也包含着真诚的祝福。

这次国际会议的成功召开，使大射电望远镜这个国际项目争取到中国来，几乎达到了一个最佳点。

一鼓作气，南仁东和聂跃平继续寻找和论证最佳台址。

1996 年的一天，聂跃平和遥感所的朱博勤，还有两个镇干部，一起去寻访从未去过的平塘县克度镇大窝凼。从克度镇出发去大窝凼，有一条依稀可见的小路，弯弯曲曲十多公里。清晨一大早就出发，走了近 5 个小时。过了一个坳口，发现里面别有洞天，好像进入另一个世界，大窝凼就藏在这个绿树与怪石并存的世界里面。又走了将近一半的路，才到达被绿树掩映着的大窝凼跟前。

啊，一个巨型天坑！

看着这个天坑，聂跃平对同行人说，古人造字很形象，凼字的意思，就是四周有山，在一个巨型大坑的底下有水。这时他想到，南仁东曾反复说过，要找到可以放下500米口径望远镜的巨坑。这个大窝凼不就是这样一个天造巨坑吗？他初步测算，直径够500米，而且比较圆。

听了聂跃平关于大窝凼的介绍，南仁东急不可耐地要去看现场。

站在群山中的一块高地上远远望去，眼前是喀斯特地貌所特有的一大片漏斗天坑群——它就像一个天然的"巨碗"，足足有30个足球场面积那么大。而且，这里的喀斯特地质条件，可以保障雨水向地下渗透，而不在表面淤积。还有，这里处在群山环抱之中，可以确保环境宁静，不受电磁波的干扰。

这真是"天上掉下个林妹妹"。

南仁东看了又看，不禁惊呼道：就在这里了！

大窝凼洼地原貌

虽然选到了合适的地址，但要把平方公里阵列射电望远镜（SKA）这个国际大科学工程项目真正争取到中国来，难度是非常大的。这个项目需要会聚多国的财力、物力和科技力来联合实施，所以需要得到多数国家的赞同与支持。

客观来看，中国争取这个项目是有优势的。南仁东心里一直在盘算着，他自信我国有三个优势：一是地貌。美国的阿雷西博就是建在北美和南美之间波多黎各岛的喀斯特地貌上，它的好处是，可以减少巨大的开挖量而节约大量经费，而且它有天然的渗水功能。贵州的喀斯特地貌面积广、洼地多、地质好，非常适合这个国际大项目。虽然南斯拉夫也有喀斯特洼地，但该国已经解体，地区政局不稳，战事频发，国际项目不可能放到那里去。二是无线电环境。贵州的一些地区群山环抱，工厂相对稀少，基本上没有无线电的干扰。而欧洲没有安静的无线电环境。日本电子技术发达，但地理环境、地质条件、无线电环境都满足不了。三是维护能力。建造 SKA，不仅需要地理环境、无线电环境，还需要能够长期维护的行政力。我国一旦决定在贵州某地建个无线电安静区，行政力、执行力是最强的。

正是具备这些优势，南仁东才锲而不舍地追求。但是，南仁东亦知其难。参与的各国提出了多种可能的技术路线，可归纳为"大口径小数量"和"小口径大数量"两类。前者由中国和加拿大倡导，后者由荷兰、美国和澳大利亚等多国倡导，他们占多数。南仁东从多种渠道获得信息，多数国家对中国搞这个项目不表态。不表态就是不支持。

不能吊死在一棵树上！南仁东逐渐意识到，不能把宝完全押在争取 SKA 国际项目上。他想起了年轻时在通化厂搞"向阳牌"收音机、电视发射机的情形，那时尚且能够自力更生，现在反而不能了吗？

不！一个强烈的想法在他的脑海里产生：独立建造一台 500 米口径的大型射电望远镜！

英雄所见略同。南仁东的想法很快得到了大射电望远镜中国推进委员会一大批专家的认同与支持，并经反复磋商，正式提出了我国独立自主建造一台世界最大单口径球面射电望远镜的设想。

消息传出，国际天文界为之震惊，有人称之为"野心勃勃的计划"。

1998年夏天，南仁东亲自为中国大射电望远镜——FAST设计了徽标。

1999年3月，中国科学院知识创新工程首批重大项目——大射电望远镜FAST预研究正式启动。

这是一个重大转折。南仁东称，我们这个计划，不是野心，而是雄心。从某种程度上讲，FAST是被SKA逼出来的，同时我们也用FAST逼一下SKA。

在南仁东心里，这个计划只是他雄心的底线，而他主持的大射电望远镜中国推进委员会并没有放弃争取国际SKA计划。只是这计划中那个大的望远镜变成了500米口径的，周圈还有分布在数百公里范围内由30多个300米左右直径天线构成的阵列。

这真是一个天大的计划！南仁东准备用这个计划去参与国际竞争。

为此，他与他的团队开始了新的长征。

然而，接下来的路比寻找地址更加艰难。南仁东他们压力剧增。最大的压力当然是资金。金钱不是万能的，但没有金钱是万万不能的。虽然FAST预研究得到了中国科学院的大力支持，但这个最早由世界天文学家提出的国际计划，一开始就认为需要多国从资金到技术的共建。如果中国独立建造，那只能是"国家工程"，仅靠中国科学院是不够的。在FAST正式立项之前，中国科学院想方设法多次给了预支经费，但因为还有很多前沿项目需要支持，能给予FAST的犹如杯水车薪，只是支持应急之用。要系统地把预研究做下去，怎么办？

天无绝人之路。就在南仁东一筹莫展之时，有人建议他，不妨去找找国家自然科学基金委员会，它里面有个数学物理科学部，辖数学、力学、天文学、物理学四大门类，与其他科学部所属学科门类有广泛的交叉。数学物理科学部鼓励申请者提出学科交叉领域的研究项目，积极组织跨学部的交叉重大项目和交叉重点项目，组织有利于促进交叉的学术交流和讨论以及相关的预研究。

南仁东一向孤傲，从不肯求人，对于争取资金这种事更是一窍不通。但这次他不得不考虑这个建议，便问，去找谁？

你去找汲培文。有人告诉说，他是国家自然科学基金委员会数学物理科学部常务副主任，很有公心，肯定会认真考虑你的这个项目。要是得到资助，金额可达上百万元。

上百万元对于 FAST 来说，并不是一个很大的数字，但此时对南仁东还是很有吸引力的。他太缺钱了。他决定去求人试一试。

这个万事不求人的大专家，这次出发去找汲培文的时候，竟然还有些忐忑不安。令他意外的是，汲培文热情接待了他，很认真地听了他的汇报，并问，你希望资助多少？

南仁东试探道，能不能给个 100 万？

给你 200 万吧。汲培文说，请你们写个申请给我们，我们还是要在论证后研究决定的。

南仁东喜出望外，而他竟忘了对汲培文说声谢谢。

在经过了调查和论证后，FAST 获得了国家自然科学基金委员会的 200 万元资助。南仁东逢人便说，FAST 得救了！

有了资金，预研究得以展开。FAST 工程有六大系统，其中有一个叫"主动反射面系统"，有人把它比喻为"天眼的眼珠"，也有人称之为"视网膜"，它是用来接收宇宙信号的。这个"眼珠"要高悬在 150 米的空中，且需要用专门设备来使那"眼珠"转动，这设备被称为"并联机器人"。

这个系统的总工程师叫王启明。他 2000 年夏天参与到预研究中，那年他 39 岁，正在清华大学做博士后，研究的就是"并联机器人"方面的课题。现在他要启动建造 FAST 的 30 米口径索网结构缩比模型。这是 FAST 项目在国内立项或者到国际 SKA 计划中去竞争的必要基础工作。

这项工作选点在国家天文台密云观测站的一片空地上。从北京城区到密云观测站，汽车要走三四个小时。王启明只好住到了建造缩比模型的现场。这是一个创新性的应用，不是在纸上写论文，而是要用材料做出实物来，极具挑战性。王启明带着他的团队，风餐露宿，昼夜奋战，进行着"并联机器人"样机的研制工作，仅用了半年的时间，就完成了 FAST 的 30 米口径索网结构缩比模型的建造任务。

看着这个模型，南仁东看到了一丝希望，他高兴地对大家说，王启明名副其实，为我们这个项目开启了光明之路！

（五）

然而，又是然而，光明之路也是一条漫长而曲折之路。

这个 500 米口径的世界最大的球面主动反射望远镜，同时作为国际 SKA 计划的一个单元，尚在争取中。在国际 SKA 计划还没有结果的时候，等待结果似乎是很正常的。于是，FAST 便长时间处于罕见的预研究状态。

不仅时间长，难度也越来越大。FAST 这样巨大的工程，涉及的学科的广度、深度可以想象，还涉及学科之间的交叉，相当一部分领域缺少可借鉴性，必须在探索中寻找道路……

从 1993 年得知国际 LT 计划开始，到 2005 年，12 年过去了，但 FAST 项目还是在长路漫漫的预研究中，南仁东还处在困境之中。

而让南仁东最为困惑的，是来自国内外人士的不解与攻击。

美国方面传出声音：FAST这样巨大的工程，在当今已经过时了。

国内有人竟出来呼应这种声音：大，不等于先进。

甚至有人苛刻道：就让这个"钓鱼计划"慢慢钓吧。

更有甚者攻击说：FAST是个虚假计划、烧钱项目。

内外交困的南仁东感到了无奈无助。于是，他写信去征求一位外国友人的意见，得到的回答是，你们连汽车发动机都做不好，怎么能造大射电望远镜？

这位外国友人的话并无恶意，但着实刺激了南仁东的心。他不服，想当年研制"两弹一星"的科学家们，在中国的科技、经济条件都很落后的情况下，却成功搞出了"两弹一星"！现在我们怎么就造不出大射电望远镜呢？

面对FAST被扼杀在母腹中的危险，他像母亲保护胎儿一样，勇敢地出来奔走呼号。他不仅在国内奔走，还去国外奔走，跟各种人士说，这孩子将来是很有出息的。通俗地讲，大望远镜像猫头鹰的眼睛，与那种很多小望远镜组成的阵列像蜻蜓的眼睛相比，各有千秋。蜻蜓是世界上眼睛最多的昆虫，具有空间分辨率高的优点。而FAST类似猫头鹰的眼睛，对微弱信号的探测，是目前灵敏度最高、看得最远的……

这期间，南仁东的身体出现严重不适，结肠溃疡困扰了他多年。由于他抽烟多，同事们担心他肺部出问题，曾多次劝他去医院检查。他总是说工作忙没时间，不去体检，生怕查出问题会影响"大射电"立项。他还说，我要用没死的时间去完成FAST这项伟大工程，因为我们没有退路，FAST没有退路，我们的民族也没有退路，我们一定要冲出去！

南仁东的执着精神和爱国之心感动上苍。中国科学院坚定地站在南仁东一边，一直把FAST放在突出的位置来支持。

2005年11月，60岁的南仁东在中国科学院院长办公会上提出，要向国家申请 FAST 立项。院长路甬祥、常务副院长白春礼明确表示支持。会议提出，为了使 FAST 项目更扎实，需要组织一个国际评估和咨询会，请世界上相关领域顶级的专家来评估。如果有疑问，可以在这个会上通过咨询研讨得到解决，从而使这个项目更好地通过国家审批立项。

2006 年春天，北京友谊宾馆。

在这枝繁叶茂、百花盛开的季节，FAST 项目国际评估与咨询会议召开了。会议共有 17 位专家出席，其中 11 位是外国专家。在会上，南仁东用英语作主题报告，详细报告了 FAST 项目的构想与科学目标，以及业已开展的各项工作。

会议期间，国内外专家去国家天文台北京密云观测站考察了预研究建造的 FAST30 米口径索网结构缩比模型，还参观了建在密云的 50 米口径射电望远镜。

在这个会议上，专家们进行了充分的讨论，最后给出的意见是：

FAST 使用的各种技术在世界上不同的工程都有成功的例子，但集于一体尚无先例。理论上说，这些技术世界上是存在的。

但意见中没有说中国这么做可否实现，只是说，FAST 是前所未有的，他们的评估担负着历史责任，回去后还要仔细考虑，再给出正式的评议和建议书。

这次国际评估与咨询会议，给 FAST 留下了一个悬念。

这个夏天，悬念即将揭开。

2006 年 7 月，国际 SKA 计划推进工作会议在英国剑桥大学召开，将有四个国家到会参与竞争。中国派邱育海、张承民、金乘进、夏跃兵前往参会。张承民担任主报告人。经过三天激烈的答辩，最后投票决定四国的排名，其结果是：澳大利亚、南非、中国、阿根廷。

中国遭遇了滑铁卢。

虽然这个排名不是最后的结论，但中国已明显不占优势。南仁东获此消息，几分钟没有说话。沉默。沉重。他已经基本预计到最终的结果了。

果不其然，两个月后，国际 SKA 计划推进工作委员会发布了最后决定，SKA 项目确定在澳大利亚和南非建造。中国被排除在外。

尽管在预计之中，南仁东还是忍不住掉下了眼泪。这眼泪的成分相当复杂，有委屈、沉痛，也有反思、懊恼，更有不服、不甘……

中国被排除在外的事情太多了，但又怎么了呢？自己干，照样能干成！

南仁东抹干眼泪，重新振作起来。他有自己的国家，他相信自己的国家。国家是他最大的靠山。

是的，国家理解他的追求，支持他的事业。2007 年 7 月，我国发改委批复 FAST 工程正式立项。

这是国家意志，这是中国力量！

拿到批复的这一天，南仁东百感交集，他把团队集合起来，对大家说，今天，FAST 工程正式立项了，我们不去回顾过去那些风风雨雨，而是往前看。我记得麦哲伦曾经说过，我们将开始人类历史上前所未有的航行。我们中间有些人会葬身大海，不可能所有人都回来。但是，我们将会证明，地球是圆的。我们 FAST 团队，正向宇宙的深度进军，这也是一次前所未有的远航。我们将去证明，人类的探索，可以到达一百多亿光年以外。

大家热烈鼓掌，南仁东也鼓掌。他告诫大家，FAST 立项，不意味着胜利，我们只是刚刚出发，就像哥伦布、麦哲伦刚刚出发，前面还会有想象不到的风浪。但是，不管遇到什么样的困难，即使是天大的困难，我们也一定不能辜负国家对我们的信任，决不能让我们这个工程再遭滑铁卢！

接着，南仁东与大家讨论工作：眼下当务之急是做好 FAST 工程的可行性报告。工程报告与项目报告一样，不是光用头脑和电脑就能写出来的，而是要对现场进行进一步的勘察。

FAST 台址勘察与开挖系统总工程师聂跃平汇报说，为了批项目，我们在 2006 年搞过初勘。喀斯特地下很复杂，不知道哪里有溶洞，哪里有暗河，哪里有漏斗。要是发现下面有个几十米的大洞，这个点就废了。初勘时，我们打了 60 个钻孔，证明了大窝凼没有大的地下隐患。

打 60 个孔够了吗？南仁东自问自答，我看大大的不够，应该打更多的孔才能真正证明。

是的。聂跃平说，我们计划再打 300 个左右的洞，范围从大窝凼本体扩大到外围。这样我们才有把握写出 FAST 工程的可行性报告。

那你们下周就出发！南仁东布置道，其他各个系统的工作不要等，同步进行。

新的动员令发出了，FAST 团队开始了新的战斗。

在大窝凼，聂跃平带领钻探队伍在更大范围内进行勘察。夏日炎炎，他们赤膊上阵，挥汗如雨；没有电源，他们与农民兄弟一起，扛着发电机和柴油桶，在凼底人工发电；岩芯坚硬，他们改进钻头，锲而不舍，用时间换空间，一点一点地打，昼夜不停地打，最深的孔打到了地下 120 米，提一次钻就得用上几个小时。

星光不问赶路人，功夫不负有心人。经过大范围密集的打孔勘察，证明大窝凼地质稳定，具备工程条件。

其间，南仁东在百忙中一次次到大窝凼，亲自参与勘察工作。勘察结果出来后，他还是有些不放心，问聂跃平，地质上肯定没有问题吗？

绝对没有问题。聂跃平自信道，虽然不能用绝对两字，但我还是可以这样说。

南仁东满意地点了点头，又问，凼底的排水是不是万无一失？也就是说，假如遇上百年不遇的大水，凼底会不会淹水？

基本不会。聂跃平重复了以前的说法，大窝凼本身就是一个漏斗。

不能基本，也要绝对！南仁东说，虽然大窝凼是个漏斗，但经验告诉我们，上面的水倒得多、倒得快，漏斗也是来不及漏水的。同样道理，如果山上的大水来得多、来得猛，凼底来不及排水怎么办？如果积水太多，殃及设备怎么办？

聂跃平毕竟是聂跃平，他没有被问住，随即回答说，我也考虑过这个问题。在勘察中，我们发现大窝凼边上还有一个洼地，而且地势比这里低得多，可以搞一个通道，必要时把这里的水往那边引。

这是个好主意。南仁东问，远吗？

实际距离不远，但隔着一座山。聂跃平说，要打一条近千米的隧道，难度有点大。

难度再大也得搞。南仁东拍板，为了万无一失，这条隧道必须打通。

按照中国科学院与贵州省的合作协议，这项任务转交地方执行。

在 FAST 推进过程中，贵州省承担了许多繁重的任务。从省里到黔南、到平塘，正在进行一场千人大会战。

在 FAST 项目正式批复后，平塘县就成立了"中国天眼"项目建设工作领导小组，先后抽调了 1000 多名干部专攻 FAST 核心区域移民搬迁安置、土地征收，水、电、路基础设施等系列建设的前期工作。

在 FAST 工程可行性研究报告获批之前，这个项目本身是没有大笔经费的。平塘县在财政非常困难的情况下，在 FAST 建设前期就投入 3700 多万元，用于建设 FAST 工程所需要的简易办公住房和水窖，架设专用电线等，同时为搬迁大窝凼内 12 户居民建新居，帮助他们按时搬迁出去，并为他们安排就业。

为了给天眼提供最佳的不受无线电干扰的环境，有四个小学和幼儿园要搬迁。县教育局领导率机关干部与镇村学校的教师走村串户，一一落实搬迁教室、桌凳、宿舍等，确保搬迁后无一名学生辍学。

所有这些，如果没有当地干群的密切配合，无法想象。

可以这样说，是FAST的专家们与贵州的干部群众用心血与汗水，共同书写着FAST项目的工程可行性报告。

（六）

南仁东期待已久的时刻终于到来了！

不，何止南仁东，中国天文界的领导和专家、贵州省的干部和群众，何不翘首以盼着这一天呢？

这一天，2008年12月26日，中国科学院和贵州省人民政府在大窝凼共同举行FAST工程奠基典礼。

大窝凼里，搭起了一个有七级台阶的舞台，鲜红的地毯铺到台阶下的地面。台前摆满了红黄相间的鲜花。舞台巨大的背景墙上端正中印着南仁东设计的FAST徽标，下面写着：500米口径球面射电望远镜工程

FAST工程奠基典礼

奠基典礼。奠基石上刻着南仁东写的一副对联：

北筑鸟巢迎圣火，

南修窝凼落星辰。

奠基典礼非常简短，但它标志着这项工程进入了关键的实施阶段。

这是一个庞大的工程，分为六大系统，每个系统的总工程师分别为：

台址勘察与开挖系统总工程师聂跃平，

主动反射面系统总工程师王启明，

馈源支撑系统总工程师朱文白，

测量与控制系统总工程师朱丽春，

接收机与终端系统总工程师金乘进，

观测基地建设系统总工程师朱博勤。

全国近 200 家企业、大专院校、研究所 5000 余人，直接参与了这个大型科学工程建设。参加者多是我国各领域赫赫有名的单位，如中铁十一局集团、江苏沪宁钢机、青岛东方铁塔、中国建筑第二工程局、大连华锐重工集团、天津优瑞纳斯液压机械、中国电子科技集团第五十四研究所、浙江东南网架、武昌船舶重工集团、太极计算机、北京普达迪泰科技、中国科学院自动化研究所、中国中元国际工程、北京市建筑设计研究院、中国电力工程顾问集团华北电力设计院、贵州地质工程勘察设计研究院、贵州省建筑工程勘察院……

这里无法一一列举，还有更多的单位参与了 FAST 建设。

在经过长达两年多的现场准备工作后，2011 年 3 月 25 日，FAST 工程正式开工。

南仁东在工作现场

在贵州腹地的大山深处，几千人汇聚这里。烈日下，风雨中，头顶星辰，不舍昼夜，进行着感天动地的艰苦奋战，一座座堡垒被攻克，一个个难题在解决。

说到难题，说不清有多少个。无数个。无数个中的一个是：将要建设的中国 500 米口径射电望远镜，时刻在变化着方向巡视宇宙，对观测对象实行对焦、定位及追踪。如何支撑这个巨大的、动态的望远镜呢？

有人提出要用硬支撑，那就要 4450 根柱子。

南仁东不主张，认为投资太大。经过一番研究，他提出用柔性支撑。有人反对，认为风险太大。但南仁东坚持。

所谓柔性支撑，就是用索网结构。这是由双向钢索所组成的网状柔性钢结构。而当时，在国内根本没有这样巨大的既有弹性又有超强抗疲劳性的索网。

没有就要研制。找谁来研制呢？有人向南仁东推荐了姜鹏。

姜鹏，1978 年生于黑龙江省齐齐哈尔市富裕县繁荣乡新发村。他的本科、硕士是在郑州大学完成的，学结构工程专业。2009 年来到

FAST工程应聘时，他刚读完中国科学院力学研究所固体力学专业的博士。当时的姜鹏尚缺乏实际工程的锻炼和考验。

应聘面试时，南仁东问他，你能行吗。

姜鹏认真作答，应该可以，至少不会比别人差。

南仁东喜欢这样直来直去的回答，便说，那你就来试一试吧！

加入项目组后，姜鹏发现，FAST项目悬念很大，很多事情都不确定，也有同行觉得这项目不可行。但姜鹏没多想，一心投入工作之中。

主动反射面系统作为FAST工程的三大自主创新技术之一，其核心是反射面的主动变位功能。但反射面由4000多块三角形拼接而成，重达千余吨，其稳定性直接关系到望远镜的效果和精度。由此造就了一个超大跨度、超高精度、主动变位工作模式的索网工程。当时钢索制品应力幅的普通标准是250兆帕，按照FAST工程的设计，索网的抗疲劳强度指标为360兆帕，已经超出标准很多了。

姜鹏经过计算分析后认为要满足500米口径球面主动反射，360兆帕恐怕不够。于是他向南仁东提出了这个问题。

虽然是一个刚刚走出学校的博士提出的问题，但南仁东高度重视，随即吩咐，抓紧开个专家咨询会！

咨询会在三天后就召开了。专家的意见不统一，各有各的说法与看法。但比较一致的意见是，360兆帕的抗疲劳强度不够。如果要制造出高于360兆帕的抗疲劳钢索，世界上还没有先例，因为没有别的工程有这种需求。中国铁道科学研究院有个专家，做过很多索疲劳性能试验，他在会上直接质疑FAST这个设计指标实现的可能性。

南仁东会后对姜鹏说，索网的抗疲劳问题解决不了，FAST就真的要滑铁卢了。你说这个问题能解决吗？

这个，我不清楚。姜鹏说，因为国内外没有这样的实例。

南仁东急了，恼怒道，你不是说过你可以吗？

姜鹏被吓着了，喃喃道，你不也是说让我来试一试吗？

那你就试啊。南仁东发现自己话说重了，调整语气道，发现问题，就是收获；解决问题，才能胜利。你的任务不仅是发现问题，更重要的是解决问题。

这我知道。姜鹏说，我也一直在想解决问题的办法。

想到了吗？南仁东急切地问。

姜鹏答道，我想只能通过做试验来找到解决问题的办法。

那我们就做试验呗。南仁东要求道，从基础材料做起。

姜鹏并不是那种书呆子，而是有着很强的实践动手能力。他从国内外买了十几种顶级强度的钢索做抗疲劳试验，都不能满足要求。这就只能靠自己制造一种前所未有的钢索来实现 FAST 的要求了。经各方打听，他与他的团队成员找到了江苏江阴的"法尔胜"。

"法尔胜"是个从做麻绳、钢绳再到光绳的中国 500 强企业，有做试验的设备，有经验丰富的技术工人。厂方非常支持，帮助一次又一次做单丝试验，结果达到了 550 兆帕。接着又做单股试验，先是失败了，后寻找原因再做，成功了。随后做整索试验，标准是 500 兆帕应力幅下200 万次抗疲劳试验，做到 110 万次的时候，断丝了……

我们没有退路，必须再做！南仁东卜令道。姜鹏义无反顾，与"法尔胜"的技术人员在两年间经历了上百次实验。在反复试验后，适用于 FAST 的超高抗疲劳性能钢索终于研制出来，6000 多根不同粗细、长度和拉力的钢索被设计并制造出来，拼接成一张巨大而灵活的网。

"法尔胜"毕竟是"法尔胜"。他们胜了。为此，南仁东松了一口气。松气不松劲。工程正在进行之中，一个问题解决了，又有新的问题出现；一座高山翻过去了，前面还有更高的山。南仁东带领着他的团队，指挥着千军万马，奔腾在莽莽丛山中。

建设中的 FAST

正在工程如火如荼地进行之时，国际天文学联合会第 28 届大会首次在中国召开，来自世界 88 个国家和地区的 2000 多名天文学家代表会聚北京。再忙，南仁东也一定要去参加！

2012 年 8 月 21 日，位于鸟巢和水立方之北的国家会议中心，国际天文学联合会第 28 届大会开幕式在这里举行。时任国家副主席习近平出席开幕式并致辞，他在致辞中指出：

天文学是人类认识宇宙的科学，是推动自然科学发展和高新技术发展、促进人类社会进步的最重要、最活跃的前沿学科之一，对其他门类的自然科学和技术进步有着巨大推动作用。浩瀚无垠的宇宙空间，让生活在地球上的人类充满好奇、为之神往；博大精深的天文科学，以其独特魅力吸引着世世代代有识之士为之孜孜钻研、不懈探寻。天文学作为一门研究天体和其他宇宙物质的位置、分布、运动、形态、结构、化学组成、物理性质及其起源和演化的学科，在人类认识世界、改造世界的活动中始终占有重要位置。我们看到，天文观测的每一次重大发现，都不断深化着人类对宇宙奥秘的认识；天文科学的每一项重大成就，都极大丰富了人类知识宝库；天文学与其他学科交叉融合实现的每一次重大突破，都对基础科学乃至人类文明进步带来现实的和长远的深刻影响。

参加会议的南仁东没有想到的是，习近平在开幕式致辞中还特别讲道：

中国作为世界文明古国之一，对于天文学的发展作出了重要贡献。我们的祖先很早就在日出而作、日落而息的劳作中，开始观察和探究宇宙的奥秘。早在 2300 多年前，中国伟大的诗人屈原就发出了"遂古之初，谁传道之？上下未形，何由考之？"的著名"天问"。公元前十三世纪甚至更早，中华民族的先人就建立了天文台，中国至今仍保存着世界上历时最长、最完整的天象记录。90 多年前，中国现代天文学开始起步，1922 年中国天文学会成立，1928 年中国第一个现代天文研究所诞生，1934 年中国紫金山天文台建成。中华人民共和国成立以来、特别是改革开放以来，中国科学院建成了完整的现代化天文台站运行体系，继建成世界上光谱获取率最高的大视场光谱巡天望远镜之后，目前正在建设五百米口径射电望远镜，并在空间天文和南极天文等重要前沿研究领域取得重要进展。

这是何等的自豪、何等的鼓舞、何等的鞭策啊！

就在这次会议之后，FAST 工程捷报频传——

2012 年 12 月，FAST 台址开挖与边坡治理工程通过验收。

2013 年 12 月，FAST 工程圈梁合龙。

2014 年 11 月，FAST 馈源支撑塔制造和安装工程通过验收。

2015 年 2 月 4 日，FAST 工程安装最后一根钢索，大跨度索网安装合龙。至此，500 米口径射电望远镜支撑框架建设完成。

索网工程的完成，在整个 FAST 工程中具有里程碑的意义！

那天晚上，南仁东夜不能寐，他拿起笔，写下了一首诗：

春雨催醒期待的嫩绿，

夏露折射万物的欢歌。

秋风编织出七色锦缎，

冬日下的生命乐章，

延续着，它的优雅。

大窝凼，大窝函，

时刻让我们发现，

时刻给我们惊奇。

感官安宁万籁无声，

美丽的宇宙，

太空以它的神秘和绚丽，

召唤我们踏过平庸，

进入它无垠的广袤……

（七）

FAST 站起来了，南仁东却病倒了。

其实早在几年前，南仁东的身体就出现了问题，但工地上离不开他。他无暇顾及自己的病情。但现在，他实在支撑不住了，只得悄悄地离开工地回到北京。

医生为南仁东进行体检后确诊，他罹患肺癌，已为晚期。

南仁东的病情很快报告到中国科学院领导那里。领导震惊了，立刻指示，请最好的医生为他医治，全力抢救！

这年秋天，南仁东手术后居家治疗。一天，他从手机的信息里看到，FAST 第一块主动反射面单元将要吊装的消息，再也待不住了。他不顾医生和家人的劝阻，毅然回到大窝凼工地上。

起吊那天，南仁东身穿工作服，头戴安全帽，站在现场。他的同事、学生和工人们看着他消瘦的脸庞、花白的胡须，无不为之动容和心疼，而南仁东像一棵青松，挺立在山头。他精神抖擞、情绪饱满、全神贯注地看着，不，他用他的意念指挥着吊装工作。

吊装一次成功。南仁东露出了欣慰的笑容。而在这笑容的背后，他正忍受着巨大的疼痛。

同事们都劝他早点回北京治疗休养，他却带着嘶哑的声音说，你们让我回去就是让我去坐牢，我在这里就是疗养。同事们不好再说什么，只好加倍努力地工作，用良好的工作状态让"南总"少费心，给他以精神上的疗养。

2015 年国庆前夕，长度 3.5 千米的 10 千伏高压线缆通过耐压测变电站设备调试完毕，FAST 综合布线工程同时完成，这标志着"天眼"的神经系统已经建成。

11 月 21 日，南仁东在现场目睹了馈源舱成功地升起在大窝凼上空，他吃力地举起右手，久久地遮在安全帽前。这个动作，在同事们眼里，就是他向天空中闪着银光的馈源舱致敬。

阳光照在他沧桑的脸庞上，他微笑着，眼里却含着泪水……

南仁东的身体一天不如一天。他不得不回北京接受救治。临行前，他对同事们说，贵州人民为这个项目付出的实在太多了，我希望安装最后一块反射面板时，请工地上的当地农民工来吊装。

南仁东在 FAST 施工现场

这就是南仁东。这就是普通百姓在他心中的分量。

2016 年 7 月 3 日，500 米口径射电望远镜安装最后一块反射面板。按照南仁东的吩咐，这项光荣的任务，交给了在 FAST 反射面板安装工程中表现突出的金科村农民工陈祖泽。

那天，工地上科研人员和工人 300 多人就地站立在凼底和山顶，见证装吊仪式。国家天文台台长严俊手握麦克风，仰望着高高的塔吊，发出最后的命令：

FAST 主动反射面最后一块面板，起吊！

他的声音通过扩音器在群山中回响，宣告了 FAST 主体工程胜利完工。

掌声在天宇下响起来。一千只彩色气球飞上蓝天。

世界上最大的 500 米口径球面射电望远镜，第一次完整地呈现在苍穹之下，坐落在中国贵州葱茏的群山中。

躺在病榻上的南仁东，闻此消息，一切病痛全无。他含着眼泪微笑着，用瘦如干柴的手握着妻子的手说，我的病好了，我一定要去参加 FAST 的落成启用典礼。

南仁东来了。他来了。他来到了 FAST 落成启用典礼的现场。

2016 年 9 月 25 日，我国 500 米口径球面射电望远镜——FAST 落成启用仪式，在贵州省黔南布依族苗族自治州平塘县举行。

仪式开始后，中共中央政治局委员、国务院副总理刘延东首先宣读了习近平总书记的贺信：

　　值此 500 米口径球面射电望远镜落成启用之际，我向参加研制和建设的广大科技工作者、工程技术人员、建设者，表示热烈的祝贺和诚挚的问候！

　　浩瀚星空，广袤苍穹，自古以来寄托着人类的科学憧憬。天文学是孕育重大原创发现的前沿科学，也是推动科技进步和创新的战略制高点。500 米口径球面射电望远镜被誉为"中国天眼"，是具有我国自主知识产权、世界最大单口径、最灵敏的射电望远镜。它的落成启用，对我国在科学前沿实现重大原创突破、加快创新驱动发展具有重要意义。

希望你们再接再厉，发扬开拓进取、勇攀高峰的精神，弘扬团结奋进、协同攻关的作风，高水平管理和运行好这一重大科学基础设施，早出成果、多出成果，出好成果、出大成果，努力为建设创新型国家、建设世界科技强国作出新的更大的贡献。

就是在这份热情洋溢的贺信中，人们第一次听到把 FAST 称为"中国天眼"。

这是多么优美的字眼，多么确切的比喻！

当听到习近平总书记在信中把 FAST 称为"中国天眼"时，坐在前排的南仁东的眼睛顿时一亮，继而热泪盈眶。

22 年了！FAST 从概念到选址再到建成，历经了太长太长的岁月。如今，被称之为"中国天眼"的 500 米口径球面射电望远镜终于建成了。

这个"中国天眼"——FAST 坐落在贵州黔南州的喀斯特洼地中。它拥有 30 个足球场大的接收面积，突破了射电望远镜当下的极限。

中国科学院院长白春礼在致辞中说，FAST 建成之后，与世界上最先进的望远镜相比，其综合观测能力提高了约 10 倍，有望在未来若干年保持世界领先地位。

典礼仪式结束后，南仁东接受央视记者的采访，他激动地说，习近平总书记的贺信反映了国家领导人对于基础研究的支持，对我们一个普通的科研工作者当然是一个鼓励。我觉得，FAST 可以称为大国重器，它是一个国家综合实力的展示。中国，在世界的眼睛里，会多多少少变了那么一点。

在采访拍摄时，摄像机罕见地捕捉到南仁东从兜里掏出一颗糖，含在了嘴里。他心里也含了一颗糖。他的喜悦之情溢于言表。

　　这天，在参观 500 米口径球面射电望远镜的时候，SKA 总干事菲利普·戴蒙德说，我不认为任何别的国家能够做到这些。从几年前的一片荒芜，到现在可以运行，真的很伟大！

　　伟大归于人民。虽然人们把南仁东称为"中国天眼"之父，作为头号功臣，但他从来没有这样认为。在 2017 年 1 月 25 日 CCTV 科技创新人物颁奖盛典上，南仁东用沙哑的声音，带着喘息，艰难地对全国电视机前的观众说：

　　我在这里，没有办法，把千万人，二十多年的努力，放在一两分钟内……我在这个，舞台上，我最应该做的，就是感激，感激！这个，荣誉，来得，太突然，而且，太沉重。我觉得我，个人，盛名之下，其实难副。但我知道，这份，沉甸甸的，奖励，不是给我，一个人的，是给一群人的。我，更不能忘却的，就是，这二十二年，艰苦的岁月里，贵州省，四千多万，各族父老乡亲，和我们，风雨同舟，不离不弃……我再一次，借这个机会，感谢，所有，帮助过我们……帮助过 FAST……谢谢！谢谢！谢谢……

　　他用尽全身的力气说着谢谢。他发不出声音了，台下的观众泣不成声。

　　2017 年 9 月 15 日 23 点 23 分，南仁东与世长辞。

　　南仁东去世后，习近平总书记、李克强总理以及刘延东副总理等党和国家领导人对他表示深切哀悼。他的领导、同事，还有贵州当地的老百姓以多种形式缅怀这位人民科学家的感人事迹和崇高精神。

　　2017 年 11 月 17 日，中共中央宣传部作出关于追授南仁东"时代楷模"荣誉称号的决定。决定中指出：

南仁东是我国著名天文学家，是国家重大科技基础设施建设项目——"中国天眼"500米口径球面射电望远镜工程的发起者和奠基人。他主导提出利用我国贵州省喀斯特洼地作为望远镜台址，从论证立项到选址建设历时22年，主持攻克了一系列技术难题，为FAST重大科学工程的顺利落成发挥了关键作用，作出了重要贡献。他不计个人名利得失，长期默默无闻地奉献在科研工作第一线，与全体工程团队一起通过不懈努力，迈过重重难关，实现了中国拥有世界一流水平望远镜的梦想。

南仁东是勇担民族复兴大任的"天眼"巨匠，他为科学事业奋斗到生命的最后一刻，用无私奉献的精神谱写了精彩的科学人生，他的爱国情怀、科学精神、高尚情操与杰出品格堪称楷模，必将激励广大科技工作者全面贯彻党的十九大精神，以习近平新时代中国特色社会主义思想为指导，服务党和国家战略目标，勇攀世界科技高峰，在决胜全面建成小康社会、开启全面建设社会主义现代化强国新征程中作出新的贡献。

2018年10月15日，中国科学院国家天文台宣布，经国际天文学联合会小行星命名委员会批准，国家天文台于1998年9月25日发现的国际永久编号为"79694"的小行星，被正式命名为"南仁东星"。

2018年12月31日晚，国家主席习近平通过中央广播电视总台和互联网，发表2019年新年贺词。他在贺词中说：今年，天上多了颗"南仁东星"。

在庆祝中华人民共和国成立70周年之际，国家主席习近平签署主席令，根据十三届全国人大常委会第十三次会议17日下午表决通过的全国人大常委会关于授予国家勋章和国家荣誉称号的决定，授予42人国家勋章、国家荣誉称号。南仁东获得"人民科学家"国家荣誉称号。

在得知南仁东获得如此殊荣时，他的夫人郭嘉珍给时任国家天文台台长严俊发来一条催人泪下的短信：

> 我的先生南仁东一定不曾奢望会得到这样一份至高的荣誉称号。他就是千千万中国知识分子当中的普通一员，普通得不能再普通；他不曾有过任何豪言壮语、宏图大志，他只是恪尽职守，终其一生完成了他应该完成的那一份工作。
>
> 是这个伟大的时代成就了他，使他点点滴滴平凡的工作和生活折射出不平凡的光辉；是博大精深的中华文化滋养了他，养成他淡泊名利、坚持真理、一诺千金、善良勤劳的优秀品格；是无数科技泰斗教育和影响了他，给予他渊博的学识，铸就他敢为人先、迎难而上、坚韧不拔的科学精神。
>
> 他就是您的邻居、朋友或同事。他身体力行的不过是这个伟大时代赋予每一个中国人的职责。这块奖牌不仅凝聚着祖国和人民对他一生品格和成就的肯定，更凝聚着祖国和人民对每一位普通劳动者的期待，捧在手里沉甸甸的。不是英雄造时势，而是时势造英雄。让我们每一个人都从点点滴滴做起，为实现中华民族伟大梦想，继续砥砺前行。

在追授仪式上，郭嘉珍对在场的人说，仁东在生命最后的时刻，感到遗憾的是，没有再给他一点时间，让他再为 FAST 做一点工作。到临终的时候，他念念不忘的仍然是他的这个 FAST。他说，希望后来的人，希望 FAST 的团队继续努力，能够把这个望远镜调试好，使它尽早出好成果，出大成果。

南仁东生前的愿望正在一一实现。

虽隐世于万山之中，却遥望着宇宙的深处。从 2016 年建成那一天起，"中国天眼"就在贵州的大山里，向宇宙深处投射出最专注的目光。投入使用以来，FAST科研成果频出，从脉冲星到引力波，引领着科研人员去探索已知世界的边缘。2023年7月25日，中国天眼FAST又传来好消息，截至目前，FAST发现的脉冲星数量已超过800颗，这一数量是自其投入运行以来，同期国外同类型观测设备脉冲星发现总数的三倍以上。

脉冲星，科学界普遍认为就是旋转的中子星，在旋转的过程中两极发出的电磁波信号间断性地扫过地球，类似间歇性的脉冲信号而得名。对其进行研究，有希望得到许多重大前沿物理学问题的答案。此外，脉冲星自转周期极其稳定的特性使其具有重大的应用价值，包括可以建立自主可控的时间基准体系，服务于航天器导航等重大科学及技术应用等。

2023年8月20日，新华社发布消息，我国科研团队日前利用"中国天眼"FAST，从一颗脉冲星原本被认为"熄灭"的状态中探测到一批极其微弱的窄脉冲，这是"中国天眼"探测到的脉冲星辐射新形态，对揭示脉冲星磁层的极端物理环境等具有重要科学意义。

目前，"中国天眼"已经进入成果爆发期。

如果南仁东在天有灵，一定会为之感到无比的欣喜。

第二十一章
火眼金睛

**科学无止境人类探索未知世界永远在路上
宇宙无边际悟空卫星巡视太空寻找暗物质**

· 采访札记 ·

　　乘着常进回宁的机会，终于约到了采访的时间。他现任国家天文台台长，而他的实验室还在紫台，有时会回来做他的科研工作。见面后，没有客套，直接采访。他说，不具体讲暗物质卫星的情况了，我在央视记者采访时讲得比较多，可以把视频和文字资料交给你，同时安排卫星团队成员接受你的采访。我重点讲几点，一是科学研究要有科学精神，二是搞科研要善于合作包括国际合作，三是要特别用好年轻人。他的谈话简明扼要，闪耀着思想的火花。这火花，是否会照亮躲在暗处的暗物质呢？

（一）

壬寅金秋，党的二十大在北京胜利召开。

在党的二十大上，中国科学院院士、中国科学院国家天文台台长常进当选为中央候补委员。前不久，中央又任命他兼任中国科学院副院长。

他还有一个重要身份——"悟空号"暗物质粒子探测卫星首席科学家。

"必须坚持科技是第一生产力、人才是第一资源、创新是第一动力……"作为一名科学家，常进在人民大会堂亲耳聆听二十大报告中关于科技创新的最新论述，心情格外激动，也倍受鼓舞与激励。

二十大召开前夕，他在实验室重新处理分析了"悟空号"最近采集的探测数据。令他惊奇的是，基于最新的"悟空"数据，绘制出迄今能段最高的硼/碳、硼/氧宇宙射线粒子比能谱，出现了新的能谱结构，意味着经典宇宙线传播模型或需进一步修正。

宇宙线是来自外太空的高能粒子，包括各种原子核、电子、高能伽马射线和中微子等。自1912年赫斯发现宇宙线以来，人类对其观测和研究已有一个多世纪。但时至今日，关于宇宙线的起源、加速机制、它们在星际空间和星系际空间中的传播以及相互作用等基本问题，依然没有得到彻底的解答。

这很有价值！常进敏锐地意识到，这是"悟空号"首次对宇宙线中的次级/原初粒子比例进行精确测量。在1万亿电子伏特/核子（TeV/n）以上能段，"悟空号"绘出的能谱精度最高，并且"看"到了不同于预期的能谱结构。他告诉同事说，这一能谱新结构，显示出宇宙中高能粒子的传播可能受星际介质中一类特殊湍流影响。

是的。卫星科学团队成员、中国科学院紫金山天文台副研究员岳川进一步分析道，高能段的硼/碳、硼/氧比例出现拐折，可能是因为高能粒子在宇宙中的传播与一些特殊的星际物质碰撞并被这些物质束缚，进而进一步增加了碎裂的机会，产生更多次级粒子。他还认为，由于宇宙射线粒子可能产生于暗物质相关的物理过程或者传播过程受暗物质的影响，这项研究还可能帮助人类更精确地寻找暗物质。

常进建议检查确认无误后及时向外公布这一极有价值的新成果，与国内外天文界共享。

就在党的二十大开幕的前两天，"悟空号"国际合作组，利用卫星观测数据分析得到的精确测量结果及其最新研究成果，于 2022 年 10 月 14 日在线发表于我国综合类学术期刊《科学通报》上，在天文界引起热烈反响。

在此前的 6 年观测中，"悟空号"共记录了超过 350 万个碳、氧、硼原子核数据，科研人员据此取得了一批科学成果，都已对外公布，获得国内外天文界的广泛关注和高度肯定。

如今，"悟空号"正巡游在浩瀚的太空，用它的火眼金睛寻找着人类从未"看"到的"暗物质"。

"悟空号"卫星效果图

人们深感好奇："悟空号"的火眼金睛究竟有多厉害？

（二）

那还要从"两朵令人不安的乌云"说起。

1900 年，在英国皇家学会的新年庆祝会上，著名物理学家开尔文勋爵作了展望新世纪的发言：科学的大厦已经基本完成，后辈的物理学家只能做一些零碎的修补工作。

这是不是说，物理学已经没有什么新东西了，后辈只要把做过的实验再做一做，在实验数据的小数点后面再加几位就可以了！

但开尔文毕竟是开尔文，他是一位具有独到眼光和非常重视现实的科学家，就在他的这次发言中他还讲到，但是，在物理学晴朗天空的远处，还有两朵令人不安的乌云。

这两朵乌云是指什么呢？

一朵与黑体辐射有关，另一朵与迈克尔逊-莫雷实验有关。

山重水复疑无路，柳暗花明又一村。时隔不到一年——1900 年底，就从第一朵乌云中降生了量子论。紧接着，1905 年又从第二朵乌云中降生了相对论。

经典物理学的大厦发现了新的基础，物理学发展到了一个更为辽阔的领域。显然，物理学的天空并不是万里无云。像 20 世纪初一样，21 世纪初的物理学天空又出现了两朵乌云：

暗物质和暗能量。

而且，这两朵乌云并没有像 20 世纪的两朵乌云那样，很快被拨开云雾见太阳，至今还在物理学的天空游荡。

全世界的许多科学家都在努力，试图揭开这两朵乌云的秘密。常进就是其中的一位。

常进 1966 年出生在江苏省泰兴市河失镇常家庄。从前，这一带还是一片茫茫大海，长江入海口还在镇江、扬州之间。到西汉，泰兴老龙河以北地区才形成了一片沙洲。历经千年江岸变化、陆面浮沉，这里成为襟江带海之地。

显然，河失镇不失河流，境内主要河流有泰运河、新曲河、天星港、焦土港等。这里水网密布，阡陌纵横，以水稻种植为主，但由于土地多为沙性，植物的产量不高，故而当地人的生产颇为艰难，生活也不富裕。

常家庄是河失镇的一个村，因常姓族人聚居而得名。这个小村庄，虽然经济与交通并不发达，却有着崇尚教育的传统。常进的父亲一辈，竟出了四个大学生，只有他的父亲作为家中长子留在村里照顾父母。父亲原是一位普通的农民，因勤劳能干、工作积极，后长期担任村党支部书记。

常进是家中长子，家里有兄弟四人。父亲对常进寄予厚望，因而要求也特别严格。他常常对入学后的常进说，你要好好上学，用心读书，争取将来考上大学，弥补我一辈子的遗憾，圆了我未曾实现的求学梦想。常进总是似懂非懂地点点头。

常进就读于乡下学校。这个学校规模很小，几间平房，一块巴掌大的土操场，边上是一个小水塘，四周长着几棵柳树。每年春天，柳枝吐出新绿，随风摆动，成为一道风景。全校不满 10 个班级，小学到初中，共有八九个老师几十个学生。老师都是土生土长的乡村教师，语文、政治、数学等课程还能凑合，英语就难以应付了。常进的英语老师只是个初中毕业生，英语水平可想而知，只能现炒现卖，上午在县城听课，下午回乡下给学生上课，真可谓斑鸠教鹁鸪——彼此差不多。

虽然学习条件有限，但常进学习非常用心。课间同学们都到操场上、水塘边玩去了，他却常常在座位上为一道题或一个问题绞尽脑汁。

他并不懂什么叫"读读读，书中自有黄金屋；读读读，书中自有颜如玉"，只知道老人们常讲的一句话：如果你不好好读书，长大了只能去挑河。挑河是当地的一句方言。每年冬天，村里要疏通河道，村民们凌晨四点就要上河里挑泥，一担一百多斤，从河底挑到岸上。一天挑下来，有的人累得吐血。

作为农家孩子，常进从小就为家里割猪草、捡麦穗、种蔬菜。上初中后，他在寒暑假里也参加生产队里的集体劳动。夏日栽秧，冬天挑河，他都干过，而且可以与壮劳力比高低。劳动对于他来说并不是最苦的，苦的是常常吃不饱。因为家里兄弟多，生活困难，口粮不足。常进懂事，又是老大，本来吃饭很快的他，往往有意吃慢一点，让弟弟们先吃饱。就这样，正在青春期长身体的他，因营养不良而长得较为瘦弱。

艰苦的生活，瘦弱的身体，并没有影响到他的学习，反而激发出他刻苦学习的决心与毅力。初中毕业后，他参加中考，凭着自己的勤奋，考上了全县最好的高中——江苏省姜堰中学。该校创办于1939年，历经三水初级中学、泰县私立荣汉初级中学、存容学塾、苏中姜堰初级中学、泰县姜堰中学的传承演变，后被江苏省教委命名为江苏省姜堰中学，评为国家级示范高中、江苏省重点高中、江苏省四星级高中。

这里有宽敞的教室、丰富的报刊，更有许多优秀的教师。常进如鱼得水，一头扎进知识的海洋里尽情地遨游。在这里，他遇到了一位名牌大学毕业的物理老师，渊博的知识、生动的讲解、有趣的实验，一下子把常进吸引住了，使他对物理产生了浓厚的兴趣。

一次，物理老师在课堂上讲到什么叫物质时说，世界都是由物质组成的，如我们的教室、书桌、课本，还有这黑板、我手中的粉笔等，都是物质，都是看得见摸得着的。

那空气呢？常进疑惑地问道。

你问得好！老师说，空气也是物质，而且是多种物质的混合物。

常进更是不解，但它不是看不见摸不着吗？

是的。老师进一步解释道，空气之所以看不见摸不着，是因为它们是透明的气体，无色无味，但我们都能感受得到它的存在，每天都在呼吸空气中的氧气。不信，你们闭上嘴巴、捏住鼻子试一试。

教室里顿时活跃起来，个个闭嘴巴捏鼻子，不一会儿，都说憋不住了。

老师笑道，空气看不见摸不着，但我们能感受到它的存在，每时每刻都离不开它。而我们所处的这个宇宙、这个世界，除了有看得见摸得着的东西和看不见摸不着的空气外，还有更神秘的看不见摸不着也感受不到的东西，无以名状，无处不在。

这时，一个男生调皮道，不会是鬼吧？

同学们笑的笑、惊的惊，叽叽喳喳地议论开来。

老师没有批评这位调皮的同学，而是让大家安静下来，认真地说，世界上没有什么鬼，但有许多人类至今尚不知道的东西。我前不久在一本书上看到，早在 1922 年，有位名叫卡普坦的天文学家就曾提出，整个宇宙中还有一种不是物质的物质存在，权且称之为暗物质，而且，物质只占宇宙的 5%，而 95% 都是暗物质。

同学们面面相觑，难以理解。

老师接着说，关于暗物质，现在还只是一个概念，我也说不清道不明，相信总有一天，有人会为我们打开一扇新的窗户，去揭开宇宙里更多的秘密。

与同学们一样，常进听得懵懵懂懂，但他从此知道并记住了暗物质这个词，也因此对这个世界更加充满了好奇与憧憬。他加倍用心地学习。他深知，学好数理化，走遍天下也不怕。

高中阶段的学习很快就要结束了，常进投入紧张的高考准备之中。他的成绩在全校名列前茅，但他还是毫不放松复习，常常在宿舍熄灯后到公共厕所借着灯光看书学习。由于准备充分，常进考试前胸有成竹，尤其是数学与物理，他是冲着满分去的。但在考试时，竟被个别题目难住了。考试结束后，他与老师和同学对答案，又发现了一些差错，这让他感到特别沮丧，难过得几天不肯出门。

填报志愿时，常进本来想报考清华大学的工科，但班主任觉得他数理成绩拔尖，是学理科的好苗子，建议他报考中国科技大学，而当时科大的分数线比清华大学要高出十多分，这让常进有些犹豫。班主任却鼓励他说，高考哪有满分的，我相信你的成绩一定是靠前的，你必须奔着最好的也是最适合你的大学而去，这样才能发挥你的特长，有广阔的发展前途。

常进听从了班主任的意见，把中国科技大学作为自己填报的第一志愿。在忐忑不安的等待中，常进终于拿到了中国科技大学的入学通知书。

人生的路漫长，而要紧之处只有几步。1984年9月，常进迈出了重要的一步，跨进了中国科技大学的大门，成为物理系的一名新生。

中国科技大学于1958年9月在北京创建，首任校长由郭沫若兼任，汇集了严济慈、钱学森、华罗庚、郭永怀、赵忠尧、赵九章等一批著名科学家。建校第二年就被列为全国重点大学。20世纪70年代初，学校迁至安徽省合肥市，开始了第二次创业。之后，学校采取了一系列创新举措，如首建研究生院、创办少年班、建设国家大科学工程、面向世界开放办学等，成为我国唯一参与国家知识创新工程的大学。

从偏僻乡村来到著名的高等学府，就像刘姥姥进了大观园，常进既感到陌生和新奇，更充满憧憬与向往。但他很快发现，山外青山楼外楼，还有好汉在后头。他这个一贯成绩拔尖的优等生，现在已经算不上优等了，这里有省高考状元、全国高考第一名的学生，还有少年班的天之骄子。他竟然被天才包围了！

更加鞭策他的是，这些天才同学，比自己还要自律与刻苦。他们的学习生活安排得像时钟一样，不停运转且富有规律。

与他们相比，常进看到了很大的落差，第一次感到了学习上的压力。

这个世界永远都有压力，有时可以把门关上暂时躲开，但到开门走出去的时候，却仍得要面对！有压力才会有动力。

常进及时调整心态，努力适应崭新的大学生活，积极寻找自己的主攻方向。当年，中国科技大学物理系的研究方向主要分为两个：一个是核物理，主要研究原子核的结构和变化规律；另一个是高能物理，主要研究比原子核更深层次的微观物质世界。

常进毫不犹豫，一下子选中了高能物理。因为这是一门以发现和实验为基础的前沿学科，这正切合他性格中沉稳和专注的一面，而且他特别喜欢做实验。

他的导师许咨宗教授很快发现常进在做实验上的兴趣与天赋——既有想法又有很强的动手能力，就给他安排了较多的实验机会。

当时物理系的实验设备非常陈旧与简陋，有些早已被西方同行所淘汰。许教授带着学生在这些旧设备上做各种实验，并告诫说，这些设备虽然简陋陈旧，但并不是不能做实验，而且可以扩展多种办法，在旧设备上摸索出新的功能。

导师的话对常进启发很大。他一丝不苟地在这些老旧设备上做着各种实验，并想方设法采用新方法，发掘新功能，用他的话来说，要让老树发出新芽。当然，这并非易事。当时，许教授与常进一起，尝试测量一种新的闪烁晶体的衰减时间。这在世界上还无先例，难度相当大，因为这种新的闪烁晶体衰减时间不到一纳秒。要用简陋的设备捕捉到转瞬即逝的东西，既要有科研上的创造性，还要有不怕失败的勇气与耐心。

经历了一次又一次的失败，很长时间一无所获，常进为此十分焦急，甚至有点泄气。许教授反复对他讲，科学实验做不成功是常事，不能气馁，要追根究底，去弄清楚原因。有些失败可能是物理原理上的，有些可能是技术上的。如果是技术上的原因，我们应当去改进技术，做得更细更精；如果是物理原理上的原因，那正为新的发现提供了可能性，也许会从中取得新的突破。

正是在一次次的失败中，常进掌握了更多的物理知识、科学方法和相关技术，而更大的收获是，他逐步培养起不畏艰难、勇于探索的科学精神。这无疑为他今后从事科研工作打下了良好的基础——为"打开一扇新的窗户"作了准备。

（三）

中国改革开放进入了一个关键时期。

1992 年 1 月 18 日至 2 月 21 日，中国改革开放的总设计师邓小平，先后到武昌、深圳、珠海、上海等地视察，并发表了一系列重要讲话，为中国的改革开放加油打气。

东方风来满目春。又一个春天的故事，又一个科学的春天。

正是在这科学的春天里，硕士毕业的常进，被分配到地处南京的中国科学院紫金山天文台工作。

上有天宫，下有紫台。常进依稀记得，他在中学时代曾到紫金山天文台参观过，解说员的这句话给他留下深刻印象，尤其是这里存放的各种古代天文仪器让他大开眼界、肃然起敬。不曾想到，如今自己成为紫台的一名科技工作者，一种自豪感与使命感油然而生，心中充盈着美好而远大的理想。

理想很丰满，现实很骨感。这是现在很多年轻人挂在嘴边的一句话，倒也很能表达当年常进的切身感受和面临的实际情况。虽然那时改革开放快速推进，经济建设全面展开，但科研条件和科技水平还没有得到根本性的改变。常进很快发现，紫台与大学一样，缺少科研经费，没有先进仪器，既无法做前沿实验，也难以开展科技工作。

当时，台里试图研制一颗天文卫星，也让他一起参与，却因科研经费不足只能下马，但台里的领导和科技人员并没有泄气，更没有放弃，都在利用有限的条件默默无闻、持之以恒地工作着。这对常进是一种无声的教育，他暗暗告诉自己，既然走上了天文事业之路，就必须坚定地走下去。

怎么走呢？摆在人们面前总有两条路，一条是听天由命，一条是创造命运。常进选择了后者。他暂时放下目前的研究实验，一头扎进台里的图书馆，在这里先做前沿的瞭望观察，把西方高能物理论文看了个遍，并掌握了大量相关的最新动态与信息。他惊讶地发现，由于长期脱离与世界天文学界的学术交流，国内的许多研究思路落伍了，研究方向单一了。这种闭门造车的方式，费了很大的功夫，却注定不会有突破性的成果。

于是，常进萌发了另辟蹊径的想法：不能跟在外国人后面走，我们必须找到一个新的方向，那是外国人还没有看到的方向，还没有进行的探索，我们先搞，获得先发优势、掌握独门武器，这样才有可能赶上和超过世界先进水平。

搞什么呢？高中时在他心里埋下的一颗种子，在沉寂了多年之后，开始发芽了。这颗种子就是暗物质。

暗物质，最早是在 1922 年由荷兰天文学家卡普坦提出。1933 年，天体物理学家兹威基利用光谱红移测量，发现星系团中星系的弥散度太高，而仅靠星系团中可见星系的质量产生的引力，是无法将其束缚在星系团内的。因此他得出结论，星系团中应该存在大量的暗物质，其质量为可见星系的至少百倍以上。

不过，这一突破性的概念，因难以证实，所以在当时未能引起学术界的重视。至 20 世纪 80 年代，出现了一大批支持暗物质存在的新观测数据，包括观测背景星系团时的引力透镜效应，星系和星团中炽热气体的温度分布，以及宇宙微波背景辐射的各向异性等。暗物质理论吸引了天文学和宇宙学界的广泛关注。

但是，不管国外还是国内，科学家们都只是在理论上论证了暗物质的存在，并未真正找到它存在的直接证据。

20 世纪 60 年代以来，宇宙构成和演化相关的研究获得了 18 次诺贝尔物理学奖。但这些理论只能解释宇宙中不到 5% 的物质，而对剩下的 95% 还是一无所知。

人类又一次成了井底之蛙。

那么，我们一无所知的暗物质到底是个什么东西呢？一些猜测认为：暗物质是一种具有弱相互作用的重粒子，它比氢原子要重几百倍甚至几千倍。

年轻的常进敏锐地意识到，寻找暗物质是一个绝佳的研究方向。近 30 年来，寻找暗物质逐渐成为国际粒子物理实验的热点之一，主要通过三类实验来寻找：

第一类实验，是在超高能对撞机上产生暗物质候选粒子。在欧洲，有很多科学家包括很多来自中国科研院所和高校的科学家，在大型强子对撞机上从事这样的工作。

第二类实验，"上天"寻找暗物质，就是在外层空间间接地探测暗物质。暗物质粒子可能会湮灭，产生普通物质对，如正负电子对，所以可以通过测量宇宙线正电子来寻找暗物质。

第三类实验，"入地"寻找暗物质，通过低本底的地下实验直接探测暗物质粒子。暗物质粒子可能与普通物质发生概率极其微小的碰撞，把原来静止的原子撞得飞起来，进而被直接观察或探测到。

实际上，这三类实验即便发现了暗物质的候选粒子，但是确认它就是宇宙中的暗物质也是一项极为艰巨的任务。

经过深入的思考，常进试图探索新的实验方法来发现暗物质。就在这一时期，国家加大对航天领域的投入，成功发射了多颗卫星。紫台研制的一台小型天文观测器搭载在卫星上，到天上去观测，获得了大量的太阳耀斑数据，效果非常显著。这个项目是我国第一次将空间设备送到天上去，观测天体的高能辐射。常进参与了这个项目，从中掌握了关于做空间天文、做卫星的一些知识，并强烈地感觉到，跟着外国人后面干，他们起步比我们早得多，要赶上他们难度很大。常进准备开辟一条新的道路。

常进的研究重点放在了高能电子和高能伽马射线的观测方法。他在实验室里跟同事们反复琢磨，弄了近三年，有了一些经验，但没有突破。后来，常进获得了一个机会，到德国去进修。在那里，他盯住了高能电子、伽马射线，凡是跟这个有关的，他就参与讨论，用心思领悟。在很短的时间内，他就在高能电子和伽马射线观测方法方面取得了突破。

说来也巧，在 1997 年，常进偶然听闻美国要在南极开展 ATIC 气球探空项目，也就是放气球到天上去观测高能宇宙线。常进的嗅觉很灵敏，一听到这个项目，感觉机会来了。他仔细研究了这个探测器，发现完全可以用这样的探测器、用他的方法去观测高能电子和伽马射线。宇宙射线指的是宇宙中的高能带电粒子，其携带的能量可以轻易超过地球上最强大的加速器所产生能量的千万倍。这正是他的研究方向。他知道，除了研究宇宙射线，这个项目还能用来寻找暗物质——基于高能物理的理论，当暗物质相互碰撞时，也能产生高能宇宙射线。

这需要把符合条件的粒子从规模庞大的宇宙射线里面挑出来，如果采用传统的方法，需要重达四五吨的昂贵探测器才有可能实现。不过，常进发明出一种新方法，这就是他的"独门武器"——用便宜、较轻薄的仪器就行，比如美国人的气球实验所用的探测器。

初生牛犊不怕虎。年轻的常进相信自己的方法是正确的，便直接发电子邮件给美国ATIC项目首席科学家，提出用自己的方法合作研究。

这也太疯狂了吧。据事后一位美国科学家回忆说，他们对这个名不见经传的中国年轻科学家嗤之以鼻，不予理睬。

一切的一切看似尘埃落定，但坚持不懈也许会出现一线希望。常进一步一步争取，从最基础的参数算给他们，并不断地发邮件反复说明。后来美国人有点相信了，当然主要是有感于他的执着与诚意，便让他到美国去跟他们谈，当面沟通。

常进抱着一线希望，坐飞机到了美国。他被直接送进实验室。那里好多人正在讨论他的方法。美方心存疑虑，要求他在计算机上将他的想法从头到尾演示一遍。

这是一个难题，也是一次考验。在异国他乡，在不熟悉的设备上，要将所有想法都编成程序，并把各种参数计算出来，那真考验一位科学家的业务素质。

好在常进功夫在平时，技术水平过硬！

他全神贯注从零开始，把自己存在脑海里的物理想法，一一转化为数学语言，再编成程序，然后把各种参数计算出来。一遍遍计算，一次次核对，整整连续用了36个小时，拿出来的参数与他们整个团队得到的参数基本一致。

美国同行大受震撼，也相信了常进的方法并非天马行空。虽然第一关过了，但光是理论上证明还不够，还要通过实验来验证。后来美国人把这个探测器拉到瑞士那边的加速器上，用加速器的高能粒子来模拟天上的宇宙射线。实验时，又把常进叫了过去，当天给数据，竟然要他第二天出结果。他二话没说，埋头工作近20个小时，拿出了漂亮的答案。

美方决定邀请常进加入 ATIC 项目组，南极气球实验数据也将交由他分析。

常进初战告捷。中国没有为探测器出一分钱，而一个普通的科研人员，只是凭借自己的想法和技术，借船出海，加入了美国学界主导的一个高端项目。

2000 年底，一个比足球场还大的超级气球在南极升空——白色的气球遮蔽了夏季荒凉的冰原，宛如降临的宇宙飞船——在离地面 37 千米的高空展开了人类对宇宙线高能电子的首次南极观测。

南极气球总共进行了四次飞行，探测带回了海量数据。这些数据里隐藏着宇宙最深的秘密——这成为天文物理研究的宝藏。常进用这些数据，两三天就把高能电子、高能伽马射线全部找了出来。他很快发现了一个奇异的现象，高能电子流量在 3000 亿～8000 亿电子伏特能量区间内，显著超出了模型预计，也就是说，观测到的高能电子要比理论计算出来的多。

这让常进急了，以为是仪器出了问题。然后，常进他们花了一年的时间，用各种各样的方法检查是不是仪器的问题。后来证明，不是仪器问题，而是天上的高能电子比理论模型要多。

多出来的这些电子来自哪里呢？

一个可能的解释是，这一"超"现象来自暗物质。几年后，常进作为第一作者，在《自然》杂志上发表了《宇宙电子在 3000 亿～8000 亿电子伏特能量区间发现"超"》。这一成果，成为 ATIC 气球探空项目最重要的科学发现。同时，引发了世界范围内间接观测寻找暗物质的热潮。

常进在暗物质研究方面迈出了艰难而可喜的第一步。但是，应当承认，由于气球实验观测精度是有限的，难以充分说明问题。

为此，他继续苦苦地思索着。

（四）

人类对于太空的探索，主要包括天文与航天两个领域。这两个关系非常密切的领域，你中有我，我中有你。天文是航天的基础，航天为天文搭建平台。

第二次世界大战后，航天科技作为新兴技术快速兴起和发展，凸显出重要的战略意义，成为美国、苏联等国相互竞争的重点领域。1955年，钱学森回国后担任中国科学院力学研究所所长，就开始研究思考中国航天科技的发展，并向中央提交《建立我国国防航空工业的意见》，得到中央高度重视和总体采纳。1957年，苏联成功发射世界上第一颗人造卫星。竺可桢、钱学森、赵九章等科学家建议我国开展卫星研究工作，并依托紫金山天文台在全国陆续建立28个人造卫星观测站。1970年4月24日，中国第一颗人造卫星成功飞上太空。

随着中国改革开放不断深入和科技实力的不断提升，航天科技迎来了大发展。1992年，中央批准实施中国载人航天工程。1999年11月20日上午6点，"神舟一号"飞船在酒泉卫星发射中心发射升空。

神舟，意为天河之舟，往返于天地之间。

神舟，与神州谐音，象征着中国人的"飞天"之梦。

这是中国实施载人航天工程的第一次飞行试验，标志着中国航天事业迈出重要步伐，成为中国航天史上的重要里程碑。

2001年1月10日，"神舟二号"飞船顺利入轨，标志着我国载人航天事业取得了新进展，向实现载人飞行迈出了重要的一步。

早在"神舟二号"飞船上天之前，天文学界就提出搭载空间天文探测仪器，并取得了积极科研进展。该计划于1994年正式立项，在长达7年的时间里，紫金山天文台与中国科学院高能物理研究所共同完成了三台高能辐射探测器的研制。

常进从头到尾参与其中。令天文界振奋的是，天文探测器在"神舟二号"在轨运行中工作正常，除了观测到若干宇宙伽马射线暴，还观测到数十个太阳伽马射线耀斑和逾百个太阳硬 X 射线耀斑。

"神舟二号"空间天文分系统的成功，实现了中国空间天文观测零的突破。常进受到了鼓舞，看到了一线希望。他也清楚地认识到，无论是美国气球，还是中国飞船，搭载空间天文探测仪器虽然取得了积极进展，但实验观测时间比较短、数据量不大，系统误差也比较大，因而对正负电子"超"的本质无法给出准确的答案。

绝不能浅尝辄止，必须一鼓作气！于是，常进产生了一个更大胆的想法：要对暗物质进行更深入的研究，还是需要一颗大的卫星到天上去观测高能电子和伽马射线。

这真是一个天大的设想，谈何容易！

事非经过不知难，事非经过不知易。干起来再说。常进查阅各种资料，并在计算机上反复演算。几年下来，他获得大量的理论和模拟数据。他满怀信心地对同事说，如果我们能制造一台更大的探测器放在宇宙空间，那就打开了宇宙的一个新窗口，一定会有新的发现。

同事笑言道，你是打开天窗说靓话。

常进纠正道，我是打开天窗看风景。

他知道此事太难了，但他在等待新的时机，密切关注着我国航天事业的发展，以期借船出海、借梯登高，实现暗物质的深空天文探测。

1970 年 4 月 24 日我国第一颗人造卫星"东方红一号"升空以来，到 2001 年，中国已成功发射了 70 多颗（艘）应用卫星和飞船。然而，深空探测领域却始终没有留下中国人的足迹，奔月还只是梦想。

月球是距地球最近的天体，随着近代科学技术进步和航天活动的发展，月球成为人类开展空间探测的首选目标。20 世纪七八十年代全球掀起探月热潮。美国、苏联共发射了86颗无人月球探测器和9艘载人月球飞船，12名宇航员先后登上了月球。20世纪90年代以来，各国再度打响"月球战"，拉开了以利用月球资源为主要目的的新一轮探月竞赛。日本于1990年发射了"飞天号"月球探测器，成为世界上第三个开展探月活动的国家。美国1994年发射了"克莱门汀号"月球探测器，1998年又发射了"月球勘探者"探测器。欧空局提出了月球基地计划，并于2003年9月底发射了月球探测器SMART-1。

中国必须追赶。2001年，由孙家栋院士牵头组织全国各方面力量，展开了对月球探测的工程论证。2004年2月，中央正式批准月球探测工程立项，我国月球探测工程全面启动，第一颗月球探测卫星被命名为"嫦娥一号"。这成为我国航天发展第三个里程碑的开篇之作。

当常进得知我国实施登月工程的消息后，他的第一反应是这又是一个重要机会。不是说机会垂青有准备的头脑吗？好，他早就着手准备了——酝酿在"嫦娥一号"搭载天文探测器。

不曾想到，他在寻找机会，机会也在寻找他。有一次，中国科学院在哈尔滨召开会议。会上，"嫦娥一号"总设计师叶培建介绍了第一期绕月工程计划，就是要对月球进行全球性、整体性与综合性的探测，并对月球表面的环境、地貌、地形、地质构造与物理场进行探测。叶培建征询大家的意见，还能在探月工程中做些什么？

机会突然降临。但对常进来说，并不突然。他有备而来，随即提出自己的建议和设想：在"嫦娥一号"上搭载天文探测器，即一台伽马/X射线谱仪，用以测量月球表面的伽马射线，并寻找和测量月球可能存在的有关元素。

一拍即合！常进的建议和设想得到了叶培建总师的认可，并把这一研制任务交给紫台。

常进领回任务后，得到了台领导的高度重视与支持，立即配备精干力量组织技术攻关。要把伽马/X射线谱仪搭载在"嫦娥一号"上，其技术难度很大。同样一个设备，在地面上使用没有问题，但搭载在航天器上，除了体积要小、重量要轻，还要具有特别的功能和极高的灵敏度，尤其需要很高的可靠性，否则难以在与地球完全不同的空间环境里正常工作。

常进带领着一个年轻的团队立刻投入紧张的研制工作。在当时，有些设备和零部件是需要进口的，但西方国家对我们实行封锁，最多卖给我们一些工业级的设备和部件，要在太空使用是不行的。比如探测器上的高压电源部件，国外不给，这就需要自己进行研制。

经过一系列技术攻关，伽马/X射线谱仪研制出来了。但能不能使用，还必须经过严密的试验。常进带着团队人员驻扎到南京十四所，利用这里的真空罐对设备进行温度测试。从低温到高温，再从高温到低温，无数次地循环。发现问题，当场研究解决办法，进行改进后再进行试验。就这样持续了整整七个月的时间，每天24个小时轮流值班，而常进总是坚守在第一线，不分昼夜地工作着。

就在各项试验接近尾声的时候，一个意外的事故发生了。这惊动了中国科学院的领导。时任"嫦娥一号"总指挥孙家栋亲自赶到紫台，他听了事故的情况汇报后说，古人说过，大而化之之谓圣。我们航天科技工作者却要反其道而行，尤其要提倡对问题"捕风捉影""小题大作"。千里之堤溃于蚁穴。这次事故虽然不大，但责任很大；虽然科学探索宽容失误乃至失败，但我们不能宽容自己。要知道，"嫦娥一号"是重要的国家工程，必须做到万无一失。一失就是万无。因此，必须认真查清事故原因，总结经验教训，并进行严肃处理。当然，处理不是目的，而是敲响警钟，引起警觉，进而亡羊补牢。质量是卫星的生命，任何问题都不容小觑，必须认真梳理，逐一过筛，严格归零，不留任何隐患，向最高最好的方向努力。

不留任何隐患，向最高最好的方向努力！

这一要求从此成为常进团队的座右铭。他们鼓起斗志，抛开思想包袱，继续全身心地投入试验之中，终于以过硬的质量、精良的设备加入"嫦娥一号"的行列之中。

2007年10月24日，"嫦娥一号"在西昌卫星发射中心发射升空。设计寿命为1年的"嫦娥一号"卫星，携带着CCD相机、成像光谱仪、激光高度计、伽马/X射线谱仪、微波探测仪、太阳高能粒子探测器、低能离子探测器等多种科学仪器，对月球进行探测，完成四大任务：获取月面的三维影像、分析月面有用元素含量和物质类型的分布特点、探测月球土壤厚度以及检测地月空间环境。其中，紫台研制的伽马/X射线谱仪运行良好，并取得令人满意的观测数据，成功发现了月面自然放射性元素，成为"嫦娥一号"科学成果的一部分。

之后，常进团队又参加了"嫦娥二号""嫦娥三号"的相关工作，观测设备不断改进，观测效能不断提升。

在此过程中，一个雄心勃勃的计划已经在常进心中孕育成熟——研制一颗暗物质专属探测卫星。

（五）

常进把酝酿已久的暗物质深空探测计划向紫台领导作了汇报，并在台里召开的科研会议上作了深入浅出的阐述——

他说，暗物质这个概念，1922年就有人提出了，1933年基本上从理论上论证了它的存在。但是，科学家知道它存在，就是找不到它。为什么会知道它存在呢？比如太阳绕着银河系中心转，地球绕着太阳转，我们有个速度，我们知道太阳的质量，也知道地球的质量，那通过牛顿万有引力公式，我们就能算出太阳和地球的速度了。太阳绕着银河系转的速度，跟银河系的质量以及太阳的质量有关，这个速度有点偏差，就是太阳有点转得过快了。于是，问题来了，太阳系就在银河系，绕着银河系稳定地运转，太阳为什么会转得过快？肯定有一种看不见的力量，把它抓住，否则就像我们甩个绳子一样，你甩得越快，绳子断了，飞出去了。所以说，暗物质提供了一个强大的引力，但是我们就是看不到它是什么。

他接着说，现在我们研究暗物质的方式有很多。有一些科学家提出，暗物质可以通过自身的衰变，或者两个暗物质相互碰撞，产生一些我们可见的物质，比如说正负电子，还有伽马射线。我们要探测暗物质的话，我们就探测它的"儿子"，它的"孙子"，它到底产生了什么东西。根据一个简单的物理规律，就是能量守恒，暗物质是多少能量，那么它产生的东西，加起来就应该是多少能量。我们通过精确测量它产生的粒子，把它的质量加起来，那就能推算出暗物质是什么。

因此常进建议道，我们应当研制一颗暗物质粒子探测卫星，能够在太空对正负电子、伽马射线等进行探测，其能量分辨率即视力达到世界最好水平，可以在茫茫宇宙中，找到我们不曾找到的东西，通过计算弄清到底有没有暗物质，它到底是什么东西。

常进的这一设想得到台领导和同事的充分肯定和热情支持。为了有效推进暗物质深空探测工作，紫金山天文台于 2010 年组建了暗物质与空间天文实验室，并任命常进为台长助理，分管这项工作。但是，进行暗物质的深空探测，凭紫台的一己之力是无法进行的，必须列入国家计划或借助国家平台。

庆幸的是，此时，中国科学院正在实施一项"科技率先行动计划"。

这项计划是中国科学院按照习近平总书记对中国科学院提出的要求，在创新、创新、再创新的方向上率先迈出的第一步，坚持面向世界科技前沿、面向国家重大需求、面向国民经济主战场，实现"四个率先"战略目标：率先实现科学技术跨越发展，率先建成国家创新人才高地，率先建成国家高水平科技智库，率先建设国际一流科研机构，为把我国建成世界科技强国，实现中华民族伟大复兴的中国梦，作出国家战略科技力量应有的重要贡献。

成功的秘诀，是当机会来临时，立刻抓住它。常进懂得这个秘诀。他带领研究团队夜以继日，做出了"暗物质粒子探测卫星项目方案书"，并以紫台名义向中国科学院申报"空间科学先导专项"，纳入"率先行动"计划。

在方案评审中，有人赞同，也有人认为，暗物质是个未知数，做这样的探测目前没有必要。

常进向评委阐释道，科学进入了新一轮的探索，而这次探索将比任何魔幻小说都更神奇。我们以前和现在所熟悉的普通物质，只是散布在宇宙中零星的点缀，就像夜幕来临时，一望无际的大海上的那些闪光点，只占到大海很少很少的一部分，而在宇宙大海中占"大多数"的东西，也就是所谓的"暗物质"，它们就像披上了隐身衣一样，神秘莫测，又像与人类捉迷藏一样，深藏不露，至今人类找不着看不到它们。李政道先生认为，对暗物质的探寻与研究，预示着物理学的又一次革命。我们相信，通过探索暗物质如何影响银河系和宇宙的过去、现在和未来，一定能够帮助我们最终了解宇宙的起源问题。我们已经预感到：今天物理学面临的状况，与19世纪末20世纪初诞生相对论和量子力学时的状况非常相似，人类对整个宇宙的认识又一次处在十字路口，一个关键的突破口，就是那个神不知鬼不觉的"暗物质"。撩开它的面纱，揭开它的谜底，看到它的尊容，将是继日心说、万有引力定律、相对论和量子力学之后的又一次重大飞跃，其意义不言自明。

有人又提出，即使有必要，也为时尚早，不如再看一看、等一等。

常进介绍说，对于暗物质的研究，是科学界广为关注的重点和难点，也是暂时不见亮光的亮点，世界各国都在投入大量人力、物力和财力加以研究。美国国家研究委员会早在 2002 年的报告中就把"什么是暗物质"列在新世纪需要解答的 11 个科学问题的第一位。找到暗物质，确定暗能量，无疑是 21 世纪物理学最重大的课题。驱散笼罩在物理学"天空"的暗物质和暗能量这两朵"乌云"，也许能找到主宰宇宙命运的钥匙，引起物理学的又一次革命，从而建立新的物理学以代替广义相对论。我们必须认识到，暴风雨就要来啦，物理学发展史上又一个新的转折点已经摆在我们的面前，一场新的物理学革命即将发生。

尽管大多数评委同意常进的观点，但还是有人坚持认为，应把有限的资金集中在应用型卫星上，此类无把握、见效慢的科学卫星应当缓行。

常进坚持道，虽然说退一步海阔天空，但有时候退一步坐失良机。中国自行研制"东方红一号"人造卫星已经过去了几十年，但至今中国仍然没有真正的科学卫星。我国科学家进行相关的科学研究，几乎都用国外的数据。而国际上许多国家和地区，如美国、俄罗斯、日本和欧洲等，他们以科学为目标，进行了大量的空间探索。虽然改革开放之初，我国国力还不强，应该用有限的资金优先发展包括通信、气象、导航卫星在内的应用型卫星上，但现在中国的国力今非昔比，各项科学技术迅猛发展，唯有空间科学卫星发展缓慢，没有大的突破。而科技的进一步发展不能没有空间科学，在空间科学领域，中国不能一直是知识的使用国，不能只是学习别人，跟在别人后面走。中国要实现创新驱动发展，必须要有创新的能力和勇气。基础科学知识包括空间科学知识，也要有创新，没有创新就不可能突破，更不可能发展和引领。因此，我们决不能坐等静观、错失良机，而要主动作为，随时而动，敢为人先。

常进有理有据的分析和充分的阐述，打动了在场的领导和评委。但为了慎重起见，中国科学院领导通过特殊管道，征询国际知名机构和专家的意见，得到的善意答复是，凭借中国目前的人力财力和科研水平，要进行暗物质的深空探测，那非常艰难甚至是不可能的事情。

领导把这一答复转告给常进。常进愣住了，沉默许久后说，是的，也许是不可能的，但不是完全不可能的。我们已经有了科学的目标和充分的预研究，我们有信心将不可能变成可能，力争利用我们的优势，用最少的钱办最大的事。

坚定的决心，加上明确的科学目标、可行的实施方案，最终获得了领导和专家组的认可。紫台申报的"空间科学先导专项暗物质粒子探测卫星"项目，在中国科学院"率先行动"计划中脱颖而出，于 2011 年 12 月正式立项。

暗物质深空探测项目搭上了"快速列车"。过去，一个天文项目的立项，不知要经历多少年、多少坎，真是"立项难，难于上青天"。而暗物质空间实验项目在经过充分论证后，在最短的时间里就获准立项。

常进多次对同事们说，我们生逢其时，遇上了好时代！

（六）

立即行动是所有成功人士的特质。常进带领他的团队迅速投入新型卫星的研制工作中。

根据设计方案，暗物质专属卫星探测器将由四个部分组成：顶部是塑闪阵列探测器，往下依次是硅阵列探测器、BGO 量能器、中子探测器。只有四种探测器结合，才能以高分辨率观测高能宇宙粒子。为此，卫星将设置 75916 路探测通道。

无疑，这是当时我国在天上飞行的电子学方面最复杂的一颗卫星。

千秋功业，人才为本。常进需要各方面的人才，组成一支高水平的专业团队。他首先想到了科大的老师。在他的脑海里，经常浮现出这样的场景：老师在课堂上讲课，当介绍到国外近现代天文科学的发展时，一个个先进望远镜、一颗颗天文卫星、一项项最新科研成就举不胜举，但讲到我国天文发展时，几乎没有在世界上处于领先地位的天文项目。此时，老师总会说，我国古代天文学一直是国际上最先进的，近代以来大大落后了，我们何时能赶超上去啊？

对，请母校老师出山！

常进回到科大，熟悉的校园、熟悉的教室，让他有回家的感觉。他把几位曾经给他上过课的老师请到一起，详细介绍了暗物质专属卫星项目的情况。闻之，老师们都露出了欣慰的笑容。常进诚恳道，我回母校，主要是想请你们出山，参与到这个项目中来。

让常进没有想到的是，老师们都沉默着，没有任何表示。

常进心里纳闷，是不是老师看不上这个项目？于是他强调说，这个项目不仅是国内领先的，在国际上现在还没有人在做。

还是沉默。

常进动情道，在校时，你们讲课的情景至今历历在目，对我的教导我更是一直记在心里，特别是有这样一句话让我永远不敢忘记，那就是，我们何时能赶超上去啊？！

这句话，一下子触动了老师们的神经。一位老帅感慨道，我们何尝不想赶超啊，但想了几十年，现在已经老了，凭我们恐怕难以承担此任。

原来是这样啊。常进忙说，不老不老，我太了解你们的科研成果与经验了，正是这个项目所急需的。而且这个项目不是我们紫台单打独斗，而是要内外结合、老中青结合来做。你们当智囊团、顾问团，我再在台内外找一批中青年骨干，组成一个作战团队。

这个思路好！这位老师又说，这样可以，你们在前面干，我们做你们的后盾，为你们出主意，解难题，把把关。

其他几位老师都点头称是，表示赞同。

常进得到了老师们的支持，又经过多种途径，招兵买马，在不长的时间内组成了中青年团队，共有成员35人，大多是年轻博士，团队平均年龄34岁。

团队组建后，常进自加压力，提出卫星研制时间为四年。有些人听说后认为这是不可能完成的任务，团队里也有人觉得时间太紧。常进则用毛泽东主席的诗句来告诫大家：多少事，从来急。一万年太久，只争朝夕。

一言既出，驷马难追。常进把言语付诸行动。他既是科学家，又是兼职的"工程师"。在把控项目设计和方向的同时，亲力亲为地抓每个工程细节。除了出差，即使是周末，他也总是待在办公室里，坐在计算机前，一坐几个小时，甚至十几个小时，专注于自己的计算和程序。

实验室里流传着他的一个小故事：有一次，他拿着饭盒去水房用微波炉加热。热饭的间隙，他转出去与办公室的同事聊天，聊着聊着，聊出了一个新点子，他立马就返回办公室开始编程仿真验证。直到下午，工作人员打扫水房，微波炉里发现了那盒放凉了的饭，就逐个办公室问是谁的，这才知道那是他的。

类似这样的故事何止一个。常进对于科研工作的专注程度，大家有目共睹。这是他长期养成的工作习惯，也是他强烈的使命感使然。他常对同事说，做工作要专注，搞科研更要专注。我小的时候看到媒体报道，数学家陈景润走路时思考问题撞到树上，当时我不理解，现在我完全明白了，这是做科研的正常状态。科研工作者总是比较寂寞的，这是好事。寂寞的时候利于想问题。头脑里始终装着问题、想着问题，就会专注。只有专注，才能找到解决问题的方法，才会有所突破。

常进的另一个特点是勇于创新，追求极致。他经常和团队人员探讨，创新对于人类社会的意义。创新无止境，科技工作者追求的是百尺竿头，更进一步。作为一名实验科学家，每一项技术，只有把它做到极致、做到完美，才有可能看到科学发现的痕迹。寻找暗物质是团队的科学目标，但是落到实处就是每天做的一些小事，但必须时刻怀疑自己是不是真的理解清楚了一些小的问题，是不是有更好的办法解决一些小的疑难，只有把每一件小事都做到极致、做到无可挑剔再挑剔，即使这样距离暗物质的发现可能还是很遥远，但这其中可能自我提升了，技术方法上有创新了，未尝不是一件幸事。

　　凭着这种专注和强烈的责任感，常进带领团队不断推进项目的进程。但摆在科研团队面前的现实问题是，我国的空间科学研究整体与国外相比，起步晚，投入少。在这样的情况下，要在激烈的国际竞争中取得优势，困难的确很大。办法总比困难多。常进提出，我们改变策略，实行新的打法，采用新的设计思路，不贪大求全，不硬碰硬，而是在某些方面、某些指标上做到国际领先，如能量分辨率、观测能段覆盖和粒子鉴别能力等几项指标，力争世界领先，也能实现相当的竞争力。

　　思路确定后，常进充分发挥团队的力量实行科技攻关。虽然这支团队的平均年龄不足 35 岁，且来自不同专业、不同学校，但正是这样一

常进（右二）和年轻同事进行探测器在轨性能讨论

群朝气蓬勃、富有闯劲的年轻人聚集在一起，数年如一日，坚守暗物质间接探测这个科学方向，在智囊团老师的指导和帮助下，坚持科学方法，攻坚克难，解决了一个又一个难题，攻克了一个又一个难关……

奋战在"北斗三号"首颗试验卫星技术攻关一线的朱振才，因为技术熟练，被召唤到空间科学卫星的新战场。起初科学团队设计的卫星是个"大块头"，重达3吨。朱振才带领团队瞄准探测任务，明确精准定位减重的设计思路。通过创新性地提出"以有效载荷为中心、以实现科学任务为目标的整星一体化设计"理念，将卫星质量控制在1.9吨以内，仅运载就为国家节省了几千万元的成本。

常进十分强调合作精神，在卫星研制过程中，有许多是与国外科研单位合作的。就在硅阵列探测器临近交付的时候，正遇上国外合作方要放假，但卫星发射不等人，拖不得。常进没有催促和责怪合作方，而是通过协商，派出我国专家奔赴意大利，接手探测器的研制，既保证了探测器按期交付，也增进了合作。

空间探测器研制出来后，要在欧洲核子中心进行束流测试，如此大型的空间探测器运往欧洲核子中心在中国尚属首次。为了尽快掌握探测

常进在欧洲核子中心 DAMPE 实验现场

器的工作状态，保障实验的顺利进行，研制团队在欧洲成立临时党支部，带领团队成员在异国他乡坚守实验现场，为了解决多项技术难题，试验场数周 24 小时不休，最终顺利完成了一系列高能粒子束流标定，探测器技术指标达到国际先进水平。

正是凭借着这使不完的劲，常进与他的团队，以及各协作单位，团结奋斗，努力拼搏，用了不到四年的时间，提前完成了卫星研制任务。

（七）

一颗新型卫星诞生了。

它的体积大约有一张办公桌那么大，有效载荷却达到 1.4 吨，像是一个倒立的银白色四层大蛋糕。它内部集成了近 8 万路电子学信道。从上到下装备有四大探测器：塑闪阵列探测器、硅阵列径迹探测器、BGO 量能器和中子探测器。

这是我国第一颗空间天文专属卫星。

给这颗卫星起一个什么名字呢？团队的年轻人提议进行网络公开征名。征名公告一发出，立即得到社会广泛响应，收到有效方案共32517个。经过专家评委投票，由中国科学院批准，该卫星正式命名为"悟空号"。

来自宁波市天文爱好者协会的林磊，是"悟空号"提名者之一，他解释道：给卫星起这个名字，是借助孙悟空的火眼金睛来形容探测器识别暗物质的能力，也因"悟空"与"嫦娥""天宫"一样，均是明显的中国符号。

在新闻发布会上，常进对"悟空号"作了详尽说明，他说，显然悟空取自中国名著《西游记》中齐天大圣的名字，同时，"悟"即领悟，"悟空"有领悟、探索太空之意；另一方面，悟空的火眼金睛，犹如卫星上的探测器，可以在茫茫太空中，寻找和识别暗物质的踪影。

他进一步阐述道，由于暗物质不带电荷，也没有磁场的相互作用，所以它能像幽灵一样穿过障碍物，且不被我们看到或感知到。对于大多数参与暗物质粒子探测卫星研制工作的科学家来说，它像一位素未谋面的朋友，既陌生又熟悉。我们将暗物质粒子探测卫星命名为"悟空"，将使社会公众和科学家们共同感悟空间科学之美，最大限度感知、领悟并解释暗物质的空灵之境，使得暗物质探测这一重大科学前沿，成为国内外公众关注的焦点，提升空间科学在公众中的认知度和关注度。

有记者问，给卫星取名"悟空"是否还有更深的用意？

常进笑道，是的，悟空的形象家喻户晓，深得中国人民喜爱，具有良好的正面形象；与此同时，悟空的形象也被国际社会广为认可，"美猴王"之称也广为流传。将暗物质粒子探测卫星命名为"悟空"，符合以神话形象命名科学卫星的惯例，如美国的阿波罗、美国和德国的太阳神、欧洲的尤利西斯、中国的嫦娥等，这样有利于借助现代媒体力量，实现广泛和有效的传播，以此提升公众科学素养、弘扬科学精神，尤其是吸引青少年学生更加热爱科学，积极探索神秘的未知世界。

（八）

孙悟空大闹天宫的日子终于到了！

酒泉卫星发射场，朝霞染红了天地。

2015年12月17日8时12分，在一望无际的戈壁滩上，"长征二号丁"运载火箭随着一声巨响腾空而起。刹那间，火箭在浩瀚苍穹中变成一个隐约可见的小小光点……

卫星测控中心内，大屏幕前紧张的工作人员，实时下达指令：

"程序转弯。"

"星箭分离。"

"太阳能帆板打开。"

"各单机加电。"

"载荷加电。"

"悟空号"卫星发射现场

"卫星成功入轨！"

此时，监控大厅掌声响起，在场的工作人员纷纷站立起来，相互祝贺，热情拥抱。

一直盯着大屏幕的"悟空号"首席科学家常进的脸舒展开来，但他绷紧的心弦并未放松，因为他明白，卫星入轨还只是第一步，上面装有7万多个电路，在火箭突破大气层的猛烈振动中，任何一处出现问题，哪怕是松动了一丝一毫，也会带来非常严重的后果。

更重要的是，"悟空号"24小时将绕地球15圈、行进60万公里，从卫星太阳能板展开到各载荷开机通电、转向标定，从试运行到正式运行，将经过漫长的50多天，每一天都面临新的挑战，科研人员将通过地面接收卫星的信息，知道卫星在哪儿、处于什么状况。而一天之中，接收的机会只有4次，每次不过短短几分钟。

这50天，无时无刻不牵动着常进的心。他每天都在激动与忐忑中度过。

直到那年年底，在"悟空号"各个设备都显示正常运行后，常进悬着的心才算稍稍放了下来。他如释重负地说，卫星踏上漫漫征途，我们

有效载荷工作状态监视

实现了初步的目标。

一直不愿接受记者采访的他，这时才同意接受新华社中国特稿社的专访。

记者：暗物质卫星已经上天，请问您对它的期待是什么？

常进：毫无疑问，我现在最期待的是，卫星能够正常开展工作。只要卫星正常工作了，就为我们打开了一扇新的窗口，阳光就会照射进来，寻找暗物质就有了可能。当然，需要说明的是，我们的期望值不能太高，不能指望这颗卫星一下子就能把暗物质准确找到。这颗暗物质卫星，是用间接法寻找暗物质，只是瞄准暗物质可能产生的一种现象，也就是暗物质粒子湮灭或者衰变的时候它会产生的一些高能粒子。至于这种间接法能不能找到暗物质，我现在不能回答你。我可以告诉你的是，这颗卫星说穿了就是一个太空望远镜，最主要目的是找暗物质，但如同我们的眼睛一样，睁开来，不是看到一样东西，而是看到很多东西。所以，这颗卫星睁开眼睛，必然会有好多新奇的现象，也许有心栽花花不开，无心插柳柳成行，具有无限的可能性。

记者：那么，暗物质卫星的成果将体现在哪里呢？

常进：对我们天文学家来说，最重要、最关键的是做一个可靠的、高分辨率的仪器，打开一扇明亮的窗，能够看到很清晰的一些物理构成和物理现象。到目前为止，我们弄清楚了高能电子有异常，但这种异常究竟是不是来自暗物质，我们尚不清楚。所以我们要做出一个这样的探测器，去看看究竟是怎样的异常原因，如果弄清楚了这个异常，就是一个很大的成果。

记者：有的专家说，现在人类已经到达发现暗物质的边缘。您认为还要多长时间才能发现暗物质？

常进：我坦率地讲，发现暗物质的准确时间现在还难以预计。至少我还说不准，我认为，在全世界相关科学家长期共同努力下，暗物质的发现只是时间问题。

常进的回答既不乐观也不悲观。他要用事实说话，用实验作答。

"悟空号"卫星成功飞天后，每天清晨和傍晚，它都会路过中国上空，位于密云、喀什、三亚的数据接收站启动程序，每天都会接收它回传的约 16 GB 的原始数据。

2016 年 12 月 29 日，中国科学院紫金山天文台通报，暗物质粒子探测卫星"悟空号"近两个月内，多次记录到来自超大质量黑洞 CTA 102 的伽马射线爆发。

2017 年，第一批研究成果发表在《自然》杂志上，向全球展示"悟空号"绘制的世界上最精确的高能电子宇宙射线能谱。

2018 年 12 月 17 日，"悟空号"延长两年服役时间。

2020 年 12 月 17 日，"悟空号"服役期再次延长。

2021 年 5 月 19 日，暗物质卫星"悟空号"发布第三批科学成果。其团队绘出迄今最精确的高能氦核宇宙线能谱，并观测到能谱新结构。这标志着我国空间高能粒子探测已跻身世界前列。

2021 年 9 月 7 日，"悟空号"卫星科学团队向世界公开了首批伽马光子科学数据。

2022 年 11 月 4 日，科研人员基于我国暗物质粒子探测卫星"悟空号"绘制出迄今能段最高的硼/碳、硼/氧宇宙射线粒子比能谱，并发现能谱新结构。这一成果显示，宇宙中高能粒子的传播可能比预想更慢。该研究成果发表于我国综合类学术期刊《科学通报》。

一次次的发布，一组组的数据，令世界天文界瞩目，推进着人类对宇宙的进一步认识，暗物质的面纱正慢慢被揭开……

"悟空号"卫星上天飞行已近 8 年，远远超过了设计寿命，所有部件都保持最佳状态。其间，"悟空号"已经完成全天区扫描超过 11 次，获取了百亿个高能宇宙射线事件。

"悟空号"卫星接收到的首批
高能电子宇宙线事例之一

　　常进自豪地对外介绍，"悟空号"平均 1 秒就能"捕捉"60 个高能粒子，可以对 GeV 到数十 TeV 量级之间的电子、伽马射线等宇宙线粒子进行测量。它是世界上迄今为止观测能段范围最宽、能量分辨率最优的空间宇宙线探测器。他相信，借助"悟空"的"火眼金睛"，我们将可以窥见崭新的宇宙面貌，离逮住那"看不见摸不着"的暗物质，也许已不是也许，未来可期。

　　如今，常进每天走进办公室，第一项工作就是检查卫星传回的数据，对"悟空号"进行"体检"。面对监视器上给出的卫星各种数据和图表，他要核对电流、电压、温湿度、姿态，确定一切正常，然后在当天的"悟空运行日志"中记录下来。

　　如果说整个科研团队是卫星的"兄弟"，那常进就是"兄长"，无时无刻不在担心身在外太空的卫星会"感冒发烧"。虽说外人看来常进是台长、是院士，还是项目组中年纪最大的科学家，但他依然参与对"悟空号"的监测值班，包括节假日。

常进盼望着"悟空号"传回更多的数据，在不远的将来能确认暗物质的踪影。但他还是留有余地说，"悟空号"的终极目标是找到暗物质，但最终能不能找到，这就不是我能预计的了。重要的是，我们的研究和观测结果可以打开太空的又一扇门，门后面不一定有暗物质，但一定会有别的什么，会有新的发现，可能是另一处花园。

常进在一次专题访谈中，向人们坦言道，现有数据中有引人注目的迹象，但还不确定，未来的工作还将继续。

常进团队的工作在继续。

"悟空号"卫星对暗物质的探测在继续。

人类对于未知世界的探索也在继续。

如今，暗物质还是"暗"的，也许在不远的将来，人类将撩开它神秘的面纱，呈现出一道璀璨夺目的"亮"色。

第二十二章
慧眼如炬

从无到有我国空间天文望远镜构想天高路远

从地到空慧眼卫星展开空对空观测全新景象

·采访札记·

第一次踏进清华园，我无心欣赏校园的美丽景色和人文景观，心思都在采访上。来到李惕碚院士的办公室，我扼要介绍了采访的内容，而李院士说，不必说是采访了，我们就随便交谈交谈吧。我很快发现，李院士谈的内容都是我需要的素材，根本用不着我提问。交谈中，李院士还不时到办公桌上和书柜里找出一些书籍和资料给我。更难得的是，李院士既详细介绍情况，又带有许多深刻观点，更怀有对科学发展的强烈使命感。他给我留下的印象是，一位非凡的科学家，一个深刻的思想者。

（一）

寂静的夜空，繁星点点。

人们被宁静而柔和的夜色包围着。此时此刻，仰望星空，人们不禁会问：宇宙真的是我们眼前看到的这样一副面孔吗？

中国科学院高能物理研究所研究员、清华大学天文系教授李惕碚院士告诉我们，人类所能看到的星空其实只是宇宙很小的一部分，宇宙的更多秘密隐藏在我们看不见的世界里。在日常生活中，我们通过可见光看东西，而宇宙中很多现象只发出微弱的可见光，比如黑洞吞噬物质、星星被撕裂、宇宙深处剧烈的爆炸，等等。实际上，宇宙中 80% 的物质都只能通过 X 射线进行探测。目前我们要探测这些现象有一个办法，那就是发射卫星，让 X 射线望远镜进入太空，使它成为我们观测宇宙的眼睛。

也许你会问：为什么不能在地面上进行观测，一定要发射卫星进入太空呢？

李惕碚

这个问题则要用李惕碚院士毕生的奋斗来回答。

李惕碚，1939 年 6 月出生于重庆北碚。北碚原名白碚，其名始于清初。因场镇建于嘉陵江畔，有白石自江岸横亘江心称"碚石"而得名。初设巴县白碚镇，后因白碚地处巴县县境之北，改名北碚镇。这里四面环山，山势峻逸，湖岸曲折，湖光秀丽，以境幽、水绿、山高、石怪为特色，同时拥有山岳江河、温泉峡谷、溪流瀑布、奇葩异卉，是巴山蜀水丰富独特的自然和人文环境之缩影。

李惕碚自幼得巴山蜀水之灵气，对自然界的一切十分好奇，对夜晚的星空更是心驰神往，充满天真而奇特的幻想。有一次，他突然向母亲问道，天上的星星和月亮会掉下来吗？

母亲笑道，不会的，我从小到大看到星星和月亮一直挂在天上，但谁也不知道它们究竟是什么东西，究竟有多大多重。

而在一旁的父亲则说，天上的星星和月亮虽然看上去不大，但它们实际是很大很重的东西，只不过离我们太远，看上去就很小，而且也看不清楚。

李惕碚问，能有什么办法看清楚吗？

父亲说，现在还没有，但以后一定会想到办法的。

这虽然是父子间的一段平常对话，却蕴含着人类的期待和科学的道理。

李惕碚的父亲李乐元，在当时已经是一位颇有造诣的科学家。他1932年毕业于北京大学，得到化学系主任曾昭抡和中国科学社社长任鸿隽的推荐，到位于重庆北碚由卢作孚先生创办的中国西部科学院，长期从事西部开发所需要的资源化学分析和科学普及工作，先后担任理化研究所研究员、所长，西部科学院代理院长和西部博物馆馆长。他怀有强烈的科学救国的使命感，在贫穷、落后、封闭的西部腹地，通过募捐来筹集经费，艰难地进行科学研究和科学普及工作。又通过开办博物馆、图书馆、学校、公园等，以及从事教育和人才引进，使北碚发展成为西部地区科教和文化重镇，并在抗日战争期间，接纳了大批科学和教育机构的内迁。

在这里，虽然经常响起为躲避日本飞机轰炸的一次次警报声，但在科学院的园区和平民公园里，常常举办各种综合或专业性学术集会。李惕碚正是在这样特殊的环境中逐渐长大的。而家庭环境对李惕碚的影响更大。父母养育六个孩子，家庭经济拮据，不胜负荷，但父母亲还是坚持供孩子们上学，并买了各种课外读物，包括国内外的童话书和一套少年百科全书。

小小的李惕碚在儿时就有了读书的浓厚兴趣。上小学后，他成为求知若渴的少年。1951 年，李惕碚从北碚朝阳小学毕业，离开家乡来到重庆市一中就读。这里集中了一批国文、数学、物理、化学等科的优秀老师，他们认真而高水平的授课，为李惕碚打下了扎实的知识功底。

就在李惕碚就读高中的时候，我国掀起了向科学进军的热潮，科学教育界的思想活跃起来，报纸杂志刊登了许多关于自然科学和哲学问题的文章，讨论十分热烈。这使李惕碚从中获得许多信息和知识，尤其是认识到科学前沿的很多疑难问题尚待攻克，进而激发了他致力祖国科学事业、攀登科学高峰的强烈愿望。

也就在此时，以化学见长的父亲竟转攻近代物理学，专心致志地自学量子力学和原子物理，还通读了苏联大学物理系教科书——两卷本的史包尔斯基《原子物理学》。

对此，李惕碚颇感疑惑，问父亲：您工作这么忙，年纪又大了，为什么还要攻读物理学呢？

我本来就想与你谈谈这个事。父亲让李惕碚坐到自己的书桌旁，认真地说道，你出生之时，正是国难之际。日本帝国主义发动侵华战争，给中华民族造成了深重灾难，你少年时代也深受其苦。由于中国人民浴血奋战，加上美国向日本投下了两颗原子弹，才迫使日本侵略者投降。故而有人把第二次世界大战称为物理学家参与的战争。正因如此，第二次世界大战结束后，物理学特别是核物理学受到广泛重视。所以我以为，为了自卫，我国也要造原子弹，以改变我国长期受侵略、被凌辱的历史，彻底改变贫穷落后面貌，使中国真正强大起来。

原来是这样啊。李惕碚若有所思道，我从小对天文感兴趣，看来现在我也要在物理上多下功夫了。

父亲告诫道，天上的事和地上的事都很重要，不过，在我看来，现在地上的事更为要紧。要知道，对于国家的安全与发展，原子物理学有着极其重要、不可替代的作用。而搞原子物理学需要专业人才。假如我年轻 20 岁或 30 岁，就一定要去学原子物理。

爸，我替你学吧。李惕碚自信道，我的物理成绩也不错，从今往后我要用心钻研原子物理学，将来为国家造出原子弹！

一向不苟言笑的父亲顿时露出了笑脸，和蔼地对李惕碚说，儿子，你能有这样的志向，父亲特别欣慰和高兴，但要造出原子弹，比登天还难，你要更加勤奋地学习，用知识去为之奋斗。

李惕碚点了点头，尽管那时他对"奋斗"的认识还很模糊，但他把父亲的话记在了心里。

1957 年高中毕业时，他毅然报考了清华大学工程物理系。该系是根据毛主席、周总理的指示，为开创和发展我国核科学与工程技术培养专门人才而成立的。李惕碚入学时，清华已从综合性大学变为工科院校。他发现，清华图书馆不仅有理工专业书籍，还保留了丰富多样的文史资料，这里依然保持着兼容、开放与宁静的教学氛围，不愧为"读其书，尚友其人"的精神家园。

于是，李惕碚的课余时间几乎都是泡在图书馆里，查阅大量自然科学的基础知识与前沿动态，主攻实验核物理，同时阅读一些文史哲书籍，认真了解人类思想和社会发展历程，广泛阅读思想家、文学家和革命家的传记、回忆录和通信录，了解他们的思想、学说和奋斗故事，进而培养自己的学习能力、思维能力和独立思考的精神。

知识是引导人生到光明与真实境界的灯烛。广泛的涉猎和广博的知识，更加激发了李惕碚报效祖国科学事业的强烈愿望，为他日后走上科学道路打下了牢固的基础。

大学毕业时，学校给每个学生发放了工作志愿书，可以同时填报几个不同的志愿，而李惕碚只填了一个：二机部。这是国家第二机械工业部，主管核工业和核武器。

当他拿到分配通知书，看到上面的单位是"二机部311工程处"时，一道电流直冲脑门，他欣喜若狂，终于圆了自己参加核武器研制的愿望。

其实不然。"311工程处"同原子弹的研制一点关系也没有，而是中国科学院原子能研究所云南高山宇宙线观测站建设工程的一个代号，就是利用宇宙线粒子对高能核作用进行基础研究的项目。为此，李惕碚懊恼了一段时间。但随着对该工作性质的逐步了解，他释然了，甚至觉得，这也许是命运对他的眷顾，让他有机会回到少年时的理想——从事天文事业。

（二）

坐落在北京中关村的中国科学院原子能研究所，是我国从事核物理和高能物理研究的综合性研究基地。20世纪50年代，以王淦昌、张文裕、萧健为首的我国老一代科学家，在云南东川海拔3200米的落雪山建造了中国第一个高山宇宙线观测站。这是当时世界同类装置规模最大、水平最先进的观测站之一。

落雪山海拔3200米，每年冬季，受强冷空气影响，天落白银，连降瑞雪。雪后天晴，皑皑白雪覆盖，连绵起伏的雪山泛着薄薄的雾气，呈现出雪浴沃野的美丽画卷。

站在群山环抱、白雪皑皑的山顶上，李惕碚不禁想到了在清华图书馆里读过的雨果《观察与想象》中的两句话：

人类生存有两种方式：按照社会和按照自然的方式。社会给人类行动，自然给人类梦想。

诗人有两只眼睛，一只为人类而生，另一只为大自然而生。第一只叫观察，第二只叫想象。

如今，李惕碚感到自己正在实施人类行动、实现人类理想，而且自己就是诗人，两只眼睛一只为人类而生，另一只为大自然而生。而自己与诗人不同的是，第一只眼睛叫观察，第二只眼睛还叫观察。

观察什么呢？宇宙线作为太阳系以外唯一的物质样本，是人类探索宇宙及其演化的重要途径。它是一种来自宇宙的高能粒子流，携带着许多的秘密，如宇宙起源、天体演化、空间环境和太阳活动等种种信息，所以说它是传递宇宙信息的重要信使。在宇宙线被发现后的一百多年间，与之相关的探索与研究不断深入，已经产生了多枚诺贝尔奖章，然而人类却始终没有发现宇宙线起源这一根本问题，这就使宇宙线起源问题成为 21 世纪自然科学所面临的基本问题之一。

问题就是导向。20 世纪 70 年代末，李惕碚、顾逸东、吴枚等开始联络中国科学院大气物理研究所、空间科学与应用研究中心、紫金山天文台等，制订相关计划，试图通过建设高空科学气球系统，推动空间天文和其他空间科学探测在中国起步，观测和研究宇宙线起源等一系列空间科学的基本问题。

万事开头难。如果说在高山上对宇宙高能粒子进行探测是一种技术挑战，那么把仪器设备安置在高空气球上进行天体物理观测则难度更大。当时，美国、日本研制高空气球能上升到氧气含量不到 0.5% 的大气顶层。但是对于中国团队而言，无论是高空气球技术还是球载硬 X 射线望远镜系统，都需要从头做起。

在李惕碚的领导下，这个年轻的高能天体物理团队一分为二，分头实施：一队由吴枚、陆柱国牵头，重点研制载荷探测器；另一队由顾逸东领衔，主要研究气球运载。探测器的研制难度很大。一开始，吴枚他们只能从日本、德国的书上一点点了解空间观测器的概念，并寻找材料，制作一些简单的探测仪器。研制气球运载的团队难度更大，他们没有计算机提供的设计参数，全靠纸笔来运算，然后把一张张报纸粘贴起来，就像裁缝一样，先剪出需要的形状，把它们拼成模型，再将气球材料一块块剪下来，互相拼接成气球。

1983 年中秋佳节，他们的"零号产品"——气球探测器 HAPI - 0 诞生了。一个 3000 立方米的气球，携带着被泡沫包裹得严严实实的探测器，第一次成功飞入大气平流层！

天有不测风云。由于风向变化，HAPI - 0 在进行了 3 个多小时的观测后，向东越过了国境，吹入了韩国境内，从此渺然不知所踪。所幸，他们还是收到了探测器传下来的部分数据，进行了北京地区伽马射线的本底观测。由于这是首次取得的第一手空间观测数据，在场的每一个人都极为振奋。

一鼓作气，锲而不舍。一年后，他们自主研制的高空气球搭载 X 射线探测器 HAPI - 1，在河北省香河县成功升空。该气球体积 3 万立方米，飞行高度 33 千米，飞行时间 8 小时。安装在气球上的是由 7 块晶体组成、面积为 145 平方厘米的主探测器。它可以通过地面指令实现对望远镜的指向控制。在这次飞行中，首次实现了在平流层高度上对蟹状星云脉冲星 33 毫秒周期信号的 X 射线观测。

这是中国第一个用于空间高能天文观测的硬 X 射线望远镜系统，也是 3 万立方米高空气球的成功应用，实现了天文观测的突破。

这个消息传到北京高能物理研究所，何泽慧院士尤为高兴。

何泽慧何许人也？她 1914 年 3 月生于江苏苏州，自幼就是超级学霸，1932 年凭借优异的成绩进入清华大学。在班里，何泽慧的学习成绩一直霸占着第一名的位置，第二名是钱三强。大学毕业后，钱三强进入了一家研究所工作，而何泽慧由于是女性，一直没有研究所接纳。

后来，何泽慧前往德国留学，并且进入了柏林高等工业大学进修实验弹道学。这个专业非常热门，何泽慧被拒绝了多次。当时，日本人还在华夏大地上肆意横行、烧杀抢掠。何泽慧站在实验室的门口，对着门内的外国教授说道，我想学这个专业，是为了打日本鬼子，拯救我的祖国！最终外国教授被何泽慧的爱国之情所打动，同意她进入这个学校的实验弹道学专业学习。她成了第一个留学于该校的外国学生。

1940 年，何泽慧在导师的建议下，继续进行原子核物理研究。此时，钱三强也在德国进修，就试着给何泽慧写了一封信，竟让时隔七年没有联系的两个人重新联系上了。1945 年，钱三强给何泽慧去信说，我向你提出结婚的请求，如果能同意，请回复我，我一定会和你一起回国。何泽慧看到这封信十分愉快，她直接回复道，感谢你的求婚，我们找一个时间见面后一同回国。

随后，何泽慧很快离开了柏林，匆匆前往巴黎。荣幸的是，居里夫人作为见证人，参加了她与钱三强的婚礼。婚后，两位新人一直都在研究所中工作。1947 年，夫妇俩合作发表了一篇论文，证实了铀核三分裂、四分裂现象的存在。这一重大发现，引起了国内外科学界的轰动。一年后，钱三强与何泽慧提出了回到祖国的要求，面对法国方面重金挽留，他俩的回答是，我们是祖国的人，祖国需要我们，我们得回去帮助祖国的发展。

回国之后，他俩隐姓埋名，各自为祖国的科学事业努力奋斗。何泽慧在中国科学院亲自领导建设了中子物理实验室。她是新中国杰出的核物理学家，第一位中国科学院女院士，被誉为"中国的居里夫人"。

李惕碚、顾逸东、吴枚与何泽慧院士（右二）合影

对于天体物理组取得的成绩，何泽慧总是给予热情的鼓励，并予以及时的指导。只要有新研制的气球观测仪器进行飞行试验，她都尽量赶到现场。有一次，观测气球上天后，传回来的数据记录不下来，原因是当时用的一台计算机坏了，又没有钱买备用的，导致这次气球观测的失败。何泽慧闻此消息，非常生气，就向院里提出，应当支持年轻人的科学研究，给他们买一台备用的计算机。平时，何泽慧还会与年轻的科技人员聊天，讲她以前在科研道路上的一些故事，激励他们勇攀科学高峰。

新枝高于旧竹枝，全凭老干为扶持。在何泽慧的关心下，观测团队不断进取，进一步改进和提升 HAPI‒1 的设计，发展为球载硬 X 射线闪烁探测器 HAPI‒2，在香河大气综合观测试验站，利用 10 万立方米高空气球在 38 公里高空成功对天鹅座 X‒1 进行观测，获得天鹅座 X‒1 高能 X 射线能谱，把球载硬 X 射线探测器做到了相当先进的水平。

（三）

20 世纪 60 年代，世界天文学界取得一系列新的突破。

美国科学与工程公司的贾科尼和麻省理工学院核科学实验室在 1962 年，用火箭载着盖革计数器，飞到 100 公里的高空，发现了宇宙中存在强烈的 X 射线源；三年后，日本年轻学者小田在麻省理工学院工作期间，提出准直调制方法，并再次用火箭飞行的方式，确定了第一个宇宙 X 射线源天蝎座 X－1 的位置；1970 年，采用调制定位技术的第一个 X 射线天文卫星"自由号"发射巡天，发现了 400 多个宇宙 X 射线源，测得第一幅 X 射线天图。

这些成果，开创了空间天文的新时代。

显然，我国在高能天体物理方面落伍了。

20 世纪 80 年代初，高能天体组在运载工具和探测手段都落后的条件下，就能否在与美国和西方的竞争中取得成功的问题，开展了一场认真的讨论。讨论中，李惕碚指出，虽然我们在成像和能谱观测技术上较为落后，但是时间测量能力并不差，用国内成熟的闪烁探测器在高空和空间通过探测中子星和黑洞硬 X 射线的时变现象研究其辐射过程，还是很有意义的前沿课题。

为了从气球飞行测得的数据中提取到更多的物理信息，李惕碚和吴枚深入研究了现有的各种时变分析方法，结果发现，在最大熵方法的计算过程中加入非线性控制，可以显著提高分析结果的质量。其后，他们又对图像重建方法进行了探索，于 1993 年提出了一种新的探测器成像技术——直接解调方法，即通过在非线性约束下直接观测方程，充分利用观测获得的信息，实现高分辨成像，分辨率大大突破仪器的内禀分辨限制，同时噪音干扰被充分抑制，成像背景异常干净。

直接解调方法提出之初，曾被称为"魔术"。这既是褒义，又是贬义。一方面，直接解调方法是一种全新的方法，高效而简便，得到学界高度评价；另一方面，它也遭到不少科学家的质疑，认为这一发现与既复杂又昂贵的编码孔径成像方法相比，物美价廉得令人难以置信，他们甚至怀疑直接解调方法是弄虚作假。

星星不会愤怒，黎明无须怨恨。

面对争议，李惕碚没有作无谓的辩驳，而是用事实去回答。为了验证直接解调方法，1993 年 9 月 25 日，高空气球搭载着试验样机 HAPI－4 升至 36 千米～38 千米的高空，对天鹅座 X－1 进行约 1 小时的扫描观测。结果表明，HAPI－4 的成像质量优于大型编码孔径成像望远镜。

随后，高能所的卢方军、张澍、陈勇、宋黎明和清华大学的冯骅等将直接解调方法成功地应用于准直型探测器、旋转调制望远镜、康普顿望远镜、掠射望远镜等不同类型的空间探测器的数据处理，发表了数十篇科学论文。首都师范大学张朋教授的团组则实现了直接解调快速算法。经过十多年的努力，直接解调方法逐渐被国内外学者接受。

科学需要人的全部生命去探索。李惕碚深知，要把生命变成科学的梦，然后再把梦变成现实。而科学的梦——科学思想和方法创新，开始总是难以被多数人接受。一个真正原创性的理论或方法，需要多方面科学实践的检验，往往需多年时间才能被普遍接受。但是，一个不争的事实是，在国际科学的激烈竞争中，想要依靠方法创新实现学科的跨越发展，就必须迅速决策。

机不可失，时不我待。李惕碚提出了一个野心勃勃的空间科学计划——研制基于直接解调方法的硬 X 射线调制望远镜，放到太空中去，实现人类首次硬 X 射线巡天，发现大批黑洞，深入研究中子星和黑洞强引力场中的动力学和高能辐射过程。

这就是中国第一颗空间天文卫星——硬 X 射线调制望远镜（简称

HXMT）卫星的构想。

李惕碚呼吁，现在正是实现天文学重大前沿跨越式发展的一个难得的机遇。如果该项目能及时实现，中国将在一个重要的基础科学前沿实现跨越式的发展。

然而，李惕碚的这一构想和呼吁，始终没有得到热烈的反响，也没有得到应有的重视。究其原因，主要还是业界对直接解调法的怀疑。前提站不住脚，后者自然难以成立。

路漫漫其修远兮，吾将上下而求索。李惕碚他们继续着艰难的跋涉，不断通过改进直接解调方法的数学论证，用直接解调方法重新分析国外卫星数据，用气球飞行观测验证直接解调原理等工作，回应来自各方面的质疑。2002年联合国教科文组织和欧洲空间局在意大利举办国际空间科学讲习班，直接解调方法被选作为"成像方法课程"进行讲授。这是直接解调方法得到国际认同的一个标志性事件。

在此期间，何泽慧一直关注和支持着硬 X 射线巡天项目的进展情况。眼看着该项目被无期限推迟，她心急如焚，不得不亲自动手上书中央。她奋笔疾书，情真意切，与其说是写给领导的一封信，不如说是一则科学的箴言——

> 天文学的发展向来是由观测驱动的。望远镜和探测器是天文学这辆火车的车头。天文学家一方面把望远镜做得更大、更灵敏，让火车跑得更快，同时还在思考如何修建新的铁路、开凿新的隧道，让火车可以领略不同的风景。硬 X 射线巡天项目就是这样一条新铁路，将为科学家的研究带来一片全新的天空。为此，中国科学院高能物理所的一些科学家努力了 10 多年，至今仍未取得正式立项。机不可失，时不再来。希望有关方面予以重视与支持，从速推进，促进我国现代天文学的发展。

经过何泽慧和李惕碚等科学家长期奔走呼号，直到2000年，硬X射线巡天项目的预先研究才得以立项。在随后的5年里，李惕碚促成中国科学院高能所与清华大学合作，对HXMT进行预研，建成了HXMT望远镜地面样机。

2005年，HXMT作为中国第一颗天文卫星纳入"十一五"科学规划。然而，基于对新技术的怀疑，一些科学家要求重新评审。于是，中国科学院又组织了多次论证会议。在一次论证会上，有人继续对HXMT项目提出质疑，怀疑李惕碚他们作假欺骗。

李惕碚再也按捺不住内心的忧虑，严正道，我们早在1993年就提出了HXMT卫星项目，期望能在欧美之前，以好于5角分的分辨率，实现硬X射线的首次成像巡天，发现大批被尘埃遮挡的超大质量黑洞和其他高能天体。应该知道，当时欧洲刚开始研制基于编码孔径成像技术的INTEGRAL卫星，而我们提出的HXMT卫星项目的成像分辨率和灵敏度比INTEGRAL好得多，技术难度和造价却低得多，所以，领先实现硬X射线巡天是完全可能的。可惜的是，由于有人对直接解调新方法的疑虑，HXMT项目立项被一拖再拖，而欧洲研制的INTE-GRAL卫星，却于2002年成功发射上天，发现了几十个以前没有看到的超大质量黑洞。随后，美国又于2004年发射了编码孔径成像望远镜SWIFT，发现了更多的硬X射线天体。就这样，我们的项目掉队了，中国丧失了实现人类首次硬X射线巡天的难得的历史性机遇！

李惕碚越说越激动，最后提高嗓门呼喊道，我们等了5年、10年、15年，难道还要这样继续等下去吗？面对越演越烈的国际竞争，我们没有气馁、没有放弃，仍然在努力着、祈望着，我们急切地希望新方法所提供的科学机遇，不至于在我们手上最终被完全浪费掉、彻底丧失掉！

也许是因为李惕碚的言辞凿凿，也许是被他的精神所感动，最终

HXMT 项目得到专家们的普遍认可和支持，中国科学院 2006 年 7 月优先推荐 HXMT 为"十一五"自主空间科学项目。

2007 年 3 月，中国发布《"十一五"空间科学发展规划》，提出实现我国空间天文卫星零的突破，自主研制硬 X 射线调制望远镜，计划 2010 年发射上天，力争在黑洞物理研究等领域取得突破。

2008 年 4 月，国防科工委委托中国国际工程咨询公司完成了 HXMT 卫星可行性评估，此项目正式立项。

从李惕碚提出卫星构想，到项目正式立项，整整过去了 15 年的时间！

（四）

卫星已经立项，离上天还远吗？

不是天文人，不知上天难。一颗卫星从立项到发射，还需要漫长的研制阶段。

HXMT 设计寿命 4 年，装载高能、中能、低能 X 射线望远镜和空间环境监测器等 4 个探测有效载荷，可观测 1～250 千电子伏能量范围的 X 射线和 200 千电子伏～3 兆电子伏能量范围的伽马射线。卫星采用直接解调成像方法，通过扫描观测可以完成宽波段、高灵敏度、高分辨率的空间 X 射线成像，具有复杂的热控保障、对地测控与数传保障以及载荷长期工作下的能源保障能力。

虽然李惕碚和吴枚成功解决了成像难题，奠定了技术基础，但 HXMT 的研发仍然面临一系列技术难题与障碍。高能、中能和低能三支研发团队都分别遇到严峻挑战。

高能团队研发的高能望远镜，其核心部件是复合晶体。原计划从美国一家公司进口，该公司生产的晶体纯度很高，曾经被美国和意大利的

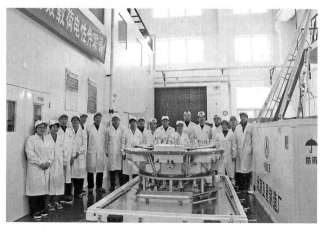

李惕碚（左四）与"慧眼"卫星团队成员

高能 X 射线探测器选用，质量明显优于国产晶体，便与这家公司签订了合同。然而，美国对中国航天一直实施严密封锁。卫星团队没想到，他们订购的晶体也在禁运之列，在运往中国之前被美国商务部给拦下了。HXMT 项目团队为了争取大洋彼岸的晶体，曾经想过先把晶体运到欧洲再运回中国，也找过美国这家公司在中国的代理人做工作，但是都绕不开一张"最终用户申请单"，这张申请单无疑会泄露这些晶体的最后去向。

2011 年，刘聪展从清华大学调到中国科学院高能物理研究所HXMT 项目团队，接管高能望远镜的研制工作，摆在他面前的是一个艰难的抉择。冷酷的现实逼迫刘聪展放弃幻想，不再依靠进口。但是，之前研发团队也尝试过在国内做晶体，结果一直不理想。刘聪展的内心充满了矛盾：高能望远镜是核心载荷，万一我们做不出来，这颗卫星还上不上天？

经过近半年的挣扎，他横下一条心，在压力下奋起，走自主研发的道路，与同事们开始在国内寻觅生产晶体的厂家，最后找到了北京滨松光子技术股份有限公司。该公司位置十分偏僻，连导航也常常标错路线。刘聪展记不清自己迷了多少次路。当试制到第十件样品时，在去往工厂的路上，刘聪展的车差点陷在了被大水漫灌的乡间小道上。他预感不妙，结果那次的样品真的很糟糕。之后，突然有一次，刘聪展和同事们非常顺利地找到了去工厂的路，只花了两个小时就到了。当时他们就有一种感觉，走对了路子，可能就靠近目标了。最终经过 29 轮试制，完成 30 多个样品，终于达到了技术指标要求，样品通过了实验。刘聪展长长地呼出了一口气，还好，自主研制的决策是对的，这些年的努力没有白费。

中能团队在研制过程中也吃尽了苦头。担任 HXMT 卫星有效载荷中能望远镜主任设计师的曹学蕾，早在读研究生期间就连续参与了三颗卫星上的 X 射线谱仪的研制工作，那时的探测器是从国外进口的，本身就很先进，所以在发射前的测试环节没有遇到任何问题。但是，HXMT 的中能射线探测器是自主生产的，作为卫星的一部分有效载荷要经过一系列严酷的筛选实验，以保证其适应太空环境。

中能团队把探测器的裸芯片加工出来以后，剩下的封装、盖帽、检核、试验等一系列环节都要拿到工业部门去做。衡量探测器性能优劣的一项重要指标叫漏电流，也叫暗电流。暗电流会产生噪声，噪声当然是越小越好。在实验室里，中能团队已经将探测器的暗电流降到了 PN 量级。但是，在封装和试验过程中，暗电流经常一下就升到了纳安量级。在这个过程中，大批量的探测器坏掉了。之后，中能团队共做了 18000 片裸片，选出合格的有 4500 多片，拿到工业部门 2200 多片，在封装和筛选的过程中，只有 40% 能通过验收。最后，他们一共生产了 880 个探测器，其中有 400 多个顺利安装在卫星上。

2015 年 6 月，中能望远镜正样装机，装完之后如果没有问题就可以交付了。但一测试发现一个机箱里 80% 以上的 ASIC 根本读不出信号。大家的心情一下子从快乐的巅峰跌到了失望的谷底。

决不能气馁！曹学蕾告诫大家，情况越糟，越需要理性分析。于是，她让大家冷静下来，分析问题到底出在哪里。经过无数次的检查与试验，最后终于找到了问题的症结。于是，他们重新买了一批芯片，进行不同的处理，最终解决了这个问题。

与高能、中能团队一样，低能团队也是困难重重、险情不断。开始时，低能望远镜研制小组只有陈勇一个人。他自嘲道，我陈勇即使最勇也是独木不成林啊！说归说，他还是独自着手开展工作。大约一年以后，陈勇逐渐摆脱了"光杆司令"的局面，小组人手逐渐增加。陈勇带领团队和英国 e2v 技术公司合作，共同设计了探测器芯片。同时，通过不断琢磨和反复试验，他们研制出了只有几百纳米薄的遮光膜以及和卢瑟福实验室同样精巧的准直器。之后又做成了低能望远镜样机。

但出师不利，他们把两套样机放到卫星上进行联调测试，一下子出现很多问题。经过细致的检查，发现主要是软件方面出了问题。而解决这个问题需要极大的耐心和严谨的态度。为此，他们为每个版本的样机都做了详细的记录，笔记本记满了十几本，做到一丝不苟、万无一失，使样机通过了联调测试。

低能团队好不容易度过了危机后，不久却又经历了一次"归零"。所谓"归零"，是低能探测器机箱组装只要发现任何问题或故障，无论大小，都必须推倒重来，一切从零开始。在做真空试验的时候，有半个机箱的探测器出了问题。他们就一块板一块板地排查，经过反复分析，可能是某个探测器的两个电极之间落入了一点东西，由此造成了短路。他们就把这个探测器取下来，用显微镜放大了 200 倍，终于看清楚了，原来真是有一个几十微米大小的异物卡在里面。这个连肉眼都看不见的异物，清除起来很不容易。于是，他们买了一支毛笔，修剪得只剩下一根毛，然后用这把"小刷子"扫掉了故障。

凭着锲而不舍的进取精神、深厚的科学素养和敏锐的创新才智，三支研发团队根据最新科学发展要求，不断调整设计方案，攻克一个个难题，进而使卫星研制进入了正样阶段。

到了这个阶段，卫星的各项载荷都已经历过千锤百炼，一般来说，不会再出现什么大问题。然而，当 HXMT 项目团队着手准备正样的元器件时，竟然又一次遭遇重大险情：卫星上的高压模块不能正常工作了。

这事非同小可！整个卫星一共需要安装近 60 个高压模块，这种大批量使用的元器件出现问题，是非常严重的故障。他们不得不反复进行试验，寻找维修方法，并把方法告诉厂家，厂家修完后又把高压模块返还给他们，然后再做试验，发现还是有问题。就这样，时间拖延了十个月，大家既焦虑又内疚。

科学需要冷静。这期间，HXMT 卫星有效载荷副总设计师徐玉朋显得特别冷静，他夜以继日地工作，找了各种各样的资料进行研究，尝试把高压模块上的一些硬连接变成软连接，最后解决了这个问题。

"慧眼"卫星

一道道难关，一次次险情，卢方军、徐玉朋、宋黎明等团结HXMT项目工程研制团队终于闯了过去——卫星研制任务胜利完成。

　　按照惯例，要给卫星取一个响亮而有意义的名字。科学家团队及卫星工程研制团队为卫星先后酝酿了6个名字：凤舞、天巡、星海、慧眼、仙女、天镜。而他们心目中的理想名字是慧眼。后来通过网上投票的方式，最后从排名靠前的三个名字中一致选择了"慧眼"。

　　李惕碚深情地表示，选这个名字是HXMT科学家团队的心愿，用来纪念我国天体物理奠基人之一何泽慧院士。我们希望这架硬X射线调制望远镜如同她的眼睛一样，寻找高能天体的美丽风景，同时，也希望科学家用智慧打造的观天利器慧眼如炬，能穿过星际物质的遮挡，看到天际间庄严而神秘的东西，发现黑洞，活捉黑洞！

　　HXMT卫星研制工作一切就绪。在等待发射时，李惕碚提出辞去首席科学家一职，他解释说，卫星运行期间的科学产出工作很重要，需要年富力强的学者全力以赴。他在征得原首席助理张双南全力投入慧眼卫星科学团队的组织和数据分析工作的承诺后，推荐张双南接任首席科学家。

李惕碚与"慧眼"卫星

（五）

这一刻终于来到了！

2017 年 6 月 15 日 11 时，酒泉卫星发射中心。长征四号乙运载火箭托举着首颗 X 射线空间天文卫星——"慧眼"顺利升空，飞向苍穹。

此时此刻，早已从研制工作一线退下来的李惕碚甚至比研制团队的年轻人还要紧张，还要感慨万千。

怎么能不紧张、不感慨呢？我们最输不起的是时间，更何况是科学。从他提出这颗卫星的构想算起，已经过去了整整 20 年！在这 20 年中，随着国外硬 X 射线望远镜一次又一次升空，我国这颗 X 射线空间天文卫星已经失去了很多先机。本来，我国在这方面很有可能取得更多更早的成果，走在世界的前列。

这是何等的损失和遗憾啊！

感慨之余，李惕碚仍然对这颗卫星寄予了极大的期待，他自信道，虽然"慧眼"卫星仍然建立在直接解调方法的基础上，但比起当年的设

"慧眼"卫星发射现场

计，科技含量大大提高，探测功能大大扩张，所以，这颗卫星是目前这个领域里能量范围最宽、分辨率最好的望远镜，很有希望获得重要的结果。

是的。中国首架 X 射线天文望远镜将为我们展现宇宙波澜壮阔的图景，揭示出星空中潜伏着的极端炽热的高能宇宙，讲述繁星不断上演的生与死的故事，让我们得以窥视宇宙中稍纵即逝的瞬间，并解答许多前所未知的宇宙奥秘。

正如现任 HXMT 卫星首席科学家张双南所介绍的，我们将使用这架望远镜对银河系进行非常详细的大天区扫描巡天，预期会发现一些新的黑洞活动，使我们可以研究的黑洞和中子星对象大大增加，也会带动地面上光学、射电望远镜对这些天体的观测。

张双南很有把握道，与国际同类的 X 射线天文望远镜相比，我们的卫星探测面积大、能区宽、视场大，因此在探测比较亮的黑洞和中子星时就有优势，对银河系扫描的效率非常高。

果真如此，"慧眼"就是慧眼！

在轨测试期间，"慧眼"卫星开展了多个天区的扫描成像观测和对特定天体的定点观测，开展了伽马射线暴监测等应用测试，验证了卫星的各项功能和性能，取得了银道面扫描监测、黑洞及中子星双星观测、伽马射线暴、引力波电磁对应体探测、太阳耀发、特殊空间环境事件等初步科学成果。

2018 年 1 月 30 日，中国首颗 X 射线天文卫星"慧眼"正式投入使用。

2021 年 7 月 20 日有消息称，"慧眼"卫星首次清晰观测到了黑洞双星爆发过程的全景，揭示了黑洞双星爆发标准图像的产生机制，并完整探测到了第 24 太阳活动周最大耀斑的高能辐射过程，获得了耀斑过程中非热电子的谱指数演化，为理解太阳高能辐射随时间演化提供了新的观测结果。

2022 年 7 月 5 日，中国科学院发布消息："慧眼"卫星团队最近在编号为 Swift J0243.6＋6124 的中子星 X 射线双星发现了能量高达 146 千电子伏的回旋吸收线，其对应超过 16 亿特斯拉的中子星表面磁场。这是继 2020 年直接测量到约 10 亿特斯拉的宇宙最强磁场之后，"慧眼"卫星再次大幅度刷新最高能量回旋吸收线和宇宙最强磁场直接测量的世界纪录。

2023 年 4 月，有关方面发布消息，我国的"慧眼"卫星与"极目"空间望远镜联合精确探测到了伽马射线暴 GRB 221009A，其亮度是以往伽马暴的 50 倍。这是人类迄今探测到的最亮伽马射线暴。这一成果对深入理解这种极端宇宙爆发现象具有重要意义。

慧眼如炬！无疑，"慧眼"卫星的成功发射和运行，使中国高能天文研究进入空间观测的新阶段，对提高中国在空间科学领域的国际地位和影响力具有重要意义。

喜获这些成果，李惕碚由衷感到欣慰。他自豪地说，"慧眼"卫星是继我国成功发射多颗科学实验卫星之后，又一颗重要的空间科学卫星。它将显著提升中国大型科学卫星研制水平，填补中国空间 X 射线探测卫星的空白，实现中国在空间高能天体物理领域由地面观测向天地联合观测的新跨越。

星辰大海，前路迢迢。李惕碚等天文科学家将永不止步，继续巡天遥望、不断探索，在深不可测的太空中，实现一次又一次跨越，采摘一朵又一朵玫瑰，寻找一个又一个秘密。

第二十三章
探月征途

嫦娥奔月从古至今寄托着地球人美好向往
探月工程捷报频传实现了中国人千年梦想

· 采访札记 ·

　　叶培建院士是南京航空航天大学航天学院的院长。这次来宁的日程安排得很满，我好不容易争取到了采访机会。交谈中，叶院士谈到了他的父亲在部队时曾驻在宜兴，他小时候也在宜兴生活过一段时间。他又讲到江苏电视台老台长丁群曾经采访过他。我告诉叶院士，我就是宜兴人，也当过江苏电视台台长，丁台长是我的忘年交。这一下子拉近了我们的距离。采访结束时，他起身对我说，我给你一样东西，是刚刚制作的中国航天各种航天器的标识纪念册。我受宠若惊，连连道谢，并合影留念。

（一）

月球，作为地球唯一的卫星，在地球人心中占据重要地位。夜空中，那一轮皎皎明月，时而犹如一张圆圆的银盘，时而宛若弯弯的银钩，从古至今，引发了人们无限的遐想与向往，给了多少文人以灵感，进而创作出多少美妙诗词。

床前明月光，疑是地上霜……

露从今夜白，月是故乡明……

海上生明月，天涯共此时……

明月松间照，清泉石上流……

诗人通过月亮来抒情写意，民间则流传着许许多多关于月亮的美丽传说：嫦娥奔月、玉兔捣药、吴刚伐桂、天狗食月等。无论是诗词还是传说，都为人类文化增添了灿烂的一笔。

月球之于地球、之于人类又何止这些！

月球形成于约 45 亿年前的地球早期，是由一个质量约为地球 1/10 的星球和地球相撞而成。在这场相撞后，星球和地球的碎片被抛撒出去，然后聚集成月球。所以，月球是地球的"亲生女儿"。

月球的诞生，为地球增加了很多新事物、新气象。月球离地球约 38 万千米，是距离地球最近的天体，它以其柔和的引力轻轻牵扯着地球。地球每自转一周，都要有两次潮涨潮落。月潮把富含有机物的海水带到陆地边缘。在海陆交界处，一些喜氧生物顽强地生存下来，成了最早的陆地生物，直接促成了生命从海洋到陆地的发展。

在很久很久以前，地球的昼夜温差非常大，温度在水的沸点与凝点之间，显然不适宜人类居住。然而，由于月球的特殊影响，使地球海水的引力发生了很大变化，于是地球自转和公转速度明显慢了下来，趋向合理的周期，并具有一定的规律，由此地球上有了春夏秋冬这样分明的四季，而且地球上的昼夜温差也随之减少。另外，月亮和太阳的协同，也使地球保持了相对稳定的天体倾斜，否则，地球的倾斜角度将因地理时间变更而不断变化，可能会导致气候的剧烈变化和更极端的天气。

就这样，地球逐渐变得适宜人类居住。

地球孕育了月球，月球成就了地球。因而，地球人对于月球有着特殊的情感与迷思。明月几时有，把酒问青天。很久以来，人们总是期望揭开月球的面纱，探寻它的秘密，甚至登上月球一睹尊容、一探究竟。

随着社会的发展与科技的发达，人类登上月球的愿望逐步成为可能与现实。各国间展开了激烈的月球探测竞赛。

——1959年1月4日，苏联的"月球1号"从5995千米外掠过月球，成为第一个拜访月球的探测器，在月球竞赛中拔得头筹。

——1961年5月，美国正式公布了自己的载人登月计划——"阿波罗"计划，宣布10年内将人类送上月球。

——1966年苏联的"月球9号"和"月球10号"先后成为第一个在月球上成功软着陆的探测器和人类第一个环月探测器。

——1969年7月16日，美国发射"阿波罗11号"载人飞船，第一次把人类送上月球。航天员尼尔·奥尔登·阿姆斯特朗成为世界上第一个踏上月球的人，并留下了一句广为流传的名言：这是我个人的一小步，却是人类的一大步。

有高潮就有低谷。在创造了登月巅峰之后，月球探测竞赛一度趋缓，不再像以前那样剑拔弩张。然而，竞赛并未结束。随着近代科学技术进步和航天活动的发展，月球成为人类开展空间探测的首选目标。20世纪90年代以来，各国再度打响"月球战"，拉开了以利用月球资源为主要目的的新一轮探月竞赛。

最早创造"嫦娥奔月"神话的国度，显然在深空探测尤其是探月竞赛上大大落伍了。这引起了中国科学院院士欧阳自远的密切关注和深刻思考。

欧阳自远

欧阳自远，1935年10月9日出生于江西吉安。他出生时，母亲难产，痛了一天一夜。最后医生只好用产钳把孩子钳了出来。正在侧房里念书的舅父，当时正好念到《论语》中"有朋自远方来，不亦乐乎"一句，于是就对家人说，这个孩子出生这么艰难，肯定是来自遥远的地方，就叫他"自远"吧。这个名字真好。家里人都这么说。

他的童年正值日本帝国主义发动侵华战争，是在逃难、流浪和恐惧中度过的。虽然上了小学，但没有安稳地读过书。新中国成立后，他上了初中和高中。那时欧阳自远就对远在天边的星星产生了浓厚兴趣，参加了学校里的天文小组。

1952年，高中毕业时，国家正需要大批地质工作者去探明地下的宝藏，提倡和鼓励学生报考地质专业。而父母希望他学医，将来成为一名医生。欧阳自远违背了父母的愿望，响应祖国的号召，把报考北京地质学院作为自己的第一志愿。

那年9月，欧阳自远跨进了北京地质学院勘探系。他学习刻苦，成绩优秀，先后被评为全校优秀学生、北京市三好学生。他的毕业论文《河北兴隆寿王坟矽嘎岩型铜矿的成因》被评为优秀毕业论文。毕业前夕，他光荣地加入中国共产党。之后留校，做苏联专家拉蒂斯的研究生，攻读地球化学专业。

1957 年 3 月至 1960 年 2 月，欧阳自远在中国科学院地质研究所矿床专业攻读博士研究生，以矿床学及地球化学家涂光炽教授为导师。毕业后，欧阳自远在侯德封院士指导下，从事核子地质学的研究工作。1964 年初，欧阳自远接受国防科委的委托，从地质所挑选了 6 个人，组成"219"小组，承担中国地下核试验场和试验前后的地质综合研究。

1976 年 3 月 8 日，吉林陨石雨事件发生。随着一阵震耳欲聋的轰鸣，空前的陨石雨降落在吉林市和永吉县及蛟河市近郊方圆 500 平方公里的平原地域内，冲击地面造成蘑菇云状烟尘，并且砸穿冻土层，形成一个 6.5 米深、直径 2 米的坑，溅起的碎土块最远达 150 米，造成的震动相当于 1.7 级地震。

陨石雨，是天文自然奇观。陨星以极大的速度冲进大气层，由于空气的摩擦，它的表面温度可达到 3000 度。由于产生的冲击波的压缩作用，使陨星在一定的高空发生一次大爆炸，整个陨星爆裂成许多大小不一的陨石。这些陨石像雨点似的降落下来，就形成了人们所见到的陨石雨。如严重的陨石雨撞击地面，除可能伤害人畜外，同时可以在地面上造成陨石坑群，陨石散落地面可以造成地震。所以，人们高度重视陨石雨的观测与研究。

吉林陨石雨就其数量、重量、散落范围以及科技含量，在世界上都属罕见。随后，中国组织了以欧阳自远为首的由全国有关研究单位及高等院校参加的一个全国性联合科学考察组，对吉林陨石进行了综合研究。

1988 年 6 月，欧阳自远任中国科学院地球化学研究所所长、资源环境科学局局长。1991 年，欧阳自远当选为中国科学院学部委员。

就在这一时期，人类进入深空时代，全世界都在积极准备迎接第二次探月高潮的到来。欧阳自远与同事们综合分析与总结美国和苏联探测月球及行星的计划、实施过程、探测成果，结合中国的实际，提出了中国月球观测的发展战略与规划。同时，他们开展了各类地外物质研究，对"阿波罗"采集的月球样品分析与研究进入世界先进行列。他们还建立了更高水平的实验室，培养一批年轻的从事月球与行星探测的科学家。

从 1993 年起，欧阳自远便开始向有关方面积极建议开展探月工程项目。那年，国家"863 评审专家组"同意开展中国月球探测的系统论证，并资助欧阳自远团队先提交一份研究报告《中国开展月球探测的必要性与可行性研究》，要求论证紧密结合国情、国际发展趋势和中国的能力展开。经过一年多的调查、分析和研究，欧阳自远团队向"863 评审专家组"提交了报告。

在评审会议上，"863 评审专家组"认真听取了欧阳自远的报告。经过讨论，完全同意报告的分析研究内容和结论，认为中国开展月球探测非常有必要，完全有可能，具有切实的可行性。

欧阳自远（右二）讲解中国吉林 1 号陨石

接着，"863 项目课题组"和中国科学院新技术局要求欧阳自远团队提交第二份报告《中国开展月球探测的发展战略与长远规划研究》。在准备报告期间，欧阳自远有幸向时任国防科工委副主任的栾恩杰汇报了月球探测的发展战略与长远规划。栾恩杰是专家型领导，很赞同欧阳自远他们的分析研究成果，并建议将绕月探测、落月探测和取样返回，简称为"绕、落、回"三期。栾恩杰还推荐欧阳自远向孙家栋院士汇报。同样，孙家栋极其认真地听取了欧阳自远的汇报，表示支持他们的分析研究成果。

又经过两年多的调查和研究，他们提交了书面文字报告及相关附件。报告提出，中国的月球探测划分为三个阶段：第一阶段为"无人月球探测"，第二阶段为"载人登月"，第三阶段为"建设月球基地，开发利用月球环境与资源"。

之后，"863 评审专家组"又要求欧阳自远团队进行第三步论证，题目是《中国首次月球探测的科学目标与有效载荷配置》。欧阳自远团队提出，首次月球探测是发射一颗月球探测卫星进行绕月探测，对月球开展全球性与综合性探测。为此，他们广泛征求航天领域相关部门的意见，还与研制探测仪器的各有关方面专家进行讨论、协商与决策。

两年多后，欧阳自远团队终于提出了一个先进的、有创新性的科学目标，以及技术指标、成果预期等，得到评审组的认同和支持。

艰难的论证又经历了整整 10 年。2003 年，国防科工委组织全航天领域的相关专家，编写《中国首次月球探测立项报告》及相关附件。国防科工委任命孙家栋为论证组组长，欧阳自远为副组长，并向国务院呈报《中国首次月球探测立项报告》及相关附件。

此后，国防科工委预先启动项目并成立中国月球探测工程的领导小组，任命栾恩杰为工程总指挥，孙家栋为工程总设计师，欧阳自远为工

"863评审专家组"审查《中国首次月球探测的科学目标与有效载荷配置》的设计方案，一致同意并支持欧阳自远提出的报告

程应用科学首席科学家。从此，他们三位相互信任、相互支持、团结合作，成为中国探月工程的"铁三角"。

（二）

2004年2月，中央正式批准月球探测工程立项，标志着月球探测将成为中国航天事业上的第三个里程碑。经过各方专家反复论证，考虑到当时的国情和技术水平，中国月球探测工程第一阶段将分为"绕、落、回"三步走——

第一步"绕"，发射探月卫星，进入近月轨道后围绕月球飞行，对月球进行遥测，并将测量数据传回地面。

第二步"落"，发射月球探测器，携带月球软着陆器和一辆巡视车，实现首次月球软着陆，并进行月面自动巡视勘测。

第三步"回"，发射带有软着陆器和返回器的月球探测器，实现首次月球样品自动取样，然后安全返回地球，在地球上对取样进行分析研究。

月球探测工程的"三步走"，都必须依靠月球探测卫星来完成，因此，首要任务是研制月球探测卫星。

明者远见于未萌。早在月球探测工程立项之前，中国科学院空间技术研究院院长徐福祥高瞻远瞩，很快在院里成立了月球探测卫星项目办公室。谁来担纲这个项目的技术负责人呢？徐院长让大家物色推选，后在院长办公会议上拍板道，担此重任者，非叶培建莫属。

叶培建何许人也？

叶培建，1945年1月29日生于江苏省泰兴市胡庄镇海潮村。这里地处长江下游富饶的苏中平原，阡陌纵横，水网密布，村民面水而居，形成了东西走向的自然村落。叶家祖宅沧桑古朴、静谧安适。家里三代同堂，祖父叶其光读过一些书，算是当地的一位开明人士。父亲叶蓬勃，是家中长子，抗战前考入江苏省立黄渡乡村师范学校。1937年抗日战争爆发，学校随即解散，叶蓬勃便返回了泰兴老家，投入救国救亡运动之中。他秉承教育救国的精神，立志启发民智以图自强，不惜变卖家产，在海潮村河南岸盖起了一所抗日学校，培养了很多抗战英才。不久后，叶蓬勃正式加入了中国共产党和党所领导的军队，离开了家乡，告别妻子和刚出生的儿子，参加了抗日战争和解放战争，新中国成立后又加入了志愿军赴朝作战。

1953年抗美援朝战争取得胜利，叶蓬勃返回祖国。此时，叶培建刚读完小学一年级。两年后，叶蓬勃调往浙江宁波工作，全家随迁，叶培建在刚建的部队干部子弟学校——西湖小学就读。小学毕业后，叶培建顺利考了杭州四中。后父亲调职到浙江湖州，叶培建又随父亲转学到了湖州，并在湖州中学念到高中毕业。

叶培建

中学时代，叶培建喜爱文学，外语也很好，他最初的志向是报考外语学院，毕业后做一名外交官。但父亲在朝鲜打仗时吃过美国飞机的苦头，深知国家工业落后的现状，所以非常希望儿子能够学工报效祖国。叶培建听从父亲的意见，报考了北航和南航，但是，当时浙江省把高分的考生都留在了省内，他最终被浙江大学无线电系录取。

也是一种缘分吧。叶培建大学毕业后，于 1968 年 9 月被分配到位于北京中关村新组建的中国空间技术研究院卫星制造厂工作，圆了他从事航空航天事业之梦。然而，此时正处在"文化大革命"中，基本上无法参与正常生产和专业工作，这让他十分苦恼。

在此期间，远在南京某军工厂担任领导的父亲受到冲击，在一次会议上突然被宣布隔离审查，送进所谓的"学习班"，饱受折磨和屈辱，80 多天后被迫害致死。闻此噩耗，叶培建痛心疾首、悲痛欲绝，一度对生活和事业失去了信心。

1976 年，"四人帮"被粉碎，"十年动乱"终于结束了！正本清源，拨乱反正，叶培建的父亲得以平反昭雪。1977年9月，国家恢复停止了10年之久的高考，全国数百万考生欢欣鼓舞、奔走相告。正在常州出差的叶培建获知，高考与研究生考试同时恢复。这可是天大的喜讯啊！返回北京后，叶培建旋即开始准备考研。

那年，全国近600万考生参加高考，盛况空前。叶培建脱颖而出，三考三捷：他首先报考的是中国计量科学研究院钱仲泰教授的研究生，不久便接到录取通知书。但当时航天系统属军事性质的单位，不主张转考其他单位的研究生，于是叶培建就放弃了这次机会，又报考了本系统的控制工程研究所鲍百容教授的研究生，也一举考上。就在此时，又传来振奋人心的消息，国家鼓励出国留学，考研的考生可以同时报考。叶培建十分珍惜国家给予的极好机会，立刻报了名，并下苦功复习。机遇偏爱有准备的头脑。叶培建再次考中，金榜题名。

去哪个国家留学呢？叶培建一时没有主意，便向杨嘉墀、屠善澄两位院士请教。二老认为中国航天业和美国在诸多方面尚有较大差距，且美国在敏感行业上有诸多严格的限制，去了也不一定能学到什么，便提议他赴欧洲留学。

叶培建听从了二老的建议，随即上报教育部申请留法。当时准备去法国、瑞士、比利时等法语国家留学的人还有很多，教育部统一组织了法语集训。叶培建与来自航天部门的同志都被分配到了广州外国语大学。1979年8月，教育部为叶培建等人联系好了赴法留学的相关事宜，通知他尽快回北京办理手续。但手续办好后很长时间，迟迟未接到正式出国的通知，叶培建心急如焚。

原来，叶培建申请赴法国国立高等航空航天学院下属的研究所深造，但法国的航天业也很敏感，得知他来自中国航天部门，并不愿意接收。而在当时情况下，一旦被一所法国大学拒绝，便很难再被其他法国学校录取了。教育部便建议他换个国家。他查找了一些资料后，给瑞士纳沙泰尔大学下属的微技术研究所白朗地尼教授去了一封信，介绍了自己的基本情况。白朗地尼教授很快回信了，同意了他去瑞士留学读研的申请。

来到瑞士，叶培建如同进了百花园。虽然瑞士国土面积仅 4 万平方千米，人口约 600 万，但工业经济高度发达，是世界上最富裕的国家之一，全球创新指数位列第一，享有"欧洲心脏""欧洲最富""钟表王国""金融之国"等美名。同时，瑞士到处湖光山色、风景如画，被誉为"欧洲水塔""世界花园"。初次出国的叶培建无心于异国他乡的秀美景色和风土人情，全身心地在弗里堡大学语言中心接受法语和德语的强化训练。三个月后，他正式进入纳沙泰尔大学微技术研究所，师从白朗地尼教授。

当时，国外存有偏见，对中国的大学文凭不予承认。叶培建用很短的时间就通过了同等资格考试，获得了博士生资格。1983 年，他以一篇优秀论文，获得了瑞士纳沙泰尔大学颁发的等同法国科学博士的证书。但他并不满足，一心要获得瑞士的科学博士证书。之后，叶培建在微技术研究所担任助教，同时攻读瑞士科学博士学位。两年中，他又完成了一篇论文《手写中文计算机在线自动识别》，主要是针对当时计算机输入中文比较烦琐的情况，力图推陈出新简化输入方法。

叶培建在 1985 年 5 月完成了论文，一个月后，按照瑞士的规定进行了论文的公开陈述。那天，中国驻瑞士大使馆的刘参赞及有关官员特意赶来旁听。会上，叶培建就论文进行了公开讲演，得到与会专家教授的高度评价。随后，经校方批准，论文准予印刷出版。至此，叶培建终于获得了瑞士科学博士学位。

在此之前，杨嘉墀院士去瑞士访问时，还专程赶到研究所看望了叶培建，关切地询问了他的研究工作和今后的发展意向。叶培建毫不犹豫地表示，学成之后立即归来，报效祖国。叶培建没有食言。他一拿到博士学位证书，便于当年 8 月离开瑞士回到祖国。他先是在航天五院 502 所工作，参加开发"火车红外热轴探测系统"。当时的工作条件和生活条件都很差，他和技术人员一起背着仪器乘火车，在晋煤外运的线路上一站一站地采集相关数据，修正模型。后来这个项目成为 502 所的拳头产品，促进了铁路运输的现代化，创造了可喜的经济效益。

几年后，叶培建又转换战场。他作为技术负责人参加了深圳股票 VSAT 网的设计，这是卫星应用技术的一个开拓性项目，因此他成为我国卫星应用领域里"第一个吃螃蟹的人"。利用卫星做股票交易，这个项目取得了显著的经济效益和社会效益。深交所曾以年薪 40 万元的高薪聘请他，却被他谢绝了。对于叶培建来说，人生的价值不在于金钱，而在于他所钟爱的事业。

在事业上，他虽然取得了令人羡慕的业绩，但内心却留有遗憾：虽然一直在空间技术研究院负责计算机工程、卫星应用方面的工作，任院长助理后，又同时负责院领导交办的其他工作，却始终没能加入空间技术研究的主战场——飞行器的研制之中。他向院领导吐露了自己想加入主战场的想法与愿望。

老院长闵桂荣理解他的愿望，便推荐叶培建在 1992 年担任了"中国资源二号"卫星的副总师，转战梦寐以求的飞行器主战场，参与卫星型号的研制。

"中国资源二号"卫星是我国第一代高分辨率传输型对地遥感卫星，主要用于国土普查、城市规划、作物估产、灾害监测和空间科学试验等领域。作为副总师，叶培建主要负责卫星有效载荷的研制工作。上任以后，他积极向老专家学习、向第一线同志请教，研制工作很快取得了突破性的进展。同时，他大胆创新，提出了一些新的思路和改进试验条件的方案，从而保证了产品的质量和安全。由于业绩突出，叶培建被提拔担任"中国资源二号"总师，并兼任总指挥一职。在叶培建的带领下，卫星团队历经几年的潜心研发、艰苦努力，以及两次靶场合练，"中国资源二号"01星于2000年9月1日在太原卫星发射中心首发成功，第三天即开始传输图像发挥作用。之后，叶培建团队一鼓作气，开始研制"中国资源二号"系列的02星。

就在此时，时任空间技术研究院院长徐福祥找叶培建谈话，告诉他院里正准备成立月球探测卫星项目办公室，请他来担纲这个项目的技术负责人。

听闻此事，叶培建且惊且喜，但他还没有做好思想准备，思考许久后说，徐院长，感谢你对我的信任，我也非常愿意担当此任，但资源二号02星的研制正在进行中，任务十分繁重，我担心一己之力无暇兼顾，能否请组织上考虑由其他同志来负责这项工作。

徐院长恳切道，你的情况我知道，但月球探测卫星工程是我国航天事业第三个里程碑的开篇之作，其重要性不言而喻。几经推荐与物色，还是由你来领衔更为合适。你可以两头兼顾嘛，就是要辛苦一些了。

辛苦我不怕。叶培建坦陈道，除了工作上的原因，还有个人原因，前不久我的夫人刚刚去世，精神上一时还缓不过来。

这个我知道，也理解。徐院长推心置腹地说，我对你太了解了，你要走出心情上的沉痛期，还是要给你压任务，让你在繁重的工作中走出悲伤。

徐院长的一番话打动了叶培建，他咬紧牙关点了点头说，那我就干吧！他振作精神，整装上阵，接过了领导交托的重担。

2001年，叶培建出任该项目办技术和行政负责人，随即展开了月球探测卫星方案可行性的论证。方案论证的工作一旦接手，就像一台高速运转的机器停不下来，科研团队的队员们连续两个春节没能休息一个完整的假期，没能和家人团聚。他们尽可能地利用已有技术基础，进行探月卫星的技术攻关，一路披荆斩棘，攻克了一个又一个难题，月球探测卫星的方案越做越深、越做越细，也越做越好。

当时，国内好几家单位都在做月球探测卫星方案。但空间技术研究院抢占先机，提前一年多就完成了方案的技术论证和方案的深化工作，在方案的成熟性、可行性、创新性等方面取得平衡。经过评选，空间技术研究院的方案拔得头筹。就这样，中国月球探测一期工程最终确定以空间技术研究院的月球探测卫星方案为主。

月球探测工程于 2004 年正式立项后，我国第一颗月球探测卫星被命名为"嫦娥一号"，叶培建被任命为"嫦娥一号"卫星的总设计师、总指挥。

嫦娥，在我国人人皆知。相传她吃下了西王母赐给丈夫后羿的一粒不死之药后，飞到了月球上，居住在广寒宫里。

嫦娥奔月的传说是美丽动人的，但人类要真正奔月，是极其艰难的，可谓是"难于上青天"。身为"嫦娥一号"卫星的总设计师和总指挥，叶培建深知肩上重担的分量。党和国家交托的任务，不仅是一项具体的科研任务，也是一份神圣的历史使命——这是中华民族的千年梦想，这是祖国在深空探测上零的突破。为此，叶培建带领一支平均年龄不到 30 岁的团队，立即投入月球探测卫星方案的深度研究与设计之中。

在研究确定"嫦娥一号"卫星技术方案的一次会议上，叶培建汇报说，第一期绕月工程就是研制和发射探月卫星"嫦娥一号"，对月球进行全球性、整体性与综合性的探测，并对月球表面的环境、地貌、地形、地质构造与物理场进行探测。

主持会议的"嫦娥一号"工程总设计师孙家栋，当即对卫星的功能设计与科学目标予以充分肯定，同时指出，从工程角度看，"嫦娥一号"将成为我国第一个深空探测器。多年来，我国已经在应用卫星、载人航天方面取得了巨大的成功，可深空探测方面还是一片空白。"嫦娥一号"要从地球奔向约 38 万千米外的月球，并绕月飞行一年，必然会遇到过去近地飞行器所未遇见的一系列技术难点。对此必须主攻难题，拿出对策。

是的，主攻难题是我们的首要工作。叶培建分析说，我们梳理了一下，主要难点有四个：一是卫星的轨道设计问题。如何选择一条准确、合适的地月转移轨道，并在异常复杂的太空环境下调整、维持和优化轨道，这需要精确的分析求解、建立中途修正的数学模型、研究利用调相轨道扩大发射窗口的能力等。二是测控和数据传输问题。地月距离遥远，测控信号的空间衰减明显增大，而我国目前地面并无大口径天线可以支持。同时，在绕月飞行中，卫星要经历复杂的轨道转移，卫星的制导、导航与控制等问题也是很大的技术难点。三是热控设计问题。卫星绕月飞行过程中，会受到太阳、月球等影响，外部环境非常复杂。而卫星上搭载了许多有特殊热控要求的仪器，对热控制的要求极高。四是应对月食问题。卫星的设计寿命是 1 年，在寿命期内，它不可避免要经历两次月食，每次月食持续的时间是 3 小时左右。当卫星进入月食范围内时，太阳翼无法供电，只能由蓄电池单独供电，同时卫星温度会迅速下降……

听了叶培建的分析，孙家栋说，认识难点是解决问题的前提。要解决问题还必须有正确的思路。我认为，"嫦娥一号"如同其他人造卫星一样，也是由卫星平台与有效载荷两部分组成。在满足技术指标要求的前提下，尽量采用成熟技术，这不仅可以提高可靠性，减少资金投入，而且可以缩短研制周期。然而，作为一项新的航天工程，必然是国家高新技术的集合和应用，必然要采用当代最先进的技术，需要研制大量新设备，会遇到从来没有接触过的新问题。因此，需要将成熟技术与新兴技术交叉使用，最大限度地保证可靠性，保证工程目标的实现，为后续任务的发展奠定尽可能多的理论与实践基础。

孙家栋提出的卫星研制原则与思路，对大家的指导性、启发性很大。会议之后，叶培建随即召开卫星研制团队全体人员会议，明确要求大家按照月球探测工程指挥部的部署，走好我国航天第三个里程碑的开篇第一步，抓质量、促进度、保成功。他反复强调，质量是"嫦娥一号"的生命，也是我们永不停歇、永不满足的追求。除了用好已有的经验，完成型号质量工作中的一系列规定动作外，还要自定一套加分动作，进行创新创造，将"嫦娥一号"卫星万无一失地送到浩渺太空中的广寒宫去。

（三）

一场看不见硝烟的战斗打响了。

叶培建带领团队不断思考，对若干月球探测中的新问题认识再认识。尽管在方案阶段、初样阶段做了大量的分析工作，但还有许多问题需要不断深化和细化。比如，在轨道设计方面，虽然先前已经做了一轮全国范围内专家背靠背的设计复核，且得到肯定的结论，但叶培建又竭诚邀请了三家轨道设计单位共同研讨轨道设计需求，再一次进行多家复核，以确保首发卫星轨道的正确性。再如在热控方面，由于月球表面热环境十分复杂，除了动用自己的力量深入分析、试验验证，他们又通过国际合作提高热控设计的正确性。

在卫星研制的过程中，正确判读数据，是测试中的一个重要环节。数据有时就像淘气的小精灵倏忽即逝，而其中的小问题，可能隐藏着大玄机、大问题。为了避免这一情况，他们从一开始就加强了数据判读体系的建立，每天召开早、晚班会，今日事今日毕，当天的问题力争当天解决，尽量避免遗留问题。有一次，当班的吴学英，在卫星整星加电的测试中，突然发现数据的异常：一台不加电的设备出现了遥测值。通过数据判读，他们及时地发现问题的症结是由于进口的产品进行了修改，与相关的遥测线配置出现了不匹配的地方。就这样，问题得到了及时解决。

千里之堤，溃于蚁穴。叶培建总是站在研制工作的第一线，要求团队人员善于"捕风捉影"，敢于"小题大做"。他常说，航天是一个系统工程，不能有一点点的疏忽、一点点的出入。我们每一个人都是做小事情的，许多件的小事情加起来才是大事情。一个螺丝钉、一个阀门、一个人的失误，就可能会带来灾难性的后果。

卫星在进行总装后，负责总装的陈向东细致入微，发现了一个大隐患：流程先后介入的两个单位对坐标的定义竟相差了 180 度。如果这样安装，就正好把所需推力弄反了方向，后果不堪设想。由于发现及时，隐患很快被排除了。

"嫦娥一号"发射前，有一个工人上去做最后检查，发现有一个高频接头好像有点松，就立即查明原因并将之拧紧。如果这个问题没有被发现和及时解决，高频接头松了以后，上天很可能会影响测控信号或者数据传回，带来很多问题。

经过三年奋力拼搏和潜心工作，"嫦娥一号"卫星研制任务于2007 年 1 月全部完成。上天前，有人提议，为了提高全国人民对"嫦娥一号"的关注度，让它带 30 首歌曲上去。有关部门采纳了这个建议，并成立了一个专门委员会，里面既有金铁霖等著名音乐家，也有叶培建等著名科学家。大家研究后一致认为，带上去的歌曲，必须是老百姓耳熟能详、在社会上广为流传的，而且是中国从古到今、各个民族的代表作。讨论中，金铁霖他们发现叶培建院士对文艺不熟悉，也不会唱歌，就开玩笑说，我们选出来的歌呀，只要叶总说听过这首歌，那肯定是全国人民耳熟能详的。他都知道了，那肯定全国人民都知道了。话是这么说，但评委们还是精心挑选、严格把关，最终选出了《东方红》《谁不说俺家乡好》《爱我中华》《难忘今宵》等 32 首中国歌曲。叶培建得意道，我虽然对音乐一窍不通，但还是发挥了特殊的作用。

"嫦娥奔月"的时间越来越近了。根据上级决定，"嫦娥一号"发射日期定为10月。8月17日，叶培建带领82名试验队员，从北京首都机场出发前往西昌。8月19日，装载着"嫦娥一号"卫星的飞机到达西昌。看着卫星安全抵达西昌卫星发射中心厂房，叶培建心潮澎湃，即兴赋诗一首：

> 一列长龙奔西南，
> 空中运兵一日还。
> 伊尔专把卫星送，
> 三路人马聚凉山。
> 蓝天白云溪流湍，
> 厂房塔架掩青山。
> 协作楼旁射天弓，
> 嫦娥奔月在此间。
> ……

8月20日开始进入紧张的发射场工作阶段。发射场就是战场。大战在即，叶培建与团队人员日夜坚守在发射场技术阵地，严格进行着一项一项的测试工作，对测试中发生的质量问题立即整改，快速归零。

进入10月之后，工作处于最为紧张的时刻。由于过度劳累，叶培建的腰病又犯了，剧烈的疼痛使他不能正常生活，但他还是坚持工作，每天不离阵地。领导与同事劝他休息，他总是说，工作起来就不那么痛了。一些曾经与他一起参加过发射的人开玩笑说，以前在发射场，只要叶总一腰疼，发射就一定能成功，看来"嫦娥一号"也是这样，一定能成功发射！

果不其然，由上级和专家组成的委员会对卫星加注暨转场进行了现场评审，卫星顺利通过评审，并开始加注工作。10 月 11 日，卫星顺利完成由技术阵地到发射塔的转场。紧接着，卫星与火箭、发射场系统相互配合，完成了发射前的一系列准备工作。

10 月 24 日上午。西昌卫星发射中心。

中国月球探测工程总指挥栾恩杰、总设计师孙家栋、首席科学家欧阳自远和叶培建在发射中心指挥大厅前排就座。大家屏住呼吸，等待着"千钧一发"的时刻。

指挥大厅的扬声器里传来调度指挥员的口令：1 小时准备！

此时，孙家栋不时侧过身，小声地与坐在旁边的"嫦娥一号"卫星总设计师叶培建交谈。

3 分钟准备！指挥大厅的大屏幕上，群山环抱的航天发射塔巍峨壮观，坐落在发射台上的长征三号甲运载火箭雄伟挺拔。

1 分钟准备！只见供电连接器从火箭和卫星外壁脱落，发射塔架伸出的长长摆杆，带着连接器插头徐徐摆向火箭后面的发射塔架一侧，顶天立地的星箭联合体挺立在发射台上。

点火！随着指挥员气壮山河的口令，长征三号甲运载火箭喷射出巨大的烈焰，在震耳欲聋的轰鸣声中腾空而起、直刺苍穹。

"嫦娥一号"卫星告别地球，踏上了奔月征程。

18 时 29 分，星箭分离！卫星入轨！

北京航天飞行控制中心传来数据，火箭已将"嫦娥一号"卫星成功地送入近地点 205 千米、远地点 50930 千米、轨道倾角 31 度的地球同步轨道。

"嫦娥一号"卫星发射现场

此时。发射场指挥大厅里的人们不约而同地起立鼓掌。大家热情相拥，额手相庆。

中央电视台记者现场采访欧阳自远，问他作为首任首席科学家，此时此刻有何感受？欧阳自远脑海里只有一个画面："嫦娥一号"绕着月球飞行。于是，他饱含热泪重复着一句话，绕起来啦！绕起来啦！绕起来啦……

叶培建的心情同样无比喜悦，但心里并不感到丝毫轻松，因为他清楚，"嫦娥一号"卫星的奔月之旅才刚刚开始，还要克服许多难关。

一是度过恶劣环境关。"嫦娥一号"卫星在奔月期间，要经受严酷的空间辐射和冷热环境的挑战。如此复杂的空间辐射环境必然会影响到"嫦娥一号"的飞行，特别是月球又没有磁屏蔽作用，银河宇宙射线、太阳耀斑爆发产生的太阳宇宙射线都会直接对环月飞行的卫星产生一定的影响，银河宇宙射线和太阳宇宙射线均能引发空间辐射单粒子效应，使卫星内的电子设备出现这样或那样的问题。科研人员在卫星防护方面经过刻苦攻关，最终确保了"嫦娥一号"可以在复杂的空间辐射环境下完成任务。

二是突破通信关。地球与月球之间的平均距离长达 38 万千米，这对我国的探月测控系统无疑是一场巨大的考验：通信距离远，信号衰减大；通信单程时延大大增加，不能实现实时通；在提高测量精度方面的难度很大，若凭借一个测控站对轨道进行测量，很难提高测量精度，并且目标距离越大，引起的位置误差也越大。对此，航天科学家经过充分的论证，提出了相应的解决方案，即在采用我国航天测控网的基础上，凭借上海天文台佘山站、国家天文台北京密云站和云南昆明天文射电望远镜的观测能力，再利用天文台甚长基线干涉测量网系统来实现测量，从而使测量精度得以提高。

三是应对月食。"嫦娥一号"在绕月飞行的一年期间，会遇到两次月食，其中一次月全食时间大概有 5 个小时。月食期间，地球会遮住太阳的光。没有阳光，太阳帆板就无法供电。专家们对"嫦娥一号"遇到月食时怎样确保卫星仪器正常工作进行了深入的研究，并采取针对性措施，即在太阳辐射强度减弱前，部分太阳能电池依然可以供电，这个时候，需将卫星上各系统仪器、设备设置为最小功耗模式。当卫星进入本影区的时候，太阳能电池就无法供电了，此时的卫星会转为由蓄电池组单独供电。

对于这些难关，虽然有应对措施，但在实际运行中是否能够起效，仍有许多不确定因素，面临严峻的考验。

"嫦娥一号"卫星成功发射的第二天，叶培建带领部分试验队员乘专机转场到北京，一下飞机便直接进驻北京航天飞行控制中心。在后来的一个多月中，试验团队昼夜值班，完成了卫星调相轨道、奔月轨道和近月制动的控制。

11 月 7 日，卫星到达使命轨道。至此，中国人终于有了自己的第一颗月球探测卫星。

11 月 20 日，卫星传回了第一幅月球表面图像。看到这幅图像，叶培建与在场的队员们流下了激动的泪水。

"嫦娥一号"卫星实现了中国人千百年来的奔月梦想。至 2009 年 3 月 1 日，"嫦娥一号"累计飞行 494 天、5514 圈，完成全部探测和科研任务。

就在这一天的 16 时 13 分，飞控中心长管团队向"嫦娥一号"卫星发送了最后一条指令，实施撞月制动，将超出设计使用寿命 129 天的"嫦娥一号"卫星送入了撞击轨道。经过 37 分钟的减速，卫星受控撞击月球丰富海区域，撞击点位于南纬 1.50 度、东经 52.36 度。

"嫦娥一号"卫星以其悲壮而又灿烂的方式，结束了绚丽的一生，永远留在月球上，也留给了我们无尽的思念。

（四）

"嫦娥一号"卫星任务胜利完成后，叶培建建议上级机关选择其他年轻同志担任总工程师，自己则担任总设计师顾问和总指挥顾问。急流勇退，退而不休。叶培建既积极鼓励与支持新的团队开展工作，又继续同大家一起探索月球二期工程的方案，推进工程的实施。

在研制"嫦娥一号"时，还做了一个备份星，这就是后来的"嫦娥二号"。初衷是考虑到万一"嫦娥一号"发射不成功，有个备份星就能够做到半年之内重新发射。但后来"嫦娥一号"表现非常完美，这个备份星何去何从就成了大家很关心的事情。

当时形成了两种不同意见。一种主张是充分利用好备份星，可以用它再次发射；而也有一部分人认为，"嫦娥一号"已经圆满成功了，备份星就不必再发射了，没必要再花一笔钱。而叶培建坚持认为，备份已经做好了，再多花一点钱，能够获得更多科学成果和工程经验，何乐不为呢？

上级机关综合各方面的意见，最终决定"嫦娥一号"备份星作为"嫦娥二号"投入发射。于是，叶培建与总设计师、总工程师及卫星团队一起工作，在"嫦娥二号"卫星上做了很多的技术改进和创新：相机分辨率大大提高，轨道运行高度从月球轨道 200 千米变成 100 千米，第一次试验了 X 波段应答机，在全世界第一次在深空里应用了 LDPC 编码等。

为了最大限度挖掘卫星潜能，在"嫦娥二号"完成所有既定任务目标后，卫星团队联合紫金山天文台的科技人员，为它安排了难度更大的拓展试验任务。最终，"嫦娥二号"与小行星交会的方案被确定下来。那么，选择与哪颗小行星交会呢？

他们把目光瞄向了百万千米以外的浩瀚星空。地面科技人员对小行星库中 60 多万颗小行星进行了细致的挑选，综合考虑交会时机、交会距离、所需速度增量以及小行星直径等，最终挑选图塔蒂斯小行星作为"嫦娥二号"的约会对象。

图塔蒂斯小行星在国际上的官方名称是"小行星 4179"，1934 年 2 月被首次观测到，但直到 1989 年 1 月 14 日才再度被法国天文学家克里斯蒂安·波拉斯发现，随即以西方凯尔特人神话中的战神——图塔蒂斯而命名。图塔蒂斯小行星长 4.46 千米、宽 2.4 千米，外形看起来像一粒花生，是迄今为止靠近地球的最大的小行星之一。

图塔蒂斯小行星绕太阳的公转周期为 1471 天，自转周期 5～7 天，每隔 4 年才会穿越广阔的星空与地球近距离接触一次。2004 年 9 月 29 日，它距地球最近距离约 160 万千米，大约是地月距离的 4 倍。正是因为它距离地球非常近，所以科学家们已经把它收录到潜在危险小行星名单之中，关注着它的一举一动。2012 年 12 月 13 日前后，图塔蒂斯小行星再次到达近地点约700万千米处，之前美国、欧洲、日本等国家或组织都是采用雷达、可见光及近红外成像技术手段实现对它的远距离观测。如果这次中国能够使用"嫦娥二号"搭载的相机对小行星进行近距离成像将是国际首次，意义不言而喻。

要使"嫦娥二号"与图塔蒂斯小行星交会，需要控制"嫦娥二号"脱离环绕日地拉格朗日L2点，飞往与小行星交会的转移轨道。这在我国以往的航天任务中没有先验轨道可以参考，国际上此类大范围星际转移技术也都是国家机密，无从借鉴。卫星与小行星交会的机会只有一次，且相对飞行速度超过10千米/秒，其控制难度比在万米高空操控两颗子弹相撞更大，对卫星上根本没有考虑高速成像需求的相机也提出了苛刻的要求。

面对种种难题，紫金山天文台年轻的科学家们与卫星团队紧密配合，一次次攻克，一个个解决。

2012年4月15日和6月1日，飞控中心通过两次变轨，控制"嫦娥二号"飞离日地拉格朗日L2点环绕轨道，进入飞向图塔蒂斯小行星的转移轨道。途中经过4次修正，历经半年的星际旅程，12月13日16时30分按照预定的日期和地点，"嫦娥二号"与图塔蒂斯小行星如期相会在茫茫星海。此时两者最近距离仅3.2千米，"嫦娥二号"采用了回眸凝视的身姿，图塔蒂斯小行星的身影出现在"嫦娥二号"的视野边缘，然后它的身影随着距离的变大而逐渐减小，很快就消失在了太空之中。

众里寻他千百度，蓦然回首，那人却在灯火阑珊处。

"嫦娥二号"的这一回眸，成功获取了500幅高质量图像，清晰完整，最佳成像像素达到了378×200像素，分辨率达10米，局部分辨率高达5米。这是世界上首次对该小行星进行近距离光学成像，为后续行星际深空探测任务验证了可靠的轨道确定与控制技术。

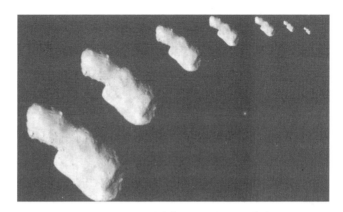

"嫦娥二号"与图塔蒂斯小行星交会

这是"嫦娥二号"的一笔"额外"收获。

（五）

人是要有一点精神的。科学家更是这样。

在长期的科学实践中，我国科学家积累了极其宝贵的精神财富，这就是：胸怀祖国、服务人民的爱国精神，勇攀高峰、敢为人先的创新精神，追求真理、严谨治学的求实精神，淡泊名利、潜心研究的奉献精神，集智攻关、团结协作的协同精神，甘为人梯、奖掖后学的育人精神。

在我国探月工程推进过程中，科学家精神得到了充分的体现和弘扬。

在研制"嫦娥二号"卫星的同时，"嫦娥三号"卫星的研制工作同步进行。"嫦娥三号"卫星主要任务是落在月球上，并且它的巡视器要在月球上走起来，在月球上完成既定科学目标和工程实践，开展巡天、观地与测月。

落月探测的关键技术首先是落月，实现着陆器携带月球车安全共同着陆。着陆器携带四台探测仪器，月球车也携带四台探测仪器，共同完成科学探测任务。其过程是地面发射探测器进入地月转移轨道，近月制动被月球"俘获"，绕月飞行，调整轨道，到达着陆区上空，动力下降，进入月面软着陆。

落月探测的另一个关键技术是两器分离。月球车被锁在着陆器上方，着陆器安全软着陆月面之后，地面指挥系统指令着陆器放下月球车和走向月面的轨道架，解锁月球车，月球车沿着轨道走向月面。着陆器开展就位探测，月球车进行巡视探测。

"嫦娥三号"卫星有一个着陆器，带有月球车。经过全国人民网上投票，这台月球车取了一个非常有诗意的名字——"玉兔"。

玉兔，是中国古代神话传说中的动物形象，为长耳、圆眼、胖嘴，外观形象极其可爱。它长年居住在月球上，在月宫里负责捣药。河汉无声自转，玉兔有情亦老。人们对玉兔怀有极大的好感和情谊。

"嫦娥三号"卫星于2013年12月发射，成功落月。在落月过程中，着陆器和"玉兔号"月球车自主进行避障和选择着陆地点，这标志着我国在航天器落月方面走到了世界前列。

这是"中国智造"在月球上留下的首个印迹！

"嫦娥三号"着陆器上的月基光学天文望远镜，承担在月面进行巡天天文观测的任务，这也是人类首次在月球上实施天文观测。这次天文观测发现了一些特殊结构类型和不同光变类型的恒星，积累了大量新发现的科学资料。

着陆器上的极紫外相机，为人类首次在月球上清晰监测到地球等离子体层的形貌、密度与结构变化，及其对地球环境的影响，并获取到长期、系统的科学资料。

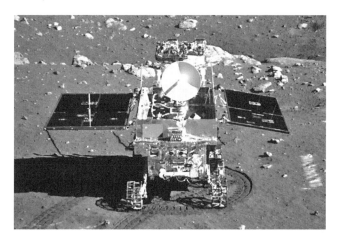

月球车"玉兔号"携带了四台探测仪器。全景相机拍摄和记录巡视线周围的地形地貌和月球风光；红外成像光谱仪和粒子激发 X 射线谱仪，用来探测巡视路线上的月球岩石和月壤的矿物类型及岩石成分；人类首次在月球表面使用测月雷达，用来获取月球 100 米深度内月球土壤和月球岩石的分层、厚度变化和结构特征。通过月球车传回来的图像，可以看到它在月球表面留下了清晰的车轮印记。

2015 年 10 月，国际天文学联合会正式批准中国的申请，将中国"嫦娥三号"月球探测器在月球上实现软着陆的位置命名为广寒宫。围绕广寒宫的大型撞击坑，以中国古代著名的星宿如太微、紫微和天市等来命名。

"星宿"围绕着美丽的"广寒宫"，别有一番风景。

（六）

因为月球按逆时钟方向自转，同时围绕地球按逆时钟方向公转，又因为月亮绕地球公转一周时刚好自转一周，所以，人们在地球上只能看到月球的正面，永远看不到月球的背面。由于看不到月球的背面，人们对月球背面怀有神秘感，甚至产生了恐惧感和诡异感。

中国的科学家想到月球背面去看个究竟。

"嫦娥三号"卫星也有一个备份量。对于要不要发射这颗备份星，这次没有引起多少争论，这次争论的焦点是，"嫦娥四号"究竟怎么发射？一部分人认为应该求稳，把"嫦娥四号"发射到月球正面有经验、有把握；而另一部分人认为，不要做重复的事情，要做就做点新东西，主张把"嫦娥四号"发射到月球背面去。

"嫦娥四号"到月背去的构想，引起了人们的关注、好奇与担忧。

很多人给欧阳自远来信、来电，有的说，月球背面是外星人监视地球的基地，不要去干扰他们。有的告诫说，人类不要去惹祸！还有人认为，外国人都不敢去月球背面，中国为什么要去逞能？如果在月球背面遇见了外星人，中国采取什么态度和办法？

欧阳自远是一位热心于科普工作的大科学家，他利用各种方式和途径向人们解释说，月球背面并不是人们想象的那么恐怖，更不存在什么外星人。当然，月球背面比月球正面更为崎岖不平，地形复杂，其环形山和陨石坑也更为久远，所以到月背去，可能了解和发现更多的东西。而且，由于受到地球电离层的严重干扰，宇宙、银河系或太阳系空间的低频与甚低频电磁波都不能正常到达地球和月球正面，人类在地球和月球正面不能收到的信息，在月球背面有可能清晰地收到。这是科学家梦寐以求的。

2015年的一个星期六，在国防科工委月球探测工程中心召开了一次重要会议，欧阳自远、叶培建等应邀参加。在会议上，他们对"嫦娥四号"应到月背去作了全面而具体的阐述——

第一，更为吸引人的科学探测价值。月背地形与月球正面不同，更为崎岖复杂，几乎全是环形山和陨石坑。月球背面南-艾特肯盆地是太阳系第二大超级陨石坑，更接近月球最原始的情况。"嫦娥四号"就计划在这里着陆，对地形地貌、浅层结构和矿物成分进行探测，将为人类研究月球矿物质结构和太阳系起源提供更丰富的第一手资料。

第二，更为纯净的空间电磁环境。由于月球自身的遮挡，月球背面有天然的屏障，没有来自地球的一系列辐射干扰，有着无与伦比干净的空间环境，因而适合开展各类天文观测，可以充分弥补地面射电观测存在的诸多空白。

第三，更强的科技引领力。登陆月球背面是极具想象力和巨大勇气的科研实践，可以催生并推动一系列高新技术的快速发展，让我国诸多科技获得重大升级，促进我国的科技创新与发展。

经过深入的讨论，大家意见逐步达成一致，决定要把"嫦娥四号"发射到月球背面去。

既然"嫦娥四号"卫星确定要登陆月背，那么，落脚点到底选在哪里呢？经过反复考量，科学家们将这个落脚点选定在冯·卡门撞击坑。

冯·卡门撞击坑是为纪念 20 世纪伟大的航天工程学家西奥多·冯·卡门而命名的。他是我国"航大之父"钱学森的授业恩师，被誉为"航天航空时代的科学奇才"。

一个以科学奇才名字命名的撞击坑，注定是不平凡的。虽然这里的地形相对平坦，有利于探测器成功着陆，但是依旧危险丛生。

时至今日，还没有一个国家有飞行器在月球背面软着陆。只要去，就是世界第一次，就会有新发现。而问题是，人类在地球上既看不到月球背面，也不能与其通信联系，所以从地球发出的指令无法直接发送给探测器执行，探测器的科学探测数据也不能直接传送回地球。

有问题就有解决问题的办法。科学家们经过精心筹划、反复论证，决定要为月背征程架设一座"鹊桥"，将中继星设置在位于距离月球背面 6.5 万千米的位置，它永远面对月球背面，同时也能"看到"地球。

2018 年 5 月 21 日 5 时 28 分，西昌卫星发射中心用长征四号丙运载火箭，成功将"嫦娥四号"的中继星"鹊桥"发射升空，以建立地球与月球背面畅通的无线电链路。这为月背征途铺平了道路。

同年 12 月 8 日，"嫦娥四号"卫星发射升空。12 日完成近月制动，被月球捕获。2019 年 1 月 3 日在月球背面预选区着陆，11 日与月球车"玉兔二号"完成两器互拍工作。之后，着陆器与"玉兔二号"在轨工作突破 1000 天，刷新月球背面工作记录，持续开展科学探测，累计获得探测数据 3780 GB。根据接收信号，对月球岩石、分层、熔岩等目标进行探测，首次揭开精细的月球背面地下表层结构的神秘面纱。

人类的首次月背征途达到了预期的目的。

"嫦娥四号"拍摄的月背影像

美国航天局的一位副局长说，中国"嫦娥四号"去了月球背面，从此以后我们不能说中国人只会跟着干了。他们也干了我们没干过的事情。

习近平总书记在会见探月工程"嫦娥四号"任务参研参试人员代表时，高度赞扬航天、天文工作者在攀登科技高峰、探索宇宙奥秘上创造的新业绩，并发出新的号令：要为实现探月工程总目标乘胜前进，为推动世界航天事业发展继续努力，为人类和平利用太空、推动构建人类命运共同体贡献更多中国智慧、中国方案、中国力量。

（七）

中国智慧撰写中国方案，中国方案彰显中国力量。

早在"嫦娥二号""嫦娥三号"研制之时，我国的科学家们就着手开始了我国探月工程"绕、落、回"三步走的"回"的方案。"回"的核心是要从月球上采集月壤并带回地球，这个任务由"嫦娥五号"来完成。

这是一个非常复杂的飞行器，由四个舱段组成：轨道器、返回器、着陆器和上升器。它首先飞到月球轨道，轨道器和返回器留在月球轨道飞行，而着陆器和上升器要降落到月球上。着陆器有两个机械臂，一个进行钻取，一个进行表取，采出来的月壤样品放在上升器中。月壤采取工作完成后，上升器在月面起飞，在月球轨道上与轨道器和返回器对接，并把样品转移到返回器里，然后由轨道器和返回器携带返回地球。在距离地球 5000 千米的时候，轨道器和返回器分离，由返回器将样品带回地球。

2011 年，探月三期工程正式立项。面对月球工作关键性的收官之作——"嫦娥五号"，探测器总指挥、总设计师顾问叶培建与卫星团队反复磋商与论证。因为"嫦娥五号"的许多任务的难度大大超过以往：月面起飞上升，没做过；月面对接，可以借鉴载人航天工程经验，但情况又有所不同；卫星从月球返回，速度达到每秒钟11千米，能不能安全准确落到地球上，难度最大，风险最大。

为此，卫星团队决定，先进行一次返回试验，即发射"嫦娥五号"卫星试验器，在到达月球以后，它将绕过月球，按照预定轨道返回地球，来验证返回器能否安全返回，充分验证月球返回技术的可靠性。2014年10月24日，"嫦娥五号"试验器由长征三号丙运载火箭发射升空，准确进入地月转移轨道。同年11月1日，服务舱与返回器分离，随后返回器顺利着陆，试验任务取得成功。

2020年11月24日4时30分，在文昌航天发射场，长征五号遥五运载火箭搭载着"嫦娥五号"点火升空。火箭飞行约2200秒后，顺利将探测器送入预定轨道。

12月1日23时11分，"嫦娥五号"探测器成功着陆在月球正面的吕姆克山脉以北地区，并传回着陆影像图。经过约19小时月面工作，探测器顺利完成月球表面自动采样，并按预定形式将样品进行封装，保存在贮存装置中。

12月3日23时10分，"嫦娥五号"成功将携带样品的上升器送入到预定环月轨道。

12月6日5时42分，"嫦娥五号"上升器成功与轨道器和返回器组合体交会对接，并于6时12分将样品容器安全转移至返回器中。

12月17日凌晨，"嫦娥五号"返回器首次携带月壤和月岩碎块1731克，采用半弹道跳跃方式返回，着陆在内蒙古四子王旗预定区域。

这一刻，无论是对中国的探月工程，还是对叶培建本人，都是具有历史意义的重要时刻。当天，叶培建接受了央视记者的采访。

"嫦娥五号"返回器安全着陆于内蒙古四子王旗着陆场

记者："嫦娥五号"胜利返回地球，这标志着什么？

叶培建："嫦娥五号"卫星任务圆满完成，实现了我国航天事业发展中里程碑式的新跨越，标志着我国具备了地月往返能力，"绕、落、回"三步走规划完美收官，为我国未来月球与行星探测奠定了坚实基础。

记者：这一回，我们为什么要把国旗带上去？

叶培建：说明我们去过了。国旗在月球上展开，记录了一个伟大的时刻，而且以后是再也不会丢掉的，上面没有人、没有风，不会坏掉，也不会烂掉。再过一千年、一万年再有人去，这就是中国的纪录，中国人到过这里。

记者："嫦娥卫星"是不是令你特别满意、特别自豪？

叶培建："嫦娥工程"是由成千上万人的心血和力量凝聚而成的。我与大家一样，与"嫦娥卫星"有着特殊的感情。我们都讲就像自己的姑娘一样，"嫦娥卫星"就是大姑娘、二姑娘、三姑娘、四姑娘、五姑娘。有些小故事，你们可能不一定知道，我们一般卫星阵地，都有技术阵地和发射阵地，当我们卫星穿上花衣服，穿上防热的衣服，当它从技术阵地出发去发射阵地的时候，我们都沿路跟着它走，就像送姑娘出嫁一样。

记者：卫星发射成功是否也有运气的成分？

叶培建：运气有两种，一种是我们做了工作以后带来的好运，那实际上是工作带来的，这不叫运气，或者是打了引号的运气；还有一种运气，就是上天给我们的运气，比方说降落，如果着陆器降在了大石头上，那钻就钻不动，而我们着陆的那个地方，恰巧不是大石头，钻了一米多深，取到了深层的样品。这个就是上天给的运气。我有一句话，叫做"人在干，天在看"，上天说，这些人挺努力的，我们给他一个好运气，这个是真运气。

"嫦娥五号"卫星任务圆满完成的当天，习近平总书记发来贺电，指出"嫦娥五号"任务作为我国复杂度最高、技术跨度最大的航天系统工程，首次实现了我国地外天体采样返回。这是发挥新型举国体制优势攻坚克难取得的又一重大成就，标志着中国航天向前迈出的一大步，将为深化人类对月球成因和太阳系演化历史的科学认知作出贡献。

是的，这是一大步。"嫦娥五号"任务创造了五项中国首次，一是在地外天体的采样与封装，二是地外天体上的点火起飞、精准入轨，三是月球轨道无人交会对接和样品转移，四是携带月球样品以近第二宇宙速度再入返回，五是建立我国月球样品的存储、分析和研究系统。

探月工程的推进，是中国力量的体现，是集体智慧的结晶，是成千上万人的奋斗。叶培建从中发挥了极其重要的作用。为表彰叶培建在空间科学技术领域的卓越贡献，国际天文学联合会将编号456677的小行星命名为"叶培建星"。叶培建还获授"人民科学家"国家荣誉称号。获此殊荣，叶培建满怀深情地说：

国家授予我"人民科学家"荣誉称号，既是对我个人的褒奖，更是对全体空间事业工作者所创立的航天精神的赞誉与弘扬。我觉得热爱祖国、无私奉献、自力更生、艰苦奋斗、大力协同、勇于攀登，是我们航天人最大的精神。而最根本就是前两句话，热爱祖国、无私奉献。有了这两句话，很多东西都可以解释，因为热爱祖国得有表现吧，你得给国家做点事情吧，你承诺这个事情，到时候要么完不成，要么钱不够，还给国家增加负担，算不上无私奉献吧，算不上热爱祖国吧。所以我总觉得，做一个热爱祖国的人、无私奉献的人，要实实在在做一些事情，做好一些事情，今后我还要做更多的事情。

没有华丽辞藻，没有豪言壮语。这是科学家的心声，更是科学家精神的具体阐释和生动实践。

三年后，一条新闻引起了全国人民的广泛关注和兴趣——

从 2023 年 8 月 31 日起，至 9 月 30 日 24 时，中国载人航天工程办公室面向社会公开征集新一代载人飞船、载人月面着陆器的名称。征集活动按照发布公告、初步评选、网络投票、最终评选和结果公布 5 个环节组织实施，所有热爱中国载人航天事业的自然人、法人及组织均可参与。中国载人航天工程办公室将为最终入选方案作者颁发纪念证书，并安排赴发射场观摩载人航天发射任务。

新华社记者还从中国载人航天工程办公室获悉，我国载人月球探测工程登月阶段任务已全面启动实施，各项研制建设工作正在加紧推进。根据计划，我国将在 2030 年前实现中国人首次登陆月球，开展月球科学考察及相关技术试验等。载人登月任务主要过程为：首先发射月面着陆器，月面着陆器在环月轨道停泊等待，然后再发射新一代载人飞船，飞船与着陆器在环月轨道交会对接。航天员从飞船进入着陆器，着陆器与飞船分离后下降到月面，航天员开展月面活动。之后，航天员乘坐着陆器起飞上升与飞船对接，航天员进入飞船。飞船与着陆器登月舱分离后，返回地球。

据介绍，新一代载人飞船是在神舟飞船基础上全面升级研制的新型天地往返运输飞行器，由返回舱和服务舱组成，主要用于我国载人月球探测任务，兼顾近地空间站运营，具有高安全、高可靠、多任务支持、可重复使用的特点，登月任务可搭载 3 名航天员往返地面与环月轨道，近地轨道飞行任务可搭载 7 名航天员往返地面与空间站。月面着陆器是我国全新研制的地外天体载人下降与上升飞行器，由登月舱和推进舱组成，主要用于环月轨道和月球表面间的航天员运输，可搭载 2 名航天员往返，并可携带月球车和科学载荷，是航天员登陆月球后的月面生活中心、能源中心及数据中心，支持开展月面驻留和月面活动。

"嫦娥奔月"在中国将不再是神话，不再是梦想。中国人登上月球指日可待。

第二十四章
祝融探火

人类阔步走向行星际首选火星第一站
天问一号搭载火星车而今漫步从头越

正式采访前，我斗胆给欧阳自远院士赠送了我的一幅书法作品："日月经天，江河行地"。他欣然接受后说，我虽然不懂书法，但我觉得这个写得好。我自传的书名是《求索天地间》，与书法的内容相一致，都有"天地"两字。我就是研究天、研究地的。接着，他与我先后拿着书法和自传，在挂在办公室墙上的"全月球影像图"前合影留念。合影后，开始了长达近三个小时的采访。从童年讲到走出校门，从参与吉林陨石雨的研究讲到主持我国第一次地下核试验，从"嫦娥奔月"讲到"祝融探火"……

（一）

人类深空探测的第一步当然是月球探测，因为月球是离地球最近的一颗卫星。但是，人造飞行器绕月探测，甚至落到月球并取样返回，还不能算是完全走出地球，并没有开始真正的行星际探测。因此，人类在探月的基础上，还要走向深空，走向行星际。

人类走向深空首选的第一站便是火星。

火星，是太阳系中仅次于水星的第二小的行星，为太阳系里四颗类地行星之一。它与地球一样，也有南极、北极、高山、峡谷、白云、尘暴和龙卷风，故而被称作地球的"孪生兄弟"。

但火星上却没有水和生命的存在。而且，火星在地球人中的名声并不好。火星自古被认为是战争与灾难的化身。中国古人称火星为"荧惑"，因为其行踪复杂，顺逆不定，忽东忽西，时隐时现，快慢不均，给人一种不祥之感。汉代的占星家甚至认为，荧惑主战乱，与战争、丧乱、饥馑、疾疫等灾害紧密相连，因此将火星称为赤星、罚星。

在古希腊，人们用神话中的战神"阿瑞斯"代表火星。阿瑞斯是宙斯和赫拉的儿子。他相貌英俊，却是战争、兵变、杀戮与暴乱之神。

在印度神话中，战神"卡尔蒂凯耶"是火星的化身。他性格强暴，争强好斗，是血腥和灾祸的化身。

火星之名，从西方神话中的阿瑞斯、玛尔斯，到中国古星象的荧惑，都代表着战乱、灾难、疾疫、死丧等恶象。究其主要原因，是人们用肉眼看到的火星是一颗红色的星球。

其实，火星是一颗外表寒冷、内心平静的星球。人们误解了火星，科学家们则要通过火星探测，给火星"平反昭雪"。

在太阳系八大行星中，除金星以外，火星是距离地球最近的一颗行星，大约每隔 26 个月就会发生一次火星冲日。在冲日期间，地球与火星的距离会达到极近值，通常不足 1 亿公里，而在火星发生大冲时，甚至不足 6000 万公里。所以每隔 26 个月，人类的火星探测活动也会出现一次高潮。可以说，除了人类本身居住的地球，人类对火星了解最多。世界上先后有 30 多个探测器到达过火星，进行了详细的考察，并获得了大量数据。

当然，火星探测之路充满了坎坷，人类发射的火星探测器，特别是早期发射的探测器，大约三分之二没有能够获得成功。尽管如此，人类并没有望而却步，对于探测火星的热情始终不减。因为火星是太阳系中最近似地球的天体之一，它的赤道平面与公转轨道平面的交角接近地球，有着类似地球的春夏秋冬，而且火星上的一天和地球上的一天几乎一样长。对于这样亲近的兄弟，人类怎么会不特别关注呢？

"黑夜给了我黑色的眼睛，我却用它寻找光明。"

我国的科学家们要用他们特别的"黑色眼睛"，去寻找火星上的"光明"了。

2007 年，"嫦娥一号"月球探测卫星成功发射后不久，探月工程总设计师孙家栋院士就与欧阳自远商量说，"嫦娥一号"运行和探测非常顺利，一定能够圆满完成工程目标和科学探测任务。"嫦娥二号"能不能不去探测月球，直接去探测火星？

这让欧阳自远颇为意外，同时也受到极大的鼓舞和震撼。他完全赞同和支持孙家栋院士的设想，敬佩他的开阔胸怀和远见卓识。

两位院士在一起商议，认为有三个领域需要充分研究和论证：一是现有的火箭运载能力能不能直接将火星探测器送入地球—火星的转移轨道；二是测控通信的设施能力能不能完成 4 亿千米距离的测控通信任务；三是要在火星上开展哪些科学探测，探测仪器的研制和技术要求要有哪些新突破等。

之后，欧阳自远组织队伍，研究科学探测目标、科学仪器研制与技术指标。同时找运载火箭系统总设计师和测控系统总设计师商量，请他们组织队伍进行论证。

根据对火星2011年发射窗口期的计算，欧阳自远认为有足够的时间做好各项准备，就向孙家栋院士作了汇报。孙家栋诚恳地对欧阳自远说，欧阳，我是给你打工的！去不了、到不了月球和火星，我负责。到了月球、火星，你看什么、干什么，全是你的事，我不懂。最后交差也是你的事。

闻之，欧阳自远动情地说，孙老总，我是在您领导下的开展工作的，是您引领我跨进航天科技的大门，我会竭尽全力做好工作，努力完成任务！

没过多久，国防科工委同意开展首次火星探测的研究与论证。欧阳自远向中国科学院领导汇报了有关中国开展首次火星探测的研究与论证的工作进展，得到了大力支持。随后，他立即组织相关研究所的专家，共同提出一个先进的、具有创新性的科学探测计划与探测仪器的配置方案。

运载火箭系统和测控系统的科研人员积极响应并支持孙家栋院士的设想。虽然遇到了一些困难，但他们提出了可行的解决办法，坚信中国有能力实施首次火星探测。

2007年6月，中国和俄罗斯签订了航天合作协议，计划在2009年7月俄罗斯发射的"福布斯-土壤"采样返回探测器上，搭载中国的火星探测器"萤火一号"。到达火星上空之后，中国的"萤火一号"与"福布斯-土壤"分离。"萤火一号"探测火星，"福布斯-土壤"飞向火星的卫星"火卫一"取样并返回地球。

2008年，欧阳自远被任命为"萤火一号"火星探测器的首席科学家。他自知责任重大，反复认真研究了俄罗斯"福布斯-土壤"的任务与实施过程，深感这是一项具有重大创新意义的科学探测计划。

同时，欧阳自远通过深入分析也了解到，"萤火一号"的工作环境与条件，难以实现中国设想的火星探测科学目标，也做不出有创新意义的重大探测成果。其中最重要的一个问题是关于"萤火一号"的运行探测轨道。"萤火一号"是搭载在"福布斯-土壤"上的探测器，它们一起从地面发射，共同进入绕火星运行轨道时，"福布斯-土壤"立即释放"萤火一号"，"萤火一号"与"福布斯-土壤"分离。接着，"福布斯-土壤"变轨奔向火星卫星"火卫一"，"萤火一号"则继续绕火星运行，但没有任何变轨能力，只能以扁长椭圆轨道运行，绝大部分时间远离火星，只能拍摄和探测火星的"腰带"附近，难以清晰窥见火星的全貌。又由于"萤火一号"的重量受到严格限制，仅能携带小天线，传输数据能力很低，无法传输清晰图片和大量探测数据。

于是，欧阳自远召开了两次协商会议，针对"福布斯-土壤"搭载"萤火一号"存在的种种问题与不足，向俄方提出了八项具体改进建议。

然而，对于中方提出的一系列问题，俄罗斯航天部门竟不予考虑，明确答复，原有条件包括探测轨道不能做任何改变。

在这种情况下，欧阳自远以对科学负责的精神，毅然请求辞去"萤火一号"首席科学家之职。

由于准备工作不足，俄罗斯方面宣布，原定在2009年7月发射的"福布斯-土壤"更改到下一个火星发射窗口期发射。2011年11月9日，"福布斯-土壤"乘坐巨大的"天顶号"火箭，从拜科努尔发射场出发，10多分钟后抵达近地轨道。

"福布斯-土壤"信心满满地准备变轨，前往"火卫一"。第一次变轨成功，而第二次变轨无法实现目标。此时，探测器的太阳能帆板已经打开，与地面建立通信，但动力系统全无反应，无法挣脱近地轨道。探测器进入等待被地球大气拖回的状态。俄罗斯联邦航天局使出浑身解数拯救它，但最终宣告失败。

两个月后，"福布斯-土壤"和搭载在上面的"萤火一号"再也无法抵抗地球引力，坠落到地球大气层中，完全被烧毁，残片坠入太平洋。

"萤火"如昙花一现，就这么遗憾地消失了。

欧阳自远慨叹道，虽然"萤火一号"没有实现我们奔向火星的梦想，但是，"萤火一号"虽败犹荣，它点燃了中国人奔向火星的激情，同时也使我们真正体会到了火星探测之难，更使我们中国空间科学家认识到自力更生、自主创新的重要性。

（二）

萤萤之火，可以燎原。

在"萤火一号"之前，我们国家还没有一个专门研究火星的团队，甚至还没有一本关于火星的教科书，哪怕是翻译的都没有。"萤火一号"之后，我们不但组建了相关的科研团队，翻译出版了关于火星的教科书，还在之后提出了一系列新的科学目标和探测方案，为今后我国自主进行火星探测培养了人才队伍和奠定了基础。

"萤火一号"受挫之后，有关各方都在研究一个十分重要的问题，即在开展探月工程的同时，如何发展我国的深空探测。中国空间技术研究院首先提出，应该搞一次中国自主的火星探测。

"嫦娥一号"总设计师叶培建也是火星探测的积极倡导者和推动者，他在各种场合包括在全国政协会议上提交提案，力推2013年进行火星探测，做到不靠、不等。他主动与"嫦娥二号"团队一起认真制定了以"嫦娥二号"为基础的火星探测具体实施方案、技术流程和计划流程。

空间技术研究院领导也下了很大的决心，预拨经费大力推动这项工作，组建了火星研制队伍，并任命叶培建为火星探测的技术顾问，制订了实施方案，计划早日发射我国的第一个火星探测器。但由于种种原因，论证工作走过了一段非常艰难的道路，实施方案也一变再变，难以进入实施阶段。

功到自然成。随着大型运载火箭和深空探测网等瓶颈取得突破，中国自主发射火星探测器终于被提上议事日程。《2016 中国的航天》白皮书明确提出：实施中国首次火星探测任务，充分论证火星采样返回、小行星探测、木星系及行星穿越探测等方案，组织关键技术的攻关，在 2020 年发射首颗火星探测器，实施环绕和巡视联合探测，进行太阳系起源与演化、地外生命信息探寻等重大科学问题的研究。

2016 年 1 月 11 日，国家对首次火星探测任务正式批准立项，计划 2021 年登陆火星。其目标任务是，通过一次发射任务，对火星开展全球性、综合性的环绕探测，一次性实现火星环绕、火星着陆和火星巡视，并在火星表面开展区域巡视探测。

从此，中国自主火星探测工程按计划加快推进。火星探测器和用于发射的长征五号运载火箭分别由中国航天科技集团有限公司五院和一院抓总研制。火星探测器由叶培建任顾问，孙泽洲任总设计师。

孙泽洲

孙泽洲，1970 年生于辽宁沈阳，父母都是沈阳飞机制造公司的职工。孙泽洲从小就是在"沈飞"这个大院子里长大的，飞机试飞时划过蓝天留下的痕迹，以及突破音障时的轰鸣声，都是他儿时的记忆。也正是这些记忆，点燃了他的航空航天梦想。

梦想是灯塔，照亮人生前进的方向。1988 年，孙泽洲梦想成真，如愿考入南京航空航天大学。在南航的四年是孙泽洲人生中非常美好的一段时光，有很多关心他的好老师、好同学、好朋友。尤其是指导员老师时时刻刻关心他的学习，在生活上也给予他很大的帮助。老师强烈的责任心和无私的奉献精神，鼓舞他努力学习，掌握更多的知识。

四年后，孙泽洲从南京航空航天大学电子工程专业毕业，来到中国航天科技集团五院工作。在这里，他好学上进，积极工作，得到了领导的重视。

从 2000 年开始，孙泽洲任传输遥感卫星总体室副主任，兼任"中国资源一号"02 星总体副主任设计师，参与了卫星在巴西的测试和飞控工作。之后，他出任空间太阳望远镜背景型号副总研究师。由于技术出众，两年后孙泽洲被组织选派参与月球探测工程前期论证工作，不久又被任命为"嫦娥一号"卫星副总设计师，协助总师分管测控与数传、天线、机构与结构、热控、数管、供配电六个分系统的管理工作。

从"嫦娥奔月"到"深空探火"，目标更远大，难度在增加——从距离地球约 38 万公里的月球，大大拓展到距离地球 4 亿公里的火星。

在叶培建看来，距离不是问题，当时我国已经突破了 4 亿公里的通信问题。而最大的难点是着陆火星。火星上有沙尘暴等不利条件，着陆火星比着陆月球的难度大得多。

在火星探测上，有的国家是环绕探测，有的国家是落火探测。而我国探火团队知难而上，经过反复论证，提出了世界上独一无二的探火方案，一次完成三件事情：一是绕火星探测，不仅是对赤道一带探测，而且是对火星全球的探测；二是进入器要落到火星上；三是火星车要在火星上巡视勘测。

任务重，难度大，时间紧。为此，叶培建几次找孙泽洲深谈，告诫道，虽然现在离火星探测器的发射不到 5 年的时间，但我们要有信心，一定要赶在 2020 年发射，向建党百年献礼；而且要做到后来居上，实施高水平高质量的火星探测。

孙泽洲感到压力巨大，他如实道，组织上给我的任务太重了，同时担任两个航天器的总设计师，一个飞向月球，一个奔向火星。尤其是探火，距离从 38 万公里一下跨越到了 4 亿公里，而且是一次性实现环绕、着陆和巡视三个目标，这在世界上还没有哪一个国家一次能够同时实现的。我的确感到了从未有过的压力。

重担就是重任，压力就是动力。叶培建鼓励说，我们以前所做的工作，所完成的任务，哪一个不是逼出来、压出来的？我们前面没有现成的路，后面没有退路。路是人走出来、干出来的。你肯定行！

您一直以来都这样鼓励我，但这次不一样。孙泽洲说。

叶培建问，为什么不一样？

孙泽洲说，您是知道的，我们的这次探火任务，不仅自身难度大、时间紧，而且在 2020 年前后，中国、美国、阿联酋几乎同步发射火星探测器。探月的时候，是我们自己在奔跑，而这次探火之旅，可以说是三个运动员在同一赛道上奔跑。这样的同场竞技，给我的压力更大了。

这与其说是压力，还不如说是动力和机遇。叶培建笑道，你想想，假如赛跑时，赛道上只有你一个运动员，这多没劲，也不会取得好成绩。如果比赛时前有标兵后有追兵，就会激发起干劲与勇气，拼命往前冲，创造奇迹。

听了叶培建的话，孙泽洲的思想顾虑虽然没有完全消除，但他知道了，没有退路，只能往前冲！

于是，他与他的团队开始了艰难的跋涉，努力攻克一个又一个技术难关。

一是研制环绕器。环绕器要搭载七台有效载荷，包括中分辨率相机、高分辨率相机、火星次表层探测雷达、火星矿物光谱分析仪等。环绕探测是火星探测的主要方式之一，也是行星探测开始阶段的首选方式，所以，环绕器的研制十分关键，技术难度也特别大。

二是研制着陆器。环绕器进入环火轨道后，先开展约三个月的对火观测，同时对预选着陆区进行详细勘测。之后，携带火星车的着陆器与环绕器分离，利用降落伞和反推发动机在火星表面着陆。着陆器不过关，就无法开展为期90个火星日的巡视探测任务。所以，着陆器研制的要求高、难度大。

三是研制火星车。我国火星车采用主动悬架，六个车轮均可独立驱动，独立转向。除前进、后退、四轮转向行驶等功能外，还要具备蟹行运动能力，用于灵活避障以及大角度爬坡。这与国外的火星车相比，设计要求更高更复杂。

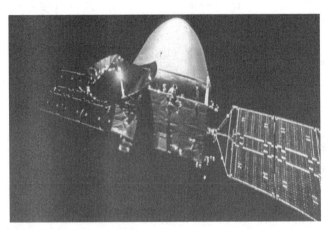

"天问一号"火星探测器

问题堆积如山，工作举步维艰。在探测器的研制初期，每天都会有层出不穷的新问题，简直就是按下葫芦浮起瓢。孙泽洲带领研制团队通力合作，日夜奋战，努力攻关，克服重重困难，跨越座座大山，在创造创新的道路上不断挺进，使各项研制任务如期完成。

（三）

随着航天事业的快速发展，我国在 2016 年设立了"中国航天日"，宣传中国和平利用太空的一贯宗旨，普及航天知识，弘扬航天精神，唱响"探索浩瀚宇宙、发展航天事业、建设航天强国"的主旋律，激发全民族的科学热情，凝聚实现航天梦、中国梦的强大精神力量。

在第五个"中国航天日"，备受人们关注的中国首次火星探测的任务名称和任务标识向社会公布：中国行星探测任务被命名为"天问系列"，首次火星探测任务被命名为"天问一号"。

"天问一号"的名称源于屈原长诗《天问》，体现了人们对宇宙星空的向往与探索精神，表达了中华民族上下求索、追求真理的坚韧与执着，预示着科学探求征途漫漫，科技创新永无止境。

2020 年 7 月 23 日，海南文昌航天发射场。

在亿万民众的见证下，伴随着一声巨响，"天问一号"搭乘着长征五号遥四运载火箭缓缓升起，迈出中国行星探测的第一步，开启了漫长的星际征途。

北京航天飞行控制中心飞控团队与空间技术研究院试验团队密切配合，遥控着"天问一号"探测器在飞离地球约 120 万千米处，深情回望地球，并利用光学导航敏感器对地球、月球进行成像，获取了地月合影图像。

"天问一号"火星探测器发射现场

　　这回望，让我们看到了一大一小的地球和月球，均呈新月状，交相辉映，美不胜收，令人陶醉。

　　这合影，让我们看到了地球与月球如父女一般，在茫茫宇宙中相守相望、心心相印。

　　8月2日7时整，"天问一号"探测器3000牛发动机开机工作20秒，顺利完成第一次轨道中途修正，继续飞向火星。

　　在经历漫长的飞行之后，"天问一号"跨入新一年、新征程。2021年农历除夕，执行中国首次火星探测任务的"天问一号"探测器进行近火制动，"刹车"后被火星"捕获"，正式开启火星探测之旅——"天问一号"探测器经过202天4.75亿公里的深空飞行，与火星交会，成功进入环绕火星轨道。

　　在之后的三个月中，"天问一号"不断地对火星表面进行探测，以找到最佳的降落时间和地点。

　　5月15日凌晨一点，当地球人正在熟睡时，"天问一号"开始从停泊轨道上实施降轨机动，转至火星进入轨道。

最重要的时刻到来了！

中国的旗帜能否出现在这颗最远可达4亿多公里的星球上，成败就在此时。

凌晨四点，"天问一号"的着陆巡视器与环绕器开始分离，2小时后将以每小时21000公里的速度进入火星大气，之后迎来令所有人万分紧张的"黑色九分钟"：

首先，巡视器与环绕器分离滑行段经过大气，切断与地球的信号。

接着，进入升力控制段，配平翼展开，此时速度达到了3马赫，大约每小时2600公里。

之后，进入伞控阶段，在弹伞的瞬间，其速度降低，当速度减缓到一定程度，抛开隔热罩，展开着陆腿，测距测速敏感器开始工作，抛开背罩，主发动机开机，激光三维成像开始搜寻最佳降落地点。

最终，"天问一号"降落在乌托邦平原南部，顺利着陆在这颗火红色的星球上。

"黑色九分钟"就是"红色九分钟"！

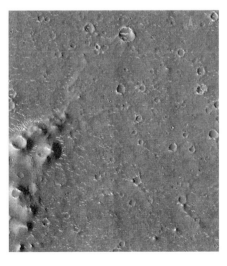

"天问一号"拍摄的高清火星影像图

北京飞行控制中心指挥大厅内欢呼雀跃。叶培建走到孙泽洲跟前，紧握着他的手说，祝贺你，我们终于迈向了深空，踏上了火星。

谢谢您亲自挂帅，悉心指导。孙泽洲兴奋却不失理性道，下一步，我们要让"祝融号"在火星上走稳走好。

（四）

孙泽洲说的"祝融号"就是火星车。

"祝融号"的高度有 1.85 米，重量达到 240 公斤左右。它在进入太空时还没有自己的名字。直到 2021 年 3 月 2 日，中国首辆火星车全球征名活动公众网络投票结束，"祝融号"这个名字脱颖而出，以超过 50 万的选票荣登榜首。

扬帆起航，逐梦九天。以此为主题的 2021 年"中国航天日"启动仪式暨 2021 年中国航天大会开幕式于 4 月 24 日在江苏南京举行。启动仪式上，中国首辆火星车名称揭晓，"祝融号"正式命名。

在中华传统文化中，祝融有火神之称，它象征用火照亮大地，给人间带来一片光明。火星车命名"祝融号"，寓意由火神点燃中国星际探测的火种，在浩瀚星空中亮起一盏灯塔，指引人类对未知宇宙接续探索，挺进更加遥远的星际。

关键的一步即将跨出，动人的一幕就要开启。

"天问一号"着陆平台和"祝融号"火星车于 5 月 22 日 10 时 40 分，徐徐驶离坡道，稳稳地着陆在火星大地上，然后太阳翼、天线等机构展开，正常到位，中国的五星红旗展开，接着，"祝融号"在火星大地上缓缓移动，进行巡视探测。

在控制中心的屏幕上，叶培建看到"祝融号"安全抵达火星表面，心里的石头终于落地了。他激动地对在场的记者说，尽管只移动了

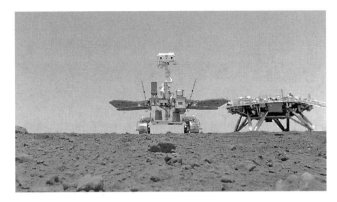

"祝融号"火星车与着陆平台合影

0.522 米，但标志着探火工程的"绕、着、巡"任务目标圆满完成。

多年来，人类为了探索这个红色的星球，包括我们中国在内，有22 次是想进入火星大气，然后着陆火星，但其中成功的只有 10 次，美国人有 9 次，我们 1 次。全世界能够做到绕、着、巡一次完成的，就是我们中国。

2021 年 6 月 11 日，在国家航天局举行揭幕仪式，首次公布了由"祝融号"火星车拍摄的着陆点全景、火星地形地貌、着巡合影等影像图。这标志着中国首次火星探测任务圆满成功，取得喜人成果。

"祝融号"火星车拍摄的火星沙丘

"祝融号"火星车"回眸"对进入舱背罩成像

2022年5月5日，月球探测工程地面应用系统公开发布"天问一号"第10批科学探测数据。这些数据由地面应用系统生产制作，包括环绕器上的火星离子与中性粒子分析仪、中分辨率相机、火星矿物光谱分析仪，火星车上的导航地形相机、火星气象测量仪、火星车次表层探测雷达获取的科学数据；以及环绕器上的火星能量粒子分析仪、火星车上的火星表面磁场探测仪获取的一系列科学数据。

至2023年3月，"天问一号"环绕器连续进行环火星探测，"祝融号"火星车已累计行驶1921米，获取原始科学探测数据约1600 GB，超额完成了既定科学探测任务。

祝融探火，中国人实现了走向深空第一站的壮举。

2021年5月，孙泽洲在接受央视《面对面》栏目记者采访时，详细阐述了"天问一号"取得的科学成果。"天问一号"环绕器的各科学载荷均实现了火星全球探测，获取具有自主知识产权的多维度、多要素、第一手火星科学数据，绘制了火星全球的中分辨率影像图。科学研究团队还利用"天问一号"探测数据，在火星地下浅层结构、火星磁场、环火轨道空间环境以及火星重力场等方面，获得了一批优秀的科学成果。火星车累计行驶 1921 米，在国际上首次对乌托邦平原南部进行巡视探测，携带了地形地貌相机、多光谱相机、次表层探测雷达、表面成分探测仪、磁场探测仪、火星气象测量仪 6 台载荷，获取精细科学数据，揭示了火星浅表精细结构和物性特征，为深入认识火星地质演化与环境、气候变迁提供了重要依据。

孙泽洲概括说，"天问一号"任务实现了"六个第一次"：第一次实现地火转移轨道探测器发射，第一次实现行星际飞行，第一次实现地外行星软着陆，第一次实现地外行星表面巡视探测，第一次实现 4 亿公里距离的测控通信，第一次获取第一手的火星科学数据。总之，"天问一号"任务的成功完成，是中国航天事业的标志性成就，具有重大意义。

他豪迈地表示，"天问一号"充分展现了中国航天人的智慧，为后续我们再次登上火星，更多地了解火星，乃至对火星实现采样返回，甚至未来人类去火星，做了一个基础性的铺垫。

最后，孙泽洲加重语气道，我们相信，在星际探测的征途中，人类还有下一站、下一步。

是的，人类进入星辰大海，永远不会停止脚步，必然会有下一站、下一步。

下一站，是人类永远的梦想与目标。

下一步，是人类面临的挑战与未来。

第二十五章
探日之梦

太阳乃地球之父揭开面纱有待科学先导
羲和开风气之先拉开我国空间探日序幕

·采访札记·

在南京大学接待中心的一个会议室里，方成院士带着天文与空间科学学院的几位同事，一起接受我的采访。他先让同事们发言，向我介绍南大天文与空间科学学院近几年在天文学研究方面所做的工作和取得的成绩。接着他自己重点介绍了"羲和号"卫星的研制和发射过程。他如同在课堂上讲课一样，讲得平和、详实，尤为通俗易懂，这让我这个天文学外行不仅顺利采访到了所需的内容，而且在不知不觉中便跨进了高深莫测的天文学的大门，学到了许多知识，并了解到天文学发展的一些前沿问题。

（一）

人类的视线向星空越望越远，人类的脚步向苍穹越走越快。

2021 年 10 月 14 日 18 时 51 分，在太原卫星发射中心，长征二号丁运载火箭破空而上，我国首颗太阳探测科学技术试验卫星"羲和号"成功发射。

"羲和号"拉开了我国空间探日时代的序幕。

次年 8 月 30 日，国家航天局在京正式发布我国首颗太阳探测科学技术试验卫星"羲和号"取得的系列成果。自发射以来，"羲和号"按计划开展科学观测，下传原始观测数据 50 TB，生成科学数据约300 TB，并创下了 5 个"国际首次"：

首次空间太阳 Hα 波段光谱扫描成像；

首次在轨获取太阳 Hα 谱线、Si I 谱线和 Fe I 谱线的精细结构；

"羲和号"卫星发射现场

首次实现主从协同非接触双超卫星平台技术在轨性能验证及工程应用；

首台太阳空间 Hα 成像光谱仪在轨应用；

首台原子鉴频太阳测速导航仪在轨验证。

由此，"羲和号"成为当之无愧的我国首位太阳专属"摄影师"。而这位"摄影师"的最初"设计师"就是天体物理学家、中国科学院院士、南京大学天文与空间科学学院教授方成。

获此成果时，方成教授已经 84 岁了，而他的"探日之梦"已经做了整整 60 年。

方成，1938 年出生于云南昆明，祖籍江苏省江阴县。其父亲方刚早年毕业于唐山大学，是 20 世纪 30 年代在中国颇有名望的一位铁路工程师。然而，日本侵华战争爆发后，中华民族处于深重危难之中，方刚的科技救国之梦被打碎了，他只好带着家人逃离工作与生活之地上海，来到云南昆明。

昆明享有春城的美誉。但是，以前的昆明社会落后、经济萧条，人民生活十分艰难。方成在昆明度过了困苦的孩提时代和小学时光。新中国成立前夕，方成随父母返回上海定居，次年秋天，他考入上海华东师

方成

范大学附属中学。该校前身是创建于 1925 年的光华大学附属中学和大夏大学附属中学，后两校合并为华东师范大学附属中学，是当时上海市重点中学。方成在这所学校里从初中读到高中。良好的学风和高水平的师资，不仅使方成打下了扎实的知识基础，而且培养了他严谨求实的学习态度和积极进取的精神。

高中毕业时，父亲关切地问方成，你准备报考什么大学？

方成没有正面回答，而是说，我想比你跑得快、跑得高。

父亲不解地问，你是什么意思啊？

方成说，你是铁路工程师，我想当天路工程师。

啊？父亲更是不知其意，还有天路工程师？你不会想去搞火箭吧？

不是。方成说，爸，我想报考航空学院。

航空学院？父亲有些诧异。

方成坦然道，我从小就有一个梦想，长大后做一名飞机设计师，有朝一日能驾驶自己设计的飞机遨游在万里长空。

那倒是好的，不过……父亲忧郁道，我知道，上航空学院是要学校保送的，虽然你的成绩在全校名列前茅，但我的历史问题还在审查中，保送是不太可能的。

你的历史问题与我有什么关系呢？方成愤懑道，再说，你告诉过我，你的所谓历史问题不是问题，是经得起审查的！

父亲叹息道，可是到现在还没有个结论，恐怕会连累到你。

我不相信。方成理解父亲的心情，便安慰道，没关系的，我去问问老师再说。

方成嘴上这么说，心里却很委屈，便找班主任徐建平谈了自己报考大学志愿的想法与难处。徐老师如实相告说，据我所知，像你的家庭情况，要学校保送上航空学院，确实不太可能，你要有这样的思想准备。

方成无言以对，酸楚的泪水在眼眶里打转。

徐老师一边安慰一边出主意道，你的数理基础好，又喜欢蓝天，何不报考天文专业呢？

天文？方成疑惑道，哪个学校有天文学系呢？

徐老师告诉他，目前我国仅南京大学有天文学系。

好！那我就报考南京大学天文学系。方成表示，这就是我的唯一志愿。

我支持你的决定。徐老师又说，不过，南大天文学系的分数线特别高，你还是要填二三志愿的。

不用了。方成自信道，我就认准天文学系了！

这次谈话，驱散了方成心中的郁闷与苦恼，激励他更加认真地复习迎考。

刻苦与志向成全了方成。1955 年夏秋之交，他顺利地考入南京大学，成为该校天文学系 24 名新生中的一员。

南京大学天文学系创建于 1952 年，是中国高等院校中历史最悠久的天文学专业院系，堪称中国天文学顶尖人才的摇篮。

入学后，系里安排了入学教育——参观紫金山天文台。该台台长张钰哲和龚树模研究员热情地接待了他们。在紫台，方成既看到了浑仪、简仪等精美绝伦的中国古代天文仪器，又看到了已显落后的中国现代天文仪器。当时该台最好的设备是一台从国外购进的口径 60 厘米的反射式望远镜，而美国在 1948 年就已建成了口径 508 厘米的当时世界上最大的反射式望远镜。中国古代与现代在天文学上的巨大反差给方成留下了极深的印象。参观时，张钰哲和龚树模两位老先生一边讲解一边叮嘱，深深地打动和激励了青年学子方成，他暗下决心，不辜负老一辈天文学家的期望，把此生献给天文事业，改变中国当代天文学"一穷二白"的落后面貌。

南大天文学系以学风严谨而著称，作为天文学系的学生更以课程繁重而名冠全校。他们既要像数学系学生一样学好数学基础课，又要像物理系的学生那样学好物理基础课，同时还要学习天文学的专业知识。

方成全身心投入学习之中。学习的内容越深入越深奥，他就越投入越感兴趣。大学毕业时，他以门门功课全优的成绩完成了四年的学业。此时，方成不仅对天文学的兴趣日浓，而且逐步确立了振兴中国天文学的理想。他认识到，中国天文学有其辉煌的过去，但近代却远远落后于国际先进水平。强烈的危机感和使命感撞击着他的心灵，他下定决心要为中国天文事业的发展奉献自己一生的力量。于是，在系领导的鼓励和要求下，他留在南京大学天文学系任教。

（二）

南京大学坐落于钟灵毓秀、虎踞龙盘的金陵古都，是一所历史悠久、声誉卓著的名校。其校训为"诚朴雄伟　励学敦行"。以此鼓励师生要有远大志向，要有崇高的责任感、使命感，将个人奋斗的目标与国家的发展、人类的进步紧密结合起来，做有梦想、有追求的奋斗者。

作为南大的一名青年教师，方成在南大任教期间，不仅与天文结下了终身情缘，而且开启了他的探日之梦。

那要从太阳塔说起——

太阳塔，简称塔式太阳望远镜。世界上最早的太阳塔是美国在1908年率先建成的。这种装置是在塔的顶部安装一组定天镜，将太阳光垂直向下反射，使之进入太阳光谱仪等光学系统再进行观测。这样能大大减弱地面上升热气流对观测的不良影响，大大提高太阳观测的质量。

那么，为什么要对太阳进行观测呢？

在太阳系里，只有太阳这一颗发光、发热的恒星，其他的星球都是接收太阳的光芒，然后把太阳光转换成能量。

阳光是太阳的使者。太阳把自己的光传递给太阳系，让其他星球和物质都能享受光的好处。尤其是地球上的所有生命，都是在光的作用下孕育和生长的。没有光的地方，生命就很难存在。光是人类生存不可或缺的物质。所以，阳光是人类最好的伙伴。人生活在光的照射之下，看着太阳东升西落，吸收光的温暖，享受光明和快乐。阳光把明亮送给人类，同时也把许多秘密告诉了人类。太阳是无私的。

但是，太阳也是一颗容易发怒的大火球。它是太阳系内太空环境变化的最主要源头。它一直不停地向四面八方散发太阳风，并不定时地发生爆发性活动，向太空释放很强的辐射和大量高速运动的带电粒子，对包括地球在内的太阳系太空环境产生扰动，也对人类社会生活造成影响。虽然在地球磁场的保护下，人类免受了绝大多数太阳活动的"骚扰"，但仍然不时有无孔不入的"漏网之鱼"会穿过地球磁场屏障，对近地环境和人类日常活动产生重大影响，甚至使不明真相的人们产生末日恐慌。

有人比喻说，太阳一打喷嚏，地球就会发高烧。因而，太阳观测一直是人类观测太阳系的重中之重。自美国建成太阳塔之后，世界许多国家的天文台纷纷效仿建造，大大提高了太阳观测的效能。中国的天文学家也一直想建造这样的太阳塔，然而，直到20世纪50年代末我国还没有一座太阳塔。

"大跃进"时期，南大天文学系师生热情高涨，提出赶超世界科学技术的先进水平，计划建造中国第一座太阳塔。这一计划得到了校系领导和高教部的大力支持，以及苏联专家西特尼克的帮助，并作为高精产品研制项目列入了国家第二个五年计划。

但是，这项工作几经周折。先是中苏关系恶化，苏联专家撤走，技术发展受阻。接着遇上国家"三年困难时期"，这一项目因经费不足不得不停顿下来。"三年困难时期"过去后，太阳塔的研制又被提上议事日程，开始了设计工作，形成了太阳塔的初步设计图纸，但不久"文化大革命"开始了，太阳塔研制再次被搁置。

几起几落之后，进入"文化大革命"后期，大学校园逐渐恢复正常。南京大学天文学系决定继续研制太阳塔，并组成了一个小组，任命方成为太阳塔研制组组长。

这是方成与太阳的第一次"结缘"。

方成深知此事意义与责任重大。当时没有成熟的图纸，也没有国外援助，一切只能靠自己去摸索。他和研制组成员通过查找各种资料和渠道，对国外太阳塔情况进行全面的了解，吸取其长处，同时广泛听取专家教授的意见建议，理清工作思路。在此基础上，参考原先的太阳塔设计方案，组织相关人员重新进行太阳塔的设计与论证。接着进行太阳塔的选址。他与同事骑着自行车跑遍南京市周围的许多地方，并用小望远镜对可选地进行太阳观测和测量，比较大气宁静度等多方面的观测结果，最后选定中山陵孝陵卫林园区的一块地方作为建太阳塔的地址。

前期工作完成后，就要进行实质性研制，主要是太阳塔各种部件的生产加工。这需要相关工厂来承担，南京大学是无能为力的，研制组更是束手无策。怎么办？方成只能去向当时的天文学系主任戴文赛先生请教与求助。

戴文赛，1911年生于福建漳州市天宝镇洪坑村。高中毕业后考入福州协和大学数理系，因家境困难，在校半工半读，兼做图书管理工作，毕业后留校任助教，后参加庚款留英考试，录取后赴英国剑桥大学，受业于著名天文学家爱丁顿教授。因成绩优异，获剑桥大学天文奖金。之后他发表论文《特殊恒星光谱的分光光度研究》，获博士学位。留英时，应英国代表团的邀请，以列席代表身份参加国际天文学联合会。1941 年他毅然回国，历任中央研究院天文研究所副研究员，燕京大学教授。新中国成立后，先后任北京大学教授，南京大学天文学系教授、主任，国家科委天文学科组副组长，中国天文学会第一、第二、第三届理事会副理事长。他毕生致力于天文事业，是我国现代天体物理学、天文哲学和现代天文教育的开创者和奠基者之一。

听了方成关于太阳塔前期工作的情况汇报后，戴文赛颇为满意，高兴道，建造太阳塔非常必要。因为太阳塔有两大功能，一是太阳观测，二是教学实验，有助于我们把太阳观测、科研、教学同时搞上去，因此，我们一定要建我们自己的太阳塔，而且要建就建先进的、一流的。

我们也是这样想的。方成面露难色道，可是下一步的工作有些困难，我们难以推进。

这个你不说我也知道。戴文赛问，是不是太阳塔部件的加工制造问题？

是啊，是啊！方成说，我们学校生产不了，外面的厂家我们不了解，也协调不了。

我来帮你们协调。戴文赛同时告诫道，你们能做的事要尽量自己来做，一来节约资金，二来也是对你们师生的锻炼。

那是一定的。方成表示，无论是脑力劳动还是体力劳动，我们能干的一定自己来干，而且把它干好。

这位年轻教师的诚恳踏实和工作热情，让戴文赛甚为满意。之后，他找到当时的江苏省委书记彭冲汇报太阳塔建造之事。彭冲是一位老革命家，对教育和科学非常重视和支持。听了戴文赛的汇报后，当即表态全力支持，并亲自要求南京市工委组织南京市几家最好的工厂，帮助南大天文学系生产加工太阳塔的各种部件。

就这样，太阳塔的研制和建设工作有条不紊地开展起来。

事业初创期总是尤为艰难。太阳塔开始基建前，订购的一批建筑用的红松木材到了火车站。为了节约经费，系领导动员天文学系 20 多位教职工参与运送红松。方成与同事找来几辆板车，冒酷暑顶烈日，来回步行二十多公里，硬是把这些红松全部运到了工地。

建筑材料到了建设工地，就得有人看守，方成主动提出由太阳塔研制组承担看守任务。当时工地上既无电又无水，更没有住房。他们就自己搭起了一个茅草棚。当时工地周围的坟墓尚未迁走，晚上茅草棚内只有一盏昏暗的油灯，不远处则是阴森森的坟墓，令人毛骨悚然。最难受的是夏天，蛇和蚊子出来大肆活动。他们只好在茅草棚的周围铺了一些石灰，防止蛇的侵入，但蚊子防不胜防，搅得人难以入睡……方成带头住进了茅草棚，并和徐祖英、刘鸣岐等轮流值班，每人住半年。他们每天从远处抬来水，用一个小煤炉做饭。这里社会治安情况不够好，方成有时只好带上两个学生一起住在茅草棚里，以此相互壮胆。

经过多年的研制与建设，太阳塔工程基本完成。1979 年春，开始太阳塔的光机电总装。到了这年 9 月，终于调试成功，投入观测，得到太阳像和太阳光谱。此后又经过近两年的仔细调试，前后历经 22 年的艰苦努力，中国第一台塔式太阳望远镜终于投入正式观测。

这台塔式太阳望远镜高约 21 米，定天镜口径 60 厘米，成像镜口径 43 厘米，其焦距为 2170 厘米，所成的太阳像直径为 20 厘米。成像镜焦平面上的主要仪器为一台多波段

中国第一座太阳塔

光谱仪，它可以同时工作于氢的 Hα、H、Hγ、H8，电离钙的 H 线和 K 线以及氦的 D3 线等波段。

由于孝陵卫的林园区空气特别好，天空非常通透，加之太阳塔设计先进、制作精良、安装严密，这个太阳塔一建起来就可以用五六个波段同时拍摄太阳光谱，并取得了很好的观测效果，堪称全国第一。

初圆探日之梦的方成，既满足又不满足。他敏锐地意识到，光凭这座太阳塔里的这些仪器对太阳开展观测，并不可能赶上发达国家的先进水平，还必须在观测与理论两个方面向发达国家的同行学习与借鉴。

机会终于来了——改革开放带来了科学的春天。

1980 年 4 月，通过教育部的考试，方成作为访问学者赴世界著名的法国巴黎天文台进修。

巴黎天文台位于法国首都巴黎，是法国国王路易十四根据海军国务大臣让-巴普蒂斯特·柯尔贝尔的建议于 1667 年开始建造的，为法国的国立天文台，在巴黎、墨东等地建有观测基地。

在那里，方成第一次见到了国外的太阳塔，并使用它观测太阳上各种活动现象的高色散光谱，探讨它们的物理规律，同时如饥似渴地学习研究太阳活动区的新理论，如非局部热动平衡的理论和计算方法等。两年间，方成还与外国同行们建立了良好的合作关系。

1982 年夏，方成结束在国外的进修回到南大。此后，他和他的同事们利用自己建造的中国唯一的太阳塔坚持长年的观测，得到一大批耀斑、日珥和其他太阳活动现象的光谱，获得了一批高质量观测数据资料，如对 1991 年 10 月 24 日的白光耀斑在 5 个波段上同时显现的高色散光谱观测，其时间分辨率为 5 秒，创造了当时时间分辨率最高的世界纪录。

1985 年，太阳塔研制这一项目获全国首届科技进步奖二等奖。

1992 年后，太阳塔光谱仪在 Hα、H 和电离钙的 H 线和 K 线等波段又配了几个先进的 CCD 探测器，以便在这些波段上同时进行太阳的二维光谱观测，并以短于 10 秒的时间分辨率进行快速扫描，光谱分辨率达到 0.005 纳米，还可利用计算机控制和数字化图像处理系统进行多种方式的定点观测或扫描观测，是一台能实时观测的成像光谱仪，各项指标达到国际先进水平。

（三）

时序有轮回，天地多变化。

进入 21 世纪后，随着南京市城市建设的飞速发展，高楼迭起，工业生产的发展使得城市中大气污染越来越严重，位于孝陵卫林园区的太阳塔获得的太阳像逐渐变得模糊起来，就像有一层灰沙盖在上面似的。

南大天文学系这座太阳塔越来越难以承担研究太阳物理的科研工作了。于是，方成与他的同事又积极参与了云南天文台南方观测抚仙湖基地的建设。

该基地在距离昆明 60 公里的风景如画、美丽幽静的抚仙湖畔，大气宁静度极好，所得到的太阳像清晰稳定，这对太阳观测非常有利，是目前中国最适合做太阳观测的地方。在各方努力下，该基地的太阳塔顺利建成，安装了口径达 1 米、性能很好的真空塔式太阳望远镜。南京大学与云南天文台合作，还建成了一架光学/近红外太阳爆发探测望远镜（ONSET），可以在四个波段上同时得到高质量的太阳像。

其实，我国太阳塔的建设与观测只是方成探日之梦的第一步，他还有更大更远的梦想。在他的眼中，太阳的光芒里充满了未知：为什么会有如此巨量的日冕物质抛射？为什么日冕会加热到百万度高温？为什么太阳南北极磁场会调转？为什么太阳存在活跃周期？

云南抚仙湖太阳观测站，左边为 1 米真空太阳望远镜

　　不断地追问，无穷地探索，正是天文学的全部工作，也是生命的全部意义。方成始终沉浸在探索未知的世界里。有一次，方成对同事们说，我还有一个梦想，就是要发一颗卫星到太空去看看太阳。

　　同事们听到方成的这一设想，颇有"天方夜谭"之感。但是，搞天文的不就是要敢于"天方夜谭"吗？在南京大学的校园里，不只是方成一人，而是有一群人，一直在关注着太阳。在积蓄了半个多世纪的能量之后，他们多么希望早日把中国"观日之眼"送入太空啊！

　　实际上，方成的这一梦想由来已久。早年他大学毕业后去北京深造，当时赵九章先生等学界前辈正推动中国的卫星上天。他们建议方成认识"日地关系"的重要性，专注于这方面的研究，把向天仰望的视线投射得更高更远。但由于种种原因，他的梦想一直无法实现。而他深知，加强对太阳的空间观测研究，中国迟早要迈出这一步。如今，中国的航天事业快速发展，已经从资源卫星、气象卫星，走向载人航天。一个航天大国，对天文科学进行研究，对太阳进行监测和预报，是多么重要、多么紧迫、多么势在必行！

　　太阳与地球、与人类的关系实在太密切了。它不仅发出耀眼的光芒，而且每时每刻都在发生着氢、氦核聚变。其忽然增亮的爆发称为耀斑，产生着巨大的能量。仅一个中等耀斑，释放强度相当于百亿颗原子弹爆炸的能量。更巨大的物质爆发称为日冕物质抛射，以十亿吨计的物质向行星际空间喷射。一旦遭遇高能粒子、电磁暴等袭击地球，小则影响通信和导航，大则损毁卫星，危及航天员安全，破坏电子器件，造成大面积停电。因此，不得不对太阳予以高度重视。

对太阳的观测与研究，总与航天事业的发展步伐一致。如今，世界各国都十分注重对太阳的观测与研究，已先后发射了 70 多颗太阳探测卫星。其中，美国的"帕克"太阳探测器距离太阳最近时仅约 9 个太阳半径，正在试图更近地触摸太阳。

我国与世界的差距明摆着。在多年的国际访问和国际合作中，方成把这些差距看得一清二楚，心里十分焦急，同时他也预感到，在中国向天外加速进发的脚步中，探日时机已经临近，探日之路正在开启。

但是，这条路漫长而曲折。方成和他的同事在 2004 年就提出与国外合作，共同研制太阳探测卫星，并形成了合作意向和初步方案，但后因外方资金不足，搁置下来，最后不了了之。几年后，方成等人计划利用国内一箭五星计划。把太阳探测卫星送上太空，但又因故无法实施。

方成并没有因曲折而气馁，没有因困难而退缩，而是一次次寻求机会，一次次探索尝试。到了 2015 年，一个较为完整而成熟的太阳探测卫星概念，在方成的脑海里形成了：基于一个超高指向精度和超高稳定度的卫星平台，开展高精度的太阳观测。

他与自己的团队拿出了初步的计划。之后，卫星团队与上海航天技术研究院（八院）进行协作，联合提出方案。又经过三年多的科学论证和方案深化设计，正式确定了双超卫星平台加 Hα 光谱成像的总体设计，明确了卫星的科学目标和技术指标。

在国家航天局举办的太阳探测卫星论证评审会上，方成及其团队反复向与会领导和专家阐明，太阳是生命之源，是人类唯一可进行高时空分辨率观测的恒星。通过对太阳的探测和研究，可以深入了解一些基本的天体物理过程，比如磁场的产生和演化、粒子的加速和传播、天体爆发的物理机制。同时，太阳活动强烈影响着日地空间环境，对人类高科技活动，如导航通信、航空航天等影响巨大。因此，对太阳的探测和研究同时具有重要的科学意义和实际应用价值。他们还对太阳探测卫星方案作了详尽的说明。

由于太阳探测卫星的科学目标明确、方案设计可行、技术指标合理，2018 年 5 月一次性通过了卫星工程综合论证评审，并于 2019 年 6 月获得国家航天局批复立项。

（四）

借着太阳的"威信"，首颗太阳探测卫星的立项相对顺利。但自其立项到发射仅两年时间，而且直接进入正样阶段，研制周期十分紧张，研制风险也十分巨大。

多少事从来急。负责科学与应用系统的南京大学方成团队与卫星系统航天八院、载荷研制单位中国科学院长春光机所，紧密配合，形成例会制度，随时解决研发过程中的问题和短线。在研发最为困难和紧张的阶段，方成与他的团队总是冲在最前列，与合作单位及时探讨和研究解决各种难题，确保研发的质量与进展。

这是一场复杂的协同战。南京大学、上海航天技术研究院和中国科学院长春光机所等单位的团队相互合作，投入紧张的研制工作。有的攻克光学器件，有的完成卫星开发，有的对未来数据定标建模……

很多人在幕后没日没夜苦战，一颗卫星逐渐成形。先是仪器在实验室测试调整，然后整机运到南京，把各种设备连接调试好，对着太阳的方向，做实际的观测，检验其效果。天有不测风云。一切准备工作就绪，南京却阴雨绵绵，太阳公公躲着不露面，这让人心急如焚。

南大卫星团队每天看着天空，乌云沉沉不散。直到有一天，只听有人喊，天开云散了！

久违的太阳散发出绚丽的光芒，卫星探测器上的"眼睛"第一次见到了太阳。

千淘万漉虽辛苦，吹尽狂沙始到金。2021年7月，太阳探测卫星研制取得了阶段性成果，在南京完成了地面观测试验后两个月，又在上海完成了整星集成测试。至此，太阳探测卫星研制任务胜利完成。

按照惯例，国家航天局、南京大学、航天八院联合发起卫星征名活动，共收到万余份命名方案，经过征集、遴选和专家推介三个环节，最终定名"羲和号"。

空桑之苍苍，八极之既张，乃有夫羲和。

羲和，为中国上古神话中的太阳女神与制定时历的女神，并以太阳母亲的形象为人们所知晓。

方成与"羲和号"卫星合影

我国首颗太阳探测卫星取名羲和，象征着中国对太阳探索的缘起与拓展。

（五）

效法羲和驭天马，志在长空牧群星。

2021年10月14日18时，在太原卫星发射中心，首颗太阳探测科学技术试验卫星"羲和号"，乘坐长征二号丁运载火箭成功发射，进入太空。

守在发射现场的方成及其团队，既激动万分，更感慨万千。从"羲和号"立项，到跟随火箭一飞冲天，仅仅过去了两年时间。中国的探日进度，从地面快速跨入太空。

"羲和号"卫星发射升空后，方成带领李川、李臻等科学与应用系统团队成员与卫星、测控和地面系统紧密配合，经过十余天不分昼夜的在轨调试，"羲和号"在十天后完成了初光观测，传回首批数据，其质量达到了预期指标。

但是，方成心里的石头并未落地。太阳成像始终不够完美。他带领团队夜以继日进行检查和调整。所幸的是，硬件设计运用了多种传感器，可以远距调控。他们几经试验，终于找到了最佳位置，获得了理想的太阳 Hα 光谱和成像。

运行在太空的"羲和号"卫星进入科学观测阶段后，每天产生约1.2TB 的原始数据。这些异常庞大的数据需要不断完善科学与应用系统的软硬件建设，完成一系列复杂的科学标定，才能产生可供研究者直接使用的科学数据。为此，科学与应用系统团队又在硬件、软件和人员方面进行了合理配置，完成了太阳科学数据中心建设，存储空间达到6PB，计算能力达到每秒102万亿次；通过实验室定标、外场测试、在

轨实测，完成了数据科学标定系列程序和数据发布系统；形成了 5 名教师加 5 名研究生的研发骨干队伍。此外，科学与应用系统团队还牵头组建了"羲和号"卫星国际科学委员会，以促进卫星成果产出、共享和应用。

如今，"羲和号"正在远离地球 517 公里的太空中，环绕着地球的南北极运行，全天候朝向着太阳进行巡视探测，渐入佳境，产出的科学成果也越来越多。

2022 年 8 月 30 日，"羲和号"卫星成果正式发布。自发射以来，"羲和号"累计下传原始观测数据 50 TB，生成科学数据约 300 TB。在国际上首次实现了对太阳 Hα 波段的光谱扫描成像，记录了太阳活动在光球层和色球层的响应过程，通过一次性扫描，可获取 376 个波长位置的太阳图像。根据这些谱线的精细结构，可反演出高精度的全日面色球和光球多普勒速度场，可详细记录发生在太阳大气中的活动，进而研究太阳活动的物理过程。目前，"羲和号"每天都在按照既定计划开展科学观测，已经观测到了近百个太阳爆发活动，相关研究工作正在开展。

"羲和号"卫星效果图

从首建太阳塔到首颗太阳探测卫星的研制成功，方成用几十年的时间圆了自己的"探日之梦"，但这个梦还在继续。在方成的构想里，"羲和号"是跨入太空的一小步，是"开胃菜"，是"试验田"，中国探日的大幕正徐徐拉开。

方成自豪地向外介绍，由他的得意门生——紫金山天文台研究员甘为群为首席科学家的我国第一颗综合性太阳探测卫星——先进天基太阳天文台已经发射升空，对太阳进行新的科学观测。

太阳像一个巨大的谜，让探索者无法停步，无法移开视线。

2022年8月，国家航天局已组织相关单位提出了日地L5点太阳探测、太阳极轨探测、太阳抵近探测等一系列任务计划。该计划于2025—2026年发射一颗卫星至日地平动点L5，该点与太阳、地球组成一个等边三角形。这将是人类首次把一个人造探测器置于该点。在该点卫星可以提前4到5天观测到即将转向地球的太阳活动区，也可以监测太阳爆发向地球传播的整个过程。这将对太阳进行全方位立体探测。

目前，该工程项目已获得国家航天局"十四五"预研指南重点项目的支持。南京大学、航天八院将持续发挥科学和工程技术优势，共同确保后续任务深化论证、落地实施，为提升我国太阳物理和空间科学领域的国际影响力、为航天强国建设接续奋斗。

耄耋之年的方成豪情不减当年，他正指导着南大天文团队积极参与国家重要天文项目。同时，"羲和二号"太阳探测卫星计划也在他的脑海里逐渐成形。他还有一个最新构想，研制一台中国目前口径最大的2.5米地面太阳望远镜，计划在2026年建成。

"科学不是一两天的事，要持之以恒地工作，不能急功近利，否则是完全违反科学规律的。你制定并实施一个计划，即使目前没有大的成果，但以后成功了，也是一份贡献。"

"我们这代人是向着太阳筑路，大的贡献在后面，等着后来的人去实现更加美好的探日之梦。"

方成是这样说的，更是这样做的。

在南大、在中国、在世界，探日之梦还将延续，探日之路将不断延伸。

第二十六章
逐日之旅

先进天基太阳天文台锁定综合探测新目标
夸父逐日迈出一大步实现太阳物理新突破

· 采访札记 ·

与其说是采访，还不如说是审稿。我第三次来到位于南京仙林的紫金山天文台的新台址。在一个小会议室里，"夸父一号"卫星首席科学家甘为群再次接待了我。让我感动的是，他特地为我准备了水果和点心。简单寒暄之后，便坐下来征求他对我采写的初稿的意见。他说他已经认真地看了两遍，总的很好，但还有一些具体内容需要修改。接着，他打开电脑，从头到尾，一句一句、一段一段地梳理下来，既讲修改意见，又补充有关内容，还讲了许多天文方面的知识。这无疑给我上了一课。

（一）

2022 年国庆长假后的第二天——10 月 9 日，人们还沉浸在节日的欢乐和喜迎党的二十大的热烈气氛之中。就在这一天，中国第一颗综合性太阳探测卫星——"先进天基太阳天文台"（ASO-S）在酒泉卫星发射中心发射升空。

酒泉，位于祁连山脚下的遍及万里的巴丹吉林大漠之中。在过去，这里是一个很少有人涉足的遥远的神秘王国。相传，汉朝将军霍去病带兵出征匈奴，大获全胜，凯旋后驻军河西一带。汉武帝为了奖赏他的功劳，特颁赐御酒一坛。霍去病为了和将士们共庆胜利，便将这坛御酒倾倒于山泉之中，尔后与众豪饮。后来当地百姓为了纪念这位能征善战又体恤部下的英雄，便将此地称为"酒泉"。东晋的高僧法显在《佛国记》里，对此曾有过这样的文字记载："上无飞鸟，下无走兽，遍望极目，唯以死人枯骨为标识耳！"19 世纪末，瑞典探险家斯文·赫定踏进这片大漠的边缘地带时，也曾发出过惊恐的悲叹："这里不是生物所能插

"先进天基太阳天文台"（ASO-S）卫星发射现场

足的地方，而是死亡的大海，可怕的死亡之海！"

酒泉无酒，死海不死。如今，酒泉名闻遐迩，享誉海内外。在这里，建成了我国第一个卫星发射中心。

中国走向太空的第一步，就从这里开始！酒泉卫星发射中心自1970年长征一号运载火箭成功发射中国第一颗人造地球卫星"东方红一号"至2018年改革开放40周年时，已先后执行110次航天发射任务，成功将145颗卫星、11艘飞船、11名航天员送入太空。

2022年6月5日，长征二号F遥十四运载火箭搭载神舟十四号载人飞船，在这里点火发射。约577秒后，火箭与神舟十四号载人飞船成功分离，准确进入预定轨道，发射取得了圆满成功。

四个月后，人们的目光再次聚焦在这里——

金秋的十月，酒泉的天空，像玻璃一样明亮，又像大海一样湛蓝。

9日上午，乳白色的长征二号丁运载火箭载着"先进天基太阳天文台"卫星，昂首挺立在发射场高高的发射架上，就像一位远征的使者，整装待发。

1分钟准备！发射指挥长下达了最后一个预备口令。

发射的时刻终于到了。在现场的该卫星首席科学家甘为群与在场的每一个人脸上显露出神圣而凝重的表情。

10、9、8、7、6、5……点火！随着这洪亮的声音，7时43分35秒，操作员快速准确地按下了发射控制台上的点火开关。

霎那间，大漠震颤，地动山摇。巨大的火箭喷吐着橘红色的火焰，在山呼海啸的轰鸣声中拔地而起，直冲苍穹。

火箭快速地向东南方向飞去，渐渐消失在人们的视线中。

在发射中心控制室里，嗒嗒，嗒嗒……测仪灯光在不停地跳跃着，即时捕捉着火箭的飞行轨迹。

爱因斯坦这样说过：一个男人与美女对坐一小时，会觉得似乎只过了一分钟，但如果让他坐在火炉上一分钟，却会觉得似乎过了一小时。

是啊，此时此刻，不要说一分钟，就是一秒钟，甘为群与他的同事们都觉得是那么的漫长！

13分钟后，指挥所高音喇叭传来消息："星箭分离！"

15分钟后，指挥所高音喇叭再次响起："卫星太阳能帆板打开。卫星入轨！"

17分钟后，卫星发射中心邹利鹏司令员以洪亮的嗓音宣布："本次卫星发射圆满成功！"

现场的所有人员不约而同地欢呼起来。

几乎在同时，央视新闻客户端发布消息：

北京时间2022年10月9日7时43分，我国在酒泉卫星发射中心使用长征二号丁运载火箭，成功将先进天基太阳天文台卫星发射升空，卫星顺利进入预定轨道，发射任务获得圆满成功。该卫星主要用于太阳耀斑爆发和日冕物质抛射与太阳磁场之间的因果关系等研究，并为空间天气预报提供数据支持。此次任务是长征系列运载火箭的第442次飞行。

这一刻，标志我国自行设计制造的"ASO-S"卫星正式进入太空运行，实现了我国太阳专用综合探测卫星"零"的突破——中国人在逐日之路上跨出了可喜的一步。

这一刻，对于中国天文工作者来说，是值得高兴与庆贺的。他们在用最新的天文科学成果，向党的二十大献上一份厚礼！

作为这颗卫星的首席科学家，甘为群更是激动不已，感慨万千。

怎能不激动、不感慨呢？"ASO-S"卫星从地面升空到进入运行轨道，仅仅用了几分钟的时间，而中国天文人却为此盼望和奋斗了近半个世纪，经历了艰难而曲折的逐日之旅。

甘为群与 ASO-S 卫星合影

　　科学家毕竟是科学家。甘为群内心的激动并没有溢于言表，他避开人群，独自走出控制室，来到发射场的旷野中，仰天凝神，思绪若即若离，穿越时光的隧道，飞回了过去的那些岁月。

（二）

　　甘为群生不逢时，出生于我国"三年困难时期"的 1960 年，那时他家已家道中落。其祖上是南京赫赫有名的望族——甘家。如今南京城内留存的"甘家大院"又称"甘熙故居"，是由甘熙的父亲甘福开始建造的。子承父业，后来甘熙又陆续修建和扩建至九十九间半。为什么不按照整数造一百间呢？据说天帝的房子有一万间，皇宫是九千九百九十九间半，王公勋爵的住宅是九百九十九间半，民居便只得九十九间半了。所以，清朝有规定，民间住宅造屋不能超过一百间。作为与曾国藩同科进士的甘熙，深知此事马虎不得，未敢建满一百间，只建九十九间半，那半间是一个四面皆窗的楼阁，可以不算整间。

甘为群是甘家的第 28 代，他出生时，甘家大院早被收购为国家所有，他家就住在狭小的平房里。由于家庭成分不好，父母亲终日胆战心惊、闷闷不乐，顾不上孩子。他懂事后，时常被惊慌和迷惘所笼罩，没有享受过多少童年的快乐。在他的印象中，小时候住过的房间很小，但东西两侧竟各有一扇小窗户，早晨能看到日出，晚上能看到日落。这是他一天中最开心、最阳光的时刻。

七周岁那年，他上了大行宫小学。这小学来头不小，位于南京市主城中心地带的大行宫。清代康熙帝六下江南时，四次居住在当年的江宁织造府，因此江宁织造府所在地也被称为大行宫。大行宫小学被认定为曹雪芹故居的一部分。故居里标志性的那棵古木——龙爪槐，就在校园的国旗旗杆旁边。那棵龙爪槐很古老，树干是灰褐色的，很粗糙，布满了褶皱；树干上有许许多多的小树杈，虬曲着向地面生长，像一只只龙爪，遒劲而丰润，颇有种昂扬又谦逊的派头。

虽然是在那个"极左"的年代，但语文老师在课堂上，还是经常会提及这棵古树和《红楼梦》，讲曹雪芹与大观园的故事。同学们听得津津有味，而甘为群似乎对此并没有多少兴趣。有一次，老师偶然讲起了夸父逐日的故事，却一下子把他吸引住了。

老师说，相传在远古的黄帝时期，有一年天气非常热，火辣辣的太阳直射在大地上，烤死庄稼，晒焦树木，河流干枯。人们热得难以忍受，一个叫夸父族的族人纷纷死去。首领夸父看到这种情景很难过，他仰望着天空道，太阳实在是可恶，我要追它，捉住它，摘下它，让它听人的指挥。于是他开始追逐太阳。

教室里一下子炸开了锅：能追上太阳吗？不可能吧？太阳怎么能摘下来呢？

甘为群不说话，他似乎是相信的。他急等着老师往下说。

老师让大家安静，继续说道，夸父真的去追太阳了。太阳在空中飞快地移动，夸父在地上如疾风似的，拼命地追呀追。他穿过一座座大山，跨过一条条河流，大地被他的脚步，震得轰轰作响。说到这里，老师停顿了一下，然后问，你们说夸父能追上太阳吗？

同学们都瞪大眼睛，不知怎么回答。过了一会儿，一位同学举手说，太阳那么远，又跑得那么快，是不可能追得上的。

能！一定能！甘为群霍地站起来高声作答，引得同学窃窃私语。

老师笑了。他说，甘为群同学说对了。经过九天九夜，在太阳落山的地方，夸父终于追上了太阳。他无比欢欣地张开双臂，想把这个红彤彤、热辣辣的火球抱住。可是太阳炽热异常，夸父感到又渴又累，就跑着去找大泽里的水解渴，但大泽太远，夸父还没有跑到大泽，就在半路上被渴死了。

同学们都露出惋惜的神情。老师问大家，你们觉得夸父的做法对不对呢？值得不值得这样去做呢？

这下同学们叽叽喳喳议论开了。有的说对，有的说不对。有位同学的回答获得了大家的赞同，他说，夸父的做法是对的，但不值得去做，因为那样做就是鸡蛋碰石头，等于去送死。

唯有甘为群又出来唱反调，我说夸父不但做得对，而且非常值得！

值得去送死吗？同学们轰的一声大笑起来。

甘为群的脸涨得通红，说不出话来。老师打圆场道，大家不要笑话甘为群同学，我讲这个故事给你们听，就是鼓励你们从小立下志向，将来做一个追赶太阳的人。

就在那一年，有一件事让小小的甘为群终生难忘：一天晚上，外面一片热闹，人们都在仰头观看我国第一颗人造地球卫星"东方红一号"经过南京的上空，大喇叭同步传来悦耳的《东方红》乐曲。甘为群和大家一起沉浸在欢乐的海洋中。冥冥之中，在他的心里埋下了与卫星结缘的种子。

几年后，甘为群从大行宫小学毕业，升入南京市25中学，初高中都在这里就读。他长大成人，刻苦学习，在南京市首届物理竞赛中获得了前十名的好成绩，并代表南京市参加省级竞赛。高中毕业时，已是恢复高考的第三年。他一直没有忘记小学语文老师的那句话，做一个追赶太阳的人。在填报志愿时他毅然选择了南京大学天文学系，终以优异成绩如愿以偿。

（三）

甘为群是幸运的。他一踏进南大的校门，居然就与太阳"结缘"了。

开学第一周的周末，方成老师为天文学系的新生作了一次讲座。就是这次讲座让甘为群对太阳有了全面的认识——

太阳，是与我们关系最密切的一颗恒星，也是唯一一颗可以详细研究的恒星。它为我们带来了光明和温暖，也对地球产生重大影响。亿万年以来，太阳一直无私地为地球提供光和热，让我们摆脱了黑暗和寒冷。正是太阳促进了地球生命的诞生。人类自诞生之日起，就沐浴在阳光下，享受着太阳的光明和温暖。正如高尔基所说，人类一切美好的东西都来自太阳之光。

然而，地球上不止有风和日丽，偶尔也会有狂风暴雨，甚至会发生火山、地震和海啸等恶劣自然灾害，直接威胁到我们的生存。同样，太阳作为太阳系的绝对王者，其直径是地球的 109 倍，重量是地球的 33 万倍。对地球来说，太阳不仅是慈祥的太阳公公，有的时候他也会变得暴躁易怒，发起脾气来可不得了。

翻开人类的历史书，对太阳风暴及其对地球的影响，有过许多的记录。它虽然不会直接伤害地球上的生命，甚至无法吹跑我们头上的帽子，但能影响甚至破坏我们的生活。科学家们预测，太阳活动 11 年周期所产生的剧烈爆发，都将严重影响近地空间环境，甚至有可能彻底摧毁现代化的基础设施，包括卫星、电力供应、无线电通信、卫星通信和电力传输等。可见，太阳风暴和空间天气，并不只是科学家们关心的自然现象，而是与日常生活息息相关。不管是从天文学的角度去探寻恒星奥秘，还是从实际生产生活的角度来讲，对太阳开展系统深入的观测都十分必要。

听完讲座，方成老师又带着新生们参观了学校刚刚建成的太阳塔，并亲自作了介绍。

甘为群大开眼界，对太阳的"感情"更深了，便暗自许下终身——把专业方向重点放在对太阳的观测与研究上，圆自己少年时期的梦想——做一个追赶太阳的人。

小时候，甘为群有些懒散，母亲常常这样说他，太阳晒在屁股上也不肯起床。这是真的，他住的那个小房间，到上午七八点钟的时候，阳光照射到他的床上，暖洋洋的，他总是赖在床上想多睡一会儿。

而现在不一样了，学生宿舍里照不到太阳，他也用不着等太阳，每天一大早就起床，来到学校的一块草坪上，天还没亮的时候，他先背英语单词。天微亮以后，他就开始看书，一直看到太阳从东方升起，便径直去食堂吃早饭，然后听课、听讲座、去实验室、上图书馆，晚上十点左右才回到宿舍休息。整整四年，周而复始，除了周日，他都这样度过，像蜜蜂贪婪地吸饮于百花丛中，像雄鹰自由地翱翔于浩瀚苍穹，如饥似渴地学习各种知识，以优异成绩完成了大学本科的学业。

机遇往往就是巧合，巧合往往就是机遇。就在甘为群大学本科毕业的时候，方成结束了在法国巴黎天文台两年多的进修，回到南大，意气风发地投入教学与科研。甘为群考上了他的硕士研究生，成为方老师的大弟子。方成治学严谨，教学认真，尽管只有两个学生，还是坚持每周面对面授课，从原理阐述、公式推导，到具体的数值计算方法及课堂讨论，方老师的言传身教使甘为群终身受益。在硕士论文撰写阶段，方老师虽然工作十分繁忙，但雷打不动坚持每周一次论文进展讨论。

　　1983 年，我国第一次在昆明召开了国际太阳物理研究讨论会，方成带着甘为群一起参加了这个有国际众多著名太阳物理学家出席的盛会，许多原来只是停留在文献中的名字突然活生生地出现在甘为群的面前，让他大开眼界！他也因此认识了不少国际天文学大家，他后来博士论文选题正是来自参加这次会议的灵感。

甘为群与方成在俄罗斯圣彼得堡天文台前合影

三年之后，也就是 1986 年，方成升任教授兼博士生导师，甘为群在提前完成硕士毕业论文并在国际核心刊物发表后，顺理成章地成为方成的第一位博士生。从此，甘为群追随他的导师——著名天体物理学家、太阳观测与研究的领军人物方成，正式踏上了漫长的逐日之旅。

　　方成特别注重理论与实践相结合，特别注重动手能力的培养。他自己就是一个动手能力特别强的人，亲手做天文望远镜，亲自参与太阳塔的设计和建造，孜孜不倦地进行太阳的观测，认真仔细地进行数据处理和科学研究。这期间，他和他所领导的团队创造性地开展了许多出色的研究工作：建立了白光耀斑、日珥、谱斑和太阳黑子乃至微耀斑和"埃勒曼炸弹"等的半经验模型，被国际上广泛应用；首次提出了利用电离钙 K 线的光谱诊断方法；研究了耀斑发生时氢的非热电离和激发效应，提出了由光谱诊断耀斑非热高能粒子的方法……

　　从硕士到博士，甘为群逐渐成为方老师团队的重要成员。老师的倾心传授、研究理念和科学态度对他影响极大，坚定了他将太阳物理研究作为自己终生事业的信心。他在刻苦学习的同时，尤其注重观测能力与动手能力的培养，而太阳塔为他提供了最好的实践平台。硕博期间，他成了太阳塔的常客。南大与太阳塔之间有近 20 公里的路程，而学校到那边坐公共汽车不方便，中途还得走一大截，路上需要近 2 个小时。甘为群一大早起床，披着晨光，踏着朝露，快步前往，以便赶在旭日东升前到达，跟着导师开始一天紧张的观测工作，待太阳落山了，他不肯立即离开，而是用计算机进行各种计算。要知道，这台天文学系仅有的计算机，是他的导师方成，在国外考察与讲学期间，用自己省吃俭用下来的钱购买回来的，放在这里供大家使用。当时很少有人会用计算机，而甘为群用得非常熟练，而且几乎成了它的管理员。当时计算机操作还得使用 Basic 语言，甘为群硕士论文涉及的非局部热动平衡计算程序的早期调试，就是在这台计算机上面运行的。枯燥无味的数据通过计算机的计算，变得如此奇妙，帮助他一步一步向着既定的目标迈进，一点点撩开苍穹的面纱。

转眼间，就到了撰写博士论文的时候了，他确定的论文题目是《耀斑大气半经验和理论模型》，这既要运用天体物理的相关知识，更需要有大量的观测依据。有段时间，他几乎天天往返于学校与太阳塔之间，好在那时太阳塔又新添了一些更为先进的观测仪器和计算机。但是，天公不作美，在太阳观测的最佳季节里，南京的天气却一反常态，连续阴雨天，太阳迟迟不肯露面，这急煞了甘为群。无奈之下，他与太阳塔的工作人员商量，能否让他临时在这里住下来，一边写论文，一边等待天气的好转。工作人员被这位勤学苦干的学生所感动，加之长期交往结下的情谊，便同意了他的请求，给他安排了住宿，并让他一起搭伙吃饭。

他把自己关在一间小屋里，说来也巧，这间小屋，居然与自己小时候住的那个房间差不多大小，也是东西各一扇小窗户。这熟悉的环境和简陋的条件，反倒是对他莫大的激励！甘为群昼夜不舍，潜心思考，精心运算，常常废寝忘食，把全部精力与心智用于论文写作，成了踽踽独行、形单影只的畸零人。他的思想却翱翔于万里长空。苍穹里，孤雁高飞。

有一天，一名工作人员发现甘为群一天没有到食堂吃饭，便去找他。推开小屋一看，只见他趴在桌子上，便上前叫唤他，用了很长时间才把他叫醒。原来，连续几天的熬夜，大脑皮层过于兴奋，导致他进入了深度睡眠模式。

天若有情天亦晴。也许是老天爷被他的精神所感动，天气很快放晴了。雨过天晴，天高云淡，阳光明媚，这给甘为群带来极好的观测机会。一周下来，他获得了大量的太阳观测数据，有些数据是平时用很长时间也难以观测到的。这给他的博士论文增添了价值很高的第一手资料。这是老天的馈赠，他倍感幸福。

之后，天文学系和南大计算中心的计算条件有了很大改善。甘为群的博士论文也进入理论分析和计算的阶段，他先后转战天文学系计算机房、南大计算中心的机房、紫金山天文台的机房。当时的上机费很贵，方老师给甘为群提供了大量宝贵的科研经费。

经过长时间的努力，他写出了厚达一百多页的长篇论文。在论文的结尾处，他郑重地加上了一句话：我要做一个追赶太阳的人。

方成老师仔细地阅读了他的论文原稿，看出了文章中的勃勃生机和奇异光彩，但还是检查了又检查，核对了又核对，提出具体的修改意见。博士论文答辩时，甘为群的阐述获得一致好评，答辩委员会主席陈彪院士评价说：这是一篇不可多得的既有理论基础又具有观测依据的扎实论文。甘为群成为南大天文学系培养的第一个天体物理博士。他的博士论文后来发表在美国《天体物理杂志》上，开南大博士学位论文在该杂志发表的先河。

一天，方成把甘为群叫到自己的办公室，充分肯定他硕博期间的学习研究成果，并告诉他，我准备向系里申请，把你留下来。

此时此刻，甘为群的心情无法用言语来表达，前者让他兴奋不已，后者让他激动万分！

（四）

然而，不然！这次他遇到了人生的第一次挫折。由于天文学系的教师指标一时批不下来，他留校的希望落空了。方成对此很是惋惜，甘为群更是一片迷茫。

迷茫之际，方成告诉他，紫金山天文台的空间天文实验室前途无量，建议他去找一下张和祺台长。

张和祺，太阳物理学与空间天文学家。早期从事太阳物理研究，主要研究方向是太阳耀斑现象的储能、发生机理及高能物理过程。他最早在国内开展太阳耀斑光谱光度分析研究，建立了耀斑光度及其运动的联合跟踪测量法。他曾观测到百年罕见的太阳特大爆发的氢 Hα 光谱序列而引起国际同行关注。1982 年，根据美国爱因斯坦卫星的空间探测数据，他提出了射线类星体内光度与红移的关系，其分析结果被国外学者所采用和推广。1989 年，他从美国 SMM 太阳峰年卫星数据中发现了太阳耀斑第二次高能释放现象——太阳射线暴。他还全力推进中国空间天文学的建立，在紫金山天文台创立了以高能辐射探测为主体的空间天文实验室。

在一个周日的上午，甘为群带着忐忑的心情摸到张台长位于南京峨嵋路的家。没等甘为群开口自我介绍，张和祺便热情道，方成老师向我推荐了你，我们正需要你这样的专业人才。你就到紫台来吧！

甘为群很是意外，他没想到方老师事先已经联系过张台长，更没想到张台长二话没说就接收了他。他原先准备好的自我介绍用不上了，不知说什么是好。

我不仅知道你的名字，还看过了你的论文。张和祺说，你研究的方向就是我们空间天文实验室的重要课题之一。你到这里来是有用武之地的。

甘为群讷讷道，我在空间探测方面，基本还是空白。

张和祺鼓励道，空间探测是手段，你已经做出了很好的研究成果，基础扎实，经过进一步的研究积累，反过来提出空间探测项目才更加具有科学含金量，我们对你抱有很大期望。张和祺又说，尤其是你在论文结尾处加的那句话，做一个追赶太阳的人，看似多余，却打动了我。

这是我少年时期立下的志向。甘为群心情放松下来，表示道，我一定会不辜负方老师和您的期望，往太阳空间探测这一新的方向上努力。

我们正是这样期待的。张和祺干脆直接问，你准备什么时候来上班？

甘为群与张和祺1990年在悉尼参加亚太天文大会时合影

甘为群不假思索地问，下周一可以吗？

可以！张和祺笑了，你真是一个追赶太阳的人。不过，入职手续不会那么快。这样吧，你可以先来上班，明天我让人带你先参观一下紫金山天文台。

就这样，1989年6月，甘为群成了紫金山天文台的一员，被安排在空间天文实验室，担任助理研究员。当时，他是紫台新生代中唯一的博士。

紫台的空间天文实验室是在1976年成立的。那时国家已完成"两弹一星"任务，科学界提出"两星一站"计划，其中的一星就是指"天文一号"卫星。这是张和祺牵头在20世纪70年代中期的一次重要的全国科学规划会议上提出的，得到国家的重视并产生重要影响。"天文一号"卫星的目标是填补中国空间天文的空白，以太阳观测为主，太阳观测又以耀斑爆发为主。为此，在中国科学院的安排下，紫台专门成立了中国第一个空间天文实验室，联合国内多家单位共同研制。

原计划在 1980 至 1981 年太阳活动的第 21 周峰年期间，发射"天文一号"卫星。如果这个计划得到实施，"天文一号"卫星和日本"火鸟"卫星及美国"太阳极大年"卫星几乎是同时上天，中国空间太阳物理研究也将与日本和美欧不相上下，处于同一起跑线上。遗憾的是，由于该星部分载荷如掠入射软 X 射线成像望远镜的研制难度大大超出预期，加之后来国家政策调整等原因，"天文一号"卫星最终未能继续研制下去。这给中国天文界留下了很大的遗憾，紫台空间天文实验室的工作一度在艰难中徘徊。

在紫台空间天文实验室工作不久，甘为群就崭露头角，多篇论文在国际天文杂志上发表。之后，甘为群获得了德国洪堡学者身份，到德国慕尼黑马普地外物理研究所从事博士后研究。在这里，他第一次接触到先进的太阳探测仪器和空间数据，一边向外国同行虚心学习，一边潜心科学研究，在理论与观测两个方面都取得了长足的进步，发表了数篇有分量的论文，其中有一篇研究太阳耀斑大气加热的论文，是他第一次利用互联网与当时在美国的同行密切合作完成。由于充分利用了双方的优势，甘为群对论文结果的重要性十分看好，可论文投到欧洲一本核心天文杂志后，却被带有偏见的审稿人枪毙了。这判断上的巨大反差给甘为群带来了困惑，为了进一步检验自己的判断，甘为群转而将该论议投到更高一级的美国《天体物理》杂志。很快审稿意见来了，开头就写道："这是一篇高水平的原创性论文。"对于做科研的人而言，没有什么比得到同行的高度认可更让人欣慰的了。

回国后，甘为群继续在空间天文实验室工作，先后担任副研究员和研究员，取得了多项科研成果，获得了多个重要奖项，如中国青年科学家提名奖、中国科学院青年科学家一等奖、国家杰出青年基金、国家教委科技进步一等奖、中国科学院自然科学二等奖、国家自然科学三等奖等。1995 年前后，是甘为群的收获年，但他心里十分清楚，天文学是一门观测性的科学，他在天文设备方面尚没有什么贡献，更大的考验还在后面。

随着我国经济社会的快速发展，空间天文观测迎来了一次重要的机遇——1992年9月21日，国家正式批准我国载人航天工程按"三步走"发展战略实施，简称"921"计划。

紫台张和祺台长瞅准这一重要机会，提出了空间天文探测包搭载载人航天实验飞船的计划。1993年底，甘为群随张和祺台长一行到北京参加论证会。会上，有人对载人航天搭载空间天文探测仪器计划提出异议，认为日本等国都搞过了，我们大可不必再搞。在这样的会议、这样的场合，照例是轮不到甘为群发言的，但初生牛犊不怕虎，他主动要求发言，利用自己比较了解国外科技前沿的优势及对中外差距的深度思考，结合"921"计划所能提供的条件和国家当时有限的实力，指出，就技术而言，如果别人搞过了我们就不搞，那我们永远不可能实现零的突破，就无法追赶上世界先进水平，更不用说超越了。他的发言，引起了与会者的共鸣，最终紫台联合高能物理研究所争取到了空间天文探测包搭载载人航天实验飞船"神舟二号"的任务。

与此同时，北京天文台台长艾国祥院士提出了宏大的空间太阳望远镜计划。

艾国祥，天体物理学家，中国科学院院士，1996年获何梁何利科学与技术进步奖，2002年当选第三世界科学院院士。1966年提出太阳磁场望远镜并主持研发，于1987年和1988年分别获得中国科学院和国家科技进步奖一等奖。从20世纪90年代末开始，艾国祥转向了空间天文和天文空间信息领域。

艾国祥对甘为群的研究成果颇为赏识，曾让后来也成为院士的汪景琇写信，有意把甘为群调北京天文台工作，但张和祺台长以紫台人才紧缺为由予以婉拒。现在要搞空间太阳望远镜，艾国祥又想到甘为群——

不是调他，而是合作。

那年底，他把甘为群请到北京，开门见山地说，想必你已经知道了我提出的空间太阳望远镜计划，不知你对此有何看法？

我当然举双手赞成。甘为群说，我国早该上这样的项目了！

哦，你们有这样的紧迫感就好了。艾国祥笑言道，英雄所见略同啊！

甘为群连忙说，不是所见略同，而是十分赞同您的计划。

既然赞同，我们一起来干如何？艾国祥问。

好啊！甘为群谦逊道，如果艾台信任，我们就跟着你干。

不是跟着我干，而是合作。艾国祥说，说实话，我转向空间太阳研究时间不长，而紫台空间天文实验室长期从事这方面的研究，你又在国外做过专门的训练与研究，这是个优势。

由你来当领军人物，我们就有信心。甘为群建言道，这个项目必须抓紧上，我们先起步，从小做起，小步快跑。

不不不，我们要做就做大的，要上就上在世界上领先的。艾国祥豪气道，我们不能跟在别人的后面追，而是要赶超。我的计划是同时搞几个先进的望远镜，主要是1米口径的太阳磁场光学望远镜。现在世界上还没有人搞这么大的。

甘为群没有立即接话，想了想说，这当然是好，但我觉得做这么大的望远镜，技术上挑战很大，而且投资巨大，恐怕难度太大，难以实现。

没有难度哪来高度？艾国祥坚持认为，做最大的、搞最先进的才有意义。

甘为群坦诚道，不是我保守，而是我们一下子做不起来。欲速则不达。

这可不是我们搞天文的人说的话。艾国祥半玩笑半认真道，宇宙的速度与地球上的速度是不一样的，搞天文的不快怎么行呢？眼睛一眨多少光年就过去了！

是啊，是啊。甘为群为难道，我们也想快，但总觉得心里不踏实。

艾国祥有点不高兴了，直率道，你们不想搞大的，那我来负责 1 米望远镜。你们就搞软 X 射线紫外望远镜，这应该没有问题吧？

问题是有的。甘为群随即又表示，但我们一定按照你的要求，领下任务，克服困难，争取把这个项目做成做好！

艾国祥满意地点了点头，又讲了讲一些具体的设想与要求。

甘为群从北京回来后立即向张和祺台长作了汇报。张台长对这个项目虽有顾虑，但仍表示支持，指定甘为群牵头，启动软 X 射线紫外望远镜的预研工作。这其实是甘为群第一次真正涉足空间天文项目。他当时带着常进等几个年轻人投入这一全新的领域。半年后就拿出了技术预研报告，随后投入差不多持续两年的中德合作空间太阳望远镜项目中，并在其中发挥核心成员作用。

但是，空间太阳望远镜的确技术难度大，加上其他原因，预研和推进过程十分漫长和曲折，到 2010 年差不多处于停滞状态。项目从提出到终止前后近 20 年，令人感慨。早在甘为群到紫台工作不久，一天中午休息聊天，一位老同事就告诫甘为群，空间天文是一个费时间、做虚功、干了一辈子很可能两手空空的行当。从"天文一号"卫星的下马，到空间太阳望远镜的不了了之，似乎一个个都得到了印证。

真是这样的吗？就只能这样了吗？甘为群心有不甘，他没有退却，而在思索——思索其中的原因，思索新的出路。

（五）

东方晨曦微露。

这一期间，搭载"神舟二号"的空间天文探测仪器计划取得积极进展。该计划于 1994 年正式立项，在长达 7 年的时间里，紫金山天文台与中国科学院高能物理研究所共完成了 3 台高能辐射探测器的研制，并于 2001 年 1 月 10 日随"神舟二号"飞船顺利入轨，在轨运行了 165 天。在此期间，载荷工作正常，观测到了若干宇宙伽马射线暴，以及数十个太阳伽马射线耀斑和逾百个太阳硬 X 射线耀斑。

"神舟二号"空间天文分系统的成功，实现了中国太阳空间探测零的突破。这在一定程度上鼓舞了中国天文科学家的士气。

而对于空间太阳望远镜计划的中断，甘为群与大家一样，感到十分惋惜与难过，但他没有泄气。他认真分析了不成功的原因，一是大型科学项目的提出一定要与国家整体实力相适应，二是所提计划既要考虑先进性也要考虑可行性。经过反复思考，甘为群觉得还是要回到当初向艾国祥台长所提的建议上来——从小做起，小步快跑，即先搞太阳探测小卫星。于是，他拉着常进等年轻人提出了太阳高能小卫星预研项目，这一项目得到了国家自然科学基金委员会的资助，很快进入到预研阶段。

2004 年 7 月 18 日至 25 日，国际空间研究委员会第 35 届世界空间科学大会在法国首都巴黎召开。这是空间科学研究领域最具权威的非政府间国际组织会议。甘为群以紫台副台长的身份，与常进研究员和南京大学方成院士一同参加了大会。

会议期间，他们与法国同行探讨太阳空间探测合作的可能性，得知法方有 LYOT 和 DESIR 两个小卫星计划方案。甘为群便向法方介绍了紫台正在开展太阳高能小卫星项目的预先研究。大家提议，或可把三个小卫星计划综合起来，联合实施。

一拍即合。双方经友好商议，联合提出了中法合作"太阳爆发探测小卫星（SMESE）"的概念，其科学目标是，瞄准太阳活动的第 24 周峰年，共同研究耀斑早期演化、日冕物质抛射的形成、耀斑和日冕物质抛射之间的关系、非热粒子的加速和传播作用过程等。

这一国际合作，非常有助于加快我国太阳空间探测的进程。所以，甘为群作为中方负责人的 SMESE 项目，很快在 2005 年底获得国防科工委的经费承诺支持。之后三年间，在国家空间科学中心的参与下，中法项目组共进行了 30 多次的双边项目推进会，形成了 100 余份技术文档，先后完成了 0 相、A 相和 A＋相阶段的任务，并通过了法国航天局组织的阶段评审。

就在甘为群对这个项目抱有极大希望的时候，法方由于项目安排方面的冲突，于 2009 年初正式通知中方终止 SMESE 项目。

这给甘为群当头一盆冷水。

空间领域的国际合作谈何容易！这期间，甘为群还主持提出"基于一箭五星的太阳空间物理探测计划"并得到预研支持，也是不了了之。他在追逐太阳的道路上屡屡受挫，难免有些懊恼，难道当初同事的告诫真是一道魔咒？

冷静下来，甘为群思考再三，决心打破魔咒，永不放弃，另辟蹊径。

（六）

山积而高，泽积而长。经过大量的调研和科研工作，条件成熟了，2011 年，甘为群胸有成竹地提出了中国第一颗综合性太阳探测卫星——"先进天基太阳天文台"（ASO-S）的概念。

一颗信号弹在天空绽放出璀璨的光芒。

中国空间太阳物理研究终于迎来了黎明前的曙光——中国科学院启动了空间科学战略性先导专项计划。甘为群抓住机遇，将"ASO-S"整体打包，申报了该计划的第二批预先研究项目。但是，立项遇到了阻力。因为当时申报的项目很多，竞争相当激烈，加之有关方面对太阳探测认识不足，没有给予足够的重视。为此，甘为群在论证会上据理力争，进行了充分的阐述。

他说，空间天文往往都是从对太阳探测开始的。改革开放三十多年来，我国太阳物理研究已经从跟踪发展到了并行、局部先进的水平。20世纪80年代开始，以我国科学家自主研制的具有国际先进水平的地面太阳望远镜已经形成一定规模，中国的太阳物理研究逐步跻身国际先进行列。但是，我们也要承认，与国际空间太阳探测水平相比，我国的差距巨大。从第一颗太阳探测卫星上天到现在，世界主要空间大国共发射与太阳观测直接或间接有关的卫星70余颗，获得了大量的前所未有的观测数据，使得人类对太阳的认识有了质的飞跃。我国虽然在太阳物理研究方面处于国际前列，但研究所依赖的数据绝大多数都是来自国外的太阳探测卫星，这种对原始空间数据几乎零贡献的状况，显然是一个很大的问题。

说到这里，甘为群激动道，太阳是太阳系的老大，常常被喻为地球的父亲。太阳给了地球那么多阳光和温暖，难道我们中国人就不想给太阳公公更多的关注和回报吗？

甘为群激动而幽默的话语赢得了大家会心的笑声。

甘为群话音一转说，大家知道，1989年3月13日，加拿大北部地区电网在短时间内突然遭到破坏，整个魁北克省的供电系统陷入瘫痪。在排查事故原因时，发现这次断电事件的元凶就是太阳风暴！说得更近一点，2003年太阳爆发了一次强磁暴，它产生的能量冲击，导致全球卫星通信受到干扰，致使欧美的GOES、ACE、SOHO和WIND等一系列科学卫星遭受了不同程度损害；GPS全球定位系统也受到影响，定位精度出现严重偏差，地面和空间一些需要即时通信和定位的交通系统，遭遇不同程度的瘫痪。可见，无论是科学技术的发展，还是社会运转、国家安全，都迫切需要加强太阳探测。这已经成为世界天文学界、空间物理学界的竞争焦点，各国科研人员都使出了浑身解数，从事太阳观测与研究，业已取得不少成果。我国怎能熟视无睹呢？不！我们要不甘自弱、急起直追！

充分的理由、热情的话语，深深打动并说服了与会者和评委，最终，"ASO-S"卫星概念及有关三个载荷作为一个整体，于2011年正式获得中国科学院空间科学战略性先导专项计划的支持，列入预先研究项目。

跨出可喜的第一步，甘为群团队趁热打铁，随即进行预先研究。

世上无难事，只要肯攀登。一次次冥想，一次次运算，火花迸发；一张张稿纸，一个个方案，堆积如山。他们终于找到了通天之路——提出了"ASO-S"的科学目标——"一磁两暴"：一磁是指太阳磁场，两暴是指太阳上两类最剧烈的爆发现象——耀斑和日冕物质抛射，即同时观测太阳磁场、太阳耀斑和日冕物质抛射，研究其形成机理、相互作用和彼此关联，揭示太阳磁场演变导致太阳耀斑和日冕物质抛射爆发的内在物理联系，同时为灾害性空间天气预报提供支持。为实现这一目标，卫星需要配备三台有效载荷。他们对标国际先进水平，结合国内已有的基础，提出了三台载荷具体的技术指标。

按照空间科学先导专项的布置，一个空间项目要想走到最后，必须经过三个阶段：预先研究、背景型号、卫星工程立项与实施。这样，预先研究工作做完后，自然要申请背景型号项目支持。这是卫星工程立项前最关键的环节。预先研究形成的概念是否可行，关键技术能否突破，必须在这一阶段解决，这一阶段的经费体量因此比预研阶段高出十倍到数十倍，属于准工程阶段。然而，就是在这个环节的申请上，引发了一场不小的风波。

在背景型号项目申请答辩会上，有人提出，从技术的可靠性和节约成本的角度，中国目前还是先进行地面太阳观测为好。

甘为群解释道，在地球上，地面太阳观测具有升级灵活、成本较低、可持续性强的特点。但是，地球大气会对天体辐射有吸收作用，甚至导致很多波段在地面无法开展观测；大气湍流会限制观测分辨率及降低测量精度；昼夜交替导致观测无法连续进行。为了弥补这些短板，空间太阳观测早已成为太阳观测的主战场，它有无与伦比的优越性——全波段、全时段，空间分辨率和观测精度不受地球大气影响。现代太阳物理学科的进展大都来自空间太阳观测的驱动。

又有人质疑道，既然搞空间太阳探测，就应该重启"空间太阳望远镜"卫星计划，而不是另起炉灶。

因为甘为群对"空间太阳望远镜"卫星计划了如指掌，便胸有成竹地说，从20世纪70年代中后期开始至今，中国空间太阳探测走过了一条曲折的道路，几代太阳物理学家为了改变中国没有太阳探测卫星的状况，进行了长期不懈的尝试和努力。但是，40多年过去，除了"神舟二号"空间天文分系统取得过少量太阳空间观测资料以外，中国至今仍保持着太阳探测专用卫星"零"的纪录，相比较国际上已经发射了70多颗太阳探测专用或有关卫星，的确令人感慨，尤其为"空间太阳望远镜"卫星的夭折而惋惜。

接着，甘为群分析道，一个项目能否继续进行下去，当然取决于多种因素，有客观因素，也有主观因素。但一个项目即使最后没有取得成功，也不意味着一无所获，比如"天文一号"卫星虽然没有成功，但它积累的载荷研制经验，为"神舟二号"空间天文分系统的成功打下了很好的基础；而"神舟二号"太阳高能辐射探测器的研制经验被直接用于SMESE项目；SMESE项目虽然最后没有走到工程立项，但"ASO-S"的预研直接受益于"SMESE"卫星概念性阶段研究的成果。此外，空间太阳望远镜的预研成果对提出"ASO-S"卫星项目发挥了重要作用，

"ASO-S"卫星科学目标中的"一磁"及"全日面矢量磁像仪"就是来自空间太阳望远镜的部分成果，空间太阳望远镜实际上已经被融入"ASO-S"卫星中。

有理有据的答辩，说服了所有的专家，"ASO-S"项目获得了背景型号答辩打分的第一名。

甘为群凯旋而归。但还未来得及庆祝，一个意外的消息很快从北京传来，有关方面以"有不同意见"为由，竟没有批准"ASO-S"进入背景型号研究。

得此消息，甘为群彻夜难眠，压力剧增。几天后，中国科学院副院长阴和俊来紫台调研，甘为群和方成院士一起向阴院长当面详细汇报了"ASO-S"卫星项目和答辩经过，对背景型号研究未获批准表示异议与不满。阴院长当即说，对于科学目标先进的项目我就支持，并表示回去后就来协调。

一周后，甘为群终于获准赴京参加由阴院长亲自主持的国家空间委员会关于背景型号项目遴选的终极会议。会上，他十分珍惜来之不易的机会，充分利用 15 分钟的汇报时间，向评委扼要介绍"ASO-S"项目的全貌，特别是强调项目的重要性和紧迫性。会议进行到讨论环节，中国工程院院士、国家航天局原局长栾恩杰第一个发言：今天这四个项目中，如果只能上一个，我建议上"ASO-S"。

权威领导一言九鼎。"ASO-S"终于迎来了好运，获准进入背景型号研究。接下来是马不停蹄地准备立项材料。也许是好事多磨，正当背景型号项目材料准备得差不多的时候，甘为群突然接到通知：对不起，原先承诺的背景型号经费无法落实！

巧媳妇难为无米之炊。上千万的研究经费从何而来？甘为群为此煞费苦心，先是从台里有限的经费中挤出 360 万元，接着又向国家自然科学基金委员会提出资助申请。在他的不懈努力下，国家自然科学基金委员会投票通过了"ASO-S"资助申请，给了865万元。后来中国科学院又补了240万元。这样，研究经费基本落实了。

2014年1月1日正式启动"ASO-S"背景型号研究，伴随着经费的逐一落实，工作也走上正轨。项目进行了一年后，有关方面突然通知要对项目开展中期评估。甘为群按照中期评估惯常的思路，主要汇报了项目一年来的进展及接下来的计划。没想到，这次由所谓第三方负责的中期评估不同以往，相当于重新评估背景型号项目的立项。如此理解上的错误，直接导致"ASO-S"的评分最低！

得分最低意味着什么？意味着后续资金难以到位，项目面临自生自灭的严重危险！

甘为群大为不服，但无可奈何。何苦呢，就此罢休吧。不！决不能半途而废，更不能自生自灭！他对他的团队说，我们豁出去了，困难再大也要依靠自己的力量搞下去！

真是夸父逐日的精神啊！

决定命运的时刻到了。2016年年中，中国科学院组织对空间背景型号项目的结题验收和综合论证。专家们听了甘为群关于"ASO-S"背景型号项目实施情况的汇报，审阅了堆积如山的研究报告和技术文档，还现场查看了部分原理样机和样件，大家大为惊讶！对"ASO-S"背景型号阶段的工作与成果，一致给予高度评价，认为开创了一条自筹经费开展背景型号阶段研究的新路子，"ASO-S"终于在8个背景型号项目中脱颖而出，成为进入卫星工程立项程序的两个项目之一。

经历一波三折，中国科学院在2017年底正式批复"ASO-S"卫星工程立项。

太阳终于升起来了。阳光占据了甘为群的心房。

（七）

最美人间四月天。

2018 年 4 月 11 日，甘为群接到了中国科学院的聘任书，聘任他为"先进天基太阳天文台"卫星工程首席科学家。他的心情像草长莺飞的自然界一样美丽，又像忙于春播的农民一样感觉时不我待。

此时，离太阳活动峰年仅有 6 年左右的时间。太阳每 11 年为一个活动周期，开始的 4 年左右时间里，黑子不断产生，越来越多，活动逐渐加剧。在黑子数达到极大的那一年，称为太阳活动峰年。在太阳活动峰年最有利于对太阳爆发现象的观测。

错过这个峰年，又要再等 11 年！

不能等！拿着沉甸甸的任命书，甘为群感到使命光荣、责任重大。科学卫星在中国尚属于新生事物，卫星首席科学家更是在这片土地上才出现没有几年。虽然文件上定义了科学卫星一切围绕科学目标，首席科学家具有一票否决权，首席科学家因此也要负责卫星的科学产出。但具体如何履行首席科学家的职责，如何确保卫星的研制满足科学的需求，并没有现成的模式。

甘为群借鉴前人及国外的经验，他利用主抓预先研究和背景型号研究对情况比较熟悉的优势，除了协助卫星工程总体和卫星系统组建卫星工程研制团队外，重点着手组建卫星科学团队，包括组建卫星科学应用系统。他根据需要在"计划之外"任命了三位载荷科学家和三位载荷数据科学家，前者确保载荷的研制过程必须满足科学指标和科学需求，缓解科学家与工程师在工作理念上的差异；后者负责卫星数据下传后的生产、处理、存储和服务，并负责数据分析软件的研发。这一新架构的提出使得首席科学家的工作有了抓手，很快被业内接受和效仿。

多少事，从来急。在"ASO-S"卫星工程开工动员大会上，甘为群要求各任务团组以高度的使命感做到"三个确保"：确保"ASO-S"的创新性，形成中国太阳探测卫星载荷的独特组合，真正做到在一个卫星上同时观测"一磁两暴"；确保"ASO-S"的高质量，努力实现各项科学目标，达到预期的探测效果，力争取得重大科研成果；确保"ASO-S"赶在太阳峰年期发射升空。他强调说，我们要与太阳赛跑，努力加快卫星工程的进度，按期完成各项工作任务。

这期间，传来了一个让甘为群且惊且喜的消息——

他的导师方成院士捷足先登，带领南京大学的天文团队及长春光机所的技术团队，与航天八院联合提出，构建一个超高指向精度和超高稳定度的卫星平台，开展高精度的太阳观测。此后，他们经过三年多的科学论证和方案设计，确定了双超卫星平台加 Hα 光谱成像的总体设计，明确了卫星的科学目标和技术指标，于 2019 年 6 月获得国家航天局批复立项，两年后在南京完成地面观测试验，接着在上海完成了整星集成测试，并确定该探日卫星为"羲和号"。

同年 10 月 14 日，"羲和号"卫星发射升空。卫星重量为 550 公斤，稳定运行在平均高度 517 公里的太阳同步轨道上，获得了一批高质量的太阳光谱数据，拉开了我国空间探日的序幕，打破了我国没有第一手太阳空间探测数据，依赖国外卫星数据的被动局面，有力提升了我国在空间科学领域的国际话语权。

导师的探索精神和探日成果，对甘为群既是极大的鼓舞和鞭策，也是巨大的压力。他决心追赶导师，追赶太阳，尽早把我国第一颗综合性太阳探测专用卫星——先进天基太阳天文台发射升空。

当然，升空不是目的，真正的目的在于实现新的科学目标。

甘为群一再提出，我国的太阳探测卫星虽然起步晚了，但一定要做出自己的特色，实现新的科学目标，那就是"一磁两暴"。为了实现这一科学目标，甘为群在设计之初就在"ASO-S"的载荷配置上寻找突破和创新——搭载三台不同功能的太阳探测望远镜，同时观测对地球空间环境具有重要影响的太阳上最剧烈的爆发现象。在天文研究中，这样组合观测，即在多波段同时进行观测非常重要。

三个载荷的体量虽然不是太大，但关键技术的难度很大。关键技术拿不下来，"ASO-S"的科学目标就无法实现。而在"ASO-S"之前，我国的探日卫星几乎空白，没有多少经验可循。甘为群经过反复思考与权衡，没有基础，就从头开始，决定发挥全国天文研制之优势，集中优势兵力打歼灭战。

三个载荷是太阳观测的"三大法宝"，同时也是技术上的"三座堡垒"。只有攻克了这"三座堡垒"，才能真正获得"三大法宝"。在甘为群的感染下，研制团队燃起斗志，踏上了攻关攀登之路。

第一座堡垒：全日面矢量磁像仪（FMG）的高精度磁场测量技术。

全日面矢量磁像仪由邓元勇任载荷科学家。他是中国科学院国家天文台怀柔太阳观测基地主任，中国科学院太阳活动重点实验室副主任。接到研制任务后，邓元勇带领他的团队，首先确定了全日面矢量磁像仪的研制目标：实现比国际同类设备更高的磁场测量精度。针对这一目标，研制团队深入分析了已有设备的特点，抓住了提高磁场测量精度的关键点，提出了以大靶面、高帧频探测器实现不同偏振分量的交替采样为技术主线的研制方案。

技术方案虽然确定下来，但项目组面临的技术挑战却是一个接着一个。首先，航天级大面阵、高帧频探测器国际上并无现货，国内处于研发阶段，性能参数、空间环境适应性等都需要从头摸索；其次，为了实现空间高速、交替采样，采用了全新的液晶偏振调制技术，这在当时国际上完全没有先例，项目组与合作单位从原材料采样开始一步步走到了最终的航天器件研发；此外，双折射滤光器油浸动密封技术、自动波带稳定技术、海量数据星上实时处理技术、精密温控及高精度同步控制、高精度稳像技术等，虽然在地基磁场测量设备中已经广泛应用，但国内缺乏空间应用经验。针对这些拦路虎，载荷承担单位国家天文台、南京天光所、西安光机所联合多家外协单位，通力合作，最终一一扫清障碍，完成了研制。地面测试显示，载荷达到甚至超过了预期技术指标。

第二座堡垒：太阳硬 X 射线成像仪（HXI）。

该载荷由张哲任主任设计师。他是中国科学院紫金山天文台高级工程师。对他来说，承担这一研制任务占有"天时地利人和"。他从参加工作开始就介入并承担起太阳硬 X 射线成像仪的预研和技术攻关工作，而紫台又是这个项目的发起单位，更重要的是，首席科学家甘为群及其带领的卫星科学团队，乃至硬 X 射线成像仪硬件研制团队成员又都和他身处同一个实验室，项目上各方面的沟通和交流都十分顺畅和便捷。

但是，摆在他面前的这台载荷的研制，之前在我国还是空白，面临着数项关键技术攻关的艰难任务。这其中最难的是准直器。太阳硬 X 射线成像仪的探测器阵列相当于一只只小眼睛，这些小眼睛前面对应着准直器的光栅对阵列。为了实现 X 光子流量方向的信息调制来用于成像，数千条狭缝阵列采用坚硬的钨材料加工，层叠厚度超过 1 毫米，最窄缝隙只有 20 微米，而前后相距 1.2 米，在这种距离上还要求光栅在前后端对齐得分毫不差。这个"分毫不差"还要求能抵抗发射过程中的剧烈震荡，以及进入太空后在恶劣的极端温度和真空环境中保持稳定。

为此，在近十年的研制过程中，张哲伴随仪器成长，他领导的团队不断迭代成像仪的设计方案，在国内选择多家合作制作单位，与他们一起优化方案，研讨工艺，并给大家打气鼓劲。一次次试验，一次次失败，一次次调整，最终，满足要求的钨光栅采用激光加工方案取得了成功，光栅层叠和对准装配完成准直器也实现了完美的工程实施。团队还通过不断的优化和改进，在世界上首次实现了同类载荷全系统的 X 射线束流调制测试，对 X 射线调制成像能力做出了充分的验证。

第三座堡垒：莱曼阿尔法望远镜（LST）。

该载荷由陈波任主任设计师。他是中国科学院长春光学精密机械与物理研究所副总工程师。虽然他先后参加过多项国家重点课题研究工作，曾获国家科技进步二等奖等多项重要奖励，但莱曼阿尔法望远镜对他来说，是一个新的课题、新的挑战。

莱曼阿尔法望远镜实际上由三台望远镜、四个成像通道组成，其中最具代表性、最难研制的是莱曼阿尔法日冕仪。它由一套共用的主光学系统和两台CMOS相机构成，可在121.6纳米和700.0纳米两个波段同时对1.1太阳半径到2.5太阳半径日冕进行高分辨率成像，角分辨率达到2.5角秒/像元。利用这台仪器可以在极强的太阳"圆盘"照射下，对太阳周边亮度降低4到8个数量级微弱的日冕辐射进行高分辨率成像观测。

研制中，陈波研究员带领研究团队，团结奋战，攻坚克难，解决了大范围杂光抑制、亚秒级高精度稳像和莱曼阿尔法波段辐射定标等关键技术问题，研制出我国第一台双波段太阳莱曼阿尔法日冕仪，角分辨率高于在轨运行的太阳轨道飞行器（Solar Orbiter）上的同类日冕仪，将在太阳物理研究和空间天气预报研究中发挥重要作用。

其实，在三个载荷的研制过程中，技术难度只是一个方面，而他们恰恰又遇上了"天灾人祸"。

天灾就是新冠疫情。就在"ASO-S"载荷研制最为关键的时候，新冠病毒肆虐全球。这给本来时间十分紧张的研制工作雪上加霜——不能正常上下班，实验室无法如期使用，人员往来受到限制，各种器材和零部件无法运送或邮递……针对这一特殊情况，甘为群要求各研制单位积极应对、科学安排，并通过"远程视频""腾讯会议""微信通话"等形式，及时进行线上讨论、信息沟通、情况汇报，确保"抗疫"与"研制"两不误。年近六十的陈波，疫情期间住在研究所的实验室一个多月，过春节也没有回家，完成了100多个软件模块的计算开发任务，确保了研制工作的进度。

人祸就是西方封锁。无论是哪个载荷，都要用到芯片。芯片是载荷的"心脏"。只有使用先进的芯片，才能制造出高质量的载荷。以前，卫星载荷上用的芯片，有些是从外国进口而来的。然而，就在"ASO-S"载荷研制期间，西方一些国家对中国实行所谓的制裁，加上国际疫情极为严峻，一些元器件和芯片的断供给载荷研制工作造成极大困难。面对这一情况，研制单位措手不及，产生了消极畏难情绪，甚至提出推迟研制时间，等时机成熟后再干。对此，甘为群参加工程例会，一起研究对策。他说，元器件不能进口，既是挑战也是机遇，逼着我们转危为机。对于芯片，我看有两条路可走，一是在国内筛查同类替代品，二是我们自己进行研发。总之，芯片不能成为我们的拦路虎。我们要通过自己的努力，保质保量搞出"ASO-S"，为自己争气，为中国争光！甘为群的一番话，极大地鼓舞了大家的士气。办法总比困难多。三个研制单位调整思路，群策群力，既发挥自身优势，又多方寻求合作，尽管走了一些弯路，但最终攻克了芯片难题，成功研制了怀抱"中国心"的高质量卫星载荷。

陈斌（卫星工程总体办主任）、崔吉俊（卫星工程总师）、甘为群（卫星工程首席科学家）、伍健（HXI 载荷科学家）、熊蔚民（卫星工程总师助理）、邓雷（卫星系统总师助理）合影（从左至右）

卫星的研制属于重大系统工程。"ASO-S"卫星研制就包括六大系统：卫星系统、运载系统、发射场系统、测控系统、地面支撑系统和科学应用系统，至少涉及几百个科技人员。此外还有工程总指挥和总设计师，以及工程总体、总体办公室、中国科学院主管机关等。"ASO-S"卫星这次未设载荷总体，中国科学院上海微小卫星创新研究院作为卫星系统总设计师单位，发挥了至关重要的作用。诸成总师自从卫星实施以来几乎天天加班，从未有过休息日。科学应用系统总师黎辉身先士卒，带病坚持工作……

看着整个团队的奋力拼搏与团结协作，甘为群常常感慨道，我们这些幕前人，更应该看到那些在幕后兢兢业业付出的人，他们是最辛苦的人！

在科学的道路上，没有平坦的大路可走，只有那崎岖小路上攀登的不畏劳苦的人们，才有希望到达光辉的顶点。在卫星载荷研制成功后，甘为群并没有松一口气，继续带领黄宇、苏杨、封莉等年轻的科学团队，夜以继日地做好卫星发射前的各项工作，并为卫星升空后的科学研究进行提前准备，自行开发各种软件。

甘为群与卫星科学团队紫台部分成员合影，从左到右分别是：苏杨（HXI载荷数据科学家）、黄宇（科学应用系统副总师）、甘为群（卫星工程首席科学家）、封莉（LST载荷数据科学家）、黎辉（科学应用系统总师）

"ASO-S"入轨后，每天将产生大约 500 GB 的观测数据，且全部科学数据和分析软件将面向全球用户开放共享，共同实现其科学目标。

现在，离既定的科学目标，只有一步之遥了。

（八）

2022 年 7 月 11 日，中国科学院发布的"先进天基太阳天文台"征名活动启事，一下子吸引了全国人民的眼球——

太阳仅仅是宇宙中的初级谜题，

太阳的谜团终将被人类逐一揭开。

中国第一颗综合性太阳探测专用卫星，

迎光启航，逐日而行，

求索于日地间，

它就是——先进天基太阳天文台

Advanced Space-based Solar Observatory。

利用太阳活动第 25 周峰年的契机，

它将对太阳上两类最剧烈的爆发现象——

太阳耀斑和日冕物质抛射，

以及全日面矢量磁场开展同时观测，

研究"一磁两暴"，

也为灾害性空间天气预报提供支持。

这颗空间科学卫星将于 2022 年 10 月，

在酒泉卫星发射中心发射升空，

展开对太阳的探索之旅。

现在，我们诚挚邀请您，

为即将发射的先进天基太阳天文台，

起一个中文昵称。

让您的名称创意，

跟卫星一起，共游太阳系。

延续中国人为卫星起名的

诗意和浪漫，

传承人类的科学探索精神和人文情怀。

征名活动得到广泛响应，在短短的两周中，共征集到25000多份提案，经两轮评选，最终确定"ASO-S"的中文昵称为"夸父一号"。

在新闻发布会上，甘为群向大家报告，经过两轮评选，最后专家投票确定，先进天基太阳天文台取名"夸父一号"。大家知道，"夸父"是中国神话故事"夸父逐日"中的神话人物。神话故事"嫦娥奔月"中的嫦娥，已经是探月系列卫星的昵称，"夸父逐日"中的夸父，用来命名探日卫星，太阳对月亮，夸父对嫦娥，两个神话故事，突显中国文化，相得益彰。而且，"夸父逐日"表现了古代先民胸怀大志、英勇顽强的精神，寄托了中华民族探索自然矢志不渝、锲而不舍的强

"夸父一号"（ASO-S）卫星标识

烈愿望和顽强意志。作为这颗太阳探测卫星的首席科学家，我一生有志于做一个追赶太阳的人，用自己的实际行动弘扬"夸父逐日"的精神。

2022年10月9日，"夸父一号"冲向苍穹，奔向远方。

重量859公斤的"夸父一号"已运行在高720公里的太阳同步轨道上，将连续4年、每天24小时对太阳进行不间断的多波段、高质量的观测……

黎明时的大漠格外壮观。一轮火红的朝阳喷薄欲出，万道霞光从东方射出，沙漠上闪现出一片金光。

太阳每天都是新的。甘为群沐浴着阳光，久久伫立，思绪纷飞。他既为"夸父一号"的成功发射而兴奋，又开始盘算着接下来的工作——为了迎接明天的太阳，必须及时把卫星传回地面的海量数据转化为高质量的科学成果！

"甘台，记者在等着视频采访您呢！"

甘为群闻声回过神来，急忙赶了回去。

ASO-S发射试验队部分成员合影，从左至右分别是：张哲（HXI主任设计师）、胡一鸣（HXI副主任设计师）、甘为群（卫星工程首席科学家）、陈灯意（HXI副主任设计师）、伍健（HXI载荷科学家）

面对视频中的记者，他先是感谢各方的协同与支持，然后介绍道，经过 40 多年的探索，中国没有太阳探测专用卫星的历史随着"夸父一号"的发射而被改写，成为国际太阳空间探测大家庭的一员。尽管太阳与地球的平均距离达 1.5 亿公里，但一旦发生太阳耀斑、日冕物质抛射等爆发活动，它所裹挟的大量带电高能粒子，会对人类生存环境，尤其是与现代生活息息相关的电磁环境造成严重破坏。因此，持续地对太阳活动进行监测是非常有必要的。现在，我们有了这颗卫星，科学家可以至少提前 40 个小时得到信息，从而及时做出相关的防护举措。

记者问，你对你一生所从事的事业怎么看？

甘为群若有所思，脑海中闪过一幕幕的酸甜苦辣，然后缓缓地说，我的职业生涯中做过三件事：研究、行政与项目。当然太阳物理研究是贯穿始终的。我最看重的还是卫星项目，真正实现我儿时的梦想——做一个追赶太阳的人。之前卫星尚没有发射，结果还不确定。现在"ASO-S"卫星已经成功发射，总算实现了我人生的一个大目标，这不仅是自己的目标，也是中国太阳物理界的目标，还有什么能比这个更让人欣慰的呢？

记者又问，你对我国太阳探测有何预测和期待？

甘为群无限深情地说，我作为"ASO-S"的首席科学家，首先期待"ASO-S"的观测结果能够给太阳物理前沿研究注入新的动力，在"一磁两暴"和太阳大气结构与动力学的研究中取得重要成果，完成中国空间太阳物理完整的体系建设。同时，我也期待中国的太阳空间探测在国家有关部门的重视下能够由此走上可持续发展的轨道，建立日趋完善的项目选择机制；期待在中国自己建设的空间站上搭载更大、更先进的太空天文台，赶超世界先进水平；相信在新生代太阳物理学家们的共同努力下，中国下一代太阳探测卫星工程能够在更高起点上展开，为全世界太阳物理学科的发展作出中国应有的贡献。

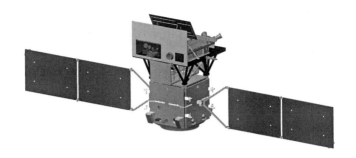

"夸父一号"（ASO-S）卫星效果图

最后，记者请他用最简短的语言表达自己此时此刻的心情与愿望。甘为群脱口而出——

面向未来，向日而行。逐日之旅，正在路上……

正在逐日路上的"夸父一号"，经过半年多的在轨调试，开始获得原始太阳观测数据。2023 年 4 月 11—12 日，"夸父一号"观测数据试开放全球发布暨数据使用培训会在线召开。来自美国、英国、德国、意大利、瑞士、奥地利、比利时、日本和中国等 25 个国家近 400 位太阳物理专家学者参加会议。

"夸父一号"科学团队成员分别介绍了卫星在轨测试、各仪器目前在轨状态、卫星运控中心运行，以及卫星科学和数据中心运行等情况，着重向与会者介绍了卫星三台有效载荷的观测数据、数据处理及有关数据分析软件的使用方法，并指导与会者现场实践、学习和掌握"夸父一号"卫星数据的下载和分析处理方法。

卫星首席科学家、中国科学院紫金山天文台甘为群研究员在会上宣布了此次"夸父一号"卫星观测数据试开放的范围，包括自 4 月 1 日起的太阳硬 X 射线成像仪的全部观测数据、全日面矢量磁像仪的部分观测数据，以及莱曼阿尔法望远镜的部分观测数据，包括它们之后的准实时观测数据。

甘为群还在会上宣布了"夸父一号"国际访问学者计划，以鼓励基于"夸父一号"观测数据的国际合作研究。

"夸父"是中国的，也是世界的。

第二十七章
地球卫士

居安思危通过天文观测密切关注天外来客
严防死守依靠现代科学努力确保地球安全

· 采访札记 ·

　　赵海斌是我采访的最年轻的一位天文科学家。开始交谈时他还显得有点腼腆。别看他年纪轻，他已是紫金山天文台近地天体探测和太阳系天体研究团组的首席科学家。谈起小行星，他很快无拘无束、如数家珍。从小行星演化到小行星发现，从小行星的观测到小行星的研究，从小行星的运行规律到小行星的各种可能，从小行星对地球的潜在危险到人类的防范措施，一一道来，有观测成果，有案例分析，有未来预测。不听不知道，一听吓一跳。我突然明白：小行星不可小视。

（一）

　　祸兮福所倚，福兮祸所伏。

　　世间一切事物都是祸与福互相依存、互相转化的。人类面对的浩瀚而美丽的太空又何尝不是这样呢？

　　宇宙孕育并造福于人类，同时又威胁和嫁祸于人类。因此，天文学家面临着两大任务：一是探测太空，满足人类的好奇心，并为人类创造无限的可能和美好的未来；二是监测太空，发现并防止"天外来客"对人类的不利影响和潜在威胁。

　　后者主要是对太空小行星进行观测研究。这方面，紫金山天文台是我国最早的一支主力军。至今仍是。

　　2022年7月27日，国际小行星中心发布公告确认，中国科学院紫金山天文台于7月23日、24日新发现两颗近地小行星——2022OS1和2022ON1。

　　小行星2022OS1是7月23日首次观测到的，当时视亮度约20.9等，视运动速度为0.895度/天，预估直径达到230米。

　　小行星2022ON1是7月24日首次观测到的，当时视亮度约20.5等，视运动速度为0.681度/天，预估直径约为45米。

　　对于发现近地小行星此类的消息，并没有像发射卫星、飞船和空间站那样引起人们极大的关注与兴趣。

　　殊不知，这与地球和人类的命运息息相关。因为这些近地小行星极有可能撞击地球，给人类带来灭顶之灾。

　　这绝不是危言耸听！

　　在地球的历史上，发生过多次被小天体撞击的事件。尽管漫长的地质作用已将小天体留在地球上的绝大多数痕迹抹去，然而，全球各处发现的众多陨石坑有力地证明了地球历史上难以计数的撞击事件。

在地球上已被确认的大陨石坑中，以美国亚利桑那州的巴林杰陨石坑最有名。坑宽约 1240 米，深 170 多米，坑的周围比附近地面高出约 40 米。根据考证，这一石坑是 5 万年前由一直径约 46 米、重 30 多万吨的铁镍材质小行星以每秒钟 12 千米的速度撞击地面形成的。

科学家还有一个重大发现，那就是希克苏鲁伯陨石坑。这个陨石坑位于墨西哥尤卡坦半岛，直径约为 180 千米。科学研究显示，这个陨石坑形成于大约 6500 万年前，与白垩纪——第三纪恐龙灭绝事件的年代相吻合。因此，科学家普遍认为，正是当时一颗直径达 10 千米的小行星撞击此处，形成了巨大的陨石坑，才彻底导致了地球当时的霸主——恐龙的灭绝。

讲到这里，人们不禁后背发凉：如果未来有其他小行星撞击地球，是否会导致人类灭绝呢？

答案是肯定的。小行星对地球的撞击，在太阳系历史上乃是一种极为普遍的现象，未来地球仍存在遭受此类撞击的风险。

19 世纪法国的一幅漫画描绘了天体撞击事件所造成的恐怖场景：一颗面目狰狞的超级魔星把人类的美好家园——地球撞得四分五裂。漫画形象固然夸张，但是对天体撞击事件后果的描绘却并不为过。

人类不能掉以轻心，天文学家责任重大。

天文学家充分意识到，大的撞击事件尽管罕见，但是必须认真地评估各类撞击事件发生的可能性，以及可能造成的危害。为了避免或尽可能减轻撞击事件带来的灾难，首要的任务是，千方百计判明有哪些小天体——小行星可能会撞击地球，通过观测找到它们，计算出它们的运行轨道，确认潜在的肇事天体，包括它们的大小和撞击事件可能发生的时间，然后采取相应的对策。

显然，首要的是加强对近地小行星的观测与研究。

一直以来，世界在行动，我国在行动，紫台在行动。

（二）

紫金山天文台是我国近现代天文学的"重镇"。对近地小行星的观测与研究，是该台的传统优势学科，由张钰哲老台长一手创立。

早在 1928 年 11 月 22 日，张钰哲在美国叶凯士天文台观测发现了一颗国际编号为 1125 的新小行星，这是第一颗由中国人发现的小行星。按照发现者拥有命名权的国际规定，时年 26 岁的青年天文学者张钰哲，身居异邦，心怀祖国，将之命名为"中华"。

新中国成立后，张钰哲担任紫金山天文台台长，他克服困难，于 1949 年 12 月在紫金山天文台开创性地开展了小行星、彗星照相定位的观测研究工作。他除了忙碌于领导发展紫金山天文台和全国的天文工作，还一直带头进行天文观测。当时紫金山天文台连最基本的坐标量度仪也没有，张钰哲就每隔一段时间，自己带着一大沓玻璃底片到上海的物理所去测量。首批观测成果在 1953 年创刊的第一卷第一期《天文学报》上正式发表。

张钰哲还指导年轻人一起开展小行星观测、摄动计算、轨道改进方面的天体力学轨道计算研究工作。观测使用的仪器由 20 厘米折射式望远镜到 60 厘米反射式望远镜，最后转到最为有效的 40 厘米双筒望远镜。当时使用折射望远镜拍摄小行星，每照一张需要曝光 20 分钟。

南京气候的一个特点，冬天的晴夜多，天气越冷晴天越多。而晴天是观星的最好时机。星空观测的一个重要环节是导星，就是以观测天区内的参考星象为准星，控制望远镜的运转，达到对观测目标的稳定跟踪作用。在晴天寒夜里长时间露天导星，往往又冷又倦。张钰哲身为台长和导师，从来不搞特殊化，总是与他的学生轮流导星，往往通宵达旦。

后来，由于台里工作繁忙，也为了培养年轻人，张钰哲逐步把这项工作交给了他的得意门生张家祥。

张家祥，1932 年生于南京，自小聪慧，小学毕业后以优异成绩考入南京市一中。在初高中学习阶段，他对数理化特别感兴趣，学习成绩也一直在班上数一数二。长大当工程师，是他当时的理想。所以，在确定高考志愿时，他毅然填写了同济大学土木工程系。

他如愿以偿。大学生活丰富而充实，为他打开了一个全新的世界。他喜欢和善于抽象的逻辑思维，高等数学等课程中严格缜密的推理论证，激发和活跃着他的大脑。他如饥似渴地吮吸知识的乳汁，憧憬着心中的高楼大厦和美好前程。

埋头于书本，时间不知不觉就过去了。到了寒假，他依依惜别上海校园，回到南京家中，满心欢喜的他出乎意料，眼前的景况令他黯然神伤。在离开的半年里，家计已经难以为继。原本是机关职员的父亲和小学教师的大哥都待业在家。更让他心痛的是，不久大哥又罹病早逝。雪上加霜，家里生活陷入困境。七口之家的日子怎么过？生活的重担压得父母整天唉声叹气。张家祥感到自己应当为家里分担责任，便对父母说，大学不能上了，我去考工、去挣钱。父母心有不甘，却又无可奈何。

天无绝人之路。就在这时，张家祥在报纸上得知济南铁路管理局和中国科学院紫金山天文台正在招工，他便前往应试。一试便中，两个单位都给他发来了录取通知书，济南铁路管理局是会计岗位，天文台是见习员岗位。

张家祥面临人生的第一次重要的抉择。

显然，去铁路管理局工作，可以圆自己做工程师的梦想，而且那里待遇较高，能挣更多的钱养家糊口。然而，高中时参观紫金山天文台的情景仍印在他的脑海里，尤其是那里的古代天文仪器工艺精湛、巧夺天工，令他心驰神往。犹豫不决中，他去征求堂叔张昌龄的意见。身为水利专家的堂叔想了想说，孩子，你应该去天文台，那里是做学问的地方。你天资聪颖，做事认真，又爱好数理化，这类工作更适合你。

堂叔是他自小的偶像。他接受了堂叔为他做出的选择。同时，也接受了神秘宇宙向他发出的召唤。

1951年4月5日，这是张家祥生命中最重要的日子。这一天，紫金山天文台台长张钰哲亲自面见从将近300名考生中脱颖而出的4位录取者，有意从中选一位当他的助手。在4位录取者中，张家祥年龄最小、学龄最短，也是最后一位进去见台长的。

张钰哲看着这位腼腆的小青年亲切地问，你正在同济大学土木工程系学习，那是很好的大学，有很好的专家，许多人想上也上不了，而你为什么中途辍学来报考紫台呢？

张家祥低声道，家里出了点情况，我必须早点工作。

张钰哲问，是不是家里经济困难？

张家祥点点头，不语。

那你愿不愿意接受资助完成学业呢？张钰哲关切道，一笔写不出两个"张"字，我们是本家，我可以帮助你。

不不不。张家祥顿时脸涨得通红说，我可以一边工作一边学习，或者有可能的话，过几年等家庭情况好转后，再回学校去做学生，完成学业。

既来之则安之。张钰哲当即表示，从今天起，我就收了你这个学生，跟着我边工作边学习。

就这样，张家祥师从张钰哲，一生从事天文工作。五十多年后，他赋诗一首，回忆此次相逢：

少年辍学寓金陵，

我本无才一介青。

邂逅名师劳指点，

科坛披月戴星行。

　　张钰哲诲人不倦，悉心指导张家祥从认识小行星开始，学习和掌握天文观测的方法。

　　一天黄昏，张钰哲带着张家祥来到观测室，打开观测记录本，用工整的小楷在观测内容栏写下"小行星"几个字，又写下了日期、时间、气温、气压。

　　观测小行星，当时用的是照相方法。底片安装在口径 15 厘米的天体照相仪上，对着选定的星空区域，曝光约半小时后，才能得到一张记录着星象的底片。在曝光的几十分钟里，观测者全神贯注，手握控制望远镜指向的微调器，眼睛始终盯着导星镜视场中的目标星和十字丝，

张钰哲和他的学生张家祥（紫台档案室供图）

发现目标星与十字丝的位置稍有变化，就立即调整方位。就这样，张钰哲与张家祥一人一张底片，轮流导星、拍摄。

观测之余，张家祥把望远镜对准各种天体，看到月面的环形山、火星的极冠、木星的大红斑、土星的光环，以及密密麻麻的星团……本来一件枯燥乏味的事情，但对于张家祥来说，这些天际景象呈现在他的眼前，如梦幻一般，美轮美奂，美不胜收。这激起他对宇宙奥秘的求知热情。

漫漫长夜，孜孜以观，张家祥不仅学到了知识，提高了能力，还时时感受到先生的关爱。在张钰哲面对面、手把手的指导下，张家祥一面刻苦自学高等数学、理论力学、天体力学等基础理论，一面怀着极大的兴趣和热情，投入观测和计算工作中。没过多久，他就成了轨道"计算迷"。他用诗记下当时的情景与感受：

> 微积推研初学理，
> 苍穹测算趣横生。
> 钟山日走数无计，
> 星宇夜巡常五更。

几年后，张家祥的父亲有了工作，同济大学也来信催促他复学。张家祥试探着问张钰哲，张台，我是否应该去复学？

张钰哲说，留下吧！你在这里既继续着学业，又开始了事业。

是啊，一个人能够做到学业事业两不误，是何等的幸运啊！张家祥听从张钰哲的话，留了下来，从此没有离开过紫台，没有离开过他钟爱的天文事业。

持续数年的观测，紫金山天文台的小行星观测数量和质量大大提高，跻身国际前列。但是，正在使用的望远镜毕竟太小，难以发现新的天体。为此，紫台把60厘米口径反射式望远镜的修复启用提上议事日程。张钰哲直接参与这项工作，张家祥则成为他最得力的助手。

修复启用60厘米口径反射式望远镜的一道关键工序是镜面镀膜。镀膜质量直接关系到成像质量。而当时国内没有人专门做这项工艺。张钰哲带着张家祥自己动手，查阅文献，设计机架，试验配方，确定工艺，高质量地完成了镀膜。

小行星观测的重要一环是计算方法。张钰哲与张家祥一起，认真研读德文原版《轨道计算》，用数值方法计算415号小行星受到的摄动。这样的计算非常复杂，精度要达到七位以上有效数字。那时还没有电子计算机，只有笨重而计算缓慢的电动计算机，也没有现成的计算程序。张钰哲和张家祥经过反复思考和讨论，自定了一套公式和算法，用电动计算机一步一步、一点一滴地计算，确认无误后再接着算下去。

足足用了2个多月的时间，60厘米口径反射式望远镜修复完成，在大望远镜观测室重新启用，开始投入小行星观测。

南京的冬季，碧天如水夜云轻。

这是小行星观测的黄金季节。张钰哲和张家祥抓住时机，天天值班，夜夜观测。功夫不负有心人。1955年1月20日，他们终于在太空中捕捉到一颗新的小行星。幸运的是，这颗小行星两天后又出现在拍摄底片上。

为了确定这颗新发现的小行星，并为它定出轨道，还需要作进一步的观测。不巧的是，天下起了大雪，两天后才放晴。这天是大年夜，张家祥急忙踏雪上山，独自来到台里的观测室。这已是他连续四年在紫金山上过春节了。一分耕耘一分收获。这一夜的观测，收获颇丰，得到了应有的图像与数据。很快，他把这颗小行星的轨道计算出来了——这绝对是一颗新的小行星！

他们迅速把数据上报给国际小行星中心，不久便得到认证，确定这颗新星的临时编号为 1955BG。

按照国际惯例，由发现者为新小行星命名。那么，给这颗小行星起个什么名字呢？

张家祥诚恳地对张钰哲说，老师，这颗新星就以您的名字命名吧！

不行，这是我们两个人共同发现的。张钰哲又说，确切地说，是紫金山天文台发现的。

那就叫紫金山号吧。张家祥建议道。

我也是那么想的。张钰哲想了想说，这是中国人在中国土地上发现的第一颗小行星，也是紫金山天文台建台后发现的第一颗小行星，我看就叫"紫金一号"吧。

这个名字好！张家祥踌躇满志地说，以后我们还会有二号、三号以及更多号。

是的。张钰哲慨然道，宇宙浩瀚无垠，我们的观测与发现永无止境。

是年，张钰哲与张家祥合作发表了论文《紫金山天文台初次发现的小行星》。一年前，张家祥在老师的指导下，共同发表了论文《小行星(415) Palatia 的摄动计算与轨道改进》。这是中国太阳系动力学研究的开创性工作。

开创，成就事业；开创，推动发展。

1961 年，紫金山天文台创建行星研究室，以加快推进小行星观测工作。张钰哲兼任室主任，张家祥作为研究室副主任，主持日常工作。3 年后，紫台从德国进口了口径 40 厘米的双筒折射望远镜。这架望远镜光力强、视场大，一次曝光可得到两张同样的底片，特别适合于小行星和彗星观测。这样，行星研究室的设备得到了大大加强，犹如插上了翅膀，可以翱翔于更广阔的太空。

"紫金一号"之后，新发现的小行星接踵而至。至 1964 年，紫金山天文台共发现了有编号的小行星 31 颗。

再至 20 世纪 80 年代中期，紫金山天文台共发现了 130 多颗获得正式编号的新小行星。按同一时期发现的新小行星数排名，紫金山天文台晋身世界第五。

在小行星观测方面，紫金山天文台大有后来居上之势！

1978 年，张钰哲不再兼任行星研究室主任，由张家祥担任。由于在小行星和彗星研究领域的贡献，张钰哲、张家祥等荣获 1987 年国家自然科学奖二等奖。

美国哈佛史密松天文台于 1991 年将该台自己发现的 4760 号小行星命名为"家祥星"，以表达对张家祥研究工作的肯定和敬意。

（三）

20 世纪 90 年代，发生了一件震惊地球人的宇宙大事件。

1993 年 3 月，美国天文学家苏梅克夫妇和天文爱好者列维发现了一颗彗星，后来被命名为"苏梅克-列维九号彗星"（简称"SL9 彗星"）。天文学家们通过计算彗星的轨道，发现一个惊人的情况：这颗彗星早在 1992 年 7 月 8 日，就曾经悄无声息地从木星身旁擦肩而过，差点跟木星迎头相撞，引发太阳系里极其重大的"交通事故"。

这颗"SL9 彗星"虽然在 1992 年错过了木星，但是已经被木星强大的潮汐力瓦解成 21 块碎片。天文学家通过计算还发现：它们再也无法逃离被木星引力束缚的命运，将于 1994 年 7 月 17 日撞击木星！

这个发现震惊了整个国际天文界，震惊了对此感兴趣的所有人。

这颗彗星的彗核——彗星的主体部分，实际上已经分裂为大小不等的 21 块碎片，它们像一列每秒 60 千米的高速火车朝着木星呼啸而来。这列火车前后长达 114 万千米，其中最大的"车厢"长度超过 1 千米。

这颗彗星之所以会裂为碎片，是因为木星的质量过于庞大，为地球的 318 倍，它一定是在上一次从木星近旁飞掠时，被木星巨大的潮汐力撕碎，瓦解成一串碎片。

如此巨大的彗星撞击木星，将让木星遭受何等沉重的灾难？

自从伽利略发明了天文望远镜，天文学家还从来没有机会在望远镜里看到过这么猛烈的碰撞，现在千年不遇的时机居然送上门来，这让天文学家们既紧张又兴奋。

世界上有 12 个天文台联合制订了"国际彗星碰撞联测网实验计划"，各大天文台数以百计的望远镜，包括射电望远镜、空间望远镜等，都瞄准锁定了这颗彗星和木星，包括当时刚刚完成维修并投入正常观测的哈勃空间望远镜，以及发射于 1989 年 10 月 18 日，在当时尚未飞抵木星的"伽利略号"木星探测器。

中国也成立了"全国监测网联合协调组"，组长和秘书长都由紫金山天文台的专家担任。在当时，世界上最大口径的光学望远镜口径为 5 米，而中国最大的光学望远镜是北京天文台的 2.16 米望远镜和上海天文台的 1.56 米望远镜。紫金山天文台当时最大的光学望远镜，就是那台 60 厘米反射式望远镜，它作为中国天界的"元老"也被用于这次观测。

张家祥主持了我国的预报工作。他与汪琦、杨捷兴、王思潮、陈协珍等人一起，在太阳系动力学模型的基础上，结合彗星木星碰撞的特殊性，创造性地提出了定位数据野值自动剔除等多种算法，在缺乏临近碰撞前国外观测资料的情况下，独立进行了碰撞预报。

天际间惊人的一幕终于如期发生了！

从 7 月 17 日凌晨到 22 日，19 块彗星碎片先后以每秒 60 千米的速度猛烈撞击木星，总的撞击能量相当于 20 亿颗广岛原子弹，产生的最大一朵"蘑菇云"相当于地球的体积。撞击产生的明亮闪光，在木星表面长时间留下显著的"瘢痕"……

在这次彗木相撞事件中，中国的天文学家不但组织了观测，还圆满地完成了一项特别重要的工作：预报彗星碎片撞击木星的时间。当时世界上只有美国 NASA 和中国紫金山天文台各自独立地开展这项工作。由于缺乏有效的观测设备，紫金山天文台的专家难以获得足够和最新的数据来进行预报计算。不过，张家祥等人凭借多年研究工作积累的经验，用一台当时并不先进的 486 微型计算机计算，最终的观测结果竟与美国 NASA 的预报精度完全相当。

这让中国天文界为之骄傲！

因为世界上只有两个国家对这次碰撞做出了准确到 7 分钟以内的预报——中国和美国。

彗木相撞，撞击的是木星，震惊的是地球。

天体碰撞以至毁灭地球不再是杞人忧天和科学幻想。人类不寒而栗地联想到一个问题：这种规模的撞击如果发生在地球身上，结果将会如何？

答案显而易见。近地天体碰撞的可能性尽管很小，但确实存在。6000 多万年前恐龙的灭绝，1908 年西伯利亚通古斯卡地区上空的大爆炸，以及近年来多次发现的天体近距离掠过地球事件，都是不可回避的例证。更为惊心动魄的是，一旦发生近地天体碰撞地球的事件，其危害不可设想。如果一颗直径 50 米的小行星与地球碰撞，可能造成东南亚海啸那样规模巨大的灾害；直径千米以上的小行星与地球碰撞，将造成地球生命的彻底毁灭。

这绝对不是危言耸听！

预防近地天体碰撞灾害，成为全人类共同的课题。中外科学家都意识到，建立全球的太空监测系统，搜索和跟踪那些有可能撞击地球并带来较大危害的小天体，已经刻不容缓。

彗木相撞事件也深深刺激了张家祥，他说，彗木碰撞过后不久，我才从有关方面得知，美国宇航局一直观测到了碰撞前的最后一刻！有些国家也是如此。但是，当全世界的大望远镜都睁大了眼睛，盯着彗木碰撞的时候，我们虽然也组织了观测，但观测时间、观测水平毕竟有限。我在想，这次彗木相撞，国际上一些国家的观测能力强、水平高，掌握了主动权，而我们太被动，太无能为力，差得太远了。如果这次是彗星撞向地球呢？难道我们就坐以待毙吗？难道就把自己的命运交给别人吗？正是从这一刻起，张家祥暗下决心，无论有多难，我们一定要造更大更好的望远镜。

不久，张家祥率团赴美国纽约参加国际预防近地天体撞击地球学术讨论会。在会上，张家祥、杨捷兴、汪琦等正式提出了建造中国近地天体探测望远镜和观测基地的设想，得到国际同行的赞赏。

行动是设想变为现实的唯一途径。

张家祥回国后立即行动，一面把国际预防近地天体撞击地球学术讨论会的精神与达成的共识向台里作了详细汇报，一面着手制定建造中国近地天体探测望远镜和观测基地的具体实施方案。

张家祥工作照（紫台档案室供图）

在方案中，张家祥提出在紫台以外建设新的天文观测站。这是因为，随着经济社会的高速发展，城市不断扩大，进入夜晚，满城灯火通明、热闹非凡，这对已被市区包围的紫金山天文台的观测带来了严重影响。要有效地进行天文观测，另择他处建设新的天文观测站势在必行。

经过台内外反复论证，紫金山天文台向有关部门上报了"近地天体探测望远镜工程"的方案。正是彗木相撞的非常事件和城市光污染日趋严重的两大因素，促成了紫台提出的方案顺利通过。

1999 年，近地天体探测望远镜工程，既作为科技部重点项目，又是中国科学院与江苏省合作项目，正式启动实施。张家祥被任命为这个项目的首席科学家。

兵马未动，粮草先行。这个项目实际上是一个"民办公助"工程，虽然先期得到了科技部的部分资金支持，但大部分经费需要自筹。这对于专注于科学研究的张家祥来说，是个大伤脑筋的事，但他还是与自己的老搭档杨捷兴和汪琦一起，担起了这个重任。他们四处奔走，各方汇报，宣传保卫人类生存环境的重要性和紧迫性。历尽千辛万苦，讲了千言万语，终于筹集到了所需的经费。

这个工程的关键在于选址。张家祥让副研究员姚进生负责观测站选址工作。选址看似容易实际不然，尤其是在人口稠密地区选址，难度特别大，要求特别高。姚进生不负重托，查阅资料，察看地图，寻访江苏全境，登上苏南和苏皖边界的几十个山头，在经过大量比选之后，初步选择位于大别山余脉的盱眙跑马山为建站地址。

盱眙，许多人不知其读音，更不知其含义。据南宋以前的《盱眙图经》所云："张目为盱，举目为眙，城居山上，可以眺远。"这地名正应合了天文观测站的选址要求。而且，盱眙与天文结缘已久。早在西汉时期，公元前 44 年，盱眙人就雕刻出世界上最早的木刻星象图。

当然，这些不过是巧合。天文观测站的选址非常严格，必须符合多重条件。姚进生的选址团队之所以选择盱眙跑马山，是因为这里自然景色优美，生态环境良好，尤其是古代地质运动的伟力，形成了跑马山一带顶平坡陡的特殊地貌，山顶有数百亩平地，周边视野十分开阔，相传朱元璋当年曾在此跑马，因而得名。山脚下，是江苏境内面积最大的山地湖泊——天泉湖。湖面开阔，周围没有居民点，也没有工厂，具有较理想的夜天光条件。

姚进生他们看中这里后，便风尘仆仆地背着黄色挎包走进盱眙县委办公室，想与有关方面接触，进一步了解情况。这里的工作人员一见来人，颇为惊讶：他们竟是步行过来，如今哪有科学家出差没有专车的？为了打消疑虑，就打电话到紫金山天文台查问："你们单位有没有姚进生这个人？"

得知这一情况，张家祥率领项目组人员，驱车四个多小时，于黄昏时分赶到盱眙县，与当地领导作了解释，并就选址事宜进行沟通。他们顾不上吃晚饭，直奔跑马山进行考察。一行人打着手电，踏着荆棘，摸黑登上山顶。这里伸手不见五指，一片漆黑。旷观远望，深空透明，满天星斗。张家祥颇为满意，连声说，这里气候好、位置好、环境好，很适合建台。

现场察看后，还不能作定论。接着进行选址观测和专家论证。经过一系列的工作和审批程序，一年后正式确定在盱眙跑马山建设天文台观测站。

盱眙跑马山位于苏皖两省交界处，东经 118 度 28 分，北纬 32 度 44 分，海拔高度 180 米，森林覆盖面积 21 平方公里。根据测量，夜天光 V 星等为 20.78 等，B 星等为 21.38 等，视宁度好于 1 角秒。综合各项指标，这里条件优越，是理想的建站地址。

2001 年，经中国科学院批准，紫金山天文台在盱眙境内的铁山寺国家森林公园开建了野外观测站——盱眙观测站。在中国科学院与江苏省的通力合作以及在海内外各方人士的大力支持下，盱眙观测站于当年11月正式奠基。

张家祥直接领导工程建设，并任命姚大志为总工程师。他集基建的技术协调、现场管理和监督于一身，成年累月地忙碌在第一线，奔波于管理、设计的第一线，为合作单位出主意、想办法，突破了无数技术和管理难关。

两年后，盱眙天文观测站胜利建成。该站装备了口径104/120厘米的近地天体探测望远镜，是我国当时口径最大的施密特望远镜，主要用于搜索发现可能威胁地球的近地小行星，保卫地球安全，同时开展其他太阳系天体的实测研究。

承诺是金。盱眙观测站的建成，实现了张家祥当年在国际预防近地天体撞击地球学术讨论会上的设想与承诺，使我国成为国际预防近地天体联合监测网的重要组成地区。

但张家祥并不满足于此，他认为，建站并不是目的，而是要真正建成全国唯一的天体力学实测基地，实行有效的天文观测，取得实质性的观测和研究成果。

盱眙观测站（邵世海供图）

为此，张家祥注重培养和组织一支团结、勤奋、高效和廉洁的专业团队。就像当年张钰哲选拔和培养他一样，张家祥看中了参与盱眙站建设全过程的青年科技人员赵海斌。

（四）

赵海斌，1996年从南京大学天文学系毕业后到紫金山天文台工作。他继承张家祥老师理论联系实际的学风，善于学习，勤于思考，勇于实践，工作认真负责。张家祥对这个隔代弟子非常看重。盱眙观测站望远镜安装调试时，张家祥决定由赵海斌担负重任。

赵海斌不负重托，勇于挑起重担，与大家团结合作，精心组织实施，在最短的时间里，顺利完成了望远镜安装调试任务。经过试观测，取得出乎意料的成功，其成果入选当年"中国十大天文科技进步展"。

张家祥看到赵海斌团队的成长和成就，看到盱眙观测站用新望远镜拍摄的星区图像，欣慰有加，喜极而诗：

> 摄像无暇传捷报，
> 开天有物畅心胸。
> 喜看一代英雄气，
> 矢志观星探碧空。

在实践中，赵海斌迅速成长起来，独当一面开展科研工作。2005年3月，他的老师李广宇作为中国代表出席了联合国外空委科技小组委员会第42次会议，再次向世界承诺，把盱眙观测站建设成为近地天体危险评估和预防国际网在亚洲地区的观测研究中心。而他，正是要把几代老师的志愿传承下去。

中国代表团的承诺有了更大底气，因为盱眙观测站已经建成，而且，近地天体望远镜也已投入近地小天体的搜索观测中。这台望远镜是施密特型，通光口径达到104厘米，反光镜直径是120厘米，是国内最大的折反射望远镜，也居于世界上同类型望远镜的前列。它搭载的CCD天文相机，也是国内顶级的。如果把整套望远镜比作人的眼睛，天文相机就相当于眼睛底部的视网膜。该望远镜可观测到直径300米以上的近地小行星，具备了实施"中国近地天体巡天"和"盱眙银河系反银心方向数字巡天"两个大型巡天计划的条件与能力。

2007年底，盱眙观测站就发现了阿波罗型近地小行星2007 JW2、新彗星P/2007 S1（ZHAO），以及332颗新小行星。上报观测数据数量在全世界379个台站中进入前8，一跃成为国际联测网中有影响的台站。美国《科学》杂志发表长篇专访，报道赵海斌团队的研究工作。

2009年，紫金山天文台"近地天体探测望远镜工程"项目正式通过验收。

明眸必然善睐。盱眙观测站的发现能力不断提高，在全球近地天体联合监测网中居于前列，先后新发现小行星将近5000颗，其中有700多颗已经获得永久编号。经过甄别，这些新发现的小行星当中有42颗

近地天体望远镜（紫台盱眙站供图）

是近地小行星，其中又有 7 颗是对地球构成潜在威胁的小行星。不过根据这 7 颗潜在威胁小行星目前的轨迹来看，它们还不至于真的跟地球发生碰撞，只需对它们持续跟踪，加以警惕即可。

2018 年 2 月，中国作为正式成员加入了由联合国批准成立的国际小行星预警网。

这是对中国天文观测能力与成果的充分肯定，同时也是一种信任、一项使命。

就在中国加入国际小行星预警网几天后，当人们还沉浸在狗年春节假期的欢乐中时，近地天体望远镜团组的工作人员已经早早开始为新一天的观测做准备。一天下午，紫金山天文台盱眙天文观测站天气晴好，李彬按照既定方案制定了当晚的近地天体巡天观测计划。这天的天区为当天的冲点附近的狮子座天区。观测计划和往常一样，分 10 组，每组覆盖 18 个天区，每个天区曝光 1 分钟，循环观测 3 次，这样就能找到每个天区里移动的小行星。

观测人员照日格图放弃了与家人团聚的机会，留在盱眙天文观测站进行值班观测，这已经是近地天体望远镜团组自开始运行 11 年来的惯例了。每当春节，对于从事光学天文观测的科研人员而言，那可是极其珍贵的时节，所以近地天体望远镜团组的组员总是要抽出节假日来保障望远镜的运行和观测。

冬季夜长，照日格图早早地来到了观测室，检查并校准了近地天体望远镜的运行状态，投入了历时 12 个小时的长夜观测。近地天体望远镜的观测是比较自动化的，观测者将观测计划导入列表后，需要做的就是一直监视着设备运行的状态、观测图像的质量，以及观测任务执行的情况。

当近地天体望远镜第 7 组观测计划执行完毕后，数据自动进入数据处理流程，在随后的 2 个多小时里，这组包含 18 个视场共 54 张图片的数据被处理完成，疑似目标以及已知的小行星的认证图被存入近地天体望远镜数据中心，等待最后的人工验证。

2018 年 2 月 23 日清晨，陆昊像往常一样，一大早就进入近地天体望远镜小行星巡天目标识别系统开始人工验证。基于 10 多年的数据处理经验，他的眼睛早已练就了在低信噪比的图片中判定疑似目标真实性的能力。随着近地天体望远镜数据处理系统的应用，处理系统的人工智能判断给出的初级判分值大大提高了处理效率。很快，一个人工智能高分值的移动目标引起了陆昊的关注，数据处理系统给出的 NEO 定级为 97 分，这就意味着这很有可能就是一颗近地小行星！

当时这个目标视星等为 20 等，视运动速度为 0.15 度/天。陆昊确认了这个目标，并立即上报到国际小行星中心，提请国际上其他望远镜协助确认观测，并发起亚洲—太平洋小行星监测网对其进行跟踪观测。

近地天体望远镜发现目标后约 2 个小时，智利托洛洛山美洲际天文台追踪到该目标，之后美国斯图尔德天文台太空监视计划、斯图尔德天文台莱蒙山计划、德国卡尔施瓦西天文台等观测计划也追踪到该目标。截至 25 日，该目标已经积累了 30 个数据点，确定为一个新的对地球构成潜在威胁的近地小行星，并予以 2018 DH1 的国际临时编号，该目标确定后已被美国金石雷达列为观测对象。

这个天外不速之客，正是紫金山天文台用坐落在江苏盱眙的近地天体望远镜发现的。幸运的是，这颗近地小行星只是与地球"擦肩而过"，并没有对地球造成伤害。

像这样重要的天文发现，在紫台越来越多。

2021 年 9 月 29 日——新中国成立 72 周年华诞的前夜，盱眙观测站那形状独特的近地天体观测楼的圆顶在徐徐开启，近地天体望远镜团组的科技人员熟练地操控着望远镜指向繁星满天的夜空。

根据事先设定的太阳系天体巡天和新天体搜索计划，观测人员分天区逐一拍摄星空的照片。观测结束后，科研人员首先进行复杂的星象处理，在无数恒星之中把暗弱的移动天体先检测出来，然后发现了一颗新天体，并测算出它的精确位置、星等亮度、移动速度和特征等信息，将这些观测资料即时发送给国际小行星中心。该中心经过多方面的国际认证确认，这个新天体为一颗新彗星，并命名为 C/2021 S4。这是紫金山天文台发现的第七颗彗星，也是以"紫金山"为名字命名的第五颗彗星。

至此，紫金山天文台在宇宙星空中发现了深空"五朵金花"。为什么称为"五朵金花"呢？因为她们的每个名字都闪耀着"紫金山"的金色光环——

1965 年元旦之夜，六朝古都南京城东郊的紫金山上，紫金山天文台行星室的科研人员，利用一台 40 厘米双筒折射望远镜，在双子星座进行小行星照相观测时，意外地拍摄到一个朦胧状星象。这很可能是一颗彗星！当即连续进行追踪观测，时隔 10 天，在巨蟹星座又发现了一颗具有短彗尾的彗星。当这两颗新发现彗星的观测资料被报给国际小行星中心后，很快被予以编号和命名。两颗新彗星分别定名为 C/1965A 紫金山 1 和 C/1965B 紫金山 2。

1977 年秋，紫台观测人员在双筒望远镜拍摄的一对底片上，意外地发现了一个快速移动的朦胧状天体，其运动速度是一般小行星的 3 倍，亮度约为 14 等。经继续观测和综合判断，这是一颗新彗星。这一消息发表后，美、日、澳、瑞士、智利等国的 10 多个天文台进行了多次观测证实，国际天文学联合会天文快报进行了大量报道，11 月 10 日国际小行星中心给予 C/1977Q（Tsuchinshan）的编号和命名。从发现之日起的两个多月里，紫台人一直守在望远镜旁，成功拍摄到该彗星的 18 张倩影及其在星空中的精确位置。

时光冉冉，岁月悠悠，日历翻到了 2017 年 4 月 13 日，国际小行星中心发布了一条紫金山天文台发现一颗彗星的信息，这颗彗星是紫金山天文台近地天体望远镜于 3 月 1 日发现的，发现时它的视运动速度为每天 0.3 度，具有彗星的一些特征，后经马格达林那天文台 2.4 米望远镜观测到它的彗发，证实是一颗新的周期彗星，国际小行星中心根据发现者的意见，于 4 月 13 日给予 C/2017 E2（Tsuchinshan）的编号和命名。

"五朵金花"只是紫金山天文台深空观测的代表作。

纵观深空"五朵金花"，能够常回家看看的只有第一和第二两朵"姐妹花"，这两颗彗星的身上很可能藏有地外生命的基本分子、太阳系形成时的原始物质、丰富的水冰和其他意想不到的东西。假若将来中国发射的飞船或彗星探测器能飞到深空去探访这两颗紫金山彗星，不仅可以探知它们的奥秘，获得极为宝贵的科学成果，还可以把五星红旗插在由中国人发现的天体上，那将是多么振奋人心的事情啊！

"五朵金花"迎来"百花齐放"。

2022 年元旦，盱眙观测站近地天体望远镜巡天时，其计算机自动捕捉程序又发现了一颗亮度为 20.6 等的暗弱移动天体，视运动速度为 0.704 度/天，比一般小行星快很多。

现任紫台近地天体探测望远镜团组首席研究员的赵海斌，敏锐地觉察到这颗小行星很特殊，便很快拿到电子图片进行了人工验证，结果表明，这颗小行星直径约 43 米，接近半个标准足球场大小，与地球的最小轨道交会距离小于地月距离。他们立即作为要情上报有关方面，上级领导立即批示：高度重视，严密观测。

春节期间，赵海斌带领团队坚守岗位，紧紧地盯住那颗小行星。有惊无险，最终确认这颗小行星没有撞击地球的危险。

该小行星很快获得了国际小行星中心给予的编号 2022 AA，成为 2022 年人类发现的第一颗近地小行星。

之后，赵海斌和中国科学院国家空间科学中心研究员李明涛等人在国际行星科学领域期刊《伊卡洛斯》上发文，提出了一个天基监测预警方案。文章提出，地基光学望远镜观测存在盲区，建议将两台望远镜部署在地球领航轨道上，当有小行星从太阳一侧接近地球时，便能及时发出警告。文章还计算出了望远镜的初始轨道，并建立了发现和预警小行星的模型。

2023年1月9日，赵海斌研究员团队又发现一颗新彗星。国际小行星中心将这颗彗星命名为 Tsuchinshan-ATLAS/紫金山-阿特拉斯。该彗星为长周期彗星，轨道周期为61751年。这意味着，这颗彗星要6万年才到访地球一次。随着距离太阳越来越近，该彗星的亮度将快速增加，有望在2024年9月成为肉眼可见的大彗星。

《中国工程科学》2022年第2期刊发的《近地小行星撞击风险应对战略研究》一文指出，在地基观测方面，盱眙观测站近地天体望远镜国际编目贡献率为0.13%。

在开展地面观测的同时，紫金山天文台还尝试在太空对小行星进行观测。早在1989年，人类再次发现了小行星图塔蒂斯，将其划进了"对地球有潜在危险"的范畴。2012年12月13日16时30分，在距离地球约700万千米的深空，"嫦娥二号"成功飞越图塔蒂斯，最近距离

赵海斌（中）与盱眙团队部分成员合影（紫台盱眙站供图）

仅为 3.2 千米，飞越拍摄历时 25 分钟，获得了清晰图像。这次"嫦娥二号"成功飞越并拍摄图塔蒂斯，正是由紫金山天文台科学家季江徽团队组织实施的。

这是中国第一次在深空对小行星进行探测，成为继美国、欧洲空间局和日本之后，第四个对小行星实施深空探测的国家或组织。

天基与地基可以实现互补。赵海斌在接受记者采访时说，地基望远镜工作寿命长，但观测时间和观测天区有限，同时很容易受大气条件制约，而这些短板恰好能被天基望远镜所弥补。天基监测可以实现全天候，且覆盖天区大、观测波段宽。而在天基观测方面，中国还没有在轨服役的天基监测预警装备。因此，他呼吁我国在未来要构筑地基和天基望远镜协同的观测网，以提高小行星撞击地球的防御能力和水平。

万无一失，一失万无。人类共处在星辰大海中的一条小船上。防御小行星对地球的撞击，是地球人的共同利益和共同责任。在 2022 年 11 月召开的联合国/中国空间探索与创新全球伙伴关系研讨会上，我国深空探测的成果与未来规划再次成为热门话题。中国工程院院士、中国探月工程总设计师吴伟仁围绕这次研讨会相关议题，接受了记者的采访。吴伟仁表示，在我国深空探测领域，小行星探测也是重要工程。我国计划在未来 10 至 15 年开展小行星采样，并准备实施小行星防御工程。吴伟仁透露，为了防止可能发生的小行星撞击地球事件，我国已在制定发展规划，将加快实施地外小行星防御任务。

怎么防御？这显然是人们最为关心的。

著名科学家欧阳自远院士在一次科普演讲中告诉大家，科学家已经提出了各种方案，以规避小行星对地球的危害。第一，发射人造探测器撞击小天体，使小行星改变轨道，使之与地球擦肩而过；第二，发射人造探测器，用机械力推动小行星，使之改变轨道，远离地球；第三，在小行星体表面安装一台大型火箭发动机，把小行星从撞击地球的轨道上推开；第四，改变小行星表面颜色，改变其吸热率和反照率，使小行星自行改变轨道；第五，通过核装置，直接炸毁小行星，尽量减少小行星撞击地球的可能性和危害性。

无疑，目前这些计划方案还不成熟，还无力有效实施，需要人类科技的进一步发展，尤其是科学家一代代的创新创造、接续奋斗。而作为我国天文学重镇的紫金山天文台义不容辞，正与全国、全世界的观测台站一道，扮演主要角色，承担重要任务，保卫地球安全，用高科技构建人类命运共同体。

地球卫士，为人类站岗。

第二十八章
天宫巨眼

中国空间站为深空天文观测搭建至高平台

巡天望远镜为广域科学探索创造无限可能

· 采访札记 ·

6月23日是国家天文台的大喜日子，2022中国科学院大学国家天文台毕业典礼暨学位授予仪式在这里举行。陈建生院士提前到达，在典礼仪式前接受我的采访。听了我的采访意图后，他说，你要的这些内容，我在不同的场合都有过详细的介绍，我可以给你提供一些线索，也许你会获得所需要的东西。当然，你有问题可以提，以后有机会也可再次采访。我表示这样非常好，但我还是抓住这次难得的机会，获得了许多第一手的信息与资料。

（一）

　　浩瀚而深邃的夜空中，繁星点点，闪烁着迷人的光芒，仿佛是一座缀满晶莹宝石的天宫。数千年来，人类为了认识太空中那些天体的奥秘，探索的脚步从未停止。

　　随着近现代科学技术的快速发展，人类的"天眼"越来越多，眼睛睁得越来越大，看得也越来越远。然而，在地球上"巡天遥看一千河"毕竟还是受到大气等因素的影响，不可能看得如此通透。

　　莫为浮云遮望眼，风物长宜放眼量。于是，科学家们开始了新的探索——从"仰望星空"到"迈向苍穹"。在这方面，西方国家先行一步，最有代表性的是哈勃空间望远镜。

　　哈勃空间望远镜由美国宇航局研制而成。它是以美国天文学家爱德温·哈勃为名，于1990年4月24日成功发射。这台位于地球大气层之上的光学望远镜，其主镜长2.4米，以2.8万公里/小时的速度围绕地球运行。截至2015年，虽然哈勃空间望远镜的费用累积已达100亿美元，但它带来的科学成果远远超出预期，不但帮助天文学家解决了一些长期困扰他们的问题，还引导天文学界用新的理论来解释一些宇宙现象，推动天文学又向前迈进了一大步，从根本上改变了人类对宇宙天体的认识。

　　2019年5月，哈勃空间望远镜公布了最新的宇宙照片——"哈勃遗产场"，这是迄今最完整、最全面的宇宙图谱，由哈勃在16年间拍摄的7500张星空照片拼接而成，包含约265000个星系，其中有些已至少133亿岁"高龄"，对其进行研究有助于科学家深入了解更早的宇宙历史。

　　面对我国天文科学尤其是空间巡天观测的落后状况，中国的天文学家们不甘示弱，一直在努力追赶着。中国科学院院士陈建生就是其中的一位，他用自己的毕生精力，构筑着中国人的巡天之梦。

"人类只有一个地球，人类也只有一个共同的宇宙。宇宙如此浩瀚，探索宇宙、开发宇宙是必须集全人类的智慧才能完成的使命。"

陈建生是这样说的，更是将此作为了自己的终身使命。

（二）

陈建生，1938 年 7 月出生在福建省福州市的一个穷困家庭。他四岁那年，父亲就因病去世了。为了生活，没有文化的母亲只能到私人纺织厂里干活，用微薄的收入勉强维持生计。那时，日本帝国主义侵略中国，福州陷落。孩提时代的陈建生目睹日本侵略者烧杀抢掠的残暴行径，内心十分痛苦，更让他担惊受怕的是，有段时间母亲也被日本人强行拉去修建飞机场，干着苦力活。每当看到母亲拖着疲惫不堪的身体回到家中，陈建生幼小的心灵都会感到无比悲哀，朦朦胧胧地认识到国家贫穷落后就会受人欺负。

1949 年 8 月 17 日，福州解放。千年古城从此翻开了人民当家作主的新篇章。陈建生一家的生活也逐步得到改善。1952 年，他进入福州第五中学学习。那时的学习压力并不大，陈建生几乎用所有的课余时间阅读自己喜欢的课外书籍，从中获得了多方面的知识与信息。

在高中学习阶段，有两件大事对陈建生影响很大，一是党的八大召开，大会确定把党的工作重点转向社会主义建

陈建生

设，并提出了向科学进军的号召。二是全国的报纸都在头版头条刊登了李政道和杨振宁提出的宇称不守恒定律，即在弱相互作用中，互为镜像的物质的运动不对称。尽管当时陈建生对八大精神和科学定律并不能深刻理解，但他与几位要好的同学都为国家的号召所鼓舞，更为两位华人科学家取得的科学成果而自豪，决心以他们为学习榜样，经常在一起畅谈人生理想。正是从那时起，陈建生更加发愤地学习，高二时就在数学杂志上发表了一篇数学论文，在校内外传为美谈。

怀揣着科学兴国的理想，高中毕业时，陈建生毅然报考了北京大学。那年的高考作文题目为《我的母亲》，评卷小组看了陈建生的作文，一致认为无论是思想内容还是语言文字都特别打动人，而且书写行款也全都符合要求，无法扣分，应予满分。后经一百多位评卷老师的复审与讨论，都同意给这篇作文打满分。高考分数揭晓后，陈建生的各科成绩皆获高分。就这样，他以全国高考状元的身份，进入北京大学地球物理系天体物理专业学习。

进入大学不久，全国开展"大跃进"和"人民公社化"运动，又恰遇"三年困难时期"，导致全国性的粮食和副食品短缺危机，新中国面临成立以来最严重的经济困难。这直接影响了大学生的学习与生活。直到大学五年级，他们才真正开始上课。在北大的六年，对于陈建生来说，是知识积累、思想成熟、人生成长的重要阶段。未名湖、博雅塔、图书馆寄托着他的求知欲望和科学梦想，美丽的校园留下了他的笃行步履和青春身影。

1963年夏天，陈建生从北京大学地球物理系天体物理专业毕业，被分配到中国科学院北京天文台筹备处工作。虽然只有一路之隔，但初来乍到，陈建生感到了巨大的落差，当时的天文台只是在中关村与微生物所合用一座三层小楼，工作条件十分简陋，他不由得产生了很大的失落感。但不久他便得知，北京天文台恒星室从东德蔡司厂购买的两台望远镜马上到货，要临时安装在天文台沙河工作站，那里已建好了三个圆顶建筑。这一下子让他极其兴奋、十分期待。从小到大，他还从来没有见过专业用的天文望远镜呢！

很快，两台天文望远镜如期运到沙河天文站。陈建生被分配到施密特望远镜安装组。这台通光口径为 60 厘米的望远镜，在国际同类的望远镜中属中等大小，只有美国帕洛玛天文台施密特望远镜通光口径的一半。但第一次看到像巨型大炮一样的望远镜，陈建生的心情十分激动。这是他第一次与施密特结缘。

安装工作由蔡司厂的人员负责，陈建生等人则主要集中学习它的电控系统，熟悉基于继电器控制的电工线路图。安装完毕后，便立即进入观测阶段。陈建生的大部分时间都在用施密特望远镜进行物端棱镜无缝光谱观测。这些观测，让他仿佛如孙悟空一般，一个筋斗翻出十万八千里，遨游于无垠的苍穹。他激动着，专注着，通宵达旦地工作着，夜间观测，白天在暗室洗底片，积累了大量资料。他发现，一个名为 MHα328－116 的发射线天体的谱线强度变化很快，就尝试着写了一篇短文，投到《科学通报》。没想到竟在 1965 年 9 月的《科学通报》上刊登出来，同期还刊登了陈景润关于哥德巴赫猜想"1＋2"的简短证明。

与"哥德巴赫猜想"为邻是多么荣耀啊！

尽管当时陈建生并没有意识到这一点，但他从此开启了天文学"哥德巴赫猜想"的漫长征途。

这是一条艰巨曲折的道路。1968 年，北京天文台的施密特望远镜搬迁到永久性台址——河北省兴隆县连营寨。这里位于燕山主峰雾灵山南麓，长城以北，海拔 960 米，相传为民间抗清英雄窦尔敦的根据地之一。老一辈天文学家历经数年，几乎踏遍了河北省的山山水水，付出艰辛的劳动，才完成选址工作。后经过三年的基建，在荒山野岭中建成了一个现代化天文台。

施密特望远镜的搬迁安装工作没有请德国技术人员参与，而是由台里科技人员自己动手。陈建生参加了施密特的电路安装，几千根电线连接望远镜的各个部件、控制台和开关箱，其难度可想而知，这对陈建生来说是一个巨大的挑战，而他全身心投入安装工作之中，细而又细，精益求精，没有接错一根电线，且走线整齐美观，得到领导和同事的啧啧称赞。

然而，望远镜安装完成后，"文化大革命"开始了。刚刚建成的新台址变成了"五七干校"，坐落于群山环抱之中的天文台沦为科学与文化的沙漠，先进的天文望远镜被蒙上了"眼睛"。

恰恰这一时期，正是国际天体物理发展的转折点。被称为四大发现的类星体、宇宙微波背景辐射、射电脉冲星和星际有机分子都是在 20 世纪 60 年代发现的，其中有两项获得了诺贝尔奖。与此同时，天文望远镜进入大发展阶段，4 米级光学望远镜的制造技术日趋成熟，纷纷投入使用，一些威力巨大的射电及空间设备正在建造，有的开始投入使用。天文观测也从单一光学波段转向多波段。

眼看着我国与国际天文学界的差距迅速拉大，尤其在设备、技术和人才培养等方面大大落伍，陈建生与他的同事们忧心忡忡，却又无能为力。

直到 1975 年，邓小平复出，胡耀邦被派到中国科学院主持工作，科研气氛有所转暖，科技人员终于可以从事科学研究工作了。陈建生加入沈良照领导的食变星组进行光电测光，第一次获得完整的食变星 MR Cyg 的光变曲线，并用光变曲线求解双星的轨道参数。

光变曲线的发现，让陈建生和同事们在曲折中看到了一线希望。

（三）

真正的希望终于来了！1976 年，党中央一举粉碎"四人帮"。两年后的 1978 年，全国科学大会在北京召开。会上，郭沫若在书面发言中热情地呼唤道：

> 伟大的天文学家哥白尼说："人的天职在勇于探索真理。"我国
> 人民历来是勇于探索，勇于创造，勇于革命的。我们一定要打破陈
> 规，披荆斩棘，开拓我国科学发展的道路。既异想天开，又实事求
> 是，这是科学工作者特有的风格，让我们在无穷的宇宙长河中去探
> 索无穷的真理吧！
>
> ……
>
> "日出江花红胜火，春来江水绿如蓝。"这是革命的春天，这是
> 人民的春天，这是科学的春天！让我们张开双臂，热烈地拥抱这个
> 春天吧！

全国科学大会的精神如春风吹拂神州大地。陈建生与广大科技工作
者一样，报效国家的理想之火重新被点燃，他暗下决心，要用实际行动
去拥抱这个科学的春天。

这又何止是科学的春天呢？这是各行各业的春天，改革开放的春
天，全中国的春天。人们终于看到了新的希望，迎来了新的机遇。

机遇总是垂青有准备的头脑。陈建生非常幸运地被选为改革开放后
第一批国家公派出国的访问学者。这是他做梦也没有想到的呀！

1979 年的春天，是自然界最美丽的季节，也是党的十一届三中全
会开启改革开放新时期的"第一个春天"。陈建生与苏洪钧、邹振隆一
同出访澳大利亚。他们三个是北大同班同学，后被称为天文界的"三剑
客"。第一次坐上国际航班的飞机，第一次跨出国门，他们既兴奋不已，
又忐忑不安，尤其是担忧自己的英语水平能否适应在国外的学习、工作
和生活。一路上，他们各自拿着英语材料，默默地背读，不停地交流，
抓紧有限的时间进行"恶补"。

飞机降落在澳大利亚的著名城市悉尼。在我国驻澳领事馆工作人员的安排下，他们参观了闻名于世的海港大桥和悉尼歌剧院。漫步在美丽的海滩，领略澳洲异国风情，一切都是如此的陌生和新奇，所见所闻让他们无限感慨。

三天后，陈建生他们飞抵澳大利亚首都堪培拉，到中国大使馆报到，次日前往斯特朗洛山天文台安排访问计划。苏洪钧被留在斯特朗洛山天文台与 Sue Simkin 合作，研究塞弗特星系。陈建生和邹振隆回到悉尼，在英澳天文台工作。邹振隆与 Bruce Peterson 和 Richard Ellis 合作，对 5 个天区亮于约 17 等的星系样本进行测光。陈建生则与英澳天文台台长合作，研究类星体吸收线光谱。

上班第一天，陈建生就经历了多个"第一次"：第一次在一座高大的圆顶建筑内看到 3.9 米 AAT 望远镜；第一次看到巨大无比的望远镜在计算机的控制下准确地指向观测目标，各种仪器都在计算机的控制下有条不紊地工作；第一次看到类星体的吸收线光谱如何在计算机的显示屏里随着积分时间的增加，信噪比在逐步提高；第一次接触到计算机图像处理系统的处理观测数据……

在接下来的日子里，陈建生如饥似渴地学习，废寝忘食地工作，不敢有丝毫的懈怠。他虽然主要用 3.9 米 AAT 望远镜做光谱分析，但他也非常关心另一台施密特望远镜的工作。这是 20 世纪 70 年代由英国建造的，其口径与焦比完全雷同于美国 1949 年安装在帕洛玛天文台的施密特望远镜，主镜 180 厘米，改正镜 120 厘米，光圈 f/2.5。这台望远镜第一次完成了北天最完整的多色照相深度巡天，并与同时代建成的海尔 5 米望远镜互相配合，将施密特望远镜巡天发现的天体，通过海尔 5 米望远镜的精细研究，大大深化了人类对宇宙的认识。可以说帕洛玛天文台的两台望远镜，领导了 20 世纪后半叶国际天文学研究达 20 年之久。陈建生利用一切可能的机会，使用并研究这两台望远镜。

他是多么希望中国有朝一日也能研制和使用这样的巡天望远镜啊！

每逢假日，"三剑客"也会在堪培拉或悉尼相聚，但他们再也没有心思去游山玩水了，再也没有时间海阔天空地闲聊了，而是相互交流着各自的访问体验和工作收获，讨论遇到的各种问题，畅谈回国后如何发展中国的天文事业。

在一次相聚中，苏洪钧忧虑道，国内目前还没有好的观测设备，回国后我们恐怕难以继续开展高水平的科学研究。

邹振隆则认为，要在国内开展高水平的研究，只有一条捷径可走，那就是充分利用国外的观测资料。

对，自古华山一条道，我们只能先这样走。陈建生说，我知道英国施密特望远镜物端棱镜底片有胶片复制片，它的底片政策容许天文学家免费借用。在国内利用英国施密特望远镜物端棱镜底片开展类星体巡天是一个很好的选择。说到这里，陈建生突然产生了一个想法，我一直对类星体有兴趣，乘这次机会，我能否到安放在澳大利亚赛丁泉山上的英国施密特望远镜访问一个月呢？

苏洪钧、邹振隆都赞同他的想法。随后，陈建生经过联系，英国施密特望远镜的负责人同意他去访问一个月。

英国施密特望远镜圆顶建筑比较小，只有两层楼。办公室在一楼，大玻璃窗对着群山，树木青翠，景色葱茏。山上袋鼠很多，经常有袋鼠跑到办公室的窗前，眨着明亮的眼睛，似乎是来陪陈建生一起观测星辰。深夜，陈建生回宿舍时，常有袋鼠突然蹦到身后，把前脚搭在他肩上，起初有些害怕，后来习惯了，成了一种乐趣，全身的疲惫一下子被驱散了。

在这里紧张工作一个月，陈建生与 Ann Savage 博士合作，扫描完成了一张底片，得到一个天区的物端棱境类星体候选样本，并据此共同撰写了一篇文章，发表在《皇家天文学会月刊》上。这是陈建生在澳访问期间的一大收获，也为他后来开展类星体巡天打下了基础。

岁月不居，光阴如流。一年的访问时间很快结束了。1980年6月，陈建生他们依依不舍地离开澳大利亚，带着新的知识、新的信息，怀着新的抱负、新的梦想回到祖国。

1982年，陈建生又获得了去德国访问的机会，在欧洲南半球天文台工作了一年。

两次出国经历，对陈建生的影响和震动很大，使他在学术思考和天文之路上产生了一次突破与飞跃。回国后，他先后着手做了两件事：一是在北京天文台推动建设天文图像处理计算机系统。他积极筹备经费，申请外汇指标，购买了VAX780计算机，并物色计算机人才，建成了中国第一套天文图像处理系统。二是在北京天文台开展类星体物端棱镜巡天。他请人做了一批光桌，配了体视显微镜，又在多方的合作配合下，做成了Bolton机器，其性能与澳大利亚的Bolton机器差不多，然后用他从爱丁堡天文台借了几十个天区的英国施密特望远镜物端棱镜光谱复制片，以及对应天区的直接成像片，在国内首次开展类星体巡天。

陈建生并不满足于此，他密切关注国际天文学发展的前沿与方向，

陈建生在澳大利亚工作时留影，左一为普林斯顿大学
马丁·席瓦西教授

强烈感受到中国天文学与国际同行的差距在拉大。一方面，微波背景辐射的发现，被认为是大爆炸宇宙学最关键的观测事实。如果把今天宇宙的年龄137亿年，压缩成100岁的话，那么类星体相当于2岁，微波背景相当于6分钟。这意味着，可以从宇宙诞生后的6分钟开始，一直研究到它的100岁。另一方面，哈佛大学天文学家赫克拉和盖勒等在20世纪70年代开始用一个很小的1.5米望远镜来研究星系光谱。通过一个一个星系拍摄的方法，他们共拍了大概2000个星系，并把这2000个星系的空间分布画出来，发现星系在空间分布上很不均匀，有"长城""空洞""桥"这些结构。

这些情况表明，天文学研究在战略上要发生转移了：宇宙到底是怎么诞生、怎么演化的？这已成为天文学研究的关键问题。

可是在我国，虽然早在20世纪50年代提出研制2.16米望远镜，但20多年过去了，还没有造出来，而国外已经在酝酿建造8米到10米的光学/红外望远镜，射电上有甚大天线阵（VLA），空间方面也已有多个天文卫星。

陈建生敏锐地意识到，中国在对单天体或小样本的精细研究方面已无法与国际竞争，只有发展大样本、大视场的巡天计划，并进行统计研究，才是出路，才能赶超世界先进水平。循着这个思路，陈建生进而提出，建造世界上最大口径的大视场望远镜，进行多色光度巡天和多光纤光谱巡天！

这是一个大胆的、超前的计划。

一年后，芝加哥大学的Richard Kron来中国访问，在兴隆观测站参观时，陈建生向他介绍中国大施密特计划时，他说他们也在考虑类似的斯隆巡天计划，还提出是否可以进行合作。

对于陈建生的大施密特望远镜计划，当时意见不一，有人支持，有人反对，更多的人则表示怀疑，认为虽然科学思想是领先的，但我国的技术路线很落后，现有台址也不理想，即使中国的大施密特做成了，也很难达到预期的科学成就。对此，陈建生也是承认的，认识到中国发展

1987 年，陈建生在河北雾灵山为大施密特望远镜选址

天文还是要走国际合作的道路。

　　而此时，国家科委主任宋健得知了他的大施密特计划，非常感兴趣，并组织国家科委对这一项目进行论证。论证以后，宋健主任乘着到欧洲参加部长级科学技术合作会议的机会，把这个项目带到欧洲跟欧共体讨论，后来被列入中国和欧共体的正式科技合作项目。

　　陈建生受到极大鼓舞。从 1987 年开始，他用全部的精力来做这件事，负责望远镜的设计、找台址、国际谈判，在中国与欧洲之间来回奔波。但后来因为一些原因，中国与欧盟科技合作中断了，中国大施密特计划不得不中途夭折。而几乎在此同时提出的美国的斯隆巡天计划，获得了很大的成功。

　　我国天文事业痛失了一次赶超的机会！陈建生为此惋惜，但他不言弃、不言退，面对现实，认准方向，继续着他的巡天之梦。他把目光收回到国家天文台在 20 世纪 60 年代进口的一台中等大小的施密特望远镜上。早在进台之初，他就使用过这台望远镜，后来很长一段时间，这台施密特望远镜被闲置了。他找到台长说，这个望远镜就由我们课题组"承包"了吧。台长欣然同意了。

于是，陈建生带领一班人开始对这台施密特望远镜做全面改造。从望远镜的传动开始，到焦面仪器改成 CCD，后来又发展了一套有中国特色的滤光片系统。尽管改造后的这个望远镜还是很小，完成不了全面巡天的任务，但至少可以做一部分有特色的巡天观测。这台施密特望远镜自安装后仅发表了一篇文章，但改造后每年都有将近 20 篇论文的产出，据此做的星团赫罗图，被英国《大英百科全书》收录，作为标准图。

他们利用这套设备，发现了很多恒星演化初期产生的赫比格-哈罗天体，使世界上当时这类天体的样本翻了一倍。他们还通过几十个夜晚的观测，把图片叠加起来，面亮度达到 30 等，与哈勃空间望远镜观测深度差不多，这在国内外引起轰动。他们在 3 年里还发现了 2000 多颗

陈建生在 60/90 厘米施密特望远镜旁工作

小行星，发现量在全世界排第三。

就在陈建生团队利用老旧施密特望远镜巡天观测之际，1989年11月13日，由我国天文学家自主研制的2.16米望远镜——中国"千里之眼"在国家天文台兴隆观测基地胜利落成，正式投入运行，标志我国天文事业迈上了一个新的台阶。

这无疑缩短了我国天文学与国际的差距，但并没有从根本上改变落后状况。一年之后，由美国宇航局研制而成的哈勃空间望远镜成功发射，这台位于地球的大气层之上的光学望远镜，其主镜长2.4米，以2.8万公里/小时的速度围绕地球运行，开启了太空巡天的新时代。

显然，中国在太空巡天方面又大大落后了。

落后就要挨打，发展才能自强。中国天文学家不甘落后、不满现状，一直在努力奋斗着、拼命追赶着。继2.16米望远镜建成之后，中国天文学家们在巡天之路上艰难而坚忍地跋涉，留下了一个又一个前进的足迹——

2007年10月，"嫦娥一号"卫星在西昌卫星发射中心腾空而起，直冲太空，开启了中国的奔月之旅。之后，我国嫦娥二号、三号、四号、五号任务成功实施，实现了"绕、落、回"三步走的既定目标。

2008年10月，我国自行研制的大视场光谱巡天望远镜LAMOST在国家天文台兴隆观测基地全面建成，投入使用。

2015年12月，由紫金山天文台牵头研制的"悟空号"暗物质粒子探测卫星在酒泉卫星发射场顺利升空，开始用"火眼金睛"探寻太空中尚未被人类发现的秘密。

2016年9月，被誉为"中国天眼"的500米口径球面射电望远镜FAST在贵州省黔南州的喀斯特洼地中落成，突破了射电望远镜当下的极限。

2017年6月，长征四号乙运载火箭托举着首颗X射线空间天文卫星"慧眼"顺利升空，飞向苍穹。

2020 年 7 月，"天问一号"卫星搭乘着长征五号遥四运载火箭，在海南文昌航天发射场升空，迈出中国行星探测的第一步，开启了漫长的星际征途。

2021 年 10 月，伴随着长征二号丁运载火箭的破空之声。我国首颗太阳探测科学技术试验卫星"羲和号"在太原卫星发射中心成功发射，拉开了我国空间探日时代的序幕。

2022 年 10 月，中国第一颗综合性太阳探测卫星"夸父一号"在酒泉卫星发射中心发射成功，将连续 4 年、每天 24 小时对太阳进行不间断、多波段、高质量的观测。

2023 年 3 月，中国空间站工程巡天望远镜（CSST）首届科学年会在北京怀柔举行。更为令人欣喜的是，在中国科学院长春光学精密机械与物理研究所内，一个高约 14 米、长 20 米，约有 3 层楼高的大型真空罐及其配套光学测试系统正在建造之中。

这就是 CSST 的初步"真容"。不久，它将撩开面纱，给人们带来无限的惊喜。可是，在此之前谁也不会想到，中国将拥有自己的旗舰级空间天文望远镜。

（四）

CSST 的孕育还要从中国开建空间站说起——

空间站，又称太空站、航天站，相当于"宇宙城堡"。简而言之，它是一种特殊的载人航天器，可在近地轨道长时间运行、供多名航天员巡访、长期工作和生活。

1971 年苏联成功发射"礼炮 1 号"，成为人类历史上首个空间站。但不幸的是 3 名航天员乘"联盟号"飞船返回过程中，由于返回舱发生事故而不幸遇难。

美国紧随其后在 1973 年发射了"天空实验室号"空间站，它携带了一系列的望远镜，科学家在上面做了许多医药、地质和天文等方面的科学实验。

苏联又在 1986 年发射了"和平号"空间站的核心舱，并在 10 年间建成了由 6 个模块组成的"和平号"空间站。

1998 年 11 月，由 16 个国家分工建造、联合运用的国际空间站"曙光号"功能货舱发射升空，经过十多年的建设，于 2010 年完成建造任务，转入全面使用阶段，主要由美国、俄罗斯、欧洲、日本、加拿大等国家航天局共同运营。

早在 1986 年，中国提出参与国际空间站建设和运用，竟遭到美国等国家的拒绝。

知耻而后勇！中华民族是有骨气的民族，西方对中国的封锁并不能阻止我们的发展，当年"两弹一星"的成功就是最好的例证。1992 年，中国政府制定了载人航天工程"三步走"发展战略，开启了"921"工程，立志打造我们自己的空间站。从此，空间站建设走过了三个重要阶段。

第一阶段，发射载人飞船。"神舟一号"飞船于北京时间 1999 年 11 月 20 日上午 6 点在酒泉卫星发射中心发射升空，于 1999 年 11 月 21 日凌晨 3 点 41 分顺利降落在内蒙古中部地区的着陆场，在太空中共飞行了 21 个小时，标志着中国航天事业迈出重要步伐，对突破载人航天技术具有重要意义，是中国航天史上的重要里程碑。"神舟二号"进行了进一步的升级改造，如实现长时间稳定的飞船导航制导与控制。"神舟三号"正式将飞船基本定型，奠定了未来载人版本飞船的基础。"神舟四号"主要为首次载人任务做最后的准备测试，全面检测飞船的逃逸系统、生命维持系统和返回系统。2003 年 10 月 15 日，"神舟五号"升空，这是中国载人航天工程发射的第五艘飞船，也是中华人民共和国发射的第一艘载人航天飞船。中国航天员杨利伟在酒泉卫星发射中心搭乘飞船升空，在轨飞行 14 圈，历时 21 小时 23 分，顺利完成各项预定的操作任务，并在浩瀚宇宙旷观奇异美妙的天体天象，转身俯瞰人类家园。这标志着中国成为世界上第三个独立掌握载人航天技术的国家，实现了中华民族千年飞天的梦想。"神舟六号"完成了多人多天任务目标，费俊龙和聂海胜在太空中停留了 5 天，至此中国空间站建设第一阶段目标达成。

第二阶段，突破航天员出舱活动技术和空间飞行器的交会对接技术。"神舟七号"进入太空。"我已出舱，感觉良好。"翟志刚完成首次出舱行走。"神舟八号"实现在无人情况下对接"天宫一号"目标飞行器。"神舟九号"在载人的情况下，与"天宫一号"两次对接成功，送上了中国第一位女性航天员刘洋。"神舟十号"对接"天宫一号"，多人次短期在空间实验室生存。2016 年 9 月 15 日，"天宫二号"发射，实现了货运飞船补给和多人长期在轨驻留两个重大突破，为建长期天宫空间站做最后的准备。其间，"神舟十一号"实现多人次长期在实验室生存。"天舟一号"实现了货运补给和在轨燃料补加，增加了续航能力，至此，建立空间站的技术准备完毕，搭建中国空间站的行动正式开始。

第三阶段，正式建造空间站。2021 年 4 月 29 日，中国空间站"天和核心舱"由长征五号 B 火箭发射升空，准确进入预定轨道。随后，"天舟二号"于 5 月 29 日发射，并与"天和核心舱"迅速交会对接，为空间站补给货物和仪器设备。当年 6 月 17 日，搭载着聂海胜、刘伯明和汤洪波三名宇航员的"神舟十二号"飞船，由"神箭"长征 2F 火箭顺利发射升空，在 6 小时后，飞船与"天和核心舱"顺利对接，"天宫"空间站正式进入载人运营状态。至此，中国人在太空有了一个"家"。

之后，"神舟十三号"飞船进行了中国空间站关键技术验证阶段的最后一次飞行；"神舟十四号"飞行任务是中国空间站建造阶段第二次载人飞行，航天员乘组在轨工作生活 6 个月，配合"问天实验舱""梦天实验舱"与"天和核心舱"的交会对接和转位，完成中国空间站在轨组装建造，完成空间站舱内外设备及空间应用任务相关设施设备的安装和调试，开展空间科学实验与技术试验，进行日常维护维修等相关工作。"神舟十五号"飞行任务是我国第十次载人航天飞行，既是中国空间站建造阶段的最后一棒，也是空间站应用与发展阶段的第一棒。

2022年的最后一天，中国国家主席习近平在新年贺词中宣布：中国空间站全面建成！

从蓝图绘梦到奋斗圆梦，几代中国航天人在建设航天强国、攀登科技高峰的征程上增添了又一座彪炳史册的里程碑，在浩瀚宇宙书写了用航天梦托举中国梦的壮丽篇章。

一个属于中国的空间站时代已经来临。

建成后的中国空间站以"天和核心舱""问天实验舱""梦天实验舱"三舱为基本构型，形成"T"构型组合体，长期在轨运行。作为"太空母港"，其天然的高真空、微重力、超洁净环境也可以充分用于开展各类科学技术研究，推动科学技术进步。在中国空间站上已首次完成水稻"从种子到种子"全生命周期空间培养的实验，之后有望在生命、物理、天文、生物、材料等领域取得重要成果。

令人期待的是，中国空间站将建设一个"未来舱段"——中国巡天空间望远镜。这是中国空间站工程最重要的空间科学设施，是中国迄今为止规模最大、指标最先进的空间天文望远镜，也将是未来十年世界上最重要的空间天文观测仪器之一。

（五）

天文与航天是人类科学技术发展中的一对孪生姊妹。天文为航天开辟道路，航天为天文搭建平台。天文与航天交叉融合实现的每一次重大突破，都对科学的发展乃至人类文明进步带来现实和长远的重要影响。

早在 2009 年 12 月，中国航天总体部在香山举行了一系列的会议，探讨空间站的科学研究方向和所需的实验装置，会上讨论了建造一台大口径的空间光学望远镜的想法。

获知这一消息，陈建生兴奋不已。对他来说，开展大规模巡天观测一直是最大梦想。他是从使用手摇计算机、暗室里冲底片的年代走过来的。我国失去了 20 世纪 80 年代地面巡天的机会，但几十年来，随着探测器、计算机、网络、光纤、大数据、人工智能等技术的长足进步，他期待的太空巡天的黄金时代正在到来！他夜不能寐，开始对空间站光学望远镜进行具体的构思。

2010 年 4 月，总体部在国家天文台专门研讨科学目标，国家天文台陈建生院士和胡景耀研究员发言，提出可以利用空间光学望远镜做巡天观测。

陈建生在发言中说，我们现在搞太空巡天，可谓是天时、地利、人和。所谓天时，就是有科学需求。20 世纪下半叶，天文研究战略方向开始转移，类星体的发现，开启了高红移宇宙学的时代；宇宙微波背景辐射的发现，使宇宙学研究进入飞跃发展阶段；宇宙尺度上暗物质、暗能量的发现，向物理学提出前所未有的严峻挑战。而受地球大气等诸多因素的影响，地面巡天的宇宙图像不够清晰，对许多重大问题如暗物质对星系形状畸变产生的影响，需要开展太空巡天来解答。所谓地利，就是科技的成熟。30 年来，空间科学技术突飞猛进，尤其是中国空间站的建设，为太空巡天搭建了最好的平台。所谓人和，我们天文学家满怀着赶超世界天文学先进水平的共同愿望，也做好了多方面的准备，有志气、有能力实现我国太空巡天的目标。

接着，陈建生谈了自己对太空巡天的具体构想。他说，天文学是一门观测的科学，观测分为普查和精测。巡天可以理解为是对大范围的宇宙天体进行普查。当今，巡天已经成为天文学角逐的热点。美国也正在制订未来 10 年的天文研究规划，在地基和空间的推荐项目中，排名第一的都是做巡天。我建议我国的空间站望远镜也可定为巡天望远镜，其观测任务是了解宇宙的整体状态、分布、结构和性质等，以及发现特殊天体。

陈建生的提议得到了总体部顾逸东院士的大力支持。随后，中国科学院国家天文台、上海天文台、紫金山天文台、高能物理研究所，北京大学，中国科学技术大学等单位对空间站大口径光学望远镜的科学目标进行了论证。总体部组织中国科学院长春光学精密机械与物理研究所、南京天文光学技术研究所、上海技术物理研究所、国家天文台、紫金山天文台等单位开展了望远镜及观测终端的技术方案论证。

2011 年初，利用空间站光学望远镜开展巡天的报告提交到了总体部，年末通过了望远镜的技术可行性评审；2012 年 3 月初，空间站任务规划委员会的 100 多位专家对空间站上的科研项目进行评议打分，CSST 得到了载人航天工程的优先支持。之后，经过望远镜多方案择优和经费评估，2013 年 11 月，CSST 正式立项。

在立项的技术方案中，巡天望远镜置于空间站实验舱中。这引起对太空巡天望远镜项目极为关注的著名天文学家苏定强的思考，他觉得，把巡天望远镜置于空间站实验舱中，会有许多不利于观测的因素。于是，他给有关方面写了一封邮件，提议太空巡天望远镜与空间站共轨运行。

无独有偶，中国航天科技集团第五研究院载人航天总体部总设计师张柏楠也提出，为了改善 CSST 观测运行的条件，可将其改为独立的空间望远镜，与空间站在 400 公里高的轨道上"共轨飞行"。

有关专家在进一步论证后也认为，因空间站在运营中产生的一些情况，有可能会影响到望远镜的观测效果。比如，空间站组合体的姿态变化、结构形变以及各种振源对其形成的扰动都会使凝视观测的像质严重退化。再比如，空间站周围可能存在的污染环境和颗粒物、空间站大致对地定向的姿态及其结构对观测方向的限制以及舱体和太阳帆板等各处表面产生的杂散光等因素，都不利于天文观测。如果太空巡天望远镜与空间站共轨运行，可以排除这些干扰因素，还可以定期或根据需要与空间站对接，补给燃料和进行维护、维修与升级。这就像在巡天望远镜旁边有个"4S 店"，以后加个油、做个保养甚至升个级、增加点儿什么新功能就简单方便多了。

专家们的提议得到了工程总体部的支持。2015 年，太空巡天项目技术方案被调整为：CSST 与空间站共轨独立飞行。

（六）

CSST 是中国的一张"宇宙王牌"。

如今，这张"宇宙王牌"还在手上，如何打好它呢？

在稳步推进工程研制的同时，相关天文科学研究也已经全面布局启动。2020 年，经载人航天工程小公室批准，成立了 CSST 科学工作联合中心和四个科学中心：北京大学科学中心、国家天文台科学中心、长三角地区科学中心和粤港澳大湾区科学中心。科学工作联合中心依托中国科学院国家天文台建设，负责科学研究的组织管理和科学数据处理系统的研制。国家天文台科学中心包括国家天文台、云南天文台、云南大学、清华大学、北京师范大学、中国科学院大学、理论物理研究所等单位，将高效利用 CSST 全面开展天文科学研究。

2021 年 4 月 17 日，CSST 科学工作联合中心暨国家天文台科学中心在中国科学院国家天文台举行揭牌仪式。常进院士代表国家天文台致欢迎辞。他表示，在中国载人航天工程办公室领导下建立的 CSST 科学研究工作组织体系是深入贯彻落实习近平总书记重要指示精神，践行科技兴国战略、建设航天强国的重要行动。国家天文台作为 CSST 科学工作联合中心和国家天文台科学中心依托单位，要把支撑保障好中心的运行和发展作为头等大事，要充分发挥统筹我国天文学科发展布局的优势，与全国天文研究机构和高等院校的科研力量紧密配合，推动前沿领域科学研究。

接着，中国工程院院士、中国载人航天工程总设计师周建平，中国载人航天工程办公室主任郝淳，中国科学院院士、中国载人航天工程空间科学首席专家顾逸东，中国科学院重大科技任务局副局长孙德刚，中国科学院空间应用工程与技术中心副主任张善从在仪式上分别致辞。各方专家和代表共同为 CSST 科学工作联合中心暨国家天文台科学中心揭牌。

揭牌仪式后，国家天文台副台长、CSST 科学工作联合中心主任刘继峰报告了两个中心的整体情况。中国科学院院士陈建生作了题为《光学巡天的黄金时代》的学术报告。他在报告中指出，现在是光学巡天的黄金时代，中国巡天空间望远镜在像质、巡天面积、波段、光谱等各方面性能都是世界一流的，科学成果不可限量。我们要为这个黄金时代做好准备，大力发展天文教育，培养一批自己"捡黄金"的天文人才。

是的，非常之功必待非常之人。CSST 是一项庞大的系统工程。一支优秀的天文科技工作者队伍正以他们艰苦的劳动和出色的工作，全面加速推进 CSST 的研制进程——

CSST 的第一代仪器共包含 5 台观测设备，包括巡天模块、太赫兹模块、多通道成像仪、积分视场光谱仪和系外行星成像星冕仪。最重要的巡天模块是一个视野极为宽阔的相机，主焦面由 30 块探测器拼接而

陈建生作题为《光学巡天的黄金时代》的学术报告

成，每一块都比哈勃空间望远镜的探测器还大。其中 18 块探测器上设置有不同的滤光片，可以获得宇宙天体在不同波段的彩色图像；另外 12 块探测器则用于无缝光谱观测，平均每次曝光可以获得至少上千个天体的光谱信息。运行后，它将成为太空中像元规模最大的天文相机。这不仅将填补我国空间天文观测的空白，而且将实现接近哈勃空间望远镜的分辨率和超过哈勃空间望远镜两个数量级的视场，能快速完成大规模的多色成像和无缝光谱巡天。

CSST 除了装有 2 米口径的 Cook 型离轴三反光学系统，还增加了一个折转镜，便于实现不同光学载荷之间的切换、调焦和精密稳像等功能。这是中国首个使用主动光学的太空望远镜，可通过主动调整次镜的形变进一步提高望远镜成像质量。

CSST 还能实现自主飞行，具有很高的姿态调整精度，具备主动交会和停靠空间站的能力，可以在停靠空间站期间接受推进剂补给，并对设备进行维护、维修和更新升级等工作。

在进行 CSST 设备研制的同时，科学研究工作也在加快推进。400多人参与到 CSST 的 24 个课题研究之中。

可以预见，CSST 将以它的独特性与先进性拥抱光学巡天的黄金时代。

当然，这个黄金时代既是中国的，也是世界的。

2023 年 7 月 1 日 23 时，欧洲空间局的欧几里得空间望远镜在美国卡纳维拉尔角搭乘猎鹰 9 号火箭升空。这台以几何学之父欧几里得命名的望远镜，在未来为期 6 年的任务中，将仔细观察将近一半的宇宙空间以及其中的近 10 亿个星系，绘制宇宙的三维图像，研究宇宙扩张和宇宙结构的形成过程，并探测暗能量、暗物质等。

美国国家航空航天局正在研制罗曼空间望远镜，其科学目标是解决宇宙学和系外行星研究领域的诸多尖端问题，包括有关暗能量的基本问题。

中国的 CSST 则将在暗物质和暗能量、宇宙大尺度结构、星系和超大质量黑洞形成和演化、宇宙早期化学增丰历史、系外行星等天文领域和基础物理领域的重大问题上取得重要进展。

这样，欧几里得、CSST、罗曼三大空间望远镜将在差不多的时段开展巡天，科学目标方面也较为相近。

在同一片蓝天上，既是机遇也是挑战，既有合作也有竞争。

（七）

行百里者九十为半。如今，CSST 研制和科研工作已进入最为关键的时期，正在如火如荼地进行。

值此关键时刻，2023 年 3 月 27 日至 4 月 1 日，中国空间站工程巡天望远镜首届科学年会在北京怀柔举行。来自中国载人航天工程、中国科学院、各高校等 59 个参会单位的 600 余名代表齐聚一堂，就 CSST 的科学任务、技术创新、数据处理和分析等方面进行了深入的探讨和交流。

2023 年 8 月 18 日下午，在中国科学院空间应用工程与技术中心召开了载人航天工程空间应用与发展情况介绍会。会上宣布，中国国家太空实验室正式运行，我国首个大型巡天空间望远镜正在研制。

在这次会议上，载人航天工程新闻发言人、办公室副主任林西强，重点介绍了载人航天工程立项实施以来，特别是空间站建造期间空间科学、空间应用、空间技术领域取得的进展成果，以及未来发展前景。

会议特别介绍到，我国自主研发、国际领先的首个大型巡天空间望远镜目前正在研制中。该空间望远镜是中国空间站的重要组成部分，可获取宇宙全景的高清图像，升空后将具有与哈勃空间望远镜相当的空间分辨能力，但视场是哈勃的 300 多倍。预期在宇宙学、暗物质与暗能量、星系与活动星系核、银河系与紧邻星系、恒星形成与演化、系外行星等问题上取得丰硕的开创性科学成果。根据计划，巡天空间望远镜发射升空后将与空间站共轨长期独立飞行，开展巡天观测，短期停靠空间站进行补给和维护升级。

这是关于我国首个大型巡天空间望远镜的最新、最权威的信息。它的成功发射和运行将指日可待！

凡事预则立。陈建生院士为了使我国首个大型巡天空间望远镜更加完美地亮相，更好地发挥其功能，也为了让更多的人了解我国首个大型巡天空间望远镜，他多次作题为"中国空间站望远镜巡天的公众性与社会性"的专题报告。

他介绍说，中国巡天空间望远镜是我国造价最高、技术最复杂的空间天文基础设施，也是我国航天事业旗舰性项目，具有大视场、高像质、宽波段等突出特点，堪称"天宫巨眼"。它的特点就是看得深、看得广、看得精。同等深度和精度基础上，它的广度是哈勃空间望远镜的300倍以上；同等条件下，哈勃空间望远镜能看到1颗星，中国空间站望远镜可以看到300颗星。可以说，CSST是我国天文科学迈向国际前沿的重大机遇和关键一步。CSST发射后会有许许多多新发现的天体，非常需要地面大光学望远镜后续进行光谱观测，因此非常需要国家批准建巨型光学望远镜配合CSST。

他指出，中国巡天空间望远镜是一项历时10年的伟大科学工程、伟大科普工程、伟大人才工程。它不仅是我国天文学家探索宇宙的利器，它也应当向全社会开放，成为公众了解宇宙、普及现代宇宙观、参与探索宇宙的平台。

他认为，中国巡天空间望远镜投入运营后，每天观测300次，产生图像数据10万幅，即使全国天文学家都放下手中所有工作，也来不及看这么多图像。专业天文学家只能利用计算机智能处理海量数据，但是计算机处理后的产品就是一堆星表、直方图和各种函数曲线，用统计方法和理论分析得到宇宙演化的规律性认识，然后写成一篇篇论文。

他呼吁，中国要跟上时代前进的步伐，就不能身体进入21世纪而脑袋还停留在过去。中国巡天空间望远镜的巡天数据图像不应当锁在象牙塔里，只供少数天文学家研究，而应当向社会公开，发动、组织、培养全社会十万、百万、千万公众参与CSST图像资源开发，让CSST发挥最大的科学效益和社会效益。他还举例说，美国人米尔顿·赫马森只是初中毕业，而他通过自学从一位天文业余爱好者成为与哈勃齐名的著名天文学家。他鼓励全国的初高中学生和社会上的天文爱好者直接进行CSST的图像搜索，不仅是单纯地"观看"宇宙，还要参与"探索"宇宙，共同打好中国的"宇宙王牌"。

全国人民期待 CSST。CSST 期待全国人民。

茫茫宇宙，繁星璀璨。星辰大海，征途万里。但愿 CSST 早日启程，向世界！向苍穹！向未来！

后　记

　　2021 年初，我在电视新闻中得知，2021 年"中国航天日"启动仪式暨中国航天大会开幕式将在江苏南京举行，叶培建、费俊龙被聘为中国航天公益形象大使，他俩都是江苏人。这一下子触发了我写航天的念头。

　　我的创作往往出于一个念头、一种冲动。与以往一样，我说干就干，立即查找资料，并进入前期采访。但很快发现，航天的"重镇"不在江苏，且有一定的保密性。而与航天有关的天文学，这几年发展得也很快，取得许多重大成就。而且，我国天文事业的发展与江苏有着极大关系。于是，我决定调转方向，写天文。现在回过头来看，这个决定非常正确，因为文学作品中很少写天文学这个题材。值得一写。

　　对于创作题材的选择，我是特别讲究的，必须既有现实意义又有历史厚度，既有独特性又有首创性，既是江苏题材又与全国有关，而且也是我自己没写过的。我喜欢挑战。

以前我创作的《故宫三部曲——变局·承载·守望》是文化题材，《大江之上——长江大桥建设三部曲》是工业题材，《世纪江村——小康之路三部曲》是农村题材。这次创作的《向苍穹——中国天文发展三部曲》是科技题材。

科技题材的文学创作难度特别大。在知识上，我从来没有接触过天文学，不具备这方面的知识，所以，无论是采访还是写作，对于我来说都很困难，必须进行大量的学习，掌握天文学的基础知识和基本情况。在采访上，涉及许多地方和单位，要直接采访重量级的著名科学家，他们谈话的内容深奥、时间有限，这就要求我做好充分准备，否则就达不到采访目的，且无法补救。在写作上，科技题材相对严密且理性，缺少故事性，甚至有些枯燥，要写得通俗易懂、生动感人，是很不容易的。

难度就是高度。我知难而进，重点在采访上下功夫。这次采访分为实地寻访和人物采访。我行程上万里，先后到北京、上海、南京、河南、青岛、贵州、昆明、西安、海南等省市，寻访了近20处古代天文遗迹、名人故居、近现代天文基地，广泛收集资料，增强写作的在场感；同时又采访了10多位中国科学院院士和首席科学家，以及几十位奋斗在一线的天文工作者，掌握了大量的第一手材料，并亲身感受到了天文学家的家国情怀、使命担当和科学精神。

虽然恰逢新冠疫情，给采访带来了许多困难，但长期而深入的采访，为我的创作打下了坚实的基础。至于写作的过程，我就不具体说了，但有一点需要特别强调的是，文学创作既是个人创作，也是集体创作。正是天文学家的长期奋斗和他们创造的天文学发展成就，才有了丰富的创作题材。他们是文学作品的"第一作者"。

在采访和写作过程中，我得到了多方面的支持和帮助。国家天文台、紫金山天文台、南京大学、南京航空航天大学、云南天文台、青岛观象台、南京天文光学技术研究所等单位为我的采访大开绿灯，给予多方面的便利。尤其是甘为群、张旸、陈向阳、王强、王乐等为我的采访多方联络、提供帮助。初稿形成后，王干、丁晓原、刘旭东、王晖、刘浏和甘为群、李向东、张旸、王成华、王乐等认真通读全稿，提出了宝贵的修改意见。孟昱、任雨风在编辑、校核、设计、图片等方面做了大量细致认真的工作。从某种意义上说，他们也都参与了创作。由衷地感谢他们！

凤凰出版传媒集团的章朝阳董事长、徐海总编辑，江苏人民出版社的王保顶社长、谢山青总编辑，以及集团出版部樊明主任、卞清波主任，责编强薇，美编薛顾璨等，一如既往地重视与支持，高质量地做好本书的编辑出版工作。国家天文台常进台长、江苏省作协郑炎书记和紫金山天文台毛瑞青书记给予了很多的关心和帮助。还有许多人为本书的创作和出版提供了帮助，在此一并表示感谢。

现在，书稿已经完成。回顾写作过程，虽然遇到了许多困难，但总的来说还是得了"天时地利人和"。

一说天时，就是遇上了天文学发展的新高潮、新时代。说来也巧，就在结稿的那天，新华社发布了两条最新的重磅消息，一是中国国家太空实验室正式运行，我国首个大型巡天空间望远镜正在研制；二是"中国天眼"探测到脉冲星辐射新形态，对揭示脉冲星磁层的极端物理环境等具有重要科学意义。

二说地利，就是江苏是我国天文学发展的重镇，有紫金山天文台、南京大学天文与空间科学学院、南京航空航天大学等，有许多在国内外都具有重要影响力的天文学家。这为我的采访提供了极大的帮助。

三说人和，就是在我的采访和写作中，许多人为我提供了直接或间接的帮助。这里需要特别一提的是，在我写作接近尾声的时候，有一天参加著名书法家尉天池先生的收徒仪式，偶然遇到源当代美术馆名誉馆长王强先生，交谈中得知，他熟悉著名科学家欧阳自远先生，这正是我急于采访而联系不上的呀！王强非常热心，立即帮我联系，约定了采访的时间。更让我高兴的是，欧阳自远先生不仅接受了我的采访，还亲自为本书作序，给予热情的肯定。这是对我最大的加持！

从"故宫"到"天宫"，从"地上"到"天上"，从"古代文化"到"现代文明"，这是我的写作经历，也是我的创作使命。我将继续写下去——

为读者，为人民，为祖国，为时代……

向大地，向苍穹，向大海，向未来……

附　录

一、主要资料来源

1. 国家天文台

2. 紫金山天文台

3. 中国天文学会

二、主要参考书目

1.《中国古代天文学家》，陈久金主编，中国科学技术出版社，2013 年 1 月。

2.《中国天文学史》，陈遵妫著，上海人民出版社，2016 年 12 月。

3.《星台之光》，申颖涛编，观星台文物保管所，2012 年 1 月。

4.《大地悲歌》，窦学欣著，中国华侨出版社，2014 年 10 月。

5.《司马迁大传》，张大可著，华中科技大学出版社，2019 年 1 月。

6.《问天者》，王清淮著，作家出版社，2016 年 10 月。

7.《祖冲之》，梁艳芳编著，国际文化出版公司，2019 年 1 月。

8.《郭守敬的故事》，王国忠编著，吉林科学技术出版社，2012 年 10 月。

9.《中西会通——徐光启》，张燕编著，吉林文史出版社，2011 年 1 月。

10.《紫金山天文台史稿》，江晓原、吴燕著，山东教育出版社，2004 年 12 月。

11.《紫金山天文台五十年》，紫金山天文台编，南京大学出版社，1985 年 8 月。

12.《紫金山天文台》，张旸著，江苏凤凰美术出版社，2021 年 12 月。

13.《巡天遥看一千河》，LAMOST 运行和发展中心编，浙江教育出版社，2015 年 12 月。

14.《征程》，叶培建、曲少杰、马继楠等著，科学出版社，2021 年 4 月。

15.《成为科学家》，腾讯青年发展委员会著，中信出版集团，2021 年 5 月。

16.《与天文学家同行》，陆建隆编著，南京师范大学出版社，2015 年 9 月。

17.《南仁东传》，王宏甲著，北京联合出版公司，2019 年 3 月。

18.《走在路上》，叶培建著，北京理工大学出版社，2018 年 10 月。

19.《求索天地间》，欧阳自远著，中国大百科全书出版社，2021 年 7 月。